U0905550

沙漠旅人的甘露，我尊敬的恩师王寿安教授。

作者简介

舒化鲁，著名管理学家，企业规范化管理理论方法体系创建人，山东财经大学研究员。

1956年生于屈原故里湖北省秭归县。中南财经大学硕士研究生毕业，从事企业规范化管理研究近30年。公开发表论文100余篇，完成省部级以上课题6个，公开出版专著13部。

他把源于西方的管理学、心理学、社会学、人类学、价值工程理论与华夏文化精髓相结合，创建了独树一帜的舒氏管理学理论。他在企业管理咨询实践过程中研究管理学理论，在管理学理论研究过程中探索发展企业管理实施的技术方法，由此独创了一套系统完整且行之显效的企业规范化管理理论和技术方法体系。

他所服务过的代表性客户：广西电网、辽宁电力、安徽电力、甘肃电力、丰城电厂、清江水电、中电财、苍梧电业、兖矿集团、汇森煤业、潍百集团、比优特集团、济南二机、环宇集团、长城集团、日泰集团、长天药业、郑州卷烟、包头钢铁、中远散货、（挪）斯考根、天发集团、中信建设、中铁十四局、中建八局、正元化工、济南化纤、冶金研究总院等。

企业规范化管理系统实施方案

Implementation plan of the normalized management system for company

舒化鲁◎著

理论思路清理

電子工業出版社
Publishing House of Electronics Industry
北京·BEIJING

内容简介

为何一定要实施规范化管理，规范化管理的工具是什么，规范化管理的标准是什么，规范化管理如何实施操作，这是规范化管理最基本的理论问题。本书不仅对上述四个问题作了系统的解答，还从人的主体性角度来探讨管理中的问题，认为最有效的管理是通过游戏规则的建立、健全和完善实现的规范化管理。而要保证管理效果，就必须不断地打造和组合包括权力、组织、文化在内的管理工具。

图书在版编目(CIP)数据

企业规范化管理系统实施方案・理论思路清理/舒化鲁著. —北京：电子工业出版社，2012.3
ISBN 978-7-121-15243-6

Ⅰ.企… Ⅱ.舒… Ⅲ.企业管理-研究 Ⅳ.F270
中国版本图书馆 CIP 数据核字(2011)第 241499 号

责任编辑：雷洪勤
印　　刷：北京彩虹伟业印刷有限公司
装　　订：北京彩虹伟业印刷有限公司
出版发行：电子工业出版社
　　　　　北京市海淀区万寿路 173 信箱　邮编 100036
开　　本：787×1092　1/16　印张：24.75　字数：476 千字
印　　次：2012 年 3 月第 1 次印刷
定　　价：68.00 元

凡所购买电子工业出版社图书有缺损问题，请向购买书店调换。若书店售缺，请与本社发行部联系，联系及邮购电话：(010)88254888。

质量投诉请发邮件至 zlts@phei.com.cn，盗版侵权举报请发邮件至 dbqq@phei.com.cn。

服务热线：(010)88258888。

总 序

一、写给希望成为杰出 CEO 的人

《企业规范化管理系统实施方案》系列丛书，是写给 CEO 的书，更是写给希望成为杰出 CEO 的人阅习的书。CEO 一定不是夫妻店的老板，也不是因为一个偶然的机会发了大财的暴发户。杰出的 CEO，就一定不是仅仅创造了流星般短暂辉煌的 CEO，更不是由国家权力做后盾，依靠行业垄断把企业做大的 CEO。借用《基业长青》作者的话说，杰出的 CEO 不是报晓的雄鸡，而是制造时钟的匠师。“他们主要致力于建立一个组织，一个会滴答走动的时钟，而不只是找对时机，用一种高瞻远瞩的产品构想打进市场，或利用一次优秀产品生命周期的成长曲线；他们并非致力于取得高瞻远瞩领袖的人格特质，而是采取建筑大师的方法，致力于构建高瞻远瞩公司的组织特质；他们努力的最大成果不是实质性地体现一个伟大的构想，不是表现人格的魅力，不是满足个人的自尊或累积个人的财富，他们最大的创造物是公司本身及其代表的一切。”①这也就是说，杰出 CEO 只能像临危受命并拯救和创造了通用汽车长久辉煌的前通用汽车总裁斯隆一样，只能像早年成功创业并为日本企业管理确立规则的松下幸之助一样，只能像联想的柳传志、海尔的张瑞敏一样，必须是企业基业长青的缔造者，必须是保证企业基业长青的组织运行规则体系的建构者，必须是领导企业把以资源（包括人才）为载体的资源竞争力转换为以组织运行规则体系为载体的组织竞争力的时钟制造匠师。

CEO 面对的是一个由众人组成的社会经济组织，并且他作为这个组织的代表所面对的仍然是人，或者是由人构成的组织，或者就是自然人。所以，杰出的 CEO 最需要的知识就是有关人的本质特性的理论探索，最需要的技能就是协调融合人际关系的方法。汉高祖刘邦明白的最透彻的道理就是人的行为选择仅仅服从于他自身利益的满足，人最大的技能就是协调、融合与他周围人的人际关系。他正是凭借这两

① 詹姆斯·柯林斯，杰里·I. 波勒斯. 基业长青. 北京：中信出版社，2002. 第28页.

点打败了驰骋沙场无敌手的项羽，成为古今中外少有人超越的杰出 CEO。

由此可以说，高效管理的最大奥秘就在于明白：被管理者是一个主体性存在。

阅，就是了解；习，就是实践。希望成为杰出 CEO 的人阅习的书，就一定不是空洞、晦涩、陈腐的理论说教，就一定不是表格、制度的堆砌，更不是 MBA 教程专业方法的连缀，而是企业组织运行管理的理论方法体系，是构建企业长青基业的组织运行规则体系的理论方法体系。没有理论的方法是肤浅的，没有方法的理论是迂腐的。希望成为杰出 CEO 的人想阅而能阅的必须是基于对人的本质特征把握基础上的系统理论，想习而能习的必须是以系统理论为指导的具有可操作性的方法体系。

《企业规范化管理系统实施方案》系列正是立足于这一目标进行的探索，并且作者自信也能达成这一目标。

CEO 是企业的 CEO，所以杰出 CEO 就绝对不是单打独斗的西部牛仔式的英雄，必须有一批与 CEO 紧密配合且能起互补作用的助手——企业高层管理人员，以及一批相互认同且意志统一的操盘手——中层管理人员。这两类人员也是本系列书的目标读者。对应这三类目标读者，本系列书在内容上比较明确地分为三个大的方面：一是理论思路，二是标准要求，三是实施方法。尽管这三类目标读者都需要通读整个系列，但可有所侧重：希望成为杰出 CEO 的人必须重点阅读理论思路部分的内容，只有确立了明确的理论思路，才能把握方向；杰出 CEO 的助手必须重点阅读标准要求部分的内容，只有掌握了具体的标准要求，才能传递 CEO 的智慧，使企业组织具有执行力；杰出 CEO 的操盘手必须重点阅读实施方法部分的内容，只有掌握了系统的实施方法，才能保证操盘不失误、不走弯路。

二、看不见的手与看得见的手

人是一个主体性存在，具有自我意识和自我意志。他所拥有的能保证自身福利的资源，包括内在的体能、知识、才干和外在的物质与关系，都不会轻易假于人。但在漫长的人类社会发展史中，人的这种主体性被压抑在社会奴役关系中。拥有超经济权力的人可以随意将自己的意志强加于人，无偿占有他人的资源。也正是这种奴役关系延缓了人类社会的发展，奴役关系的存在降低了社会成员个人所拥有资源的使用效率。人类从旧石器时代至公元 2000 年，在公元 1750—2000 年的 250 年间，用 0.01% 的时间创造了人类历史总财富的 97%。之所以如此，是因为工业革命带来了以承认个人权利的合法性为基础的市场经济制度的普及，也只有市场经济制度的普及，社会奴役关系才开始有实质意义上的缓解。

承认每一个人所拥有资源不被侵犯的权利，直到市场经济发展成为社会经济中占主导地位的经济联系形式时才得以实现，即个人所拥有的能保证自身福利的资源的权利在市场交换中得到保障。但保障个人权利的市场交换是有成本的，这个成本就是科斯所言的交易成本。这种交易成本的存在把个人的时间和精力浪费在不创造财富的交易过程之中。如何避免这种浪费？在2000多年前的古罗马时期，人类就找到了答案，即通过组建公司，用管理协调代替市场交易。只是在那个时候，社会奴役关系占主导，绝大多数人的主体性地位被社会奴役关系的枷锁扼杀，所以直到工业革命之后，这一问题的答案才发挥作用。并且随着信息技术的发展和普及，信息化社会的到来，社会奴役关系更加缓解之后，公司制度才成为个人社会生活中最重要的内容。据统计，2009年，全球81%的人口的工作机会是由公司提供的，全球90%的经济力量都集中在公司。这一现实揭示了这样一个事实，管理协调已经成为与市场交易同等重要的资源配置方式。所以，美国企业史研究学者钱德勒说过："公司组织这只看得见的手已经取代看不见的手，接管了原先由市场执行的资源配置功能。"（参见中央电视台第二频道大型纪录片《公司的力量》第六集）市场交换和公司组织二者作为一个整体就构成了企业丛林。市场交换就是丛林本身，它起着看不见的手的作用。管理协调就是公司组织本身，没有管理协调就没有公司组织，它起着看得见的手的作用。公司组织也就是构成丛林的大大小小、高高矮矮的树，没有公司组织，就只能有市场交换的草原，不可能有市场交换的丛林。

丛林中的企业通过管理协调实现企业的存在和发展，即达成企业组织内、外部关系协调的有效性。企业组织达成的内、外部关系协调的有效性有多大，企业就能发展到多大，这种关系协调的有效性一旦消失，也就意味着企业死亡。联想成功地收购了IBM计算机业务，这就是联想投资人与IBM投资人、计算机消费者以及联想内部等相互之间多重关系协调的有效性的达成。美国雷曼兄弟公司破产倒闭也仅仅是因为它的投资人、经营者、管理者以及与商务伙伴、服务客户之间关系协调的有效性的丧失。

三、企业丛林的生存之道

所谓管理协调，就是通过公司价值目标的设定、发展战略的构建、措施计划的拟订、个人行为的约束，在公司组织成员（包括投资人、经营者、管理者和劳动者）相互之间达成意志、意识和行为活动的统一协调，以保证每一个成员都把自己所拥有的资源，交由公司统一支配。在这里除了投资人投入的资源，作为公司经营的物质条件或价值化的资金，是独立于主体之外的，其他成员投入的资源都是与主体同在，无法独立于其主体之外的，无论是作为劳动投入的聪明才智或体能技术，还是其所拥有的社会关系，都是如此。公司作为一个整体参与市场交易行为，其风险是以投资人的投资为担保的，因而使管理协调的内容主要集中到了投资人与经营者、管理者和劳动者之间，即如何让经营者、管理者和劳动者都最大限度地根据公司发展的需要把其所拥有的以主体人为载体的资源都贡献出来。管理协调所花费的管理费用也主要是花在对这一问题上的投入。寻找投资、达成合作则仅仅是公司成立的过程以及公司增容投资的过程。但投资人与经营者、管理者和劳动者之间的关系，并不是一个简单的两两之间的交换关系，而是相互交错、纠结在一起的社会、政治、经济、文化关系的综合。要达成这些所有关系协调的有效性，其管理费用必然会随着公司规模的增大而增加，因为这种关系的复杂程度会以公司规模增加的几何级倍数增加，这就使公司的规模被限定在管理费用低于交易成本这一范围之内。而随着社会化生产的发展，规模经济的限制越来越大。如果公司规模不能满足社会化生产发展的需要，公司的生产经营本身就只能是无效或低效的。

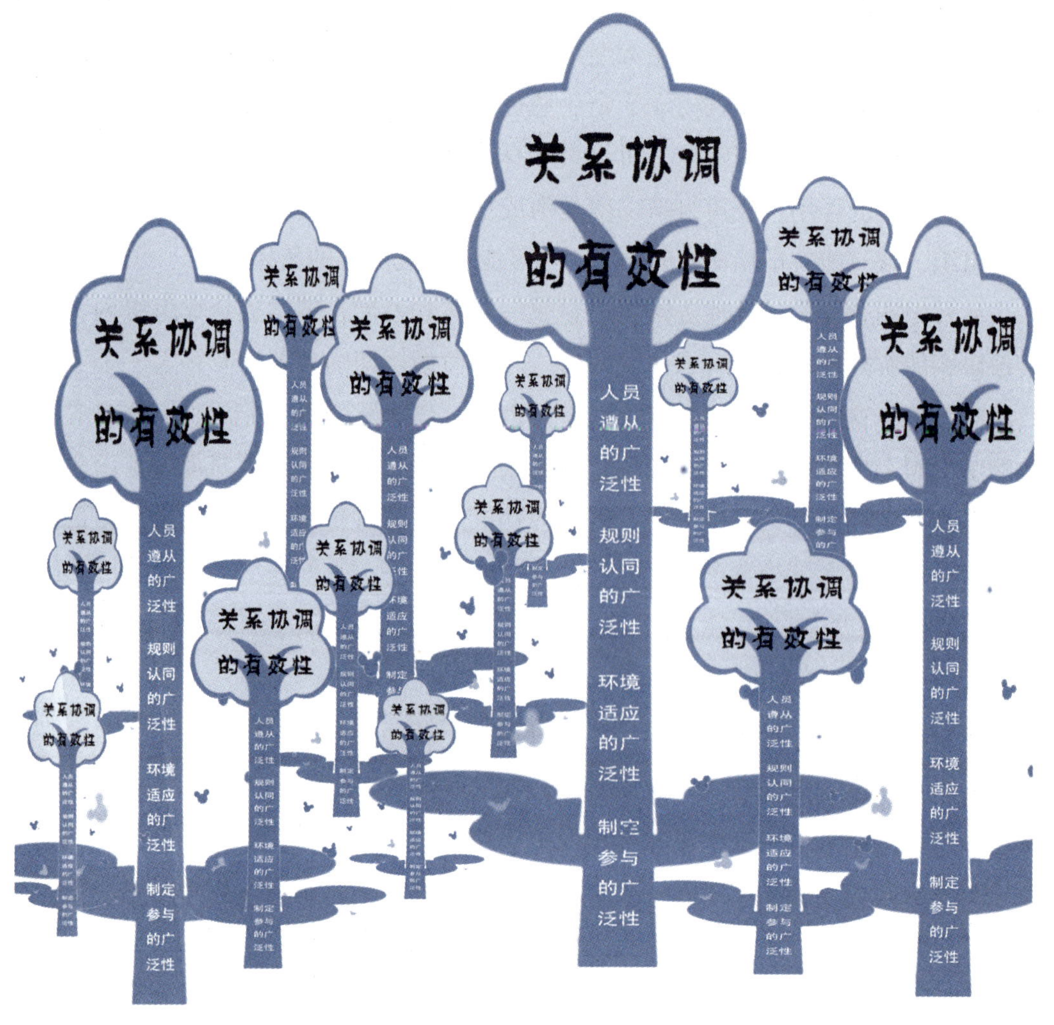

企业丛林

并不是在所有的情况下，管理协调所花费的管理费用一定小于市场交易投入的交易成本。这就是科斯交易成本理论所讨论的公司产生的原因，当管理费用低于交易成本时，公司才能产生和存在。

关系协调的有效性包括两个方面的内容：一是从协调的范围分析，所协调的关系对象必须充分广泛，即所协调的投资人、经营者、管理者和劳动者在量上足够大，能适应社会化大生产的需要。二是从协调的质量分析，达成的遵从程度必须充分高，至少能保证公司成员的绝大多数都服从公司所确定的价值目标、发展战略、措施计划、组织约束。公司的价值目标、发展战略、措施计划、组织约束等也都是对人的意志行为的一种约定。由此不难理解，关系协调的有效性越高，公司的意志行为约定就贯彻执行得越全面彻底，公司的发展也就越快越稳定。在此，关系协调的有效性也就直接表现为对公司的价值目标、发展战略、措施计划、组织约束的人员遵从的广泛性，即让广泛的人员（投资人、经营者、管理者和劳动者）全面地遵从公司价值目标、发展战略、措施计划、组织约束的约定。

如何才能实现人员遵从的广泛性呢？其途径有三条：一是等级权力管控，二是规则约束协调，三是前两条途径的组合。第三条途径从性质内容上分析又可归入前两条途径，所不同的仅仅是它们各自所占比重的大小不同。

所谓等级权力管控，就是以权威为基础，在公司内部有一个拥有至高无上权力的人，他的意志也就是公司的意志，他提出的行为要求也就是公司的行为要求，没有人敢违抗，也没有人能违抗。当这个公司规模大得他两眼不能普照时，就只能由他一级一级地委任意志代言人，进行等级控制。这就像4000多年前埃及法老胡佛修建他的陵墓——胡佛金字塔一样，把4000人的庞大施工队伍按照工程四边分成四个二级负责人，每一个二级负责人再以此下分，直到每个施工作业班组达十人为止。这就像所建金字塔一样，形成了多级的等级权力结构。在此，管理协调就通过这种等级权力结构达成了目的。在这个等级权力管控结构中，任何一个下级对于上级都只能无条件地服从。

但这一形式的管控协调存在三个无法突破的限制。

一是权威人士的健康和生命限制。再权威的人都不可能因为权威而永远健康，长命百岁。建立在权威基础上的等级权力管控如果发生了权威人士死亡或健康问题，这一结构的秩序也就不存在了，关系协调的有效性也就没有了。

二是权威形成的限制。权威不是自封的，他必须有超人的见识或建树，而这种超人的见识或建树，往往还得由时间检验。一个权威人士的退位，无法保证有另一个权威及时替补上来，否则关系协调的有效性也就中断了。

三是权威人士不可能全知全能。斯隆曾经说过："在独裁者的公司，一个机构是不能发展成为成功的组织的。如果独裁者知道所有问题的所有答案，那么独裁制度是最有效的管理方式。但没有一个独裁者能做到这一点，将来也没有人能做到。"（参见中央电视台第二频道大型纪录片《公司的力量》第六集）

规则约束协调的规则包括两大要求：一是公司的价值目标、发展战略、措施计划、组织约束内容的必要性、合理性和不容违背性；二是公司的价值目标、发展战略、措施计划、组织约束形成程序的合情、合理、合法性。达成人员遵从广泛性的规则约束必须以规则认同的广泛性为条件：不仅公司组织内部成员大多数，甚至全部都认定规则约束的必要性、合理性和不容违背性，而且与公司发展相关的资源拥有人也都认定规则约束的必要性、合理性和不容违背性。只有公司发展利益关联主体的大多数，包括内部的和外部的，都对规则约束的内容和形成程序的认同，规则才具有权威性，也才能被自觉遵从，并形成相互监督的机制，以保证每一个利益关联主体都遵从，不发生违背的事件。在此，规则约束协调，也就通过规则权威性的获得而达成了人员遵从的广泛性。

很显然，规则认同的广泛性又直接是以环境适应的广泛性为前提的。如果其规则不具有环境适应的广泛性，也就是规则内容的必要性、合理性和不容违背性没有被广泛的认同，或者是规则形成程序的合情、合理、合法性没有得到广泛的认同。这也就是说，环境适应的广泛性必须以规则制定参与的广泛性为前提。所谓规则制定参与的广泛性，也就是让与公司发展相关的所有利益关联主体都参与到规则的制定过程中来，一方面集思广益，以保证环境适应的广泛性；另一方面又通过相互妥协达成意志意识的统一协调。

在企业的丛林里，有的企业百年长青，之所以能长成参天大树而仍然枝繁叶茂，是因为它有以规则制定参与的广泛性支持的环境适应的广泛性，进而获得了规则认同的广泛性，又由规则认同的广泛性支撑人员遵从的广泛性，进而获得了关系协调的有效性，即使得公司发展壮大和强盛。相反，有的企业仅仅因为偶尔的不确定的外部原因给它带来了在企业丛林中冒尖出头的机会，得到了阳光雨露，获得了短暂的枝叶茂盛后就叶落根败，落红成了无情物，化作春泥护他花，是因为它们或者是建立在个人权威基础之上，因为权威的限制而无法延续繁荣，或者是其支撑企业发展大树的树干中规则制定参与的广泛性、环境适应的广泛性、规则认同的广泛性、人员遵从的广泛性四段中的一段或几段没有达成而脆折所致。

四、企业丛林繁荣之路的探索

如何达成规则制定参与的广泛性、环境适应的广泛性、规则认同的广泛性、人员遵从的广泛性呢？这也就是探索企业在丛林中的繁荣之路的问题。这一问题的解，就是本系列丛书所讨论阐述的全部内容。

企业规范化管理，是通过一套公开透明、上下认同、系统完整、行之有效的游戏规则实现的，目标严格指向企业价值增值和积累的管理。“目标严格指向企业价值增值和积累”，强调管理实施目的是达成关系协调的有效性，能在充分整合内部资源的基础上整合充分多的外部资源以实现企业的发展；“通过游戏规则实现”，强调管理实施不是通过建立在能人权威基础上的等级权力管控达成公司内部管理协调的目的，而是通过规则约束达成公司内部管理协调；“行之有效”，强调所确定的规则具有充分的合情、合理、合法性，以及建立在这种合情、合理、合法性基础上的不可违背性；“系统完整”，强调规则是成体系的，不是支离破碎的要求，是环境适应的广泛性要求的达成；“上下认同”，强调这套规则体系是在规则制定参与的广泛性基础上实现的，具有形成程序上的合情、合理、合法性；“公开透明”，强调这套规则体系是相对稳定的，不是任何一个凌驾于公司发展要求之上的特权人物可“暗箱操作”、随意删改的。

所以，企业规范化管理实施的过程，也就是规则制定参与的广泛性、环境适应的广泛性、规则认同的广泛性、人员遵从的广泛性，以及关系协调的有效性实现的过程。

《企业规范化管理系统实施方案》的体系结构直接建立在把企业组织作为一个有机系统分析的基础之上。从系统的角度分析，企业组织是由目标体系、组织结构、岗位员工、运行流程和企业文化等五部分构成的有机体。目标体系是这个有机体的血液养分，组织结构是这个有机体的骨骼骨架，岗位员工是这个有机体的细胞组织，运行流程是这个有机体的神经血管，企业文化是这个有机体的基因密码。《企业规范化管理系统实施方案》整个系列分为六个相对独立的部分，每一部分独立成书，并且都有其理论思路、标准要求、实施方法的探索讨论。在这五个有机构成部分之前有一个基本理论思路的清理探索，即《企业规范化管理系统实施方案·理论思路清理》，回答的是为什么需要规范化管理及如何整体实施规范化管理的问题。目标体系是决策制定的结果，其所管理协调的是决策制定问题，所以有《企业规范化管理系统实施方案·决策制定管理》，其所回答的问题是如何避免企业决策制定失误，如何提升决策质量，以最大限度地保障企业持续、快速发展。另外四个部分依次为：《企业规范化管理系统实施方案·组织架构管理》，回答的是企业组织架构怎样才能铁骨铮铮，保障企业组织执行力，提升组织竞争力的问题；《企业规范化管理系统实施方案·岗位员工管理》，回答的是如何才能让每一个岗位员工有能力素质、有意志意愿、有热情耐心，以保证完满地履行所赋予职责的问题；《企业规范化管理系统实施方案·运行流程管理》，回答的是如何才能保证每一个岗位员工都做正确的事、正确地做事、负责地做事的问题；《企业规范化管理系统实施方案·文化建设管理》，回答的是如何进行企业文化建设管理，以实现企业组织基因的改造，全面构建出能保证企业发展持续快速，基业长青的强势企业文化的问题。

《企业规范化管理系统实施方案》系列书的研究探索，吸纳并整合了源于西方的MBA课程的专业化研究成果，但超越了MBA课程专业相互独立的局限，填平了专业分割所划分的鸿沟。其研究探索的是紧紧盯住企业整体和企业发展过程中进行的，不仅看清了企业组织有机体的手、臂、脚、腿、身躯，而且是在完整的企业组织有机体基础上对企业组织运行的规律和过程进行的研究。所以，它可直接为公司CEO提供经营管控的完整框架和思路、方法。各类MBA，如果想快速满足合格乃至杰出CEO的知识技能要求，必须补上《企业规范化管理系统实施方案》这一课，即使只想做CEO的助手或操盘手，也必须补上这一课。盲人摸象式的企业管理知识和技能，即使不葬送企业的发展，也难以保障企业的发展。不能起到保障企业发展作用的CEO助手或操盘手，也是不合格的CEO助手或操盘手。

当然，《企业规范化管理系统实施方案》系列丛书还仅仅是一个开创性的探索。为丰富完善这一探索，笔者主持创建了内容丰富、体系完整的信息交流平台——"中国企业规范化管理网"（网址为：www.hwaaaaa.com，或者www.hwaaaaa.net），旨在为专家、学者以及各类MBA交流批评、补充意见提供方便。并且笔者也殷切希望有更多的专家、学者及各类MBA加入这一研究探索中来，提出批评，进行补充，以丰富完善本系列丛书所确立的理论方法体系。

舒化鲁

2011年11月

本书内容概要

企业规范化管理，早已不仅仅是一个时髦的概念，好多企业已把它付诸了实践，其中有世界500强的大企业，也有还不成规模的小企业。可对于为何一定要实施规范化管理、其管理实施的工具是什么、规范化管理的标准是什么、规范化管理如何实施操作的问题，仍有很多人并不完全明确。正是因为这四个问题的存在，才导致一系列的理论混乱和实施效果的降低。本书从管理学最基本的理论问题出发，系统地解答了这四个问题。

人是一个主体性存在，他的任何一个行为也都只是服务于他有、能、善三大需求的满足，并且其行为选择还不是完全理性的，非完全意识行为占据主导地位。所以，最有效的管理只能是通过游戏规则的建立，健全和完善实现的规范化管理。而要对他人的行为选择形成影响作用，管理的实施能借助的工具只有权力、组织、文化三个。所以，要保证管理效果，也就必须不断地进行管理工具的打造和组合。

本书特别强调制度化管理或标准化管理都不等于规范化管理，尽管规范化管理的实施需要制度和标准。同时强调精细化管理和精益化管理并不是更高层次的管理，二者和规范化管理一样，都是服务于企业基础管理水平提升的，并且它们还得借助规范化管理的方法实现，即通过游戏规则达成管理目的。规范化管理强调通过协调融和投资人、经营者、管理者、作业者、产品客户、商务伙伴、国家政府、社会公众等企业发展八大利益关联主体的关系来达成企业发展目的，并通过决策制定程序化、组织架构系统化、奖惩激励有据化、运行过程流程化、管理行为标准化、绩效考核定量化、权责关系明细化、目标管控计划化、活动措施具体化、监管控制过程化的“十化”管理行为来达成决策制定的零失误、产品质量的零次品、产品客户的零遗憾、经营管理的零库存、资源管理的零浪费、组织结构零中间层、商务伙伴的零抱怨、竞争对手的零指责的“八零”境界的效果目标。同时强调其实施必须从决策制定、组织架构、岗位员工、运行流程和文化建设五个部分展开。

本书还分析回答了企业何时实施规范化管理，以及在不同发展阶段上规范化管理的实施如何把握重点，企业组织的五个有机构成部分的规范化管理各自如何实施的问题。最后对整体实施的组织和动员、技术方法培训、方案设计选择、实施运行、效果总结、完善改进六个阶段的工作内容和组织方式进行了分析讨论，对应确定了方案。

目录

第一篇　全面准确认知被管理者

第二篇 现代管理实施的工具

第三篇 规范化管理整体实施标准

第四篇 企业规范化管理整体实施的思路

第一篇

全面准确认知被管理者

管理的高明之处就在于要使具有自我主体性的被理者作为与管理者相对的客体存在，从意愿上乐于服从管理。而历来对管理和管理学的定义都没能做到从这一角度进行立论。因此，本书本着溯本清源的目的，从被管理者的主体性存在的角度对有关内容一一进行了梳理和分析。首先，对主体性存在以及被管理者的主体性存在的特点进行了概括性分析。接下来，具体分析了主体自我规定性所具有的特点：充分理性的自我意识规定性、行为选择的自我决定规定性、唯我利己的自我肯定规定性、客体工具的自我中心规定性、自我超越的无限欲望规定性、懒惰节耗的自我异化规定性。本篇分别对这些内容的含义、特点以及其对管理的意义进行了一一分析。由此找到对被管理者施加管理的途径，即唯有规范化管理才与人的本质特性相吻合。

第一章

全面准确认知管理对象是管理学的第一要务

管理学到底是什么？历来众说纷纭，但都未从根本上对管理学进行定义。本章首先对曾给管理及管理学下过定义的典型的众家之说一一进行了列举，并提出疑义。最后，从人的本质特性的角度对管理学进行了定义与说明。这是本书立论的基础和关键——也就是说，管理只有为被管理者认定才能称为管理。

一、让管理学博士赧颜的管理学

全世界有数以百计的大学有管理学博士授予资格，每年都有数以千计的博士，带上管理学博士帽走出校园。如果有人要问什么是管理学，尽管这不会让所有的管理学博士心跳脸红，但至少会让很多管理学博士心跳脸红。

管理学博士们可能会编出大段大段的废话来回答这个问题，以掩饰自己对此的无知。但他们心里明白，他们的导师也没有为他们解答这一问题，他们自己也许查阅过大量的资料，可从没有找到过一个大家一致公认的答案。如此这般，一个管理学博士怎么能不为之赧颜呢？

究竟什么是管理学？

除了作者在 1997 年出版的《管理学新原理》一书中，对这一概念作过大胆的界定外，其他人甚至盛誉全球的管理学家们，也似乎很少对这一研究有兴趣。可能到现在为止，还没有第二个人把这一问题当做一个问题作过系统研究。

一个管理学博士读了近二十年的书，无法对自己所学的学科作出定义，真正应该心跳脸红，感到耻辱。不过，应该更加感到耻辱的是管理学的博士生导师们。一个博士生导师，能冠冕堂皇地指导管理学博士研究生，不事先对管理学内涵本身作出界定，或者根本没有什么研究，虽然不一定是误人子弟，可总是一件令人感到遗憾的事。

有人可能说，在当代全面开放的时代，应该百家争鸣，为什么一定要有一个让大家公认的管理学定义呢？可是若对管理学本身没有一个公认的定义，那么争鸣围绕什么展开呢？按照美国管理学家和管理思想史专家丹尼尔·A. 雷恩（Daniel A. Wren）博士的研究，管理学研究早已进入丛林时代，可谓门派众多。但无论这种争鸣如何丰富和繁荣，如果对于争鸣的对象本身没有一个统一的界定，这种争鸣，也就只能是聋子骂聋子，瞎子瞅瞎子。并且，如果各个门派独立存在，老死不相往来，无论哪个门派也不可能是一个统一科学领域的研究探索者，而只能是不同的门户之争。宗教是基于信仰，而具有科学地位的任何一门学科，都必须有在本学科内通行的概念和定理体系，或叫公理范畴体系。按照美国著名科学哲学家罗伯特·科恩（Robert S. Cohen）的范式理论，科学的发展就是其概念和公理体系的更替。但如果统一的公理体系本身不存在，这就不免让人怀疑这门学科本身的科学性。

管理学连一个大家公认的统一定义都没有，哪能有大家公认的统一的概念和公理体系呢？一个管理学博士花了近二十年的时间，拿到的博士学位，却只获得一些用博士帽掩盖的信条，这些博士们不仅应该感到脸红心跳和耻辱，而且应该理直气壮地上法庭状告他们的导师和学校，是他们欺骗、愚弄了自己。

更有甚者，对于什么是管理这一问题的界定，也没有统一的定义，众说纷纭，莫衷一是。有人说管理是科学，还有人说管理是艺术，也有人说管理既是科学又是艺术。所以，对于管理的定义更是五花八门。

二、不懂管理学的管理大师

科学是对人类社会活动实践经验和规律的总结。尽管没有概念和定理体系完整的管理学，但管理实践却已存在了几千年。因而在人类历史上涌现了好多不懂管理学的管理大师，西方有，东方也有，中国更是不少。

没有人能否认李·艾柯是管理大师，也没有人能否认杰克·韦尔奇是管理大师，尽管他们一人是硕士，一人是博士，但二人都是学理工的，不是学管理学的。更没有人能否认获得世界500强“多连冠”的沃尔玛创始人萨姆·沃尔顿是管理大师，可他并没有上过MBA，仅仅是拿到一个商业管理学士学位的退伍军人。

对于松下幸之助、盛田昭夫，更没有人能否认他们是管理大师。盛田昭夫还上过大学，可松下幸之助却八岁辍学，仅仅上了两年小学。

王永庆、李嘉诚是不是管理大师？可能不会有人作出否定的回答。可王永庆只上了小学，十五岁就开始做杂工。李嘉诚也只上了初中二年级。

张瑞敏、柳传志是不是管理大师？任何一个头脑正常的人，都不会作出否定的回答。可张瑞敏只上了高中，柳传志学的是电讯工程专业。

图1-1 管理学没有学

不仅如此，在管理和管理学的概念还没有的时候，早已涌现过一些非常了不起的管理大师。2200年前，刘邦白手起家，建立了一个亘古的大汉帝国，这是萨姆·沃尔顿也无法比拟的。刘邦把一批学识和才能都远远超过他自己，包括萧何、韩信、张良、陈平等众多精英都笼络到自己麾下，鞍前马后奔走，这只有超级管理大师才能做到。1800多年前的刘备何尝不也是如此。他从经营草鞋开始，一直到三分天下，雄踞蜀汉。一批人杰，包括诸葛亮、关羽、张飞、赵云、马超等，都为他的霸业效忠，鞠躬尽瘁，死而后已。这也不是一般管理学教授所能做到的。

不懂管理学的管理大师，可以说是举不胜举。这些不懂管理学的管理大师是怎么炼成的？答案是他们读懂了管理对象——被管理者。他们不懂管理学，但他们都深谙人性人心，他们自己是人，能将心比心，懂得从人性人心的角度去识人、选人、用人，激发人的意愿和热情。识人、选人、用人，激发人的意愿和热情也就包含了管理实施的全部内容。

据《史记·淮阴侯列传》记载："汉四年，（韩信）遂皆降平齐。使人言汉王曰：'齐伪诈多变，反覆之国也，南边楚，不为假王以镇之，其势不定。原为假王便。'当是时，楚方急围汉王於荥阳，韩信使者至，发书，汉王大怒，骂曰：'吾困於此，旦暮望若来佐我，乃欲自立为王！'张良、陈平蹑汉王足，因附耳语曰：'汉方不利，宁能禁信之王乎？不如因而立，善遇之，使自为守。不然，变生。'汉王亦悟，因复骂曰：'大丈夫定诸侯，即为真王耳，何以假为！'乃遣张良往立信为齐王，徵其兵击楚。"

这就是一个典型事例。刘邦一时糊涂，以为韩信应该无条件地忠诚于他，并为他不计任何得失冲锋陷阵，贡献一切。同时他也似乎认为他认为他人应该如何，他人就只能如何。但张良、陈平对人性人心悟得更透，知道认为应该的没有用，必须让人有所图。如果不能阻止他人之所图，你认为的应该就没有任何意义。刘邦一点即悟，明白管理用人，使之做好工作，管理对象的本质特性绝对不可违背。这就是刘邦白手起家成功创下大汉王朝四百年基业的原因。

三、管理与管理学的定义

何为管理？

美国著名管理学家罗宾斯认为："简言之，管理就是管理者所从事的工作。"这尽管不能说等同于没有定义，但这一定义却仍是让人不知所云。他又说："我们将管理定义为一个协调工作活动的过程，以便能够有效率和有效果地同别人一起或通过别人实现组织的目标。"[①] 这一定义试图从管理这种人类活动的目的和内容去说明，但仍欠准确。其问题有两点：

（1）管理活动仅仅是协调工作活动的过程吗？

（2）管理活动的目的仅仅是实现组织目标吗？

美国另一个著名管理学家哈罗德·孔茨认为："管理就是设计和保持

① 斯蒂芬·P. 罗宾斯，玛丽·库尔特：《管理学》，第7版，北京：中国人民大学出版社，2004年4月，第7页。

一种良好的环境，使人在群体里高效率地完成既定目标。”[①] 这一定义则要准确得多，精练得多：

（1）它对管理的目的——“使人在群体里高效率地完成既定目标”，定义得要完整而简练一些。

（2）它对管理活动的内容定义得也要明确一些，是“设计和保持一种良好的环境”。

但这一定义仍存在两个问题：一是并不是只有良好的环境，才能使人在群体里高效率地完成既定目标；二是使人单独完成既定目标，同样也是管理的目的。很显然，他把管理仅仅嵌定在组织之内，只有在一定组织之内才能有管理活动的发生。他因此在以种差的形式简单地定义管理时，又犯了一个错误。他说管理就是“通过他人来做好工作的职能”。[②] 管理仅仅是组织的职能吗？在组织之外就没有管理吗？显然不是。组织是特定的一些个人建立起来的，由特定的个人发起建立特定的组织，这本身就包含有管理活动在其中。美国民主党的诞生可不就是恰好一伙志同道合的人，碰巧一块儿登上了同一艘渡船后，在闲聊过程中完成了民主党党纲的拟订，选出了党的领袖，一鼓掌就让美国民主党登上了历史舞台。微软公司的成立也一样。

近代国人对于管理学的研究，都只是在做西方人的研究的搬运工，在对管理的定义上除了照搬，还是照搬，没有什么有见地的探索。

至于什么是管理学，欧、美、日的所有大家们，似乎认为是不屑一顾的一个问题，从没有人系统作过探索讨论，至少从已有的文献中搜寻不到。但也不是没有人提出这一问题。小詹姆斯·H. 唐纳利，詹姆斯·L. 吉布森，约翰·M. 伊凡赛维奇早在20世纪70年代就在他们的《管理学基础——职能·行为·模型》一书中明确提出过这一问题。但其解答却是不知所云。[③]

对于究竟什么是管理、什么是管理学的问题，作者1997年在他的《管理学新原理》一书中作过比较详细的分析讨论。对于管理，作者的定义是：

“一个人或一些人通过设计、构筑和维持一种特定的情境，以协调另一些人的意志行为，使之与他或他们的意志目标相同或吻合，以使之调整

---

① 哈罗德·孔茨，海因茨·韦里克：《管理学》，第9版：北京，经济科学出版社，1993年3月，第2页。

② 哈罗德·孔茨，C. 奥唐奈：《管理的原则：管理职能的分析》，纽约：麦格劳－希尔图书公司，1995年版，第5页和第3页。

③ 小詹姆斯·H. 唐纳利，詹姆斯·L. 吉布森，约翰·M. 伊凡赛维奇：《管理学基础——职能·行为·模型》，北京：中国人民大学出版社，1982年2月版，第3～4页。

其行为，并高效地最大限度地实现他或他们的意志目标的一种人类社会活动。”①

在这里，“通过设计、构筑和维持一种特定的情境”是方式，“协调另一些人的意志行为，使之与他或他们的意志目标相同或吻合”是途径，“使之调整其行为，并高效地最大限度地实现他或他们的意志目标”是目的，这三者共同构成种差定义的差，“一种人类社会活动”则是种差定义的种属。这里的“一个人或一些人”是管理者，“另一些人”是被管理者。

这个定义过去14年了，今天看来，仍用不着什么补充和修改，但可简化为：管理就是通过他人做好工作的意志行为。

至于什么是管理学，可由此非常容易地推导得出了。

管理就是“通过他人做好工作的意志行为”，那么管理学也就是研究探索如何让他人做好工作的科学。任何一个他人都不是管理者的胳膊和腿脚，可随意地由管理者扭动和挥舞。他人在什么条件下才能做好管理者希望他做好的工作，这就是管理学要研究探索的全部问题之所在。要让任何一个他人做好工作，都是有条件的。研究探索如何让他人做好工作，也就是研究探索回答让他人做好工作的条件是什么的问题。

而要回答“他人在什么条件下才能做好管理者希望做好的工作”这一问题，首先必须研究探索管理对象——作为被管理者的他人的本质特性，即他的人性人心。让他人做好工作的条件不是由管理者说了算的。刘邦说：“我被困在荥阳，从早到晚时刻企盼你韩信来辅佐我哇！你应该快点来，不要有任何私心杂念。”刘邦一说应该，韩信就会应声而至吗？没有，不仅一代人杰张良和陈平知道让韩信应声而至是不可能的，任何一个没有被情绪搅乱理智的人都知道这是不可能的。应该如何的问题只有由被管理者自己认定才有用。也就是说让他人做好工作的条件至少得由被管理者认同，这是由人本身的本质特性所决定的。无论多么漂亮的管理权术和伎俩，如果违背了管理对象——被管理者的本质特性，就只能是自欺欺人的自我愚弄游戏。

① 舒化鲁．管理学新原理．北京：中国经济出版社，1997年12月版，第2页。

第二章

被管理者也是主体性存在

人是主体性的存在，这一存在有六个方面的内涵：充分理性的自我意识，行为选择的自我决定，唯我利己的自我肯定，自我中心的客体工具，自我超越的无限欲望，懒惰节耗的自我异化。这六个方面的存在不是孤立的，是有着内在联系的。本章对人的主体性存在的六个方面的内涵进行了一一分析，并对各个方面之间的相互联系也进行了说明。

一、是人就是主体性存在

被管理者和管理者都是人，从人的本质特性分析，二者之间没有丝毫的不同，所不同的仅仅是二者在存在于其间的社会中所充当的角色。所以，要探索回答“如何让他人做好工作”的问题，首先必须回答管理对象——作为被管理者的他人的本质特性是什么的问题。

对于这一问题，作者1997年出版的《管理学新原理》一书中作过解答。所有人都是一个主体性存在，主体性是人与他物相区别的本质特征，具有主体性就是人，不具有主体性就是非人。主体性是人所独有的特征，人与主体人、主体我是等一概念。主体性内涵主要有以下六个方面：

（1）人都具有自我意识，能意识到自我是不同于他人、他物的一种独立存在。因此他不仅对自我所处的环境信息会不遗余力地关注、了解和收集，直至有比较完整而全面的把握，而且对自我将面临的前境信息也会不遗余力地关注、了解和收集，直至有比较完整而全面的把握，并从他所把握的这种现境信息和前境信息出发，选择自我行为活动的方向、方式、力度。这就是主体人充分理性的自我意识规定性。

图1－2 知道有我才是人

（2）是人都具有行为选择的意志自由，没有什么外在的力量，可以无条件地决定主体我只能做什么，而不能做什么，只能是什么，而不能是什么。主体我做什么、是什么，是主体我自我决定和自我选择的结果。因此主体我会拒绝他人对他的选择安排，他人对他的选择安排，哪怕是非常合理的，主体我也会不乐意，甚至产生逆反心理而抗拒他人对他的选择安排。这就是主体人行为选择的自我决定规定性。

（3）是人其行为活动就有目的，并且是实现自我肯定，无论多么高尚的行为也都是服务于主体我的这一目的的。自我肯定的内容包括自我保存、自我发展和自我完善。因此主体我不会无端地伤害、劳累、辛苦自己，让自己的肌体受累受损，也不会无端地贬低自我，让主体我的社会形象受到损害，更不会无端地自我寻逆，让主体我的意志被改变、扭曲和压制。这就是主体人唯我利己的自我肯定规定性。

（4）是人都是以自我为中心的，而视世界万物为与主体我对立的客体，它们的价值和意义都仅仅是由主体我赋予的，它们是可以被用做主体我自我肯定的工具。因此主体我评价世界万物的标准都是从自我肯定实现的关联上进行的。有助于主体我自我肯定的世界万物都会给予崇敬，是善，否则就会给予贬斥，是恶。就像捡粪的人一样，不会觉得大便臭和丑，相反视宽阔明洁的大马路为丑陋。这就是主体我客体工具的自我中心规定性。

（5）是人都有无限的欲望，不会满足于肉体生命的有限性，总想实现超越于肉体生命的永恒。所以，他不会满足于生存本身，而是仅仅把肉体生命视作寻求更大更多需求满足的前提和开端。因为他具有关于自我的意识，会不断地从生存中寻求价值和意义，甚至会把这种价值和意义的获得看得比生存本身更具有价值和意义，并且他知道也只有获得生存的价值和意义，才能超越肉体生命的限制，实现永恒。这就是主体人自我超越的无限欲望规定性。

（6）但人作为动物，又难免受动物本能的驱使而向往安逸，满足于动物机能的肌肤之利。如果没有外部世界对他的肉体生命构成威胁，或者由主体我的自我意识引导与外部世界比较造成的心理压力，他也就难免沉沦于肌肤之利的满足。因而使主体我的主体性消弭和退化，而成为丧失主体性的随遇而安的客体，混同于自然万物，消弭于自然万物之中。这就是主体人懒惰节耗的自我异化规定性。

有人可能提出上述六个规定性与现实并不完全吻合，甚至直接存在矛盾。所以在此还必须补充三个条件性假设：

（1）这里的人是发育成熟的现代人。类人猿是类人猿，还不是人，其主体性不充分。原始人是原始人，还不是人，他们只拥有部分的主体性，或者说主体性不完整。婴幼儿不是主体性存在，人生对他们来说还刚刚开始，主体性还在形成过程中。儿童少年不具有完整的主体性，他们的发育尚未成熟，虽然他们也都被称做人，但是幼稚人。前述种种，如果说是人，则都是加了限制的非普通人，是类人猿、原始人、幼稚人。

（2）这里的人是神经系统完好的健康人。精神病人、植物人和神经系统已经衰退的老人其主体性是不完整的。这是因为神经系统的完好是人的主体性的第一个规定性——充分理性的自我意识存在的物质基础。失去了这一物质基础，他们也就不能正确地把握自己的意志行为，因而表现为丧失意志能力，使其行为不能自主。而把他们称做人，是因为他们还具有完整的人性，而被人认做同类，但加了限制，是精神病人。

（3）这里的人是人生旅途中未受重创的心里健康人。在人生旅途中，尤其是未发育成熟之前遭受重大挫折的人，往往心理扭曲，精神畸变。这时，他们的主体性虽然也存在，但其意志行为会偏离常态，严重者会表现为偏执狂。在这种情况下，他们的主体性实际上是不完整的。因而这种情况的例外不能算做是对主体人假设的否定性经验事实。

作者提出主体人假设，并不是标新立异的哗众取宠，而是像和我一同探讨过这一假设的学者们指出的一样，这是一种严肃的科学研究，并且作者的假设还是对以往人性理论的一种综合。但这种综合并不是把已有人性人心假设理论所归纳的人性特征，拼到一起，形成一个配餐盘。而是在通过分析，假定已有的人性合理的基础上，发掘出彼此间的内在统一性，并在主体性这一本质特性上实现综合统一，使人性假设更加完整，也更加与经验事实，包括已往的、现在的和将来的三个方面的经验事实相符，而不遭受反驳。管理学也只有建立在更加完整而科学的人性假设的基础之上，才能取得突破性发展。

图1－3　人是包含有六个规定性的主体性存在

二、主体人假设内在规定性的内部联系

主体人的六个基本规定性概括了主体人的主要特征，每一特征都是人的主体性的一种展开，因而可以把它们分别认定为不同的基本假设。但彼此并不是独立的，其内在规定性具有紧密的联系，也正是这种内在的紧密联系维持了人的主体性本质特性的内在统一。其内在联系现扼要勾画如下：

（1）生物的进化使大脑获得了充分的发展，最终成为人脑，并成为思维的器官。思维成了大脑的功能，自我意识也就直接成为思维的“产物”。自我意识的产生，使主体我及其与主体我对立的非我客体区别开了，其行为活动因而有了目的性。行为活动目的性的形成也就使行为活动选择具有寻求实现目的性的最优序列的特性——充分理性。这就有了充分理性的自我意识规定性。

（2）自我意识——充分理性又直接导致自我决定，寻求选择自由，反对、抗拒被决定。因为被决定就变成了决定者的附属工具，使之在决定者面前丧失他的主体性。自我决定，或者自我选择必须有决定和选择的依据，这就是从自我肯定的需要出发，按照可能带来的自我肯定的大小进行排序选择，这就直接实施了行为选择的自我决定规定性。

（3）自我意识产生了主体我，自我决定和自我选择必然以主体我的存在、发展、完善、实现为目的和约束条件，自我中心也就成了必然。与主体我对立的非我的他人、它物也就都成了由主体我赋予价值和意义的工具性客体。这种工具性客体就像行星、卫星围绕恒星旋转，依其质量与恒星的关系而形成半径大小的画圆运动一样，都依其与主体我的自我肯定关系的远近而围绕主体我做画圆运动，只不过圆心是看不见的主体我的自我肯定意志。并且它们与主体我的自我肯定关系的远近，也是由主体我设定的。这就直接实施了客体工具的自我中心规定性。

（4）自我意识产生了主体我，因而使主体我不仅仅满足于已有的存在，而且要发展、完善这种存在。自我发展和自我完善也就把欲望推向了无限，使所寻求的满足远远超越生物本能的要求，心理满足获得了比生理满足更具重要性的地位。这就有了自我超越的无限欲望规定性。

（5）但因为主体我必须依存一定的肉体生命，有肉体生命做他的载体。而肉体生命又是有限的，它会随着时光的流逝而逐渐消亡。而意识到自我这种危机的主体我又不甘心于随生随灭，因而必然寻求永恒以超越自我肉体生命的存在，并让主体我跳出肉体生命的限制，通过价值、尊严、权力和个性的获得而实现在时间和空间上对肉体生命的超越。这就是自我超越的无限欲望规定性的深化。

（6）主体我要实现在时空上对肉体的超越，出路只有一个，即获得价值、尊严、权力和个性，这就是自我实现。自我实现靠的是自主活动，或者叫自主劳动。自主劳动才能把自身的潜能发挥到最大。脱离自主劳动而达成的自我实现往往会因为自我实现的不真实性而丧失，甚至走向其对立的自我毁弃，使自我价值贬损。这就有了懒惰节耗的自我异化规定性。

（7）肉体生命总是短暂的，任何人也无法抗拒这一事实。因而产生了效率要求，让在短暂的生命存续期内，把自我实现到最大，他发现社会分工和交换是实现效率的最有效的途径。而这正是客体工具的自我中心规定性的反证明。

（8）生命的存在总会耗费能量，包括体内的能量储备，所以为节省维持生命的能量消耗，懒惰因而成了生命进化的选择。当他对身体活动所获得能量的预期小于身体活动的能量消耗时，就会不加思考地选择不活动。而当人的身体活动已不再仅仅是服务于生命和种属的延续，而是寻求和实现生命的价值和意义，身体活动所体现的自主和创造已成了生命活动的目的时，仍满足于肌肤之利的安逸——保障身体活动所获得的能量大于身体活动所消耗的能量，自我异化就发生了。这就是懒惰节耗的自我异化规定性。

（9）主体我总有与他人不同的个体特征，而造成这种个体特征的又是他的一系列选择。而造成不同选择的因素除了遗传影响造成其所有独有的心理特征之外，主要是主体我存在于其间的社会性质上的差异，以及主体我对这种差异感知反应的差异。这是对主体我个性差异存在的说明。

第三章

充分理性的自我意识规定性述要

理性是建立在自我意识基础之上的，理性的核心就是自我意识，理性与自我意识具有同一性。本章对理性的形成与发展进行了分析，对充分理性、完全理性和有限理性的关系进行了说明，并对意识指导下的有意识行为、非意识行为和非完全意识行为这三类不同行为进行了分析，力求从中揭示出充分理性的自我意识规定性的真面目。

一、充分理性的内涵

主体人是具有充分理性的自我意识的存在。这一规定性可以表述为：任何人都具有理性，并且这种理性仅仅是建立在自我意识基础之上的。没有自我意识，也就无所谓理性和不理性的问题。

所谓理性也就是自我意识对于主体我的行为最合目的性的要求限定。所谓目的性，是行为主体所要实现的意志目标，即他所寻求的自我肯定的方向和内容。目的性反映的是相对于主体我行为的价值和意义，而价值和意义的评判又依赖于行为主体的自我意识。并且相对于行为，目的性具有优先地位。

自我意识就是高度发达的大脑通过思维对主体我的确认，即对主体我的现实状况和处境以及发展前景的知识信息和与主体我相关联的他人、他物的知识信息的汇集和确认。

充分理性就是主体我的行为具有充分的目的性，即其行为活动只能而且必须服务于主体我所寻求的自我肯定目的的实现，并且主体我对行为的选择只有基于可得信息之上，并在可得信息的基础上保证行为的最合目的性。

理性与自我意识是同一的。理性强调的是行为和目的性的一致性，以及相对于目的性，行为选择必须保证最大限度地有助于目的性的实现。匆匆奔走而不知所往的人是没有理性的，南辕北辙也是非理性行为。但目的性却是由自我意识产生的，是大脑思维确认的主体我的意志目标。动物的活动不具有目的性，它们只受其本能驱使。蜜蜂能建造出让高明的建筑师也为之惭愧的蜂巢，但蜜蜂在建筑完成之前，不知有蜂巢的构想，在它们的脑神经中没有目的物的地位。而人在盖一间简易的茅草房之前就已有了茅草房的形象和它服务于主体我的功能构想。

行为选择也就是主体我为达成自我肯定的特定目的而对自己的行为活动内容、方式、力度和时间所进行的选择，并且这种选择又是基于对主体我的现实状态和处境把握确认的知识信息之上的。露宿荒野的猎人，只会搭建草棚，而不会去修建宫殿，因为他知道他无力在几个小时内建造一座宫殿，并且他也不准备在此久居，也用不着一座宫殿，同时他也明白手头也没有建筑宫殿的材料。如果露宿荒野的不是猎人，而是人们想象中的无所不能的神仙，那么神仙的行为选择可能会与猎人完全不同。他不会搭建草棚居宿，而会指山为宫，画地为殿。因为指山为宫，画地为殿与点石为茅草房的投入相等。

从这个意义上讲，理性的核心就是自我意识。有了自我意识，也就有了行为的目的性。因而，行为的最合目的性也就成了理性的最基本规定。行为的最合目的性要求包含两个方面的内容：一是要求行为活动充分体现行为主体的意志愿望，是他的意志愿望构成了他所寻求的目的的内容；二是要求行为活动不能脱离行为主体的现实状态和处境。前者可以说是一种方向性约束，行为的方向是行为主体意志愿望的指向所在。后者可以说是条件的可行性约束。有了意志愿望，还必须有把意志愿望变成现实的手段和途径。两者的根据都是自我，意志和愿望是主体我的意志和愿望，状态和处境也是主体我的状态和处境。

二、理性的形成与发展

理性与自我意识具有同一性，那么，自我意识的形成也就是理性的形成。自我意识起始于痛苦。因为痛苦才使他感受到自身的存在。笛卡尔以“思”来验证我的存在——“我思故我在”。但主体我的存在是在思之前的现实。思是动物大脑进化成人后的活动。避痛是所有动物都具有的反应。痛苦是主体我的痛苦，是自我感受到的痛苦。他人的痛苦，自我却只能间接地感受到，是他痛苦的反应，包括哭叫、痉挛等只有痛苦才有的举止、表情使我意识到他的痛苦。但相对于主体我，他人的这种痛苦与自身的痛苦却完全不同，前者可以忽略和逃避，而后者却无法忽略和逃避。存在主义哲学的先驱克尔凯郭尔也正是由此认为恐怖、厌烦、忧郁、绝望才是自我存在的形式的。恐怖、厌烦、忧郁、绝望都是痛苦，并且不仅仅是身体上的痛苦，而且是心理上的痛苦。曾经有一个内科大夫告诉过我一个真理，一般情况下人们感受不到内脏器官的存在，而当人感受到它们的存在时，它们也就有了毛病，陷入了疾病之中。也正是不适和痛苦才让我们感受到它们的存在，是它们有了毛病使我们痛苦，才使我们感受它们的存在。

说自我意识开端于痛苦的感受，但能感受到痛苦还不能说是自我意识的形成。只有当能感受痛苦的动物具有抽象的能力，能通过痛苦归纳出主体我，并把主体我从周围环境中分离出来，并能把握主体我与周围环境的关系时，自我意识才算形成，他也才真正意识到自我是一个不同于他人、他物的存在。而这又与大脑的进化、发育完善相关。只有当大脑已具备思维的功能时，自我意识才能形成。

然而，理性并不等于自我意识，尽管它始于自我意识，并依存于自我意识。要使行为最合目的性，逻辑抽象和逻辑推理却是不可或缺的条件。这就是说理性所需要的大脑发育进化程度要高于自我意识的要求。正常发育的一岁小孩就已具备自我意识，一个他喜欢的东西一旦交到他手中，就很难让他拿出来与人分享，但他却不具备逻辑抽象和逻辑推理的能力。所以，他们的行为被视为幼稚，也就是说是具不合理性的。从这个意义上讲，理性相对于自我意识，发展层次要高。并且，理性本身的发展还有赖于关于主体我的现实状况和处境多方面的知识和信息的积累，以及思维规律的学习和把握。逻辑抽象和逻辑推理的能力不可能靠遗传获得，大脑思维功能也是在不断思维的过程中得以发展和完善的。也就是说，理性依赖于大脑这个物质基础，但大脑本身并不等于理性。若以脑重或大脑皮层的大小作为理性的标准，那么大象、鲸才应该是世界上的智者。事实不是如此的原因，就是人具有学习能力。学习是人本身维持存在的前提条件，造物主没有赐予人以锋利的爪牙和能飞跑的双腿，他要存在下去必须通过学习掌握造物主没有恩赐的技能。大象和鲸却不是如此，造物主赐予它们的力量已足够保证它维持其存在。

理性的发展又依存于感知交流能力。一个生来就又聋又哑又瞎的人，绝不可能成为智者。缺乏与同类的感知交流能力就意味着他的自我意识只能通过自身的经验来归纳和抽象，而这不免会限制他对主体我的意识形成。因而他对主体我的现实状况和处境的知识信息也就不免贫乏、片面、肤浅。虽然他也会根据自己的经验行为进行选择，并力求最大限度地符合他的目的性。但可供他选择的行为途径要有限得多，因而使常人看来很荒唐的事，但对他却是合理不过的事。感知交流能力的有无和大小直接限定了学习的能力，它在此既制约着对自我意识的发展，又制约着对思维规律的掌握。人之所以成为世界上的智者，就是语言的形成给人与人之间的感知交流提供了无限的可能和方便。大象和鲸之所以连笨伯也不如，也是因为它们在同类中的感知交流方式太简单，除了动作、气味，就只有单调的声音。

三、充分理性与完全理性和有限理性的关系

根据诺贝尔经济学奖得主西蒙的定义——“理性就是要用评价行为后果的某个价值体系，去选择令人满意的备选行为方案”——来分析，人是不可能具有完全理性的。这倒不是因为西蒙所认定的完全理性的前提——知识信息的完备性和价值体系的稳定性——不现实，而是因为目的性，或叫价值体系是主体我设定的，但主体我却不能为目的性和价值体系设定出目的性和价值体系。吃饭是为了生存，生存是为了工作，工作是为了对人类社会有所贡献，对人类社会有所贡献是为了获得社会和历史对主体我的承认。但获得社会和历史对主体我的承认不再具有目的性或者价值意义了。人总是要死的，谁也不能改变这个事实。人死后又不能把社会历史对主体我的承认带进坟墓，目的性也就由此终结了。也许有人会说获得社会历史的承认是为了自我心理的满足，但自我心理满足又是为了什么呢，自我心理满足仍不能带进坟墓。无论是生理满足，还是心理满足，都是转瞬即逝的。没有终极的目的性或价值，因此中间层次的目的性和价值也就失去了意义。

从这个意义上讲，人不可能是完全理性的，完全理性的人则会选择不存在。因为没有终极的目的性，存在就是一种错误。所以，只有自我无所作为地死亡——不存在，才是完全理性的。但人却又是理性的，不过仅仅在他存在的这一过程中。人不能选择不生，也不能选择不死，但当人已存在并能作选择时，就不能选择“不生”来存在。存在是一个已然的状态，

选择只有从这个状态开始。但又不能选择不死，无论你作不作死的选择，也都得归于死。在生与死之间的这一段时间，人却可能是完全理性的，但也仅仅可能是完全理性的，因为还有很多因素会让人欲理性而不能。人的任何行为其目的性都是很明确的，并且在行为和目的的一致性上是选择最大而不是满意的。选择的依据——目的性或价值体系也是稳定的。但这种完全理性不一定满足西蒙所认定的“客观理性”的要求。行为主体因为成本的限制，不会无限地投入精力收集信息。因为未被收集到的信息是不确定的，而未收集的信息一般都是收集成本较大的信息。同时还有信息收集成本支付能力的限制。因而也就不可能“列出全部备选策略，确定其中每一策略的后果，对这些后果进行对比性评价”。但他会就已收集到的信息进行分析，并选择最佳行为策略。但也仅仅是会，而不是一定。因为主导人的行为选择的主要是习惯、直觉和情感情绪。习惯、直觉和情感情绪会不自主地忽略一些信息而仅仅关注部分信息。这一点留待后面讨论。也正是从这个意义上说，人的理性不是完全或完整的，而仅仅是充分的。其原因如下：

（1）表现在充分的成本收益分析上，不能剔开成本收益分析来谈最佳和最优。依存于未收集到的信息的行为策略并不能保证一定比建立在已收集到的信息基础上的行为策略更佳或更优。以确定的成本支出去谋求极不确定的收益，这才是真正的不理性。

（2）表现为在已有行为策略的选择上已充分优化，不再有更好的选择。

（3）表现为这种行为的最合目的性原则支配人的整个一生，从他具备理性选择能力开始，直到失去理性或死亡为止。

（4）表现为理性行为所寻求的目的性或价值体系是行为主体赋予的，既不可能从遗传中获得，也不可能完全来自于社会，而是遗传、经历和社会注入三个方面共同作用形成的。

西蒙正是在对完全理性的批判的基础上形成了他的有限理性假设。他的批判有一个很大的漏洞，很少考虑成本在选择中的变化。如果把成本考虑进去，完全理性会受到挑战，但只会从完全理性退到充分理性，而不会是西蒙的有限理性。信息完备问题前面已作了讨论，现在讨论他提出的时间对理性的约束问题。他说：“一个人或一个组织在星期一选定了一项策略，并不妨碍他们在星期三选择另一项不同的策略。然而，星期一的决策在被重新考虑之前，已经部分地实施了；就这一点而言，星期三的策略选择余地便被缩小了。”[①] 之所以如此，是因为重新选择的成本增加了，只有当重新选择的收益比已有策略的实施已投入成本还大时，才有可能重新选择。这并不违背理性的规定性。“假如某人已经花了七年工夫学习当医生，又花了十多年时间进行临床实践，那么，他通常不会再花时间去考虑是否应该当医生。”[②] 但若他花很少的时间学习政治科学，并会在竞选中当选总统的话，他就肯定会考虑放弃当医生。因为当选总统后的收益补偿了花七年工夫学习当医生和花十多年时间进行临床实践的成本后仍有很大的剩余。“各种活动往往都会造成一定的‘沉入成本’，这使得保持原有方向有益。”[③] 沉入成本会对新的选择形成约束，但不会对理性选择形成约束。他还论述了行为后果的不确定性对理性的约束问题，认为，“作为行为主体的人，当然不能直接知道其行为将会导致什么后果……事实上，他所能做的，无非是预料未来；而这种预料，又是以已知的经验关系和有关的信息为依据的……在这些条件下，通向真实行为合理性的途径，是不可思议的”。[④] 不错，主体我的行为选择只能根据所预料的行为后果，是在所预料的行为后果上与目的性保持最充分的一致。但行为的实际后果可能与行为的预料后果不相一致，因而造成不满足行为的最合目的性要求的事件发生。这正好得出充分理性的假设的规定，即只能在可得的信息基础上保证行为的最合目的性，而得不出有限理性的满意选择而非最优选择的结论。满意选择也得建立在对行为后果的预料的基础上，同样都存在不确定性。预料准确与否本身并不是一个理性问题。

西蒙用以对完全理性进行批判的情感和习惯也不能对充分理性构成否定。所谓情感也就是一种意志黏附性，是一定的意志目标占据了他的整个身心，使他无法从这个目标转移开，从更为广泛的视角去品评自己行为选择以及重新进行行为选择。这只是一个意志目标的选择问题，并不涉及目标——行为的关系问题。而对意志目标的选择具有决定性影响的却是他的价值体系，在这里不存在最大化的问题。而习惯若不仅仅是他个人的，这种习惯本身就会对他的行为构成约束作用。而个人的行为习惯却又是建立在信息成本节省之上的，是以往的行为的重复。这种重复至少可以节省思维的脑力投入和时间花费。若没有精力和时间让他进行最大化的探索，选择与即刻情境相似相近情境下的已往有效行为方式也就是最佳行为选择。

---

① 西蒙．管理行为．北京：北京经济学院出版社，1988 年版，第 66 页。
② 同上。
③ 同上书，第 93 页。
④ 同上书，第 67 页。

四、人的三类不同的行为

所谓行为，就是人的四肢和躯体的空间位置变换和肌肉的伸张收缩变化。如果他仅仅有思想活动，四肢和躯体没有空间位置变换，肌肉也没有伸张收缩变化，也就没有行为，而仅仅有思想活动，有意识。相反如果他只有行为，没有意识，这就是本能行为，即无意识行为。如果他明白自己行为的目标，是由他的意识指导实施的行为，这就是意识行为。意识行为强调的是他的行为选择，是综合他的现境、前景信息而作出的最有利于主体我自我肯定目的实现的行为选择。这种现境、前景信息包括主体我的现状信息、环境已有变化和未来变化信息、环境变化方向和程度识别信息，以及变化应对方式方法信息。无意识是行为主体大脑对所积累起来的关于他的现境、前景的信息全部没有关注，没有把这些信息引入到主体我的行为选择过程中来。

意识行为又可分为完全意识行为和非完全意识行为。完全意识行为是约束条件清晰、目标明确的一种价值满足最大化选择。行为主体进行这一行为选择时，是综合运用了所掌握的所有信息，是在综合分析基础上精打细算后选择的行为。非完全意识行为是与完全意识行为相比较而存在的。它也是约束条件清晰、目标指向明确，直接服务于主体我自我肯定目的实现的行为。但行为主体进行这一行为选择时，往往只运用了所掌握的部分信息，并且没有在综合分析的基础上进行精打细算作最优选择，同时往往行为活动不稳定，朝三暮四，随意改变其行为。

就这三类行为分析，它们彼此之间可以划出清晰的边界。完全意识行为，是行为主体根据当时已收集到的信息，经过深思熟虑完成的一种最佳选择，所体现的就是一种优化选择。它是根据已有信息，包括现境信息和前境信息，进行判断，行为主体只有如此行动，才能最大限度地达成主体我自我肯定目的的实现。这种意志目标不是顾此失彼的选择，而是经过综合平衡，把体现主体我自我肯定目的的各方面内容加权综合计量后得到的在此时此地的总体意志目标。在这里，行为主体的任何一个方面的价值满足都是作为一种特定的约束条件，进行了加权处理，没有一个内容被忽略。之所以称这种行为为完全意识行为，原因就在此。

非完全意识行为是行为主体仅仅运用了部分信息，甚至仅仅运用了一个信息，所体现的是一种简化选择。在此的行为主体或许还有更好的选择，只是当时主体我放弃或忽略了一些应该全面考虑而又没有全面考虑到的信息所包含的机会和约束。最为明显的一点是，这种行为没有经过综合平衡，它没有把主体我自我肯定的多种内容加权综合计量到此时此地的总体意志目标中来。在这里主体我仅仅把他所寻求的自我肯定目标中最为引人注目的内容作为约束条件给予了特别关注和优先满足，只把能给这引人注目的意志目标带来满足的条件当成机会予以应对。

在三国早期，本来势力最强、拥有北方半个中国、最有希望统一中国的袁绍反被曹操最先剿灭，也可从心理上找到原因。当时曹操发兵徐州，欲先行剿灭刘备。曹操倾巢出动，许昌已成为一座空城。刘备派人急赴河北致书袁绍，请求出兵许昌，行围魏救赵之计，在解徐州之围的同时重创曹操，以匡复汉室。没有料想到是袁绍因为幼子患病而情绪忧伤低落，无意发兵。他的谋士许攸怒斥其昏庸，意欲让他从心理情绪中苏醒过来，却遭到杖责处罚，最佳战机由此丧失。第二年春他主动发动讨曹战争，可在官渡一战，被曹操打得大败，自己身死，逃到渤海的儿子也被追至剿灭，地盘全被曹操所据有。当时幼子患病的信息在袁绍大脑中占据着主导地位，抵制了其他信息对他意志判断的作用，包括承载着扩大势力、统一天下的最大机会的刘备书信救援信息，被闲置边缘状态。这就是他的谋士许攸怒斥其昏庸的原因。并且谋士许攸的怒斥也无法激活他大脑里被闲置于边缘状态的信息。

图1-4　世界有边，意识无边

在无意识行为中，行为主体实际上没有选择而仅仅是一种超越自我意识的本能行为，或者说是自我意识没有参与进来的行为，所体现的仅仅是一种固化选择。其行为是固化在主体我肌体中的动物基因的一种行为模式，由自我意识汇集在行为主体大脑里的信息都被闲置一旁，没有参与到行为选择过程中来。

如果用下围棋比喻，完全意识行为是深思熟虑的不限时间的自由赛着子，棋手会反复盘算自己的落子和对方的对策，是能算清多少步就算多少步。非完全意识行为则是限时很紧的快棋着子，没有充分的时间让棋手反复盘算自己的落子和对方的对策，主要是凭借已有的经验进行直觉判断，感到哪里更需要补一颗子以扩大自己，削减对方，就在哪里落一颗子。无意识行为则是对弈双方之外的一个幼儿扔到棋盘上的一颗子。他仅仅是因为对弈的双方都在往棋盘上放棋子，他也来放上一颗而已。

就其主体我进行行为选择的状态分析，非完全意识行为是行为主体过去的意识潜沉下来的模式化行为，它包括直觉选择行为、习惯选择行为和情感情绪行为三种。并且在这三类非完全意识行为中，往往很难截然区分开来，划出各自的边界。但从行为选择模式分析，仍然可以找到彼此的分界线。

直觉选择行为是主体我对自我意识进行自主聚焦，自主地把他认定的事物非本质层面的表层信息舍弃掉，仅仅关注他认定的事物本质层面的信息。如果这种聚焦把握了事物的本质，这种行为则是一种高效的简化选择。如果这种聚焦所忽略、遗漏的事物特征是事物的本质性特征，这就是一种无效的严重偏颇的简化选择。

习惯选择行为是通过多次重复而沉积形成的一种行为模式。因为多次重复，行为主体把意识关注点聚焦在几个信息，甚至仅仅一个信息上，不自主地忽略了其他信息的存在。

在楚汉战争后期，项羽把刘邦围困在荥阳，刘邦依陈平的离间计，重金买通楚军将士，让他们散布谣言，反间项羽和其谋臣之间的关系。流言首先指向钟离昧，说钟离昧战功赫赫，却不能被封为王，早已心怀不满，已决定投靠汉王云云。项羽历来不信任人，听到谣言后，马上对劳苦功高的钟离昧等人产生了怀疑，不再重用他们了。接着谣言又指向亚父范增。说因为项羽屡拒其忠言，害得大家背井离乡，疲于奔命。现在，众人有意推举亚父取代项王，与汉军联合起来消灭项羽。至于范增私通刘邦，项羽虽然不信，却已由此产生了疑心。他想尽快弄清事实真相，派使臣前往汉营探究虚实。陈平趁这个机会，将计就计。以最隆重的礼节接待项羽的使者，礼数有加，殷勤备至。正当陈平陪使者推杯换盏，聊得开心时，刘邦过来了。刘邦见到使者，假装吃惊地说："我以为是亚父的使臣，原来是项王的使臣！"说完这些，刘邦连一句辞别的话都没有，就离开了。项羽的使者正纳闷时，几个仆人过来把猪牛羊肉等丰盛的菜肴全部端走，换上简简单单的菜汤。项羽的使者感到受了侮辱，回到楚营后，向项羽作了禀报。生性多疑的项羽听完使者的汇报后，立即下令，削去亚父范增兵权。当范增发现项羽对自己失去信任时，决定辞职。亚父辞呈的话一出口，没有得到项羽的任何挽留和慰藉。范增无可奈何地离开荥阳，凄凄厉厉地踏上了归途。可能是无端的怀疑和猜忌，让范增心中积聚了太多的悲愤，"归未至彭城，疽发背而死"。乾隆在《乾隆御批纲鉴》中谈道："陈平此计，乃欺三尺童，未可保其必信者，史乃以为奇，而世传之可发一笑！"之所以陈平"欺三尺童，未可保其必信"的离间计能得逞，就是因为项羽的自我意识没有参与聚焦，对范增忠心耿耿，殚精竭虑的本质视而不见所致。

在理想状态下，人作为一个主体性存在，有自己高度觉醒的意识，行为选择一定会遵循完全意识的最优选择行事。但事实恰恰相反，在人的行为活动中，只有极少部分属于完全意识的最优选择行为。因为从意识的角度分析，人的行为选择很难保证达成最优。一是因为总有一些他当时无法获得的信息。二是完全意识行为对所有信息的分析处理是一个艰难而费时的过程，三是这也是最为重要的一个原因，人是一个受情感情绪驱动的动物，当他面对外部世界的发展变化与他的意志形成特定关联关系时，总会形成一定的情感情绪，驱动他采取行动，而不是没完没了地思考论证，进行最优的选择判断，而这一原因的作用在一般人身上几乎是无法抗拒的：

（1）当外部世界的发展变化没有给他带来损失时，他会暗自庆幸而喜从中生。

（2）当外部世界的发展变化没有顺应他的意志想法，甚至直接形成对立时，他会因心中不平而怒从中生。

（3）当外部世界的发展变化使他陷于孤立无援状态时，他会因无助而哀从中生。

（4）当外部世界的发展变化使他的意志得到充分满足时，他会因意志目标的达成而乐从中生。

（5）当外部世界的发展变化对他不利，威胁到他极为重视的意志目标实现时，他会因不安而忧从中生。

（6）当外部世界的发展变化方向性质不确定，不知是否会有灾祸降临时，他会因前景不明而惧从中生。

正是这些喜、怒、哀、乐、忧、惧等情绪，加上情感的目标黏附作用，爱则全力利之、美之、誉之、存之、乐之，恨则全力损之、非之、辱之、废之、痛之，因而让人把心理关注点聚焦到了少数信息上。从对外部世界发展变化的认知，到采取反馈应对的行为选择，人在行为选择时最重要的驱动力就是情感情绪。情感情绪的丧失，也就是行为选择能力的丧失。从行为选择的角度分析，情感情绪的作用缩短了主体我对外部世界发展变化的信息处理和思考的过程。这具有积极作用的一面，其负面作用就是让人顾此失彼。

第四章

行为选择的自我决定规定性述要

人具有行为选择的自由。人的一切行为都是自己选择的，主体我的行为创造了主体我的人格特性。主体我不能由外部环境和自身的动物本能决定，只能唯一地由主体我的意志愿望决定。而意志产生于“无”，意志决定却又依赖于对“有”和“无”的心理评价，因而影响心理评价的因素也就实际上参与了意志的决定。本章对这些因素一一进行了分析。

一、行为选择的自我决定规定性的内涵

主体我行为选择的自我决定规定性，可表述为：主体我的行为选择具有自由，是自我决定选择了某种行为而才有某种行为，任何主体我的行为都不可能由外部某种力量强加于他，因为人在任何时候都不是被决定只有一个可能供选择。所谓自我决定，也就是主体我的行为完全是由主体我的意志愿望指向引导，外部环境并不能决定主体我的行为，而仅仅影响主体我的行为方式和策略。而行为选择不过是相对于外部环境的限制而确定的行为方式和策略。行为方式和策略是受外部环境所制约的，可供选择的可能方式和策略是有限的，主体我只能在外部环境制约的可能性中进行选择，并由充分理性把这种选择导向最合目的性。

主体我的行为若是被外部环境决定的，这种行为也就不是主体我的行为，只不过是外部环境借助于主体我的肉体完成了外部环境的意志愿望。如果说外部环境没有意志愿望，那么这种意志愿望就是被赋予的，这就会导致上帝存在的论证。但上帝是不存在的，自然科学已证实宇宙中没有上帝可居留的地方。若上帝是一个时空之外的存在，那就是不存在。存在只能在时空之中。不存在不可能有赋予存在以任何特征的能力。自身是无的

东西，就不可能赋予他物以有。

主体我的行为不是由外部环境决定的，还有一种可能，即是由动物本能决定的。但动物本能仅仅是与外部环境进行能量变换，以维持自身的存在和类的延续。引导动物行为的是动物体内分泌失衡和对外部环境刺激的条件反射。但人的行为活动却比动物本能活动的范围要广泛得多，丰富得多，否则人与其他动物就没有区别了。

主体我不能由外部环境和自身的动物本能决定，就只能唯一地由主体我的意志愿望决定。意志愿望是主体我的意志愿望，它也就是主体我本身。选择自由也就是主体我的自由。受充分理性支配，选择也就是使行为最大限度地实现其意志愿望。因而主体我也就通过行为选择而完成和实现了。

意志愿望的具体化也就是主体我所确认的目的性和价值体系。主体我确认了一定的目的性和价值体系，也就确定了对主体我自身的选择。主体我自身也就是主体我展现在社会和他人面前的目的性和价值体系。但意志愿望相对于主体我具有充分的自由，是因为它不是谁从外部强加的，而是主体我自身。这一问题早由康德解决了，他的价值自由回答的就是这一问题，不过他夸大了这种自由。但这种自由也仅仅意味着价值不是被赋予的。意志愿望虽然不是一成不变的，但也是相当稳定的，因而与主体我几近同一的目的性和价值体系也是相对稳定的。如果它是漂浮不定的，是像幽灵一样的怪物，那它也就是尚未决定的。这与自我决定相矛盾。自我决定也是决定了的。

意志与主体我具有同一性，它表现为行为的一定指向。而这种行为的指向又是自我确认的，不是外在力量强加的。外在力量所能强加的仅仅是影响和改变具有一定指向的行为的方式和策略。一个身体羸弱而又智力平平的人，他也很想通过获得社会和他人的赞誉以获得心理上的惬意和满足，但他实际上既不可能以勇武行为获誉，也不可能用绝妙的计谋让人慑服。然而他仍能实现他的意志，比如卓别林，以幽默滑稽带给他人以笑声，或者像雷锋那样，处处舍己之安逸而给人以安逸。行为方式改变了，但意志目标指向却未改变，并且意志目标最终也实现了。

意志目标指向随时而变随地而变的人，则是没有意志的人，或者说是意志不自由的人。这种人形式上具有行为选择自由，而实际上却完全是受动的，是受环境摆弄的木偶，像秋叶被秋风吹动下落一样，自己却从未动过。他的自我决定也就是自我不决定，是由环境和条件决定。但这种人也是不存在的。佛教和道教都强调通过消除人的主体性而获得自身心理的安宁，可很少有人修成佛，修成仙，他们的主体性总会不时地由他的意识驱动而使之躁动不安。

二、意志与“无”的关系

意志由何而生，从何而生，这也许是一个很奇怪的问题，但讨论人的本质特性不能不涉及这一问题。意志是普遍存在的，没有人会否定这一事实。意志具体化也就是目的性和价值体系的具体化。目的性和价值体系的不同也就表现为不同的人性人心，因为意志本身就表现为人性人心。

意志由何而生，从何而生？

答案是“无”，即意志产生于“无”，由“无”而来。

人们也许会觉得这一观点荒谬无比，并且与前面所述的“自身是无的东西，就不可能赋予他物以有”相矛盾。而事实却是如此。首先，意志仅仅是一种寻求一定目的物的愿望，不是物本身。但这一定的目的物，却正是他所稀缺之物。人们谈恋爱寻求爱情，是因为没有称心的异性之爱；人们工作赚钱是因为没有钱；人们锻炼身体是因为没有充分的健康或长久的健康；人们寻求主体我的价值，是因为自我尚无价值，或者价值还不够充分大……若已有美满的婚姻却另找人谈情说爱，这或者是因为他的美满婚姻是虚假的，或者是他本身只是为了玩弄异性，不是要寻求爱情。亿万富翁绝不会为了几块钱而去拉粪车……也正是因为人对于一定目的物的缺乏，他才把意志目标指向它，使它成为目的物。

意志具体化的价值体系也是如此。人们歌颂爱情、勇敢、智慧、勤劳等，却无人歌颂呼吸、吃饭、排便，是因为前者不常有，而后者则每人必能。也只有肾脏功能畸变不能完成过滤血液功能的人才会寻求换一个肾脏，没有人会把自己明亮而视力超常的眼睛挖出来换上仅作为装饰的玻璃眼，其原因就在此。

哲学人类学家认为，人是非专门化的，这种非专门化包含着某种不完善性，正是这种不完善性激发了人的创造性活动。创造性活动就是一种意志活动，也就是说哲学人类学家实际上是认同意志产生于“无”的。是因为人没有锋利的爪牙，才制造出刀叉，没有能飞翔的翅膀，才制造出飞机。但有人会说，牛、马、羊、猪，它们都没有锋利的爪牙和强劲的翅膀，但它们却并没有制造出刀叉和飞机。而这正是哲学人类学家所忽视的事实。动物并不比人完善，它们拥有的“有”并不比人多，但动物却没有由"无"产生出意志。但分析一下动物的本能行为就可发现，动物的本能也是根置于"无"。它们之所以要寻食，是因为胃中无，它们之所以逃跑，是因为安全无。只不过它们的本能对"无"的反应方式简单而直接。而它们之所以未创造出刀叉和飞机，并不是它们绝对的"有"，而是相对的"无"不多。

"无"不是一个绝对性的概念，而是一个相比较而存在的概念，只有相对于"有"才有"无"。动物的"无"不多，是因为它们没有自我意识，不会把自我与他人、他物进行比较，是"无"它们也不一定能感知到"无"的存在。它们所能感知到的"无"，仅仅是体内分泌失调形成的"无"。体外的"无"，它们完全感知不到。牛、羊、马、猪并没有感知到它们没有锋利的爪牙和强劲的翅膀。而人却不一样，因为具有自我意识，会不断地把自我与同类的他人和非同类的动物，以及非生物的自然物进行比较，在这种比较中，他感知到自己的"无"是如此之多。正是为了弥补这种无，他的意识产生了。他不甘于无他物之所有和无他人之所有。这种意志诱导他去不断采取行动以改变无他物之所有和无他人之所有的现实，或者创造自己独特的他物之所无和他人之所无以弥补己之所无的心理缺失。他的创造性、智慧也都是在为弥补己之所无的过程中发展出来。在《三国演义》中的诸葛孔明之所以用空城计，是因为无兵无将；爱迪生发明电灯是因为夜晚没有太阳。

"无"之很多，用创造性和智慧补偿何"无"，这就为意志提供了自由。"无"很多，由"无"产生的意志也很多，但意志的载体——肉体却只有一个，意志的实现却需要由意志的载体去完成。尽管一定的行为可以同时实现几个意志，却绝不可能实现所有由"无"而产生的意志。让何种"无"产生的意志优先实现，这就是意志的自由。

意志产生于"无"，并且意志决定也是根据"无"。"无"很多，"无"产生的意志也很多，这总得有一个实现的先后顺序，意志的载体只能依次去实现。同时实现所有的意志也是绝对不可能的，确定其先后顺序也就是意志的决定。意志的决定并没有一成不变的原则遵循。行为的最合目的性原则在此并不完全适用。当由意志具体化的目的从属于一个由意志具体化得到的更为根本的目的时，可适用理性原则，即赋予最有助于根本目的实现的从属目的以优先性。但这种"无"产生的意志并不是都具有这种结构。如果说生存是根本性目的，那么消除由体内分泌失衡导致的紧张，包括饥饿、寒冷、性饥渴等，就属于从属性目的。哪一个对生存威胁最大，哪一个就最具优先性。但从某种意义上讲，这种意识只不过是动物本能的意识化，是一般动物都能恰当地安排好的序列，但与生存意志不直接相关的意志却并不存在这种结构。

意志的最终形式是突破“无”而实现一种满足。生存意志则是生理满足和心理满足的一种混合，而与生存意志不直接相关的意志则是一种纯粹的心理满足。而心理满足却依赖于对“无”和“有”的评价。有他人之所无，则获得一种心理满足；有他人之所有，则获得一种心理平衡。无他人之所有，则会产生一种心理不平衡的受挫感。而意志的决定首先是缓解心理不平衡的受挫感。但往往有些“无”是无法突破的，别人有漂亮的脸蛋和苗条的身材、高挑的个儿……我没有。但这种“无”纯粹是造化所致，无人能改变，尽管现代美容技术已高度发达，但通过化妆品装饰出来的美和通过发达的医学技术装修出来的美，是无法与造化之美比拟的。因此，这种“无”是不能突破的，只能通过创造“有他人之所无”来补偿以消除和缓解心理不平衡的受挫感。即用“有他人之所无”的心理满足，来补偿“无他人之所有”的受挫感。虽然消除和缓解心理不平衡的受挫感具有优先性，并且在众多优先性之中，心理不平衡的受挫感大的又具有更多的优先性。但这种心理不平衡的受挫感的大小完全取决于对“无”本身的评价。高估己之所有，他人之所无，则产生过分满足，导致骄傲；高估己之无，他人之所有，则会过分感到受挫，导致自卑。这样，获得可高估的有，消减可低估的无，也就实际上成了意志决定的通用原则。但高估和低估，都是一种心理评价，这种心理评价是如何完成的，却是尚待进一步研究的课题。

三、影响心理评价的主要因素

意志产生于“无”，而意志决定却又依赖于对“有”和“无”的心理评价，因而影响心理评价的因素也就实际上参与了意志的决定。其影响因素有五点：

1. 遗传基因

生物社会学家们的研究早已得出确定的结论，对于特定人的人性人心的形成，遗传基因的作用至少占一半。

2. 主体我的有无结构

人总是处于一定的社会群体之间，主体我的有无与周围社会群体中众多个人的有无，通过对比形成一种特殊的结构：人有我无，人有我有，人无我有、人无我无。这四种不同的有无状态，也就构成了特定主体我的有无结构。当人有我无时，主体我就会形成强烈的心理失衡和受挫感。心理对这种“无”的评价相对要高。因为在这种有无结构中，对比反差会很强烈。当人无我无时，主体我就不会形成明显的心理不平衡，对这种“无”的评价也就较低。即使众人之中，有一个人有，或有几个人有，对这种有的评价也会较低。因为只有一个人，或几个人有，而大多数人都无，主体我就只不过是这众中之一，别人能忍受这种无，我也就能忍受。在众人皆无，及众人皆有（唯我独无）这两种极端结构之间，有一系列的中间性结构，这些中间性结构对心理评价的影响由左向右逐渐增强，由几乎没有什么影响到具有很大的影响。

3. 自我经历

自我经历不直接影响心理评价，但它会作用于人的性格特征，而人的性格特征又会直接作用于心理评价。性格刚强自恃的人，会更看重众之所无及我之所有，而忽视众之所有及我之所无。性格懦弱随和的人，则会看重众之所有及我之所无，很难通过众之所无及我之所有的创造来补偿他的人有我无。性格特征不仅会通过有无结构的影响作用而对心理评价形成影响，而且社会共同的价值观念还会作用于他的心理评价。刚强自恃的人并不是简单地接受社会共同的价值观念，而是通过自身的体验来审视批判社会共同的价值观念。社会公认的善，他不一定会认为善；社会公认的恶，他也不一定认为恶。他是用自身的体验来判断善恶、好坏、应该和不应该。而懦弱随和的人唯唯诺诺，社会共同的价值观念也就直接成了他的价值判断，盲目遵从，人云亦云。虽然人的性格特征并非如此简单，但对心理评价的影响却或多或少地存在着。此处讨论的不是行为科学，也用不着详细探究。而主体我的经历对性格特征的形成作用却是心理学和行为科学研究已有的定论。主体我的经历，尤其是幼年时的经历，包括大喜大悲、重大挫折，以及在母腹中胎教的影响和婴儿期的环境，都会参与性格特征的形成。前者是心理学证实了的结论，后者则是当代优生学证明了的结论。

4. 社会共同的价值观念

社会共同的价值观念通过强化作用而内化为主体我的价值判断。顺从接受社会共同的价值观念，就会受到社会的赞许和有形无形的褒奖；抵制违背社会共同的价值观念，就会受到社会的贬低和有形无形的惩罚。但社会共同的价值观念作为一个体系并不会原封不动地内化为主体我的价值判断。内化过程是通过一系列的具体事件来完成的，而不同的具体个人不可能拥有完全相同的价值体系，他们都只是部分地充当了社会共同价值观念的传输器。这其中不仅有社会共同价值观念的漏失，而且还有具体个人价值判断的渗入。社会共同的价值观念直接作用于主体我的心理评价。当社会认为是应该的，而又众之皆有，唯己独无时，主体我则会对这种无作出过高的估价；当社会认为是应该的、善的、好的，而又众之皆无，唯我独有时，主体我则会使这种有对于其他的无具有多倍的补偿作用。在此社会共同的价值观念对于特定主体我的有无结构就起着一种强化作用。社会认为有正面价值的就具有正向强化作用，使自我更加看重相应的有和无。社会认为没有价值的，就具有负向强化作用，使自我看轻相应的有和无，忽视这种有和无的存在。

5. 身体健康状况

身体健康状况也会影响主体我的心理评价，只不过它的影响力比较弱。但在特定情况下，它又会起很大作用。在“二战”结束前的雅尔塔会议上，美、英、苏三巨头讨论战后的势力范围划分时，罗斯福就因为健康不佳，无心持续地讨价还价，因而作出了多少有些违背其意志的让步。健康不佳让他心烦和不安，心烦和不安使他无心再讨论下去，并且还让丘吉尔也作出了让步，以早日结束这场谈判桌上的较量。身体健康则会强化主体我的意志力量，使之看重每一个有意义的有无对比。这时，他精力旺盛，就会有不屈不挠的决心。健康不佳，尤其是生命将息，则会心灰意冷，把有无对比看淡，表现为消沉退缩。

但是这些因素也都仅仅起影响作用，而不是决定作用，其原因有三点：

（1）它们的作用方向难以统一，一者的作用又往往会被另一者的作用所抵消。

（2）作用的力度在不同的场合也会有所不同，并且呈不规则的波动变化。

（3）个体差异巨大，不同的主体我面对相同的影响因素，往往反应的方式和程度会有所不同，其行为选择也就难免不同。

也正是这些原因导致了意志和意志自由的存在。意志在任何一种情况下，都没有被决定。因为随着知识的积累和信息的传播，在任何时候、任何情况下，主体我都不会仅仅面对一个“无”。“无”很多，对“无”的心理评价又受一些极不确定的因素影响。

图1－5 之所以有这种意识，是因为无所意识的有

正是意志未被决定，因而使其行为也未被决定，行为又直接造就出具体的人，也就由此形成了人与人之间的巨大个体差异。一般动物之所以个体差异小，其原因也就在此。动物的行为主要是受本能支配，而相对于同类动物，它们的本能是完全相同的，因而其行为模式也是相同的，从而使个体的差异无由得到发展。在这一点上，人与动物显露出极其明显的差异。动物没有行为选择的意志自由，仅仅是受物种选择的规律支配。而人具有行为选择的自由，因而是由主体我的行为选择形成了主体我的行为，进而由主体我的行为创造了主体我的人格特性本身。

第五章

唯我利己的自我肯定规定性述要

唯我利己是主体人的自我肯定规定性。这其中体现着主体我的价值标准。而这种价值是利己的还是利人的，其评价标准并不在主体我本身，而要从社会和他人的角度来分析。从社会和他人的角度来看，主体我的行为会形成三种不同的关系，本章对这三种关系进行了分析。而如何从管理学的角度来看主体我的自我肯定规定性呢？本章也进行了相应的说明。

一、唯我利己的自我肯定规定性的内涵

主体人是唯我利己的自我肯定存在。这种规定性可以表述为：任何一个人的行为目的都是寻求自我肯定，超越于自我肯定的非利己性行为是不存在的，更不会有与自我肯定目的相对立的利人行为存在。利人只不过是他为达成他自我肯定目的的同时而产生的一种客观效果。

在这个规定性中包含的条件性假设是：人不仅寻求生理需求的满足，而且还寻求心理需求的满足。并且当生存危机基本消除后，寻求生理需求的满足就不再是驱动人的行为活动的主导动机，寻求心理需求的满足会上升为人们行为活动的主导动机。但这一规定性仅仅在补充了条件性假设之后才能成立，否则人们会用现实中广泛存在的经验事实来反驳。

从表面现象分析，大公无私，毫不利己，专门利人的事例不少见，但这只不过说明他们在经济利益上的无私和利人，放弃有限的生理需求的满足而寻求心理需求的满足。经济利益并不是人所寻求的自我肯定价值的全部内容。人从他发展进化到形成主体我的意识开始，其所寻求的自我肯定价值的内容就开始不断丰富，并且随着社会经济的发展，还越来越趋于丰富，从而使生理需求的满足仅仅成为所寻求的自我肯定价值中的一部分内

容，并且是越来越小的一部分内容，进而使心理需求的满足上升为一个越来越重要，越来越大的一个部分。

生理需求的满足是种利益，心理需求的满足也是一种利益。因而追求心理需求的满足，而轻视经济利益也就并不能否定人所具有的利己性。生理需求的满足也就是实现自我存在和自我保存，这是一种自我肯定，它使自我得以维持和延续。而心理需求的满足也是一种自我肯定，但这种自我肯定不是对生命的肯定，而是对生命限制的超越，使主体我超越肉体生命的限制，而体验和享有主体我存在的生命价值和意义。当心理满足实现时，他会忘记生命的短暂和肌肤的痛苦，而感受到一种真正的存在。利人可以获得心理满足，正如西蒙所言："这种利他实际上意味着明智的利己。"① 虽然西蒙的意思是从非经济利益和经济利益的转换的角度说这番话的。但实际上不能实现由非经济利益向经济利益的转换，心理满足照样可以成为一种利益。在现实中，之所以有些人表现得很自私，而另一些人则表现得无私和利人，只是因为他们对生理满足和心理满足的偏好不一样，或者说是对二者的心理评价不一样。自私的人偏好经济利益带来的肌肤之利的实现和满足，即偏好生理满足。虽然偏好经济利益的人也可能偏好心理满足，他们会从鼓囊囊的钱袋和巨大的财富积累中获得心理满足。但这种聚财不仅仅是为了生存和安全的保障，而是以此来证实自己的力量和全能，并从这种力量和全能中获得心理满足。从这个意义上讲，对利人和利己的区分就是多余的。二者都是为了满足自我肯定的目的，只是所满足的自我肯定的价值内容不一样罢了。因此利己是利己，利人也是利己，都是自我肯定价值的实现。

二、区别利己、利人的依据和意义

所谓利己、利人的区别只有从社会和他人的角度来评价时才存在，相对主体我而言，这种区别却完全是多余的。因为任何一个主体我的任何一个行为都是服务于他自我肯定价值实现的目的的。唯我利己的自我肯定这一规定性，否定人有非利己性的行为，这是从主体我的角度来分析的。因为人的行为都是具有目的性的。而这种目的性相对于主体我来说，都是一种自我肯定。但人总是生活在社会之中，他的行为相对于主体我都是自我

① 西蒙．现代决策理论的基石．北京：北京经济学院出版社，1989年版，第147页。

肯定的，但相对于社会和他人，却会形成三种不同的关系：

（1）有助于社会和他人的自我肯定，这也就是通常所说的利人。主体我的行为不仅使他的自我获得了生理需求和心理需求的满足，而且在实现他的生理需求和心理需求满足的同时，也使作为社会和他人的主体我获得了生理需求和心理需求的满足。

（2）自我肯定对社会和他人不构成任何影响，既无助也无损。这也就是说，这特定主体我的行为活动仅仅具有自我肯定价值实现的作用，自己的生理需求和心理需求满足对任何社会和他人都没有关系和利害影响。

（3）有损于社会和他人的自我肯定，这也就是通常说的损人利己。主体我的行为使作为社会和他人的主体我在生理需求和心理需求满足上受阻，甚至直接构成伤害，即在对作为社会和他人的主体我进行价值否定的基础上来实现其自我肯定。

因为社会和他人从这三种关系中获得的生理需求和心理需求的满足是不同的，因而对一定主体我的行为的评价就有所不同。而仅仅第一种关系的行为会受到称道和认同，被认为是高尚的利人行为；而对于第三种关系的行为则会反对和抵制，因而对它的评价则是否定性的，是自私的不道德的利己行为；而对于第二种关系的行为则会漠视其存在，它不对社会和他人构成影响，社会和他人也就不易注意到这种行为的存在。

社会和他人作为一定的主体我，对另外的主体我的行为进行评价，并不会从行为者的立场和角度出发，而是从作为社会和他人的主体我的立场和角度出发。一个主体我因为饥饿而威胁他的存在，而他又无钱去买可吃的东西时，偷面包却是自我肯定的，因为要维持主体我的存在和延续，这一行为可能是他此时此刻最合理的选择。但对于失去面包的店铺老板这一主体我而言，他则不会从偷面包的人的处境去思考，而仅仅认为自己的面包被偷是自己的一个损失。

评判他人行为是利己还是利人，实际上都是依据利己的价值标准作出的，如果从利人的价值标准评判人的行为，任何十恶不赦的罪恶行为也都有充分的理由。他之所以偷窃，是因为没有钱，没有钱就不能过体面的生活，因此主体我的身心健康就没有保证，因而会导致对自我的否定，而他又向往自身存在的不中断，并且又无其他捷径得到钱。若利人，就应认同他的偷窃行为，因为他所寻求的也是自我肯定。即使是一个江洋大盗，有了钱，也还是要偷和抢，因为他认为只有足够多的财宝，他才心理满足，这仍然是自我肯定。从利己的角度看，这也有必要。每个人都有自己的心理满足，只不过他更偏好于从积聚财宝中获得心理满足。当然，谁也不会如此从利他的角度来思考这个问题。

有人可能说，评价利人、利己是从社会整体的角度作出的。这也改变不了利己的价值标准这一事实。一是社会并不是一个空洞的抽象存在，而是由一些主体我个人组成的。他们的评价，实际上是他们每一个主体我个人的评价的综合，而每一个主体我个人的评价依据却都是利己标准。二是社会作为一个整体去评价某一特定主体我的行为，也是从利己的标准出发的，只不过这时已不是具体的个人，而是一群人组合而成的整体。之所以有叛国罪，也只是因为叛国者作为一个主体我，他的行为损害了作为一个社会整体的国家的利益而已。

即使作为第三者对于一个主体我相对于另一主体我的行为关系的评价，也无法超越利己性的限制。比如主体我甲强奸了主体我乙。现在由主体我丙评价，他或者谴责甲，或者庇护甲，或者不加评价。他的选择都是从利己的角度出发作出的。他之所以谴责甲，是他意识到不通过社会谴责来制止甲的行为，他的妻子、女儿都有可能遭受不测。他之所以庇护甲，是甲给予他以某种利得，或者是经济利益，包括钱财贿赂和许诺，或者是权力地位，包括被甲提拔重用。他之所以不加评价，或者是他不敢评价，因为他的评价无论是站在甲、乙哪一方的立场上作出，被否定的一方面都会找他算账，让他蒙受损失；或者认为与己无关，没有必要评价。他也许会极其愤慨地谴责甲，而不顾甲可能给他带来的灾难。但这仍可能是一种利己行为。他之所以愤慨，是因为他坚持认为强奸是罪恶行为这一价值判断。谴责甲，这使得他的价值判断得以贯彻，这本身就可以是一种心理满足，因为被他确定的价值判断被否定，会让他心理压抑，因而，他则会尽可能避免。

赵高指鹿为马，有些朝臣仍不顾赵高的权势而指出鹿不是马，只不过他们感到他们所认定的马与赵高指为的马的特征不相一致。马也好，鹿也好，都是人为之的命名，重新命名未尝不可。他们坚持鹿不是马，只不过是坚持自己的已有认知，并且相信坚持这种认知是对自己的判断力的肯定，坚持自己的价值判断也就与自我肯定联系在一起了，满足也就在其中了。这与因面包被偷而痛斥小偷一样，只不过面包摊主损失的是面包，而朝臣损失的是已有价值判断。

图1－6 自认为没有情感情绪行为的人，也会大动情绪地跳起来

三、唯我利己的自我肯定规定性的经验检验分析

利己性是一种客观存在的经验事实，不是一种价值判断。它作为一种客观存在，你认可，它存在，你否定，它也存在。古今中外，几乎所有的道德说教者都对自私自利大加挞伐，把它看做万恶之源。但它并没有因为挞伐而减少和消失，因为它是人的本质特性中的一个客观存在的内容。心身健康的人，不可能行为没有目的，而目的又不可能不是他自己的目的，而他自己的目的又不可能不是实现对主体我的自我肯定。要消灭自私自利也就是要消灭人的行为的目的性。而消灭人的行为的目的性，也就是让人精神错乱。只有精神错乱的人才会没有行为目的性。唯我利己的自我肯定这一人性特征不是谁想有就有，不想有就可以无的。道德说教挞伐的自私自利也许仅仅是指经济利益上的利己性，但相对于同一的主体我，生理满足和心理满足不可能有一个道德与否的区分。性行为不一定是耻辱行为，沽名钓誉的善举也不是高尚情操。但道德家们却往往美化后者而贬低前

者。其实二者都是利己的，只不过利己的内容和方式不同。褒一个贬一个又有什么理由呢。

“有心为善虽善不奖，无心为恶虽恶不罚”。这其中的哲理任何人都会众口一词地赞同。因为“无心非，名为过，有心非，名为恶。过能改，归于无”。这作为不罚的理由，从主观上是能说通的。但无心为善，没有行善的主观动机，其善又何在。佛教早期的经师杜撰的一个体现最大的善的《王子舍身饲虎》的故事中讲，王子发现带小虎仔的母老虎饿得奄奄一息了，他告别父王和诸王兄，自己投身向饿虎。饿虎无力撕咬他的皮肉，吸饮他的鲜血，他自己把手臂刺破了让母老虎舔食他的血。如果是王子不经意跌入饿虎所在的山洞，饿虎捡到了王子的新鲜血肉，这其中还有善吗？老子说过：“天下皆知美之为美，斯恶矣。皆知善之为善，斯不善矣。”① 只有如此，众人人人自我约束以避恶扬善，才能有社会的纯净和太平。

无论是生理满足的自我肯定，还是心理满足的自我肯定，都是自我肯定，都是利己行为。目的本身都不会有错，错的是实现自我肯定的方式。建立在损害他人自我肯定价值基础上的自我肯定才是应该受到挞伐的。所以，问题的关键仅仅在于利己是否损人。超越主体我的动机来判定善和恶，是没有意义的。

但管理学、经济学首先遵循的是效率原则，而不是既定的价值原则。只要所实现的主体我自我肯定大于社会和他人自我肯定的损减，也就是经济的，应该的。一队沙漠之旅，粮尽水竭，只有吃掉病弱者的肉，喝掉病弱者的血，才有可能避免全军覆灭的灾难。在这个整体之中，每个主体我若都利己不损人，只能是同归于尽。这时的损人利己，就不是一个价值选择问题，而是一种存在选择问题。并且在世界的发展过程中，物种竞争，优存劣汰，是竞争的选择，不利己不能生，不损他不能发展。虽然人类社会的发展不同于自然界的物竞天择的物种进化规律，但也不容道德家们来否定利己性这一基本的人性特征。成者为王，败者为寇，实际上也就是认同了自然界的物竞天择的物种进化规律对人类社会的适用性。

但是，毕竟人类社会还是不同于自然界，植物、动物都只有生理机能，不存在心理体验，也没有满足不满足的感受，只有适者生、不适者亡的选择。而人因为自我意识的获得，生理机能也会转变为一种意识行为，衣食住行为也不再仅仅受本能的制约，而由人的意识意志控制。而意识意志的形成又有社会文化的力量参与。

① 意思是：天下人都知道美的东西之所以美，就知道避丑了。都知道善之所以善，就知道避恶了。

意志目标主要取决于主体我对有无的心理评价，而影响主体我对特定有无的心理评价的五个因素中，有三个因素与社会性相关。有无结构是通过把主体我与社会和他人进行比较后得到的主体我的现境信息，自我经历也是在社会生活中主体我的经历，社会共同的价值观念直接是社会共同的价值判断，因而使主体我的利己行为双重地受到社会制约。

一是主体我的行为是在考虑到对社会和他人的影响之后作出的选择；二是社会共同的价值观念和道德规范的落实不仅仅有规劝诱导作用，而且还有惩戒约束作用。因此，任何主体我的损人利己行为都会自觉和不自觉地被主体我克制和收敛，以尽可能利己而又利人，至少利己不能损人。因为主体我的心理满足是在社会之中实现的，与社会共同的价值观念相冲突的行为很难从中获得心理满足，相反得到的是心理的不满足，包括压抑、孤独、郁闷。克尔凯郭尔所说的孤独人之所以孤独，与其行为与社会共同的价值观念相矛盾，与其被社会所抛弃直接相关。

也许有人会用爱怜行为来反驳利己性。那么爱怜行为会不会否定利己性呢？因为一般人都认为，爱是无私的，怜也是无私的。这只不过是他们把利己性定义得太窄，以为只有寻求自身的肌肤之利才是利己行为。动物的利会如此单一，是因为它们没有心理反应，仅仅只有生理本能反应。因而肌肤之利也就是它们的利的全部内容。但人却不同，即使生理本能反应也得通过心理反应来实现，利的内容也就因此拓宽了，所有的生理满足和心理满足都是利，或者说有助于自我肯定的活动都是利己的。因而爱怜行为也就不能不是利己的，爱怜行为的最终目的是心理满足，没有无缘无故的爱，也没有无缘无故的恨。爱是有原因的，怜也是有根据的。

世界上的爱可以归纳为三类：一是血亲之爱，包括父爱、母爱、兄弟姐妹之爱、婊亲之爱；二是性爱，主要是异性之间的情爱；三是友爱，包括同志之爱、邻里之爱、朋友之爱。爱不是索取，而是奉献，但爱不可能不是满足。只不过这种满足仅仅是心理上的满足。这种心理上的满足主要是从两个方面来实现的。

其一，以爱去换取爱。爱是付出，就像播种，意在收获到爱。爱而得不到爱的回报，这种爱是不能长久的，甚至这种爱还会转化成恨。最明显的是性爱，单相思很难把爱深化。单相思也构成爱，但它与不结果的花一样，转瞬即逝。爱只有用爱来浇灌时，爱之花才会鲜艳并结出硕果。古今中外没有哪一则爱情故事是一种单相思构成的。性爱如此，友爱更是如此。友爱强调的是朋友间的互爱，有爱的投入，而无爱的反馈，这种友爱很难长久。被墨人骚客称道的最伟大的母爱亦不例外。虽然母亲对孩子的爱是不计回报的，若只有母亲对孩子的爱，但孩子不尊重母亲，甚至因不理解母亲的不当行为而憎恨母亲，母亲对孩子的爱也就难免冷却。由此可见，爱虽不是功利性的，但也具有功利的性质。爱使他人的自我得以肯定，这种自我肯定既有生理满足上的，也有心理满足上的。播种爱是想收获爱，反馈的爱又使主体我自我肯定得到实现。基督教的教义中有“爱你的敌人”的说教，但这里的爱也仅仅是一种手段，是想用爱来平息仇恨的火焰，使之变成爱。在这里，功利性更是昭然若揭。

其二，爱的过程本身就是自我心理满足的实现。母亲对孩子的爱也完全可能是不图回报的。但这却使母亲从爱中获得了希望和超越。人活百岁必有死，生命总是有限的。肉体生命不能超越，但可通过把希望寄予孩子，以从心理上确证主体我的永恒。孩子是我的孩子，孙子是我的孙子，子子孙孙相传也就使主体我获得了永恒和超越。中国儒家文化中的孝就包含了这一含义。“不孝有三，无后为大。”无后也就使祖先主体我的传承中断了。父母之所以对孩子倾注全部的爱，是他们认定自己的希望就在他们身上，他们的儿子、孙子的存在本身就给他们带来了心理满足。这也似乎是一个规律，越是平庸的人，越是希望子孙满堂，他们想用子孙的兴旺来弥补自身的平庸。相反地，伟人却不太看重子孙。武则天连诛三子，因为她的儿子妨碍了她主体我的永恒的实现，所以她选择除掉她的儿子。很多伟人，像康德、尼采……他们对自己很有信心，一定能用自身的智慧来赢得永恒，结婚成家相反就成了一种负担。另外祖国之爱、家乡之爱也具有这种性质。之所以爱祖国、爱家乡，是因为祖国和家乡可以成为他们希望的寄托。若这个祖国和家乡相对于他，不能寄托任何希望，而只有失望和绝望，那他也就不会对祖国和家乡寄予希望。寄予希望，存有希望，这本身就是一种心理满足。

怜与爱有相同之处，都没有索取。但又不同，爱是奉献，怜则是施舍。怜同样是利己性的。怜是强者对弱者的可怜，而不是相反。同情、怜悯、动恻隐之心，都是强者对弱者的行为。凡是这种行为都是对主体我之强的地位和能力的确证。因而怜者在怜的过程中也就实现了自我肯定。相对于被怜者，怜者是有力量的，强大的，怜的行为也就是对主体我的力量的确证，因而使他在怜的过程中获得心理满足。在现实中不难发现这样一个普遍的事实，越富有的人越对穷人缺少同情心；相反，贫穷者对贫穷者却拥有更大的同情心。

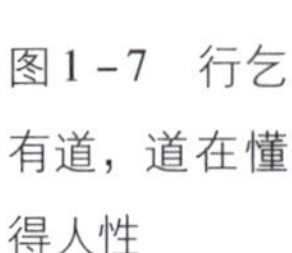
图1-7 行乞有道，道在懂得人性

笔者曾作过几次观察，当一个身残多病的行乞人在大街上匍匐行乞，向他施舍的人中富翁大款相对较少，他们显露的不是不屑一顾的神气，就是鄙夷的目光。因为富翁大款不必从这种怜中来确证自己的力量和强大。而热恋中的男人往往会出手阔绰。可怜兮兮的乞丐见到被年轻美女吊着膀子的男士，都会财运大开，因为被年轻美女吊着膀子的男士要表现自己的强大，往往不仅不会拒绝乞讨的恳求，而且还会舍给大票子。笔者20世纪90年代初在昆明市还亲睹了这样一件怪事，同是一些行乞者，但其中一个蓝眼睛、高鼻子、白皮肤的外国佬却获得了数倍于国人的施舍。这不能用中国人不同情自己的同胞，而同情异族他种来解释。而是中国人感到外国人也有行乞的，这种对外国人的施舍就是对自身强者地位的确证。给普遍富裕的外国人中的穷人施舍，可从施舍中获得更多的心理满足。

第六章

客体工具的自我中心规定性述要

只要能独立于主体我之外，并成为主体我的活动实践对象或反思认知对象的事物就是客体。客体可以分为自然客体、意识客体、社会整体、他人个体客体、自身肉体客体、自我意识客体这六大类别。它们存在的价值和意义，就在于它们可用做主体我实现特定意志目标的工具和手段，而自我中心与社会的团结和统一是没有冲突的。

一、客体工具的自我中心规定性的内涵

这一规定性可表述为：任何一个个人都是一个主体我，相对于主体我的万事万物都是与主体我对立的客体，它们的价值和意义都是由主体我赋予的，主体我构成其所感知到的世界的中心，所有与主体我对立的客体都是为我所用的工具，并且只有当这种客体对于主体我具有自我肯定的价值实现的工具作用时，它们才对主体我有价值和意义。

人们常说认识主体、审美主体、行为主体，在这里，主体不仅意味着是行为的发出者，而且是一个具有自我意识和自我意志的行为发出者。行为是主体我的行为，并且行为必须体现主体我的一定意志和愿望。机械力的存在也可使自然物成为“行为”的发出者，但这种“行为”却与意识、意志无关。汽油在汽缸内燃烧推动活塞运动，但活塞的这种运动并不具有任何意识和意志，不过体现了人的意志，是人让汽油燃烧后推动活塞运动的。主体我的行为不服从主体我之外的人的意志，主体我之外的人的意志要通过主体我来反映，得到主体我在意志上认同，哪怕是屈从，才有对应的行为发生，即使是屈从，其行为也是主体我的意志选择结果。主体我的行为是主体我的意志的外显，而与主体我对立的则是非我，它是独立于主

体我之外的存在。它们相对于主体我也就成了客体，是客我，并且不能通过主体我的意识和意志直接控制它们。也就是说驱动客体，单有主体我的意识和意志是不够的，还必须有肌肉和骨骼的运动，给予它以作用力。我想让火熄灭，但火在燃料和氧气耗尽之前是不会熄灭的，除非我借助我的双手把它扑灭。我不想让江水漫过大堤，只有大堤充分高或者水量不太大，才可能。火和水都是客我，单有意识和意志是不能控制它们的。相对于特定主体我之外的主体我也是如此。特定主体我的意识和意志不借助于一定的媒介，如语言、手势、表情等，是无法通达于其他主体我的。并且即使特定主体我的意识和意志通达于其他主体我，其他主体我是否遵循，得由其他主体我进行选择之后才能决定。因而特定主体我之外的其他主体我相对于特定主体我也是客体。

主体我之外的客体的存在，主体我不能否定，也无法否定。客体独立于主体我之外，并不会因为主体我不愿它们存在，不知它们存在，它们就不存在；也不会因为主体我希望它们存在或设想它们存在，它们就存在。我们不愿有地震，也不知哪儿有地震，但地震仍然会肆虐袭击我们的家园。卖火柴的小女孩，想到了温暖的住房、丰富的佳肴，还有圣诞树，却都未到来，她只能孤零零地冻死在街角。

主体我之外的客体存在的价值和意义从属于主体我也就理所当然了。所谓价值和意义，也就是主体我对于一定客体相对于主体我的意志目标而作出的评价和判断。我们说电话有价值，是因为它可供主体我用以传送交流语言信息。但相对于聋哑人，它仅有装饰价值，而无实际价值。因为聋哑人无法借助它来传送交流语言信息。价值和意义的大小又完全取决于它相对于主体我的意志目标作用的大小。这种作用包括正反两个方面：阻碍作用和促进作用。作用越大，价值和意义就越大。与主体我的所有意志目标都不相关的存在，也就没有价值和意义。天琴和河鼓两个星座，相对于一般人而言，就只有鹊桥会的想象价值。它们相距我们太遥远，难以作用于主体我的任何意志目标。即使有人指它们为证起誓，这种价值和意义，也是由人虚拟的。不过这也算做一种价值和意义。

价值和意义可分为两类：一类是实在的，它对主体我的意志目标的实现具有现实的客观作用，或者阻碍，或者促进；另一类是虚拟的假设的，它对主体我的意志目标的实现不具有现实客观作用，但对主体我的意志目标本身形成影响。指天琴星座发誓，天琴星座就因虚拟而对主体我的行为选择具有一定约束作用。上帝就是虚拟的一种存在，人们设定它具有无限的力量和权威，从而使它对人的行为具有约束力。

图1-8 世界中心跟我走

价值和意义并不是某种存在的特有功能和性质，而是因为它与主体我的意志目标的达成存在着特定关系而由主体我确认的，因而也就是主体我赋予了它以特定的价值和意义。上帝并不存在，仅仅是一种虚拟的存在，但因为赋予了他以无限的力量和权威，并且其力量和权威的运用方向是扬善罚恶，因而也就使他具有价值和意义。即使是第一类存在的价值和意义亦不例外。烹好的猪肉对饥饿难忍的人并不具有同等的价值和意义。虔诚的伊斯兰教徒禁食猪肉，它对他们的求食意志目标的实现就是毫无价值和意义的，但对伊斯兰教之外的人来说，则会有很大的价值和意义。若无其他食物的话，有它则生，无它则死。

我们在此所要讨论的价值和意义主要是现实客观存在的价值和意义，虚拟存在的价值和意义不在此处讨论。现实客观的存在是独立于主体我之外的存在，而虚拟存在则依存于虚拟者——主体我。相对于特定主体我而存在的东西，相对于其他主体我不一定存在。上帝只有相对于相信上帝的人才存在，相对于不信上帝的人，它则是谎言。而现实客观存在之所以有价值和意义，又直接是它们的存在对主体我的意志目标的实现具有现实的影响和作用。从正面来理解，也就是它们可用做主体我实现其意志目标的工具和手段，不具这一特性则会视做不具有正面的价值和意义。从反面来理解，它们的存在会增加主体我意志目标实现的难度，也就是说它们会阻碍主体我意志目标的实现。因而，它们可以视做反效的工具手段。现实中，恋人们经常制造出障碍来考验对方，这种被制造出来的障碍就明显具有反效工具手段的性质。

正是因为客体的价值和意义是主体我赋予的，它们被主体我选择作为实现特定意志的工具，才使之具有价值和意义。所以，主体我在现实中也就成了世界的中心。世界宇宙无论它是多么丰富、宏大，但主体我却只与对自己意志目标的实现存在关联关系的存在物打交道。不与主体我的意志目标的实现存在关联关系的存在，相对于这一特定的主体我则是一种毫无价值和意义的存在。主体我不会关心它们的存在，在主体我的意识中它们就是一种不存在。常识也可证实这一点。一个人一生有很多朋友，但朋友却总是在不断变化，早期的朋友因为他们不再对自己的意志目标的实现具有价值和意义，与自己的联络越来越少，最后减少到完全无，因而作为朋友就成了虚化的存在。同时又因为主体我的意志目标的发展变化，原来与自己不相干的人又成了朋友，因为他们会对自己新发展的意志目标的实现有所帮助，或者成了反朋友——敌人，阻止主体我的意志目标的实现。

与主体我的意志目标相关联才被主体我视做磨不掉的存在，这种存在的排列又是以主体我为核心的。直接作用于主体我意志目标实现的存在被列在最核心的焦点上，无论是工具，还是反工具，是朋友，还是反朋友。一个参与总统竞选的人，竞选对手和最亲密搭档都是处在他意志目标的核心焦点上，依次是竞选对手的搭档和自己稍疏远一点儿的搭档。与主体我的意志目标实现关系越远的存在，就越是处于主体我关注的边缘。

二、客体的分类

客体就是与主体我对立并独立于主体我之外的存在，这种存在并不仅仅限于看得见摸得着实体，只要能独立于主体我之外，并成为主体我的活动实践对象或反思认知对象，那就是客体。这种客体强调的是它与主体我的对立关系。主体我也是一种存在，但具有特殊的性质。它既不是生物意义上的人，也不是社会意义上的人，而是心理意义上的人。但后者又对前二者存在一定的依存关系。没有生物意义上的人，心理意义上的人无从承载，生物意义上的人的死亡，心理意义上的人也就随之不复存在。没有社会意义上的人，心理意义上的人也就难以获得发展和完善。社会意义上的人的死亡，心理意义上的人也就失去了发展完善的根据和力量。但生物意义上的人仅仅是一个动物，或者叫活的肌体。社会意义上的人仅仅是一个群氓，其特征是不能离群索居。心理意义上的人则意味着它是各种各样的意志的集合。生物意义上的人和社会意义上的人，其个体虽然也会存在很大差异，但这种差异是非常有限的。而心理意义上的人，其个体差异却很大，因为构成社会共同体的个体的意志会各有所不同。而这种不同个体的意志的现实化，也就变成了种种不同的人。因为所有人都是他自己选择的结果，选择也就是意志的外显和实现。

所谓客体并不是仅仅从与生物意义上的人的对立来理解的存在，也不是仅仅从与社会意义上的人的对立来理解的存在，而是从与心理意义上的人的对立来理解的存在。因此，与主体我对立的客体就它们本身的性质分析，可以分为六类：

（1）自然客体。它包括除人之外的所有物体，包括动物、植物、实物等。

（2）意识客体。它包括人类社会从古到今所承继下来的各种理论、思想、信念、传统，它们都是可以言传、书写的，存在形式有语言的、文字的、图画的、手势的等多种。但它却不是语言的声波、文字的书纸、图画的颜色、手势的动作本身，而是它们所传递的信息。

（3）社会整体。客体它包括把主体我包含在内，以及不把主体我包含在内的组织和团体，国家、政党、村落、民族、教会、企业、家庭等均是。它们是依一定的形式和规则聚集在一起的多个主体我的集合。

（4）他人个体客体。它包括除我之外的所有其他主体我个人。

（5）自身肉体客体。自身肉体，作为一种客体，也就是主体我的载体。它之所以也会成为主体我的客体，是因为主体我不是生物意义上的人，自身肉体虽然不能独立于主体我之外，却可部分地独立于主体我之外。只要不导致生命的终结，使主体我也随之消亡，可以从主体我肉体上分割出很多部分，仍不影响主体我的存在。剪去头发，主体我仍可完好无损，截去手臂也无伤主体我。在科学技术高度发达的今天，挖去心脏，用人工心脏在体外代行相应血液循环的功能，主体我也仍可存在。但大脑却不能随便切除割弃，意志和意识都是通过思维由大脑产生的。因而大脑的损伤就直接会导致意识的改变和意志的消失。比如，下丘脑的损伤就会直接导致进食、饮水和性三种意志的改变和消失。医学上关于死亡定义的争议是有道理的，死亡不应以停止呼吸和停止心跳为标准，而应以大脑功能的丧失为标准。停止了呼吸和心跳的人可以通过人工呼吸和外置人工心脏维持他所必须的血液循环以及氧分和养分，使人的意识和意志仍然维持存在。而大脑功能的丧失，人的意识也就终止了，意志也终止了。所以，植物人虽活犹死，就是这个原因。

（6）自我意识客体。它包括主体我的价值观点、思想方法、信仰理念、爱恨感情。这类客体一般被直接混同为主体或主体我，但它并不是主体，或主体我，否则它就不可能成为主体我反省认知的对象。能作为主体我反省认知的对象也就是反省认知的客体。反省认知则是主体我的一种意志活动。这里活动的发出者是主体我，活动所涉及的对象则是自我意识这一特殊客体。自我意识相对于主体我也远不是一成不变的。价值观念可以改变，思想方法、信仰理念、爱恨感情也都可以改变。如果是主体我本身，则是不可改变的。

主体我相对于另外的主体我则是客体化的对象。但相对于主体我，自我就是主体本身。所谓主体我也就是一种机能，它是相对于客体而存在的，没有客体也就没有主体。而客体又只不过是可被主体我认知和使用的对象，没有被主体我认知和使用之前，客体也不成其为客体，对象也不成其为对象，它们是与我同在的混沌。当被主体我认知和使用之后，与主体我同在的混沌也就离我而去了，成了主体我的客体对象。我们说主体性的发展，或叫自我实现，也就是客体的深化。相对于主体而言，客体越丰富，主体我也就越强大，越明显。客体越单一，就说明主体、客体混同的程度越大，主体我也就越弱小，越晦暗。因为只有客体从主体我中分离出来，才能直接成为服务于主体我的工具。

三、客体的工具性分析

六类客体，相对于主体我，其存在的价值和意义，也就是它们可用做主体我实现特定意志目标的工具和手段。

自然客体之所以有价值和意义，是它们可通过一定方式转化为主体我赖以存在的吃的、穿的、用的、行的、住的、烧的、玩的等可资利用物。它们也因此都充当了主体我生存享乐意志的工具。而不能转化为吃的、穿的、用的、行的、住的、烧的、玩的，并又不会阻碍这种转化的存在物，都不在主体我的视野之中，尽管它们在事实上存在，却并未存在于主体我的脑海里，相对于主体我而言则是不存在。黑洞存在于天文学家的脑海里，却在一般人的脑海中没有地位，天文学家可以通过对黑洞的思考、观察而获得维持其生存的工资和其他形式的资金，并展现自己的才华，以实现自我。

意识客体的工具性也是显而易见的。对任何一种理论、思想、信仰和传统，只有当它对主体我的特定意志目标的实现有影响作用时，人们才会传播它、发展它、称道它，或者诋毁它、批判它、埋没它。比如孔子的儒家思想，为统治阶级所称道，仅仅是他的“君君臣臣父父子子”的等级纲常理论，具有驯化百姓的功能，也正是因为这一点，孔子才被誉为无以复加的至高至上的大圣人。再如，同是马克思的思想体系的人本主义思想，以及阶级斗争和无产阶级专政理论，西方的社会民主党只取其前者，而东方的共产党20世纪90年代之前却只取其后者，都是各取所需。仅仅是有助于为自己行为提供辩解和论证支持的内容才取而光大，而对有违于自己行为的辩解和论证的内容不仅不予宣传、研究、发展，而且还会不断加以否定、批判和歪曲。红衣主教们之所以要烧死布鲁诺，并不是因为布鲁诺坚持的日心说的真假问题，而是因为日心说与他们笃信无疑的教义相冲突，因而会动摇至上全能的上帝的地位，如果不否定、摧毁他，他们的权威和地位就要受到挑战和怀疑。而苏格拉底是否应该被绞死，他们却不关心，因为这与他们的意志目标实现不相关联。

在意识客体中，也许信仰作为一种客体，它的工具性不太好理解。信仰本身并不是客观的存在，而是由主体我认同的一种虚拟存在。但一经认同，这种虚拟的存在就会对主体我的意志具有一定的作用。但接受一定的信仰，或叫认同一定的信仰，这本身却是具有目的性的，这种目的性就是主体我的意志目标。相信佛教的存在，是因为主体我需要超越尘世苦难的折磨；相信上帝存在，是因为主体我的灵魂无法实现拯救而又需要拯救。任何信仰都不能成为意志本身。虔诚的信仰，并用所信仰的虚无东西来约束自己，是主体我可以从这种行为中获得安慰，平衡已经失衡和可能失衡的心理。

社会整体客体的工具性本身也是显而易见的，但认同这种工具性却有一个很大的障碍，这就是社会整体的既定代表人会强力反对。认同这种工具性，就会使他们头上的光环消失无遗，使他们自我标榜的无私和伟大中隐藏的私欲和无耻暴露无遗。一个人不能选择他出生的祖国和民族，但献身祖国和民族却具有同样的意志目标。献身者认为他的祖国和民族可以成为主体我意志目标的依托和希望，他的献身也就仅仅是实现主体我自己的意志目标。岳飞力主抗金，反对媾和，是因为只有抗金他才能成为一代人杰，这正好由他对朝廷腐败的屈从得到了说明。他之所以不愿回兵诛杀奸臣秦桧和卖国皇帝，是他怕背上犯上作乱、弑君造反的罪名，他不愿在抗金中通过自己的艰辛努力取得的美誉，在反秦桧、反皇帝中丧失。祖国和民族的工具性在岳飞身上也以扭曲的形式证实了。政党、教会的工具性往往容易被表面的所谓信仰所迷惑。前面已分析过信仰的工具性，政党、教会的工具性也就昭然了。加入一定的政党，并不是信仰驱使他如此，而是这个政党能作为他实现其特定意志目标的工具。忠诚于党，只有当这个党能给他的意志目标的实现提供帮助，他才会。美国纽约市现任市长布隆博格，原是民主党成员，他为了保证参选纽约市长的竞选成功，毫不内疚地转到了共和党，在他谋求连任竞选成功后，他又毫不内疚地转回了民主党。无论是民主党，还是共和党，能为他所用，成为他达成政治活动目的的工具，他就可以无用时扔掉，有用时又捡回来。在战争年代，穷人之所以拥护共产党，忠诚于共产党，又正是因为共产党可以给他们带来翻身的希望；而地主富商之所以拥护国民党，并为国民党效忠，又正好是国民党可以保住他们的财富和地位不被剥夺。叶利钦退出苏联共产党，是他看出苏联共产党相对于他，其工具性作用已经消失殆尽。而政党、教会，以及其他各种组织和集团的首领们之所以要强调忠于政党、忠于教会或忠于组织，是他们可从这种忠诚中巩固他们既得的地位和权利。他们忠诚就是忠诚于主体我自己的意志，让他人忠诚则是让他人供他们驱使。不难看出，组织和集团这种工具玩活了，比变形金刚还神奇，它可像魔法一样为实现主体我的意志目标提供无限的方便和力量。至于企业、家庭的工具性，也就不言自明了。

他人个人客体的工具性，仅仅从人们的朋友和仇敌的更替中就可以说明。对任何人而言，都没有不变的朋友和不变的敌人。朋友和敌人的区分本身就很简单，有助于主体我的意志目标实现的人就是朋友，阻碍主体我的意志目标实现的人就是敌人，与主体我意志目标实现不相关的人就既非朋友，也非敌人。杀父之人不一定永久是仇敌，他或她的女儿的美色却可以化干戈为玉帛。因为儿孙们的意志目标不会与父、祖相同。

自身肉体客体的工具性本身没有什么令人疑惑的地方。理解的困难仅仅在于把自身肉体与主体我有限地分离出来，成为与主体我对立的客体。这一困难前面已解决，其工具性的说明也就容易了。马克思说过，“自然界，就它本身不是人的身体而言，是人的无机的身体”。① 把这句话倒过来说，人的身体，就它不是自然界而言，是有机的自然界。自然客体的工具性是通过人的双手来完成的，而人的肉体是无须通过双手，可直接通过神经系统传送和反馈信息来完成。手、足、口、目、鼻等无一不是作为主体我的意志目标的实现工具存在的。人手之所以变成了手，就是因为实现主体我的意志目标的活动把前肢变成了手。主体我对自身肉体存在一种依存关系，但主体我的意志却并不从属于自身的肉体。所以这才有刘胡兰、董

① 马克思：《1844 年经济哲学手稿》，见《马克思恩格斯全集》，北京：人民出版社，1979 年版，第 42 卷，第 97 页。

存瑞这样的英雄烈士。这也正是人区别于其他动物的地方。其他动物只有生物本能，而人却因为大脑的进化有了自我意识和自我意志，把动物本能也置于了意识和意志的管辖和控制之下，从而使它们都成了主体我的意志工具。从分析哲学的观点来看，日常语言已说明了这一事实。用眼看、用手爪、用脚踢、用口咬……自身肉体的这些器官都是作为工具使用的。在现实中，虽然有不少人反对通过出卖肉体来赚钱，没有人对靠出卖由双手完成的劳动活动赚钱提出疑问。其实相对于主体我都是一样地使用自身的工具，服务于我的意志目标。其差别仅仅在于对社会和他人造成的影响和所起的作用不同。

自我意识则很难被认知改变而成为客体的一种客体。在现实中，一个人的价值观点、思想方法、信仰理念、爱恨感情一旦形成就变得异常的顽固而难以改变，甚至很少有人对自己的意识进行过反省，因而使主体我成了自我意识的奴隶，往往表现为冥顽不化、死脑筋、不开窍、痴迷。相反，确认了自我意识的客体地位的人则表现为为了实现更多的自我价值而不断地调整自己的价值观念、信仰和情感。邓小平若不能超越他原有的意识，也就不可能成为中国改革的总设计师。主体我要实现充分发展，在很大程度上依赖于对主体我自我意识的认知、反省和超越，也就是说把自我意识也客体化为工具，不断地反省并调整。只有如此，才能深化对前此五种客体的客体化，使之转变为能为主体我自主运用的工具。如果这样，自我意识就直接成了实现主体我自我肯定价值的工具。

四、自我中心与社会的团结和统一没有冲突

尽管客体工具的自我中心规定性是一个不容置疑的经验事实，但一些杞人忧天的人会担心，若认同这一事实，是否会毁灭社会的团结和统一，以至于毁灭人类社会本身呢？如果会的话，就该撒谎和欺骗以维护社会的团结和统一。他们之所以会有这种担心，是因为他们颠倒了社会与个人之间的关系。社会是由众多个人——主体我组成的，而不是相反，由社会分割而成个人，没有个人就一定没有社会，但没有社会却可以有个人。鲁宾逊在没有社会的情况下在荒岛生存了 28 年。但没有听说没有人的月球上、金星上、火星上、水星上、太阳上有人类社会。这些天体上没有个人，也就无从论及社会。个人是本源的，个人之所以依存于社会，是主体我意识到单个主体我的力量太有限，不仅发展完善自我不可能，而且连生存也会

受到威胁，远不是因为太孤独、太寂寞才把社会分割成一个一个的个人的，而是因为个人需要集体的力量才集结成社会。至少在动物进化为主体性存在的人之后，个人与社会的关系是如此。个人集结成社会就是要利用社会集体的力量来保障主体我的生存，实现主体我的发展。人因为有了自我意识，才产生无限多的欲望，但主体我的能力又赶不上欲望的增长，从而导致无限的欲望与有限的能力之间的矛盾。而又正是人的自我意识使他明白，借助于社会的力量可以使他的能力获得扩张。也正是这个原因，才形成了人类社会。同时又正是因为人有了自我意识，使之意识到自我生命的短暂和有限，从而使之不得不谋求效率。社会分工交换也正是因此而发展起来的。分工产生效率，但造成了全面需求与片面活动的矛盾。正是因为这一矛盾才使社会交往不断扩大，把分散的村社部落联结为一个整体，形成全国性的统一市场和全球性的统一市场。统一的市场也就是一定程度的统一社会，而超越于单纯的物物交换，把交换拓展到知识信息、思想观念的非物质形态的存在上，统一的市场也就直接是统一的社会。

正是以自我为中心的主体我，因为需要社会作为工具来帮助实现其存在和发展才组成社会，创造出社会。没有社会整体的工具性也就不会有社会。老虎没有它们的社会整体，不是因为它们的大脑进化不够，而是因为相对于老虎来说，它们的社会整体没有必要。但蚂蚁、蜜蜂并没有发达的大脑中枢神经系统，却有它们的社会整体，这不是自我意识的结果，而是自然选择的结果。没有它们的社会整体，我们就不可能看到它们的存在，因为早在我们发现之前，自然就已通过物竞天择的自然选择把它们淘汰了。

社会整体本来就是因为个人需要利用它才形成的，怎么会因为被利用而毁灭呢。相反，人们越是自主地意识到社会整体相对于主体我的工具性作用，也就越能促进社会整体的扩大和发展。历史已为此提供了充分的实证。从有文字记载的历史看，社会整体由部落发展为部族，再由部族发展为民族国家，现在已趋近于把世界变成一个统一的社会整体了，这倒不是因为某些人无私地献身于社会所致，而是主体我自私地利用社会整体而作出的选择。因为主体我已意识到只有不断扩大和发展完善的社会整体，才能为主体我的存在和发展提供充分大的舞台和保障。所以，客体工具的自我中心规定性的被广泛认知认同，不但不会毁灭社会的团结和统一，而且会因为由这种意识的强化形成维护社会团结和统一的自觉性，进而增进社会的团结和统一，并使社会得到更大的发展，因为每个人都需要社会。

第七章

自我超越的无限欲望规定性述要

欲望的不满足和发展，直接实现了主体我的发展和完善，并开启了新的自我发展和自我完善的历程。从心理不满足的原因和内容来看，人的欲望分可为三类：有、能和善的需要。自我保存、自我发展和自我完善与人的三大欲望相关。欲望无限性是人类社会发展的人格原因，而且人类的三大欲望都有使社会得以尽量避免人性恶的破坏作用的可能。

一、自我超越的无限欲望规定性的内涵

任何人的欲望都是无限的，不会有人对他的现状感到绝对满足。欲望总在不断满足的同时，又发展出新的欲望，主体我正是通过这种需求的满足和发展过程来实现自我发展和完善的。主体我的所有特征都起自于自我意识。正是因为有了自我意识，主体我不仅有对主体我的了解，以及有对与主体我相关联的人和物的了解，这种了解自然而然地会带来主体我与他人、他物的比较。越是了解和比较，就越是会使主体我感到不满足。他人有的，我却没有，他物有的，我却没有。这种比较使主体我深深意识到主体我的缺憾和不完善，形成主体我的不断拓宽的“无”的结构。“无”相对于主体我，不仅是没有，而且是引诱和不安。正是这种引诱和不安激发了主体我的欲望。只有变换这种“无”，使之成为有，或被弥补，才能消除不安。世界是如此的宏大和丰富，而对世界知识的拓展也就直接是对自我意识的发展，从而使“无”的结构加大，引诱和不安也随之加剧，欲望也就因此而增添。而主体我的感官又总是不断地把外部世界的信息传送给主体我，增加主体我与外部世界相关联的人和物的比较。只要这个过程不中断，欲望的增加和发展也就不会中断。

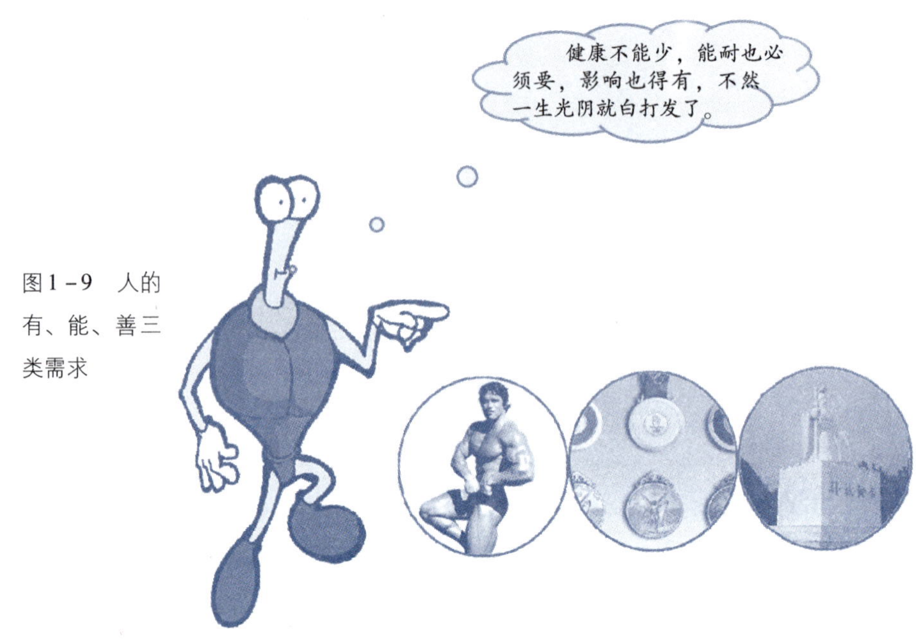

图1-9 人的有、能、善三类需求

一般动物只有动物的本能，是生理机制驱使它为满足本能需要而行动，本能也就构成它们的欲望的全部内容。它们没有自我意识，不具备把自我与外部世界进行比较的能力。同时，它们对外部世界感知的能力也比人小得多，它们没有从身体姿势和吼叫声中抽象出语言，更不用说文字，除了从遗传中获得的本能之外，对外部世界的感知只能靠自身的直接感受。这就限制了它们从本能之外发展出欲望的能力。因而，它们也就容易满足，除了吃和性，以及避寒、避险外，它们再无所求。即使吃和性也是仅仅以平衡体内的分泌失调为限。吃并不求精，但求一饱，性也是严格受到生理周期的限制。雌性动物在非发情期，任何性接触几乎没有。而人因为大脑的进化产生了自我意识，所有的动物本能行为也已不再简单地以本能形式表现出来。对食不是简单地满足于吃饱，而且还求可口；对衣不是简单地满足于避寒，而且还求漂亮；对住不是简单地满足于安全，而且还求堂皇；对性也不是简单地为了繁衍后代，平衡主体我体内的分泌失调带来的压力，而且还以此寻求快乐和浪漫。不仅如此，主体我甚至在这些与动物本能相关的需求满足中还加进了纯粹由主体我认同形成的文化要素，让本能满足打上了社会文化的烙印。这就使人的动物本能行为在此变得无限了。可口、漂亮、堂皇、浪漫，都只有比较级，没有最高级，因而不会有满足的极限。这更不用说由心理活动变幻出来的种种欲望了。权利没有极限，当了大国的皇帝，还会想当世界的霸主；财富也没有极限，即使拥有了整个地球，也不会满足，他还想拥有太阳。

是自我意识的发展导致了欲望的膨胀，要使主体我对他的现状感到满足，也就只有限制他的自我意识发展，使他不能从外部世界接受到任何信息，以减少和避免主体我与外部世界和外部社会的比较而扩展他的无的结构。一个生来就又聋又瞎的人，他的欲望不会比一般动物多多少。只要肚不饥、身不冷、性不渴，他也就充分满足了。他不会去寻求权力，也不会去寻求满足肚不饥、身不冷、性不渴之外的财富。我们可以肯定这种人也不会思想。他没有思想的材料，因为感知世界的感知通道中断了。通过触觉能否把自我与世界分离开来，也会成为问题。

像虔诚的佛教徒一样，看空世界，“色就是空……受想行识亦复如是”，通过般若智慧去欲，但大都是自我欺骗，很少有和尚真正去欲了。他们的所谓去欲，只不过是抑制某些方面的欲望，但抵制了某些欲望，却又不免发展出另一些欲望来。真正的去欲只有一落地就刺瞎双眼，刺聋双耳。佛教徒崇信空，但从没有完全去欲，真正空。他们所去的欲望仅仅是正常人的部分欲望。他们去掉了权欲、财欲、色欲，却又发展出永生的欲望，即超越生死轮回，永享极乐之欲。

欲望不可能充分满足还与寻求欲望本身就是欲望有关。人人都有求知欲。求知就是寻求对外部世界的了解，并与自我进行比较，从而增加对主体我的了解。而这双重了解又直接形成了主体我的“无”，主体我的“无”又直接会转化为欲望。因此，总是一方面有欲望不断获得满足，另一方面又有新的欲望不断发展出来。但是，无论是需求的满足，还是欲望的发展，这都是主体我的一种发展和完善。欲望实现了满足，也就是自我实现了肯定，使“无”得到了转化和补偿。这种自我肯定，或者是主体我的存在获得了新的保障，或者是主体我的潜能获得了新的发展和发挥。欲望的发展则表现为自我发掘出新的“无”，是在已有的有无结构之外增加了新的“无”，而不是原有“无”的加剧。也就是说欲望的发展并不是主体我的状况和处境变得更糟，而是或者有所改善，或者保持不变。因为新的“无”是关于自我和外部世界新信息的增加，是由与新的对象进行比较而形成的，不是在既有的基础上自我肯定的价值发生了损失。欲望赖以发展的基础——自我意识的发展，这本身就是主体我的一种发展和完善。不知道自我存在短缺和不足，也就不可能寻求弥补这种短缺和不足，完善自我必须从发现主体我的不完善开始。因此，欲望的不满足和发展，也就直接实现了主体我的发展和完善，并开启了新的自我发展和自我完善的历程。

二、欲望的分类

欲望就是一种心理不满足。探索欲望的分类也就应该从心理的不满足和不满足的原因和内容着手。但在已有的需求分类中，最具影响的是马斯洛的需求层次理论。他的需求层次理论强调的是欲望的发展和转换。他把欲望分为八个方面：生理需要、安全的需求、归属的需求、爱的需求、自尊的需求、自我实现的需求、求知的需求、审美的需求。美国著名心理学家郝根汉将它们归纳为五个层次，由低向高排列，依次为：生理的需求、安全的需求、归属和爱的需求、尊重的需求、自我实现的需求，他把求知和审美并入了自我实现的需求中。这种划分具有创见性，但并未充分揭示心理的不满足和不满足的原因和内容。

从心理的不满足和不满足原因与内容看，人的欲望分可为三类十种，分析起来更为方便。

1. “有”的需求

“有”的需求也就是生命价值实现的需要，它是一种被动的需求。因为不满足，主体我的存在和延续就会受到威胁，从而引起紧张、恐惧、烦躁、疼痛。可以说所有的生理不适和心理不适，都会引起这种反应。若不平息这种反应，主体我就不能维持正常的存在。若反应强烈到一定程度，还会直接导致主体我的被否定，包括丧失最基本的健康，发生身体和心理上的疾病，甚至死亡。也正是从这个意义上讲，它是一种被动需求。它是由绝对的“无”引起的生理不适和心理不满足，无须比较，它也会自动强化。最明显的原因包括饥饿、寒冷、酷热、性渴、孤独、拥挤、嘈杂、危险、挫折、悲伤、忧虑等。相对于主体我，它们本身就是否定的。因而必须实现由“无”向“有”的转化，避免它们的延续对自我造成的否定。

这类需要可又分为三种，即

（1）生理的需求。

（2）安全的需求。

（3）心理平静的需求。

前两种需要也就是马斯洛的需求层次理论中前三种需要所界定的内容，归属的需求实际上是安全的需求的一个方面。有了归属，主体我就可借助其所归属的社会组织来增强主体我战胜种种不确定性带来的不安和威胁的力量，从而增加安全感。与安全相对的是危险，它实际上是对主体我的存在的一种未然的否定。心理平静主要是指主体我不受挫折、悲伤和忧虑等负面情绪的影响，能保证主体我的存在维持在一个按部就班的正常状态。

2. “能”的需求

它与“有”的需求不同，是由相比较而存在的“无”引起的，是由比较形成的“无”，并由这种“无”产生的需求。无知和没有比较，不会产生这种需求。因而它是主动的。它的存在依存于自我意识的发展，当主体我从外部世界接受的信息越多时，越会显露出主体我的“无”。之所以会有夜郎自大，是因为他对外部世界了解得太少，是在已有的信息中把自我与他人进行比较。井底之蛙之所以会向东海之鳖夸耀自我快乐，其原因亦在此。并且这种比较还会受比较对象的选择影响。既可通过选择强于主体我的对象来加大这种“无”的感受，从而强化这种需求满足的欲望，也可通过选择弱于主体我的对象来消弭这种“无”的感受，从而逃避由这种“无”带来的心理压力。

能的需求赖以存在的心理不满足，是对主体我的现状的不满足，必然导向发掘发挥主体我的潜能，发展完善自我，使主体我达到自我所能达到的高度。这种欲望的反应主要表现为自卑。别人有宽敞明亮的房子、豪华的汽车，我却没有；别人有漂亮的脸蛋、响亮的歌喉，我却没有；别人有引人瞩目的成就、巨大的社会影响力，我也没有……正是这种人有我无的结构，使之自卑。这种欲望的实现则表现为有无结构的改变，创造和实现主体我的人无我有。这种“有”的实现，使主体我感到一种难以言说的惬意，表现为一种自我认同和喜悦。马斯洛的高峰体验实际上就是这种“能”的需求实现时的一种内心感受。若实现了这种欲望，主体我也就感到主体我的价值和尊严得到了实现。相反地，若这种欲望不能实现，主体我也就会感到自我没有价值，没有尊严，低人一等。

这里的能的含义就是别人能行，我也能行；别人能够，我也能够；别人不行，我也行；别人不能，我也能。若这种能的需求被否定，或者不能实现，主题我就会寻求弥补或逃避来减轻心理的自卑。他人一表人才，楚楚动人，人见人爱，但这却超出了我能的范围。一表人才是父母给的，无法改变。主体我只要未被这种自卑压垮，他则会寻求获得弥补的途径。比如发愤读书，获得广博的学识和超人的能力，从而也获得众人的尊敬和爱戴、信服，以创造主体我的“有”以弥补主体我的“无”。当弥补不能实现时，他就会寻求逃避，或者是否定他人的“有”的意义，这就像吃不到园子里架上葡萄的狼一样，把葡萄贬为酸的；或者是寻求“无”的伙伴，

"无"不是我一人无，而是很多人都无；或者是寻找人有我无的客观理由，强调这种无不是主体我的无能。

这类欲望可细分为五种：

(1) 能力。它包括工作能力、处事能力、交际能力、表达能力等。拥有了这些能力，主体我就能左右逢源，事事顺心。

(2) 信赖。它表现为社会和他人对主体我的行为的理解和认同，能获得他人的真诚合作，以成就事业。

(3) 智慧。它表现为能明辨是非、透彻事理，不为假象所惑；并且既好奇又能自释其奇；同时又聪明过人，巧计妙方连珠，不为他人所难。

(4) 勇敢。它表现为具有充分的自尊和威武不屈，敢于直面人生，面对困难和大敌，临危不惧，视死如归，大有"天降大任于斯人，舍我其谁耶"的壮志和气概。

(5) 服众。所谓服众也就是社会和他人对主体我的遵从、依从、服从。它表现为或是德高望重，社会和他人尊敬爱戴，愿追随其后，效力马前；或是智勇双全，社会和他人视之为希望和未来的象征，愿意服服帖帖，听从号令；或是权大势重，社会和他人战战兢兢，除了唯命是从，别无选择。

3. "善"的需求

所谓善，也就是主体我的一种价值判断。"善"的需求不仅仅是主体我的价值判断的表述，而且还要贯彻其价值判断，使主体我确认为真的、善的、美的事物发展和光大，确认为假的、恶的、丑的事物被消弭和杜绝。"善"的需求的满足，直接表现为主体我的个性和权力的实现。什么应该，什么不应该，是主体我的判断，这表现为主体我特有的个性特征，主体我的偏好和判断也就是从这种应该和不应该，真、善、美和假、恶、丑的确认中表现出来的。而把偏好和判断贯彻到主体我所存在于其中的社会，使之成为现实，则表现了主体我的权力。比如大街上有一个丑陋而不堪入目的广告牌，主体我确认为是假的、恶的、丑的，但他既无权去拔除，更无能力换上他认为是真的、善的、美的广告牌。他的这种判断相反只会增添他内心的愤慨和不满。

"善"的需求也就是马斯洛的审美的需求。但二者有多种不同。马斯洛的审美需求偏重于判断力和自我价值体系，并且内容更多的局限在艺术的范围内。作者所讨论的善的需求强调的是审美行为和审判能力的综合。他看见人类社会中存在有剥削压迫行为，不仅认为不应该，而且奋起斗争以消灭之；认为民主制度比专制制度好，就起来抵制专制统治，打碎专制制度，努力建立民主制度。正是这种“善”的需求，李大钊从容就义；正是这种“善”的需求，黄继光才临危不惧，并以血肉之躯去堵枪眼。

“善”的需求又可细分为两种：

（1）艺术审美。

（2）政治参与。

艺术审美偏重于事物形式的判断和认定。政治参与则偏重于社会组织形式的判断和调整，即对社会进行改良和改造的认知和实践。但二者又不是截然分开的，比如凡是涉及社会政治事实的文艺作品中就包含有对社会组织形式的判断和调整，即表现有改良和改造社会组织的理想设想，只不过在此仅仅是舆论而不是行动，社会参与强调直接对社会政治事务的判断和干预，并且致力于用善取代恶的工作。从这个意义上讲，艺术审美就是主体我思想观念的伸张和倡导，政治参与则是主体我思想观点的社会实践和现实化。前者强调的是意识上的自我实现，我有我自己的见解；后者强调的是实践上的自我实现，我把我的思想观念或我所认同的思想观念付诸实践，使思想观念外化成为现实存在。

图 1－10　人不是被决定的存在

三、自我发展和自我完善的过程分析

自我发展和自我完善的前提是自我保存，只有自我身心健康，才能有自我发展和自我完善的可能。自我发展和自我完善的途径是自我超越。只有自我不断实现对主体我的现状超越，才有主体我的自我发展和自我完善。自我发展和自我完善的结果就是自我实现。自我发展和自我完善不仅是自我肯定的全面实现，而且是主体我的权力和个性的全面完成。而自我保存又是“有”的需求的不断满足和不断发展，自我超越又是“能”的需求的不断满足和不断发展，自我实现又是“善”的需求的不断满足和不断发展。需求永远是动态的，只有不断满足并又不断发展，而不会有全面满足和充分满足。

自我保存也就是保证主体我的身心不被绝对的“无”所损害，维持主体我的健康存在。而绝对的“无”的任何形式都会危及主体我的身心健康，甚至造成对主体我的否定，毁灭主体我。饥饿、寒冷、酷热、疾病、性渴、孤独、拥挤、嘈杂、危险、挫折、忧虑无一不威胁人的健康，轻则致病，重则取人性命。相对于“有”的需求，自我保存既是“有”的需求实现满足的过程，又是实现其满足的结果。从过程来看，它构成“有”的需求实现满足的度的规定，使之限制在主体我身心健康需要的范围内，而不至于过度满足，以致纵欲。纵欲和不满足一样会有损于主体我的身心健康。从结果看，它则是作为“有”的需求满足的目的存在的。“有”的需求的满足，主要是生理上的，它虽然在生理上实现满足的同时，心理上也获得了一定的满足，但若倒过来，把生理满足作为心理满足的一种手段和途径，则必然导致纵欲。因这种需求的过度满足难免会损害主体我的身心健康。

自我超越与“能”的需求的满足，构成方式与结果、途径与目的的关系，前者是方式和途径，后者是结果和目的。“能”的需求的满足主要表现的是一种心理满足，它不存在纵欲问题。由不能到能，由小能到大能，这就是能的需求的满足，主体我也就由原来的不能、小能，自我超越发展为能和大能的主体我。超越使主体我在社会和他人的心目中的地位得以提升，主体我的价值和尊严获得了增长。价值和尊严不能靠自我夸耀获得，它不是主体我对自我的评价，至少主要不是由主体我的自我评价中获得，而主要是从社会和他人对主体我的评价中得到。只有当主体我的“能”的需求获得满足，社会和他人才会提升对主体我的评价。主体我对自我的评价仅仅提供一种信心的支持，社会和他人对主体我的评价才能给主体我带来满足。

从总体上看，“能”的五个方面，都具有明显的外部性。任何一个方面都不是自我陶醉。

（1）自我能力的增加，也就是社会整体能量的增加。主体我必须在社会中活动，主体我个人的能力也就直接成为社会整体的能量。

（2）信任的增加，虽然可以通过欺骗获得实现，但如鲁迅所言，“捣鬼有术、有效，然而也有限”，欺骗不能获得永久的信任，因此，信任的增加，也就直接是社会关系中的真诚的增加，从而使社会的人际交往减少不确定性。

（3）智慧的增加也就是社会文明的发展，主体我的智慧不可能保存在主体我的封闭大脑中秘藏不宣，智慧本身就是在处事排难中显露出来的。

（4）勇敢的增加则直接增加了社会整体抗击不测不幸的能力，单纯表现为争夺恋人的决斗并不能算做勇敢。

（5）服众的增加则使社会公众增加了依赖。

主体我的“能”增加了，主体我的价值和尊严也就增加了，自我也就实现了发展和完善，主体我所存在于其中的社会也就实现了一份繁荣和发展。

自我实现与“善”的需求的满足，构成目的和手段的关系。前者为目的，后者为手段。“善”的需求强调的是主体我的权利和个性。这里的权利不是法学上的概念，而是把主体我的思想观点和措施主张付诸实施的权能。个性也不是指个人的性格特征，或者说脾气的温和或暴躁，而是主体我对于事物形式的审美判断、社会政治的审美判断、风尚习俗的审美判断的一种外在表现。自我实现也就是使主体我的种种审美判断付诸了实践，外部世界和外部社会的现实成了主体我思想观点和措施主张的具体化、现实化的场所和舞台。无论是艺术审美，还是社会参与，既不是主张不行动，也不是只行动无主张。前者是空谈，后者则是奴隶式的盲从。空谈无所实现，盲从则只是实现了他人，而不是自我。但是主体我的审美判断不完全是主体我的，任何新的观点主张都不可能脱离对社会的感知和经验。灵感和思想也须由一定的材料糅和，就像绘画艺术不能脱离现实事物的形象和色调一样。而能付诸实践的思想观点更是这样。不能被社会认同的思想观点无论多么离奇、新颖都是毫无价值的。但是主体我的审美判断又是主体我的，而不是他人的，它是主体我通过大脑思考得到的合理性证明。他人的审美判断通过主体我的大脑思考证明，认同后也就成了主体我的审美判断。不思考证明就认同并行动则是盲从。盲从不是自我发展和完善，而直接是自我否定。盲从直接是放弃主体我的意志目标，这就是对主体我意志目标的否定，同时也就是对主体我本身的否定。主体我的存在不是存在于他手脚的行动上，而是存在于他的意志目标的伸张和实现上。盲从还会导致对自我肉体的否定。法西斯纳粹对希特勒及其党卫军的盲从，也就赋予了希特勒及其党卫军主宰其他主体我的权力，其他主体我的肉体也就成了希特勒及其党卫军无限权力的牺牲品。

四、欲望无限性是人类社会发展的人格原因

欲望不等于物欲和权欲，因而人对人不一定是狼。霍布斯正是在这一点上失足的。他把人性认定为恶，认为社会的自然状态，“人对人像狼一样”，是“一切人反对一切人”的战争。因此，他认为要维持社会的稳定，只有极端专制的权力从上面约束才能实现。人的欲望的无限性不是表现在物欲和权欲上，而是重点在于“能”的需求和“善”的需求的满足所获得的心理满足上。

“有”的需求是有限的，其限就界定在自我身心健康的保存上。霍布斯所论及的权欲实际上是一种物欲的转换形式，是通过权欲的实现来实现物欲。吃饱穿暖是有限的，但吃好穿漂亮，这似乎是无限的。但是吃好穿漂亮却是在生理满足之外获得的一种心理满足。但这仍然是有限的，好和漂亮在一定的社会发展阶段上总存在一个上限，这个上限也就是这一定社会发展阶段上的技术水平和审美情趣。而二者又总是相对稳定的，好和漂亮都具有相对具体的内容。因此，吃好、穿漂亮等物欲是能够充分满足的，在当今世界的发达国家中，至少有 1/4 的人，发展中国家中约 1/10 的人已实现了这种物欲的充分满足。

但“能”的需求和“善”的需求却没有谁已满足得不再有进一步满足的余地。在“能”的需求上，人与人之间并不处于对立之中，不仅不存在一损一益的冲突，而且是利己与利人、利社会的统一。任何个人的能力、信任、勇敢、智慧和服众的需求的满足，都是对社会稳定和发展的一份贡献。个人的信任和服众的需求实现了满足，社会也就增加了稳定，个人的能力、勇敢、智慧的需求实现了满足，也就是社会的一定新发展。从“能”的需求的满足中，个人获得了价值和尊严，正是这种价值和尊严的获得使主体我获得了心理满足。价值和尊严是社会和他人对于一定主体我个人的认同和评价。因此，主体我个人的这种心理满足也就是建立在能促进社会的发展和稳定的行为选择之上的。主体我个人的“能”的需求的满足，也就与社会的稳定和发展一致起来了。

在“善”的需求上，人与人之间的关系比较复杂，但也不是处于绝对

的对立之中。个人的审美判断不同可能会导致这种审美判断实施行为的对立和冲突。从表面上看，所有的民族矛盾、宗教矛盾、阶级矛盾、政治斗争都是绝对的对立和冲突，因为各自都有自己的价值判断和政治主张。但这种冲突和对立也并不是绝对的，因为导致冲突和对立的是价值判断和政治主张背后的需求。从西方发达国家的当代历史分析，它们的社会对立冲突，不是越来越加剧，而是趋于缓解。为此，马尔库塞等西方马克思主义思想家还感慨万分，担心这种缓解使社会失去批判的力量，进而使社会改造的动力消弭。

“有”的需求并不是无限的，可以实现充分满足。一旦“有”的需求实现了满足，在这一需求上实现的结构和程度就会趋于一致。因而赖以存在的这部分价值判断和政治主张也就会趋于一致。而“能”的需求虽然不可能充分满足，但它仅仅会在其需求满足的条件分配上存在冲突和对立，它本身的实现不会有对立和冲突。而“能”的需求的满足条件的运用并不是绝对排他性的，因为“能”的需求的满足条件的运用结果并不对立。至于“善”的需求的发展和实现更不会一定具有破坏性，而仅仅在价值判断和政治主张的实施中采取暴力行动才具有破坏性，比如以议会民主的形式来实施，就不会有破坏性，相反地，对社会的稳定和发展还具有建设作用。主体我在“善”的需求实现中所获得的满足也是心理满足，并且是通过个性和权力的实现来获得满足的。个性只有通过权力才能实现，但这种权力却也需要社会和他人的认同。

从这个意义上讲，“善”的需求的满足至少是对社会整体之中的亚社会的稳定和发展具有建设性的作用。而当社会整体之中的亚社会之间的力量对比形成均势时，则又会直接导致议会民主。有了议会民主，其潜在对立冲突就会减少很多。由此分析，在“善”的需求上，人与人之间的对立和冲突也仅仅在极端形式下——社会整体之中的亚社会众多，而又不能形成力量对比上的均衡时——才会发生。从已有的历史来分析，这种极端形式在整个人类历史中是少见的。

第八章

懒惰节耗的自我异化规定性述要

懒惰节耗的自我异化规定性可以从人的动物特征和社会特征中得到双重的说明，但作为原因其性质是完全不同的。惰性与主体性的矛盾也只是逻辑上的，在现实中并不矛盾。它们是对立又统一的关系。本章对懒惰节耗的自我异化规定性的内涵、形成原因，以及惰性与主体性的矛盾统一关系分别进行了分析。

一、懒惰节耗的自我异化规定性的内涵

这一规定性，可表述为：为保障生命和种属活动能量不致浪费的自我肯定性懒惰本能，演化为寻求肌肤感官刺激和满足的自我否定性本能扩张，生命价值活动异化为生命享用活动，进而导致生命本身的削减。

在前人类阶段和人类蒙昧阶段，因为生命和种属延续所需能量的资源严重稀缺，使类人或原始人不得不尽可能减少不必要的身体活动，就像乌龟龟缩不动一样以节省能量消耗。这种为节省能量消耗的懒惰属于动物自我保护的一种本能行为，也正是这种懒惰使之获得了更多的机会，因而才成为物竞天择自然进化过程的一种优势。但生命和种属延续所需能量资源的稀缺性因为人的创造性和社会性的发展而舒缓后，这种懒惰就变成了不再具有自我肯定价值的行为选择，尤其是人已超越蒙昧阶段，进入现代社会后，其活动已由生命和种属活动上升为寻求生命价值的创造性和社会性活动。但受制于生命和种属活动，把生命和种属活动当做人的活动本身和全部时，这种性质的活动就不再具有自我肯定的性质，不仅不再具有自我肯定的性质，相反直接是自我否定，既包含有自我生命的否定，也包含自我生命价值的否定。生命和种属活动超越生命和种属延续的需要，甚至直

接造成伤害，比如纵欲的贪吃、贪睡、贪色等，这就是对自我生命的否定。因为纵欲的贪吃、贪睡、贪色、贪财而挤占了原本应该完成的自我发展和自我超越的创造性活动，如因贪吃、贪睡、贪色、贪财直接侵害社会和他人利益而成为社会的罪人，就是对自我生命价值的否定。

人无论发展到何种阶段，也仍是一种动物，就像进化未脱去其毛发和盲肠一样，不可能超越动物的本能。动物没有关于主体我的意识，它的行动没有它自身的目的，而仅仅是由遗传承继来的本能决定的。本能是无条件反应和条件反应，它与肌体感官的直接刺激和间接刺激相关。刺激物通过对感官的刺激，使肌体的相应器官产生反应。无论是无条件反应，还是条件反应，这种刺激——反应过程都是直接的、立即的。并且当相应器官通过感官刺激后若不能实现相应机能的满足，就会造成紧张和不适。若相应机能的满足实现了，受刺激的器官不仅会消除紧张和不适，而且还会带来一种放松的快感和惬意。尽管刺激反应的程度会受到肌体的原有状况影响，已实现相应机能满足而放松的器官，对同一刺激的反应会相对减弱，不易引起强烈的紧张和不适，但是，有所变化的同类刺激仍会激起反应，使相应器官又进入紧张不适状态。就像吃饱了的狗，割一块肉给它，仍会激起它的食欲。

从这里的分析就可看出，动物的本能活动是被动的消极的。无论这种本能是由外界刺激激起的反应，还是体内分泌失衡激起的反应，都是感觉器官单纯地适应来自体内和体外两个方面的刺激。人虽然因为大脑的进化，使之具有自我意志，但他作为动物仍然残存的本能行为，也要受控于主体我的自我意识。在此，无目的性的本能活动也具有目的性，使本能活动的范围控制在自我保存的目的上，并且还要使之与自我发展、自我实现的目的相协调。而动物的本能却是盲目地发挥作用的，是在自我意识的范围之外发挥作用，并使这种本能活动不仅仅单纯地为了自我保存而自我保存，而且可能会陷入简单的刺激—反应—紧张—满足—放松的循环之中，使肌肤感官的满足成为它的全部活动内容。

肌肤感官的生理满足既不建立在相应器官的紧张反应上，也不是在相应器官的持续放松上，而是在由紧张向放松的反应过程之中。因而使刺激—反应—紧张—满足—放松的过程，构成动物本能活动的全部内容。在刺激—反应—紧张—满足—放松的动物本能活动的过程中，人所具有的自我意识被排斥在外。若自我意识听任这种过程的持续，也就是自我意识的丧失，这也就是人们常说的惰性，即主体我放弃自我意识和自我意志的约束作用，而听任动物本能支配的盲目行为，安享由这种本能行为带来的快感和安逸。

惰性不是肉体的惰性，而是主体我的自我意识和自我意志的惰性，是自我意识和自我意志的懈怠而导致本能作用的加大。本能不知自我，也不顾自我，它也就不能体现主体我的目的性，而仅仅作为一种盲目的冲动存在着。这种盲目的冲动也就不免把主体我的自我肯定导偏，走向自我否定，使自我异化。自我肯定是要实现自我保存、自我发展和自我完善。但本能冲动行为的后果却刚好与此相反，是自我堕落、自我废弃、自我毁灭。本能的刺激—反应—紧张—满足—放松的模式化行为，使人的行为仅仅局限于肌肤的瞬时舒适和快感。比如饮酒、抽烟，乃至吸毒，它们都能不同程度地使主体我的精神和肉体放松，从而使之在这种放松中获得舒适和快感。但这种舒适和快感正好是本能行为的指向。饮酒、抽烟和吸毒带来的舒适和快感尽管是瞬时，却是直接的、现实的。

本能没有目的性，也不具有远见，直接而现实的需求满足就是一切。本能行为会导致什么后果，本能是无法把握的。饮酒伤肝，并会导致心脏病发作；抽烟伤肺，并会导致肺癌等疾病形成；吸毒更能过快地导致自我毁灭。但是，它们的后果都不是直接的、立竿见影的，而是延时的。因而在本能的模式化行为中是无法体现的。只有火烧着会痛，锤子敲着会疼的反应才是即刻的。不仅饮酒、抽烟、吸毒是如此，几乎所有能带来即时满足的行为都是如此，吃、睡、性等活动都能带来即刻的满足，但过分的满足导致的损害却是延时的。又正是这种能带来即刻满足而把可能的损害延时的本能行为把这种动物必须有的本能活动引向过度，因而造成对自我保存的否定。贪吃、贪睡、贪色等都不是延续主体我的存在，而是减损主体我的寿命，否定主体我的生命存在和生命价值的存在。而对自我保存的否定不仅是对自我肉体的否定，也是对自我主体性的否定。自我肉体的受损直接会降低自我发展和自我完善的能力。并且自我肯定，包括自我保存、自我发展和自我完善，在很多情况下，都是以牺牲瞬时的肌肤之利——肉体的放松和快感——为代价的。想实现自我保存、获得健康，不仅要付出锻炼身体的辛苦，而且还要忍受节食和控制性刺激和性满足的不快。相对于主体我，这都是肌肤之利的牺牲。而要达成自我实现的目的，也就必须励精图强，永不停息地努力和奋斗，这又都是对肌肤之利的牺牲。而听任本能冲动的行为，不断在刺激—反应—紧张—满足—放松的模式化行为中获得肉体的放松和快感，这本身就是由人向动物的退化和堕落。

二、懒惰节耗的自我异化规定性界定

尽管我们已确定地知道，懒惰节耗的自我异化是人的动物本能直接作用的结果。但是，对它的界定仍是模糊的。人并不是不要动物本能，只不过是要求把动物本能置于自我意识和自我意志的控制之下。动物本能寻求肌肤之利，而自我意识和自我意志控制之下的动物本能并不能摒弃肌肤之利。这就是界定的第一个困难。界定的第二个困难是一般人都相信，建立在自我意识基础上的自我意志只不过把短期的肌肤之利与长期的肌肤之利协调统一起来，其终极目标都是肌肤之利。第三个困难是自我发展和自我完善都是要寻求一种需求满足，只不过它强调的是心理满足，而动物本能强调的则是生理满足，而区分两种满足，又仅仅是价值观念上的。

首先来看第一个困难。自我意识和自我意志不能摒弃肌肤之利，是因为一定的肌肤之利是主体我赖以存在的条件。不吃不喝不睡，不用很长时间，主体我就会随着肉体生命的终结而终结。没有性行为，虽然不会死人，但不免会造成精神压抑，导致心理健康受损。很明显，在自我意识控制之下的本能行为的满足，与自发的本能行为相比，它们所遵循的度是不同的。前者以自我保存为限，任何有损于自我身心健康的肌肤之利，都会被自我意志扼制和拒绝。有充分理智的人不会去吸毒，因为吸毒会有损于自我身心健康。后者的限制却是动物肌体器官的功能本身。吃只有胃已填充到不能再填充了才终止，因为进一步的进食会给胃带来立即的不适和疼觉；睡也只有把身子睡得发酸、发软时才终止，因为进一步的睡躺会有酸软的肉体抗拒；性行为也是如此，只有性器官已开始有痛觉或者失去相应功能时才终止。动物本能的限制以即刻的感觉为依据，只要肌肤之利的感官刺激和满足尚未导致即刻的舒适丧失，就不会终止。也正是因为如此，有些人才吸毒、酗酒，因为飘然仙游的感受是即刻现实的，而后果却是未来的。动物本能不知有未来，它只有现实即刻的感觉。这也正是行为主义心理学的结论。他们认为人类的最大难题是他的行为更容易受微小的但直接而确定的强化物的影响，却难以受重大的但遥远而不确定的强化物的影响。行为主义心理学是在动物的层次上研究人，而不是在人的层次上研究人。不过这个结论对动物和人也都适用。只不过动物不知有未来，而人总会觉得未来太不确定。由对此困难的分析，我们可以得出结论，界定懒惰节耗的自我异化规定性的依据是肌肤之利与自我保存的关系。当前者对后者造成损害时，寻求肌肤之利的感官刺激和满足的行为即是懒惰节耗的自我异化。

再来看第二个困难。尽管自我意志对动物本能的控制只不过是协调了短期的肌肤之利满足与长期的肌肤之利满足的关系，却与简单的动物本能寻求肌肤之利的满足有着本质的区别。前者是具有目的性的，肌肤之利不能构成目的本身。它需要肌肤之利，是因为需要自我保存。后者是不具目的性的，肌肤之利的满足就是一切。现在又出现了一个新的问题：自我保存是不是就是目的本身？如果自我保存就是终极目的，那么，这也就只不过是把肌肤之利的满足分散化，由一次性的享有分解为多阶段的多次享有，当然多阶段的多次享有的满足总量会比一次性享有总量为多，分次享有的满足可以实现最大化。但自我保存并不构成终极目的，它只不过是自我发展和自我完善的一个前提。人具有自我意识，必须形成自我与外界的他人、他物的比较，而这种比较形成的主体我的“无”的结构，会刺激主体我去寻求弥补这种无，这就是自我发展和自我完善。而“无”造成的不满足带来的心理压抑和紧张具有生理机能不满足同样的不适，而弥补“无”带来的心理满足却是持续的，而不是像肌肤之利的感官刺激和满足那样，是稍纵即逝的。感官的满足只能存在于感官刺激—满足的过程之中，过程一结束，这种满足和快感也就结束了。这种满足和手淫完全一样，受到刺激后渴望满足，而满足之后却又感到似有所失，甚至有罪恶感。所以实现主体我的发展和完善才是理智的人的必然追求。

最后来分析第三个困难。在心理满足和生理满足之间进行选择包含有一种价值判断。价值判断不同，在心理满足和生理满足的次序安排上就会有所不同，有的人会偏好于心理满足，而另一些人则偏好于生理满足。但是在具有自我意识和自我意志的人身上，二者又是紧密关联而无法截然分开的。生理不满足会导致心理不满足，心理不满足又会导致生理障碍。只有仅具生理机能而不具心理机能的人，生理满足才会独立地存在，而这种人就不是人，而仅仅是两足动物。当然，心理机能也不能脱离生理机能，无论多么发达的大脑，单有大脑是无法存在的。从这个意义上讲，寻求生理满足又不是一个单纯的价值判断问题。并且从实证的角度分析，具有自我意识的人不可能不寻求存在的价值和意义。只要身心健康，即使是一个与外部世界隔绝的人，他也总有他存在的理由和价值。就像《大京九》电视摄制组在江西一个大山中，对一个十六岁的从未上过学的放羊娃采访时的一段对话所讲：

“你放羊是为了什么？”

“赚钱。”

“赚钱干什么?”

“娶媳妇。”

“娶媳妇干什么?”

“生娃。”

“生娃干什么?”

“放羊。”

大山中最无知的放羊娃也赋予了他存在的价值。放羊—赚钱—娶媳妇—生娃—放羊形成了一个闭合的循环，实际上把他的存在带向了永远。而肌肤之利—自我保存—肌肤之利却是一种否定自我意识的为了存在而存在。大山里的放羊娃也不是这种存在物。同时，自我意识使人了解到主体我的肉体生命的有限性，他会为这种有限性而伤感，却又不可改变。寻求对肉体生命有限性的超越，通过这种虚拟的目的性赋予生命以意义，从而解除对肉体生命的有限性的伤感，也就成了唯一可选择的途径。据阿德勒分析，任何人都是如此，只不过健康的人依环境来改变他的虚拟目的，而精神病患者却不惜一切代价死死地抱住他们的虚拟目的不放。肉体生命不可能实现永恒，但依存于肉体而又超越肉体的主体我却可以实现永恒。大山里的放羊娃也知道通过生娃来实现主体我的永恒，因为生的娃是自己的娃。因此，自我发展和自我完善在此也就获得了双重意义，除了实现对主体我的“无”的弥补而获得心理满足之外，它还直接可以实现主体我的永恒这个虚拟的目的。自我发展和自我完善就通过主体我的价值、尊严、权力和个性的获得而把自我传向了远方——在空间上实现对肉体的超越，传向未来——在时间上实现对肉体的超越。

三、惰性——自我异化的原因

由前述的分析可知，造成懒惰节耗的自我异化发生，人的动物本能是其重要原因，马克思的分析却侧重于社会原因。他在分析异化劳动时，实际上认定了异化劳动和私有财产的互为原因的关系。劳动外化、对象化为私有财产，而私有财产又使“劳动本身不表现为目的本身，而表现为工资的奴仆”。因而“异化劳动把自我活动、自由活动贬低为手段，也就把人的类生活变成维持人的肉体生存的手段”。使“人（工人）只有在运用自己的动物机能——吃、喝、性行为，至多还有居住、装饰等的时候，才觉得自己是自由活动，而在运用人的机能时，却觉得自己不过是动物。动物的东西成为人的东西，而人的东西成为动物的东西。”① 并且作为私有制的这一社会原因，又直接加剧了主体我自我异化的加剧。

“在私有制度的范围内……每个人都千方百计地在别人身上唤起某种新的需求，以迫使他作出新的牺牲，使他处于一种新的依赖地位，诱使他追求新的享受方式，从而陷入经济上的破产。每个人都力图创造出一种支配他人的、异己的本质力量，以便从这里找到他自己的利己需要的满足。因此，随着对象的数量的增长，压制人的异己本质的王国也在扩展，而每一个新产品都是产生相互欺骗和相互掠夺的新的潜在力量……没有一个官宦不是下贱地向自己的君主献媚，并力图用卑鄙的手段来刺激君主的麻痹了的享乐能力，以骗取君主的恩宠；工业的官宦即生产者则更下贱地用更卑鄙的手段来骗取银币，从自己的按基督教义说来应该爱的邻人的口袋里诱取黄金鸟……工业的宦官投合消费者的最下流的意念，充当他和他的需求之间的牵线人，激起他的病态的欲望，窥伺他的每一个弱点，然后要求对这种殷勤的服务付报酬。”②

新制度主义的经济学家们也认同这一点。控制社会权力的大企业通过广告控制着消费者的消费。“对消费者进行控制时，在报纸、杂志、广告牌，尤其是无线电和电视方面……对消费者的说服工作都竭力强调，商品的消费是愉快的最大根源，是人类业绩的最高准绳。”③ 使消费者为了消费而把自我当做肉体肌肤之利的手段和工具。

在这里，因为社会的原因，主体我的心理满足被建立在生理满足之上了，由消费者获得的生理满足来实现心理满足。自我意识的作用因社会舆论的灌输由外部世界的广泛比较而退缩到吃喝玩乐的消费所实现的生理满足的比较上。似乎没有一件时髦的衣裳、不能去豪华饭店猛吃、不能享用多个女人……人就没有价值，没有尊严。但造成这一后果的却不仅仅是私有制。在私有制条件下，受物欲的引诱，一些人为了诱使消费者把口袋里的钱掏出来，人为地创造一些能带来可以说微不足道的肌肤之利的新产品，来引诱消费者是不可避免的。但即使没有了私有制，这一后果也是不可避免的。主体我都想获得自我实现的满足，而除了以哲学、艺术，乃至众人寻求的社会政治权力直接给人带来心理满足之外，创造新产品是一个

① 马克思．1844 年经济哲学手稿，见《马克思恩格斯全集》，北京：人民出版社，1979 年版，第 42 卷，第 101、97、94 页．

② 同上书，第 132 ~ 133 页．

③ 约·肯·加尔布雷思．经济学和公共目标．北京：商务印书馆，1980 年版，第 159 页．

重要途径。而所创造的新产品又只有被公众他人广泛需要时，主体我的自我实现目标才能达成，因而他势必向公众说教。若公众接受认同了他的说教，他也就创造了一种稀缺，为有效地分配这种稀缺，交换是不可避免的，因而他也就把他人引诱走上了自我异化的堕落之路。利他的奉献，也必须以他人需要你的奉献为前提。当他人不需要你的奉献时，劝说和引诱却是必要的。这却是主体我作为个体的存在与社会整体的存在的矛盾。充分实现自我的价值、尊严、权力和个性，与提供他人之所需，是紧密联系在一起的。在这里，关键点在于，你所提供的是不是他人的真实所需，即对他人的存在、发展和完善有所裨益。而让主体我超越这一关键点的却直接是社会本身，主要是社会文化，因为社会文化对主体我的意志目标的形成和改变有影响作用。

虽然懒惰节耗的自我异化规定性可以从人的动物特征和社会特征中得到双重的说明，但作为原因其性质是完全不同的。动物特性导致的懒惰节耗的自我异化是在主体我的自我意识处于休眠状态时发生的，表现为减少不必要的身体活动。而社会特性导致的懒惰节耗的自我异化则是在主体我的自我意识全面参与的情况下发生的，表现为过度满足主体我的生理需求，直到对生命本身也构成否定。仅仅是因为社会的误导，主要是社会文化的误导，把主体我的意志目标导向了肌肤之利的寻求，是由主体我的自我意识在把外部世界与主体我进行比较时，把自我意识的关注焦点集中在肌肤之利的有无对比上造成的。

图 1－11 人在可以懒时，才会懒

四、惰性与主体性的矛盾与统一

惰性与主体性是彼此不容的，但让它们同时存在于人的本质特性的基本假设中，似乎是不妥的。按照不矛盾律的规定，人要么是主体性存在，要么是惰性的存在。但是，现实是丰富的，而理论却是灰色的，我们不能强使现实符合理论，而只能丰富发展理论，使之符合现实。惰性与主体性的矛盾也只是逻辑上的，在现实中并不矛盾。人本来就是一个矛盾的统一体。人是一种动物，但又不同于一般动物。人与一般动物不同，是他具有一般动物所不具有的主体性。但从生理机能进行分析，人与灵长类比较没有多大差别。就已有的科学研究发现看，随着人的大脑神经系统的发展进化，生理机能中掺和有神经系统的作用。比如，一般灵长类的雌性切除卵巢之后，性欲全部消失，而女人切除了卵巢之后却仍能维持性欲。由此说明主体我的自我意识对生理机能具有调控作用。但这种作用相当有限，自我意识并不能完全调控主体我的生理机能。

自我意识是随着大脑机能的发展而产生的，自我意识可以通过自我意志作用来满足或者拒绝生理机能形成的动物本能欲望，但二者仍相互独立地发挥着作用。生理不满足会导致心理的不满足，心理的不满足也会导致生理障碍。从相互否定的角度分析，二者的关联性是很明显的。但从肯定的角度分析，二者的关联度却是很弱的。心理满足不能直接导致生理满足，生理满足也不能直接导致心理满足。乐而忘饥、乐而忘寒仅仅是在饥和寒处于较低程度时才是可能的，乐不能导致饱和暖。正是生理机能与心理机能的相对独立性，使惰性与主体性二者在现实中并立不悖。就发展的顺序看，心理机能又是在生理机能的基础上发展起来的，没有后者的存在和发展，就不可能有前者的存在和发展。心理机能的作用是意识的，但生理机能的作用却是无意识的。虽然意识对生理机能的作用有强化作用，饥饿时想到美味佳肴会更觉饥饿，性饥渴时想到令人神往的异性会增强性饥渴，但即使没有意识到生理机能的作用，而生理机能的作用也仍存在，并随着时间的持续而加剧。过悲过喜都会忘饥忘寒，但饥寒如果不能及时缓解，它们都会以肌体病变的形式表现出来。主体人不能杜绝惰性，其深层原因就在于此。

第九章

对被管理者施加管理的途径

被管理者和管理者一样，也是主体性存在，因此，要让被管理者按照管理者的意志意愿做好工作，就必须有能让他有所感触的方法。那么，如何才能做到呢？本章分析了能够影响他人意志行为选择的六条途径：尊重人、信任人、关怀人、教诲人、激励人、约束人。这六条途径使被管理者有所感而动起来成为可能。

一、让人有所感触，才能达成管理目的

由前述分析可知，任何一个人，包括作为被管理者的他人，也都是主体性存在，不可能成为管理者的一只胳膊、一条腿，要让作为被管理者的他人按照管理者的意志意愿做好工作，也就是必须有能让他有所感触的途径办法。

这是为什么呢？在回答这一问题之前，先看一个真实的故事。

一个姿色诱人的少妇，躺在吊床上悠闲地轻轻摇荡着，左手拿着书，在聚精会神地看。树阴浓密，透过树林传来淙淙流水声。她似乎忘记了天地大世界，另一只酥臂搭在床沿上，随着轻轻摇荡的吊床晃动着。

一个贪色的游客从水中出来进入树林换衣服，发现了她，蹑手蹑脚地凑过去，拈了一根草轻轻去扫弄这个少妇搭在床沿上的手臂。少妇没作任何反应，仍若无其事地看书。这个贪色的游客胆子更大了，干脆伸出手去抚摸少妇的手，少妇仍没有反应。他用双手捧过少妇的手，轻轻地吻起来，少妇还是没有反应。于是他大胆地钻出来，去拥抱这个少妇。

少妇一惊，大叫起来："快来人啦！有坏人啊！"

贪色的游客还没有反应过来，两个年轻力壮的男人，早已把他踢倒在

地，拳头雨点般地落到了他身上。还有一个穿着泳装，全身还淌着水的少妇气愤地说："揍死他，这个胆大的色狼!"

原来这个少妇因病右臂麻痹，贪色的游客见她没有对他的轻佻行为作出任何反对的表示，以为是她有意思，默许了他的轻佻行为，所以胆子大起来了。他本想海边有一个艳遇，没想到却招来一顿拳脚。

贪色的游客为什么胆子越来越大？是因为少妇麻木的手臂没作出反对的表示，给了他一个错误的信号。

人的意志反应是建立在实实在在的感触基础上的。炭块烧了脚，因为疼才会缩一下；凉风拂过人体皮肤，因为感到凉，才会去加衣服；肠胃空，剧烈蠕动，使人感到饿，才会想到吃东西。

实施管理，无论你拥有多么大的权力、多么严密的组织、多么完整的企业文化，如果它们不能使被管理者有所感触，它们也就不能对被管理者的意志行为产生任何影响作用，也就不可能使他人把工作做好。

图 1－12 使他动起来的是六大管理方式

作为被管理者的他人不是构成管理者肌体的一个组成部分，管理者无法像用大脑指挥手脚一样去支配他人的意志行为。即使这个特定的人是你的奴隶，在法律上对你存在一种依附关系，你作为奴隶主也无法做到这一点。这也就是说，这个人作为一个附属，奴隶主在法律上有权像处理任何财物一样，对他进行处置，包括鞭打处罚，乃至杀死，但奴隶主也仍然无法做到让他像自己的手脚一样听从大脑中闪现的意志指挥。一方面是因为你的大脑与独立于你之外的他人无法直接建立神经网络联系，你大脑所发出的任何指令都无法直接到达他人的神经末梢；另一方面，独立于你之外的奴隶只是法律剥夺了他的行为自由，但无法剥夺他的意志自由。人在意志上是绝对平等的，每个人都有自己的意志，并且这种意志不存在任何尊卑的差别。奴隶有他自己的价值追求，他甚至可以用他的生命来保障他自己的这种价值追求，从而使你无法通过惩罚，甚至用死的威胁来驯服他。从这一点可以说明，人的意志自由是任何人也无法剥夺的，但人的意志行为却是可以诱导影响的。这也就是说，让他改变他的行为，使之对你有利，或者直接为你做好工作，是有条件的。

二、能够影响他人意志行为选择的六条途径

怎样才能让他人按照管理者的意志要求改变意志行为选择呢？

作者20世纪90年代中期就对这个问题作过探索和解答。这就是通过管理方式，让人产生感触后，改变自己的意志行为选择。管理，并不是一个人简单地向另外一些人发号施令，而是一个人或一些人通过设计、构筑和维持一种特定的情境，以诱导被管理者的意志行为，使之与管理者的意志目标相统一、相叠合，并高效地最大限度地实现被管理者意志目标的一种人类社会活动。要实施管理，就需要在管理者与被管理者之间构筑一条能沟通彼此意志的通路，或者使二者一致起来，让被管理者的所想所愿直接是管理者的所想所愿，或者让被管理者可以通过管理者所想所愿的实现获得他的所想所愿。前者是被管理者与管理者意志目标的统一，后者是二者的意志目标的叠合。

任何一个人都是一个主体性存在，都有自己的意识和意志，要改变他的行为选择，也就必须创造出让他有所感触的情境，使之有所感后而动。能让人有所感后而调整改变自己行为选择的情境主要有六种，即尊重人、信任人、关怀人、教诲人、激励人、约束人。这六种情境会直接给人带来六种不同的感触，即被尊重、被信任、被关怀、被教诲、被激励、被约束。处于这其中一定情境之中的任何一个人，也都会相应有所行动，调整自己的行为选择。所以这六种情境，又可称做六种管理方式。也就是说，当他人面对使自己有所感后而动的六种外部情境时，不能无动于衷，也无法无动于衷，不得不为所感而动起来，调整自己的行为选择，以服务于创造这相应情境的管理者的意志目标的达成。

1. 尊重人

所谓尊重人，就是承认对方的价值，维护对方的尊严，让对方感到主

体我的价值和意义。“树活一张皮，人活一张脸”，这脸就是被尊重。当人被尊重时，他人生的价值和意义就得到了实现，在他内心中不由自主地会形成一种无法比拟的快慰、惬意和满足。任何形式的吃喝玩乐享受得到的快慰、惬意和满足，相比被尊重得到的快慰、惬意和满足，都是无足挂齿的。吃喝玩乐享受得到的快慰、惬意和满足，转瞬即逝，而被尊重得到的快慰、惬意和满足往往让人回味无穷，经久不衰。相反，羞辱人，甚至玩笑式的狎昵会激起人的仇恨。很多人以为人仅仅是一个经济动物，是钱和肌肤之利推动了人的行为，使之发愤努力，“书中自有黄金屋，书中自有颜如玉”，似乎只有黄金屋和颜如玉才能让人忍受十年的寒窗之苦，坚信有钱就能使鬼推磨。如果将这种狭隘的观念带到企业管理中来，往往会碰壁的。人不会吃嗟来之食，给人以嗟来之食，只会激怒人，让人愤慨，因而被管理者拒绝管理者所提出的任何要求，包括不合理的和合理的。与尊重人相对的是羞辱人，这就是让对方感到没有价值和意义，丧失尊严。2007 年前后，在北京一个工地上发生过一个故意杀人案件。起因就是一支烟。晚上下班吃过饭后，十多个建筑工人围着一个火堆取暖，一个工人拿出一包香烟，每人一支，可其中一个人却没有。这个没有得到香烟的工人晚上上床了，还为此耿耿于怀睡不着，他拿了一把铁锹，钻进发烟的工人的工棚，对着他高高抡起砍下去，这个工人没有翻身就毙命了。这个杀人犯之所以杀人就是因为他感到被无故地羞辱了。

2. 信任人

所谓信任人，也就是承认对方的价值观念和思维方式的合理性，接纳对方的思想观念和行为方式。信任人强调以高尚的动机度量人，以美好的愿望设计人，通过信任直接为他人设计人生的道路，设定行为选择的方向，并让人按照其信任所设定的方向选择他的行为。把人当贼，人成贼；把贼当人，贼成人。信任人，会直接给人以力量，它让人感到自我价值的存在，感觉到自身的伟大。与信任人相对的是猜忌人，这就是否定对方的思想观念和行为方式，以低下的动机度量人，因而让对方感到自己的人格被歪曲、被否定。

3. 关怀人

所谓关怀，也就是把对方装在自己心中，时刻挂念、惦记，忧对方之所忧，急对方之所急，为对方的安危、荣辱和得失操心。人心都是相互的，中国人更是如此，将心比心，你关怀他，他就关怀你。你关怀他的生活、事业、家庭，他就关心你希望他做好的工作。但关怀人不是一种怜悯和施舍，而是对对方的价值一种承认和认同，是把他人装在你心中。只有当对方在你心中有地位有价值，你才会经常想到他，挂念他，帮助他。因此，关怀人也就是他人的价值在你心中的实现，所以被关怀者自然会有所感而发自内心地为你的需求满足付出努力。与关怀人相对的是冷漠待人，漠视对方的存在，视对方为可有可无的不存在，是它让对方感到他在你心目中没有地位。

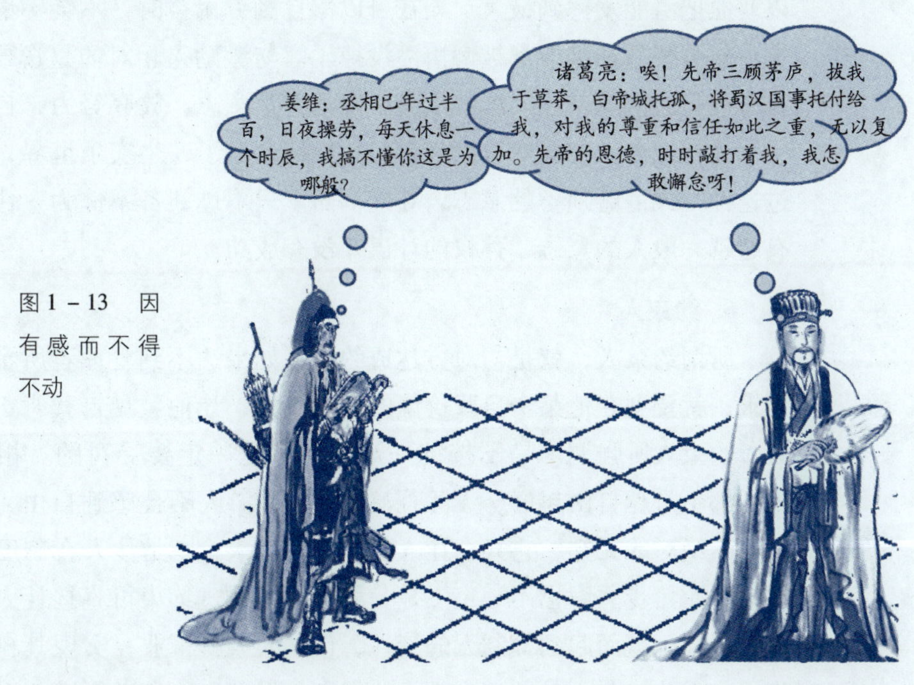

图 1－13　因有感而不得不动

4. 教诲人

所谓教诲，就是站在对方的根本长远利益的立场上，对对方的行为选择提出建议，包括批评，让对方明白自己的行为选择偏离了理性行为的轨道，在做蠢事，提示对方把问题思考得更全面一些，避免非理性的愚蠢行为发生，以使对方的行为选择更充分地实现其自我肯定。其所强调的是在为对方的根本长远利益着想的前提下，提示改变对方的行为选择。在人的行为选择中，绝大部分属于非完全意识的行为选择，往往不免把应该关注的机会和约束都忽略了。教诲人直接是让人把所有的机会和约束都考虑到，抓住被直觉的、习惯性的、情绪化的行为选择所忽略的发展机会，明确被直觉的、习惯性的、情绪化的行为选择所忽略的约束条件。与教诲人相对的是愚弄人，它是站在与对方相对立的立场上，利用与对方的信息不对称，诓骗对方，让对方做蠢事。

5. 激励人

所谓激励人，就是构筑一种生与死、升与降、荣与辱、得与失的边际情境，让人为寻求生、升、荣、得而全力奋斗，把潜能发挥出来。其所强调的不是简单地加工资、发奖金。加工资、发奖金是相对于他的努力和贡献的一种交易，是对应其努力和贡献加工资、发奖金，也仅仅是维持和强化这种交易的行为选择。激励人所强调的是把人置于生与死、荣与辱、升与降、得与失的边际情境之中，通过外在的压力来帮他消除懒惰的引诱，以使他把潜能发挥到最大。人在可以懒且勤劳无益时，不会不懒，而人很大一部分智慧和潜能都被懒惰湮没掉了。与激励人相对的是逸毁人，它构筑一种安逸情境，让人沉醉于其中以消磨其意志，放弃努力，自我毁弃人生。孙权把自己的妹妹嫁给刘备后，给他营造了一个安乐世界，就是想通过这种方式消磨刘备的意志，夺回荆州。只不过刘备不愧为一代枭雄，具有超越一般人的意志，孙权的计谋才没有成功。

6. 约束人

所谓约束人，就是与对方达成约定，如果达不到管理者所希望的基本要求，就要剥夺他某个自我价值的满足条件，让他蒙受自我肯定的利益损失。约束人所强调的是不按统一规则出牌是一定要受罚的。相对于任何人，都不是越自由越好，无际荒漠中的孤独游人不会感到自由，绝对的自由等于绝对的无知，它只会让人恐惧。约束人，则是让人在制度规则之内活动，而信步曲廊也不一定不是一种享受。通过约束可直接让人明确主体我的现境，进而起到抑制人的惰性，帮助人成就事业，实现其自我肯定的作用。因此，并不是所有人都拒绝约束，但实施约束必须避免引起受约束人的逆反心理，造成对立。其关键是约束人不能让约束与被约束人的根本利益和长远利益相背离。与约束人相对的是放纵人，这就是听任对方为所欲为，让对方多行不义必自毙。

当人处于以上这六种情境中时，自然而然地会有所行为，因为他作为主体性存在，无法不被这些不同情境所触动。

第十章

唯有规范化管理才与人的本质特性相吻合

在前面的内容中，分别对主体我的本质特性相关的内容一一进行了分析。那么，在企业管理中，如何适应被管理者的本质特性来实现高效管理呢？只有规范化管理才能实现。实施规范化管理就是建立“三位一体”的管控规则体系。那么规范化管理到底是什么，其意义和作用又有哪些，本章对此进行了相应的说明。

一、何为规范化管理

规范化管理现在已经成为一个非常时尚的概念，好多企业都倡导规范化管理，并投入大量的人、财、物实施规范化管理。究竟何为规范化管理呢？在此必须作出明确界定。

所谓规范化管理，它是与泰罗的科学管理相对立的，强调承认被管理者的主体性，维护被管理者的主体地位，对应于人主体性存在的本质特性实施管理。强调在管理实施的过程中不再把被管理者当做机器上的一个螺丝钉和齿轮，而是在对被管理者的主体性存在这一本质特性准确的把握基础上，通过确立一套包含有完整的价值观念体系的游戏规则来引导下属员工的行为选择，以达成让下属做好工作的目的。其内涵可定义为：通过一套公开透明、上下认同、系统完整、行之有效的游戏规则实现的，目标严格指向企业价值增值和积累的管理。这一定义包含有三个层次的内涵：一是“目标严格指向企业价值增值和积累”，强调的是不能为规范化管理而规范化管理；二是通过“游戏规则实现的”，强调规范化管理不是简单地通过制度管人，更不是通过强权指令压迫人，而是把是否进入游戏的决策权交由被管理者，进入游戏之后，是努力进取还是自我放任，也由被管理者自主选择；三是这套游戏规则必须满足公开透明、上下认同、系统完整、行之有效四个条件，这四个条件的具体内容是：

（1）公开透明——不存在“暗箱操作”，人人知晓规则内容。

（2）上下认同——被规则约束的个人其意志在规则制定过程中表述体现充分。

（3）系统完整——规则内容覆盖了所有参与游戏的个人的所有活动的所有方面，无机可乘。

（4）行之有效——规则贯彻不打折扣，约束落实稳定持久，没有人通融，更没有人能凌驾于其上。

就规范化管理的实施而言，最为关键的是，在对企业组织运行进行系统分析的基础上，按模块建立“三位一体”的管控规则体系，并配套制定绩效管理和薪酬管理两个管控体系，实现企业发展能力载体由个人向组织体系转换。由规范化管理的定义就可得出规范化管理实施的基本要求，这就是让企业组织上下都充分参与到实施过程中来，在对企业组织运行过程进行系统分析的基础上，把企业组织运行过程分解为相对独立、相互依存且结构清晰的系统模块后，分别建立流程标准、问责制度、跟踪表单“三位一体”的管控规则来实施管理。因此，没有企业组织上下对规范化管理实施过程的充分参与，其实施所得到的规则也就难以保证必须有的公开透明，更是难以达成上下认同的要求，同时更是难以保证其实施的目标严格指向企业价值增值和积累；没有对企业组织运行过程的系统分析，以及在这种分析基础上的企业组织运行过程系统模块分解，也就不可能有游戏规则的系统完整；没有基于流程标准、问责制度、跟踪表单“三位一体”的管控规则的建立，游戏规则的行之有效要求也就不免落空。

就过程而言，规范化管理的实施，重点是在五个方面努力：

（1）系统化。这就是重构企业组织运行方式，衔接贯通企业组织运行的价值链接流。

（2）流程化。这就是对企业组织运行过程全面进行流程分析，确立企业组织运行的流程标准，优化运行方式方法。

（3）常态化。这就是把企业发展目标达成必须完成的每项工作都明确为特定岗位的职责，以保证都在最佳时机完成。

（4）标准化。这就是对企业组织运行的每项活动都确立可考核评价的判断标准，让活动承担者和直接上司都能方便地对照评价判断。

（5）表单化。这就是把企业组织运行过程中的关键环节固化到表单上，通过表单的跟踪以推动企业组织运行，并留足运行过程的行迹，以辨别和落实责任。

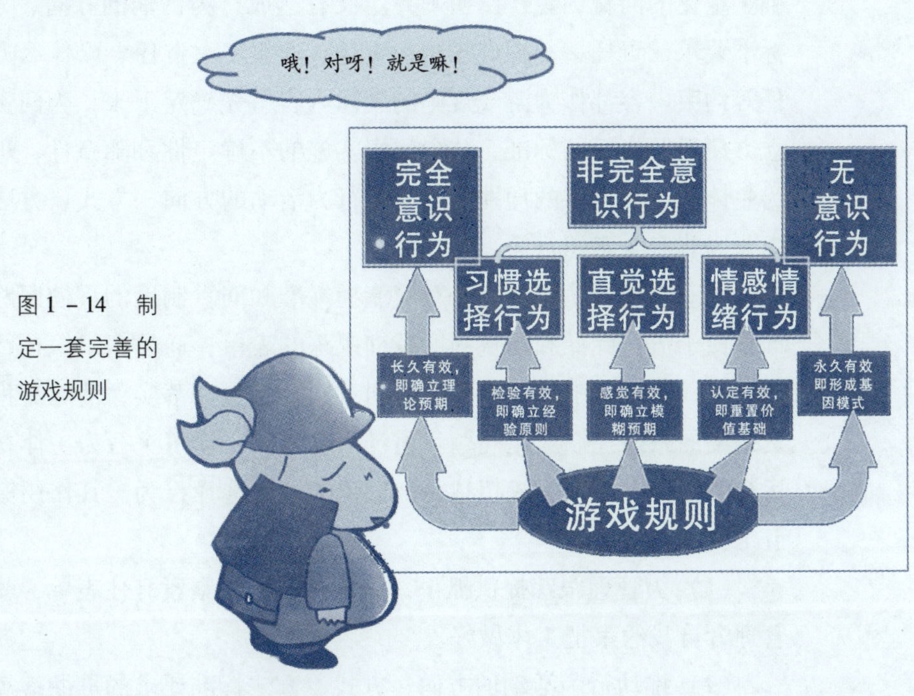

图 1－14 制定一套完善的游戏规则

二、实施规范化管理就是建立“三位一体”的管控规则体系

所谓建立流程标准、问责制度、跟踪表单“三位一体”的管控规则，也就是全面运用流程标准、问责制度、跟踪表单“三位一体”的行为引导管控技术，对于每一个系统模块的活动都按照“三位一体”的行为引导管控技术的要求，拟订、优化和完善企业组织运行的规则体系。这也就是通过流程标准的拟订、优化和完善，统一组织上下左右的行事方式；通过问责制度的拟订、优化和完善，强制性贯彻落实流程标准，保证流程标准所确立的保证效率和效益的企业组织运行的具体方式方法能为企业组织上下共同遵守而不打折扣；通过跟踪表单的绘制、优化和完善，约束组织成员可能易逝多变的意志，以把管理深入人的非完全意识行为的形成过程中，使管理实施从对下属员工的行为结果算账约束，转化为对下属员工的行为选择过程的影响诱导。

在这“三位一体”的行为引导管控技术中，流程标准的功能作用是通过对企业组织运行过程进行流程梳理优化分析，为各级各类岗位员工，上至总裁，下至普通作业人员，确立行为活动的方向、方式、方法标准。

问责制度的功能作用是通过与流程标准的逐条对应，确立具体、明确、量化的问责约定，以明确界定没有达成行为活动的方向、方式、方法标准要求的责任，并把谁来承担责任、承担多大责任、以什么方式承担责任等约束内容都作为游戏规则的具体内容事先确定下来，为问责的实施确立方便对照执行的标准，减少问责实施的不确定性和随意性，进而通过行为主体的自我意识的理性作用，把行为活动的方向、方式、方法标准要求内化为非完全意识行为。

跟踪表单的功能作用是对应流程标准和问责制度的贯彻跟踪要求，设计方便于流程标准和问责制度贯彻跟踪的表单，通过把组织运行过程的行迹留下、留足来推动流程标准和问责制度的贯彻落实，消除流程标准和问责制度的跟踪控制虚化问题。通过跟踪控制，让每个行为主体在企业组织运行的过程中逐渐形成超越完全意识的简化选择行为。其作用概括起来有五个：

（1）为管理跟踪提供抓手，管理人员只要紧紧盯住表单，就可推动被管理者自我约束把工作做好。

（2）推动行为活动的方向、方式、方法标准要求的贯彻落实。

（3）把企业组织运行的行迹留下、留足，以方便游戏规则的不断完善、优化。

（4）在企业组织运行的过程中，就明确行为活动的方向、方式、方法标准要求满足的责任，而不是等到不希望出现的结果出现后再秋后算账。

（5）对行为活动的方向、方式、方法标准要求不满足的后果也包含在表单之中，因而有助于责任的落实兑现。

三、与被管理者的本质特性相适应的只有规范化管理

前面的讨论分析，已经明确，被管理者也一定是主体性存在，不仅是充分理性的自我意识存在，而且是行为选择的自我决定存在、唯我利己的自我肯定存在、客体工具的自我中心存在、自我超越的无限欲望存在、懒惰节耗的自我异化存在。所以要保证管理实施的效率和效果，也就只能是基于游戏规则的规范化管理。

管理的实施也就是设计、构筑和维持一种能协调被管理者的意志行为的特定情境，以使被管理者与管理者在意志目标上达成同一和吻合。就前文分析的结论而言，被管理者和所有人一样都是主体性存在，如果把他们

当做机器上的螺丝钉和齿轮，使之成为被决定的客体，这不免被他们抵制和抗拒而丧失必须有的管理效率。尽管把被管理者当做机器上的螺丝钉和齿轮也是设计、构筑和维持的一种特定情境，只不过这种特定情境不能有效地协调被管理者的意志行为，使之与管理者在意志目标上达成同一和吻合。所以，任何把被管理者当做机器上的螺丝钉和齿轮的管理，尤其是建立在等级控制基础上的强权推动下属员工的管理，都不可能有效地达成管理目的。

与等级控制，强权推动的管理相反，规范化管理是通过游戏规则实现的管理，只有这种管理才能保全被管理者与管理者在管理实施过程中在人性人格上的平等地位，双方都是游戏规则约束的对象，其不同仅仅在于二者所充任的角色不一样。在此游戏规则就是为达成管理目的而设计、构筑和维持的一种情境。在这种情境中，任何一个进入游戏的人，都必须遵循游戏规则，按照游戏规则行事，游戏规则也会自动地把游戏失败者和不守规则的游戏者淘汰出局。在此被管理者是游戏者，管理者也是游戏者，二者又同时都是裁判。被管理者和管理者在同一游戏规则中活动，既相互支持又相互制衡，既相互配合又相互监督。

图1－15 规范化管理相对于员工，就是垫子

尤其是规范化管理游戏规则的四个限制——公开透明、上下认同、系统完整、行之有效——直接与被管理者的主体性特征相对应，把被管理者融入企业组织的大系统之中，使之作为活的有机体畅游于企业组织运行的

大海中，获得自我肯定，并且不断通过自我超越，实现自我，发展自我，在企业发展的事业中谱写自我人生的篇章。

规范化管理也使管理实施变得简单而高效了，直接达成“四省”的管理目的。

1. 让老板省心

让老板揪心的员工工作不努力，有责任不承担，只想占企业便宜，不愿为企业发展努力的事不会有了。有了公开透明、上下认同、系统完整、行之有效的游戏规则，任何一个员工都无法从努力工作、努力贡献之外获得他所向往的自我肯定价值的实现，自我实现、自我发展在此只能通过员工自己的自主劳动努力把美梦变成真。这就是让老板省心。老板为什么累？不外乎没有制度规则的约束、没有忠贞不贰的人才、没有自觉自愿的员工……规范化管理就是帮助老板解脱出来。一是靠体现为完整贯彻的游戏规则体系；二是将决策分类到岗位，让人人把事做对；三是靠流程标准约束，让人明了行事的过程要求；四是通过绩效管理和薪酬管理两个体系，把对企业发展有用的员工留住，用好，全面发掘其潜能。

2. 让主管省力

让主管像盯小偷的警察一样对下属员工进行没完没了的监督、不时地吼叫呵斥，都不再必要。在规范化管理实施后所确立的游戏规则中，每一个下属员工都认同了自己的角色、明白了自己的责任、知道了所承担工作的标准、确知了不达标的后果，就会严格地遵守游戏规则，按游戏规则行事。这就是让主管省力。强权指令推动的管理强调一级管一级，老板管高层，高层管中层，中层管基层。基层出问题了，中层怨基层，高层怨中层，老板怨高层。谁要想不被怨，就只能付出超常的努力和艰辛。实施了规范化管理，企业从总裁到一线作业员工，不仅职责清楚、责任明晰，而且履责过程方法具体，责任承担方式量化，各级主管要做的就仅仅是检查落实责任，管理人员与员工的对立缓解了，矛盾、误会也大大减少，主管焉能不省力？

3. 让员工省怨

让员工绞尽脑汁、挖空心思、不择手段地争权夺利的行为成为不必要，因为在游戏规则中权和利的获得是对游戏参与的守规和胜负的报偿，就像玩老虎机赌博的人，投进硬币后只能等老虎机的赏赐，不会容忍任何人砸了老虎机取钱。在规范化管理所确定的游戏中，胜败输赢都是自己努力的结果，没有理由抱怨，也没有可抱怨的对象可让你抱怨，这就是让员工省怨。在强权指令推动的管理中，没有是非之分，没有曲直之辨，“官大一级压死人”，强权等级金字塔之中每一个下层都承担了超越其所想象的压力，甚至蒙受侮辱委屈，焉能不怨？全面实施了规范化管理，企业组织运行过程中的所有活动都由公开透明、上下认同、系统完整、行之有效的游戏规则推动，企业组织上下各级员工都有自己明了并认同的规则引导，奖惩得失也都不过是由事先确立，员工全面认知、认同的规则的问责，能有何抱怨？通过实施规范化管理建立健全了企业组织运行的游戏规则，薪酬福利的核定和职务晋升的选择都是按所确定的游戏规则行事，钱拿得少，职务提升得慢，都只能怨自己不努力，或者努力方式与游戏规则不吻合。

4. 为客户省钱

规范化管理所确定的游戏规则把企业组织运行过程体系化、简约化后，可大幅度提升效率和效益，在市场竞争中使企业有了更广阔的让利空间，以把运行效率提升带来的利益与客户分享，让客户获利。这就是为客户省钱。规范化管理的实施达成或趋于达成“八零”境界了，消除了决策失误浪费、效率低下浪费、资源消耗浪费、不当竞争浪费等，在激烈的市场竞争中，得到实惠的当然包括消费者客户。

不仅如此，让老板省心、让主管省力、让员工省怨、让客户省钱的“四省”价值的实现，又直接把作为被管理者的每一个下属员工把自我实现、自我发展的价值奠定到社会和谐和社会发展的基础上，让任何一个下属员的自我实现、自我发展的主体性实现都成为社会和谐和社会发展的涓涓细流。

四、规范化管理实施的作用

实施规范化管理的最大作用是企业核心竞争力的打造。所谓企业核心竞争力，简单地说就是企业整合组织内、外资源的能力，其具体量度可表示为企业组织决策力、支持力、执行力三者的乘积。

企业决策力是企业组织辨别市场机遇和陷阱的能力。它也就是企业组织有机体的脑力。只有当企业具有强大的决策力时，才能保证企业与时俱进，把握住外部环境的种种变化，哪怕是细小的变化，并且能对这种变化作出快速的反应。不仅如此，这种反应还必须体现这种变化的趋势。

支持力是企业的资源支持能力，它也就是企业组织有机体的实力。它表现为企业所积累的资源规模的数量和质量状况，是能为企业抓住市场机遇提供支持的能力。只有当企业具有强大的支持力时，决策选择的余地才广阔，面对市场机遇才不会仅仅是嗟叹。即使天降甘露，也只有早备好了能收集甘露的瓢盆缸罐才有意义。

执行力则是保证决策贯彻实施的能力。它也就是企业组织有机体的体力。只有当企业具有强大的执行力时，机遇才能最终变为现实。瘫子要有一个瞎子背着才能走出密林。执行力也就是这能背着瘫子走出密林的瞎子。

没有决策力以辨别发展的陷阱，把握发展的机遇，执行力就只能是所谓刀枪不入的义和团群氓的莽撞；没有支持力提供资源基础，瘫子背着瞎子也难以走出密林，一个沟、一个坎就会把他们困死，支持力也就是瘫子背着瞎子得以跨过沟沟坎坎的工具。

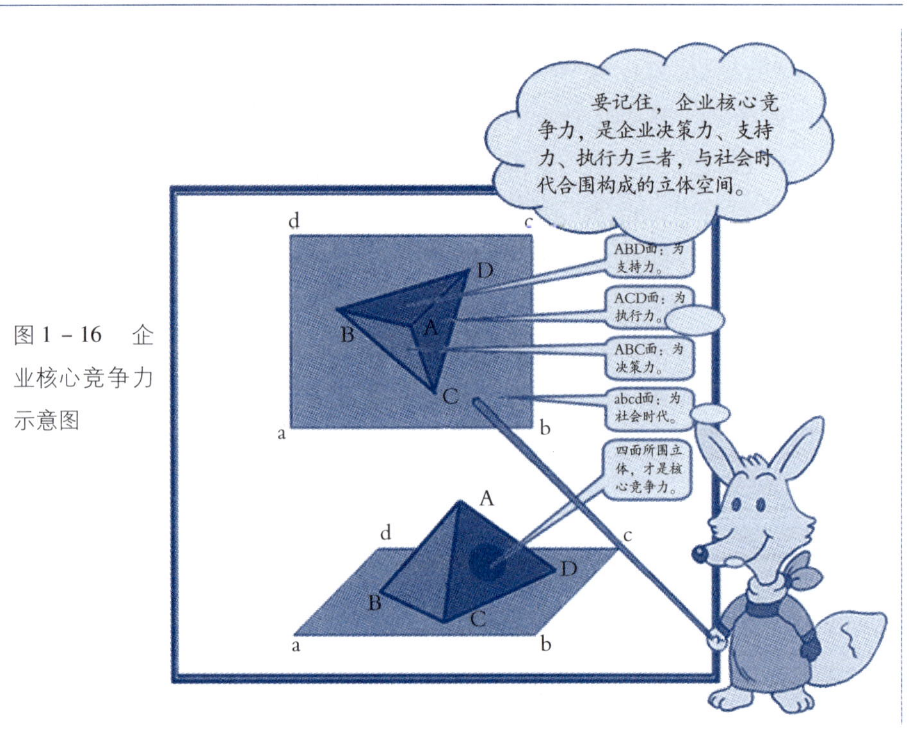

图1－16 企业核心竞争力示意图

如果用几何图形来图示企业核心竞争力，它就是由决策力、支持力和执行力三者，在社会时代这个广阔的舞台上组合而形成的一个四面空间。决策力、支持力和执行力三者之中，任何一个面缩小，都会使企业核心竞争力变小，甚至趋于零。任何一个面收缩成零，企业核心竞争力也就变成了零。只要其他三面都不为零，任何一个面的增加，也都会起到提升企业核心竞争力的作用。

企业核心竞争力就其具体内容分析，可以视为多种能力的聚合，从其具体体现形式看，可分解为十个内容，即十大竞争力。而实施规范化管理，却直接对应着十大竞争力的打造。

1. 实施决策制定管理规范化，打造决策竞争力

所谓决策竞争力，也就是企业超越于竞争对手的辨别发展陷阱和市场机会，对环境变化作出及时有效反应的能力。不具有这一竞争力，核心竞争力也就成了一具腐尸。决策竞争力与企业决策力是一种同一关系。决策频频失误的企业，肯定没有决策竞争力。没有决策竞争力的企业，也就是企业决策力薄弱，一个企业如果频频决策失误受挫，哪能有竞争力可言？但是，如果没有全面系统的决策制定管理规范化，决策制定者随心所欲，决策低质量，失误也就在所难免。

2. 实施组织架构管理规范化，打造组织竞争力

企业的市场竞争，最终得通过企业组织来实施。也只有通过组织架构管理规范化的实施，才能保证企业组织目标的实现必须完成的事务工作，事事有人做，并为事事都做好制度安排，才能保证由决策竞争力所形成的优势不落空。并且，企业决策力和执行力也必须以它为基础。没有强有力的组织明确而恰当地界定企业组织成员相互之间的关系，以保障决策力和执行力的活动有恰当的人承担并完成，企业的决策力和执行力也就不免成为空话。

3. 实施岗位员工管理规范化，打造员工竞争力

企业组织的大小事务，必须有人来承担。也只有通过岗位员工管理规范化的实施，保证岗位员工的能力充分强，素质充分高，有做好工作的强烈意愿，并且在工作过程中遇到艰难险阻具有迎难而上的耐心和牺牲精神时，才能保证事事都做到位。否则，企业的决策力和执行力也就都成了无源之水。保障企业决策力和执行力的活动要有效率和效益，也就是保证活动的主体——岗位员工具备与之相适应的能力素质、意志意愿和热情耐心。但是，如果没有全面系统的岗位员工管理，也就难以保证每一个岗位员工都具备与其所承担的工作要求相适应的能力素质、意志意愿和和热情耐心。

4. 实施运行流程管理规范化，打造流程竞争力

流程或叫运行流程，也就是企业组织各个机构和岗位员工个人做事方式的总和，它直接制约着企业组织运行的效率和效益。企业组织各个机构和岗位员工个人做事方式如果没有效率和效益，企业组织的运行也就不可能有效率和效益。如果一个企业组织运行没有效率和效益，也就直接是企业组织没有执行力。但是，如果没有全面系统的运行流程管理，单靠岗位员工的个人探索，由他们想当然地选择确定自己的行为活动方式方法，是不可能保证形成企业组织运行高效的做事方式的。

5. 实施文化建设管理规范化，打造文化竞争力

文化竞争力是由共同的价值观念、共同的思维方式和共同的行事方式构成的一种整合力，它直接起着协调企业组织的运行，整合其内、外部资源的作用。因而企业的决策力和执行力也都必然直接受制于它。价值观念、思维方式和行事方式如果不统一，并且腐朽落后，决策就不免失误，工作就不免效率低下。但是，如果没有全面系统的文化建设管理，单靠几个笔杆子杜撰几句响亮的口号，是不可能把共同的价值观念、思维方式和行事方式喊出来的。

6. 实施品牌建设管理规范化，打造品牌竞争力

品牌需要以质量为基础，但仅有质量却难以形成品牌。说到底，品牌是强势企业文化在社会公众心目中的折射和体现。因而它也就直接构成企业整合内、外部资源的一种能力。没有品牌竞争力，企业组织内部和外部都不认同企业的做事方式和行事结果，企业也就谈不上有什么竞争力，更谈不上有核心竞争力。品牌一旦形成，又直接是一种资源，因而它是构成企业支持力的一个重要内容。但是，如果没有全面系统的品牌建设管理，单靠营销专家策划出来的品牌，就只能是纸糊的灯笼，稍遇风雨就难免灯灭纸消。

7. 实施渠道建设管理规范化，打造渠道竞争力

企业要赚钱、赢利、发展，就必须有充分多的客户接受其产品和服务。如果没有宽阔有效的渠道，沟通企业与客户之间的联系，企业与客户隔离，也就必然惨败无疑。并且渠道直接是一种资源，所以有“渠道为王”之说，因此渠道竞争力是直接构成企业支持力的一个重要内容。但是，如果没有全面系统的渠道建设管理，单靠资金的投入，无论多么密集的渠道，也都只能成为销售费用的吞食机。

8. 实施成本费用管理规范化，打造价格竞争力

便宜是客户寻求的八大价值之一，没有不关注价格的客户。在质量和品牌影响力同等的情况下，价格优势就是竞争力。没有价格优势，最终都会被消费者淘汰。因而这一竞争力也就直接构成企业支持力的一个内容。而价格竞争力却绝对不是靠几个营销专家策划出来的，没有全面系统的成本费用管理，价格竞争力就只能是无源之水。

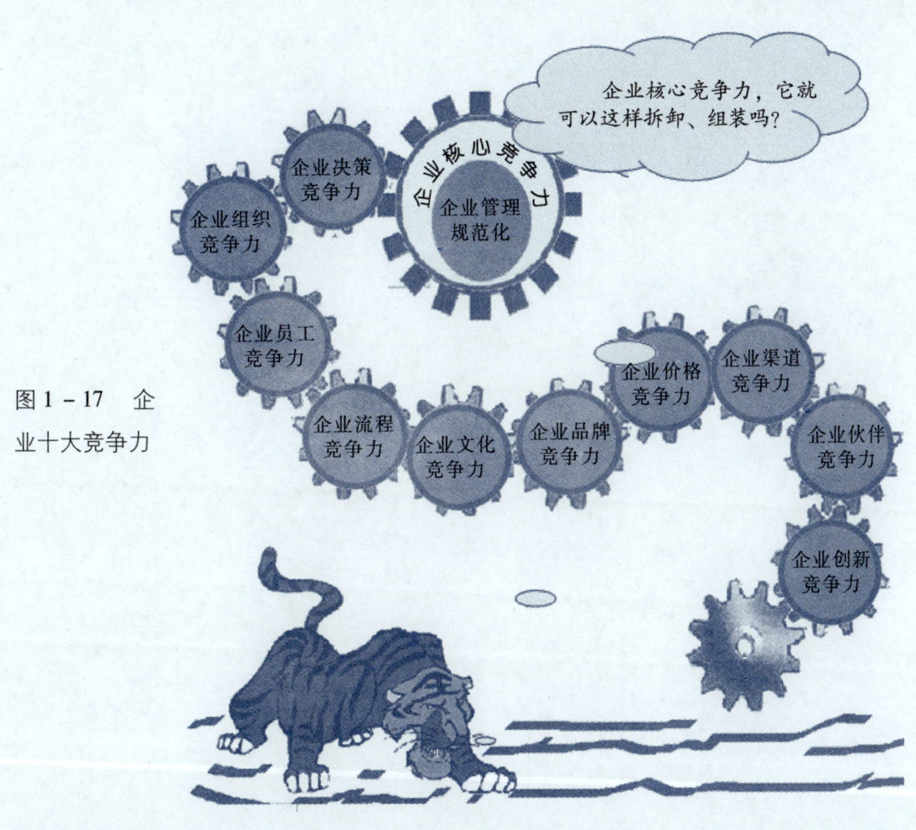

图 1 – 17　企业十大竞争力

9. 实施商务伙伴管理规范化，打造伙伴竞争力

人类社会发展到今天，万事不求人地包打天下的经营方式，已成为过去，要为客户提供系统、全面且超值的服务和价值满足，也就必须建立广泛的战略联盟。如果一个企业失去了合作伙伴的支持，也就无法适应客户价值满足集中化的要求，也就必然在残酷的市场竞争中处于孤立无援的地位。因而，伙伴竞争力的增强，就直接是企业支持力和执行力的提升。但是，如果没有全面系统的商务伙伴管理，单靠经营领导人的聪明对商务合作伙伴的忽悠，总有一天会被商务合作伙伴唾弃而被不断整合的市场所淘汰。

10. 实施创新激励管理规范化，打造创新竞争力

"一招鲜，吃遍天"，这是市场竞争中的不二法门。要"一招鲜"就必须有不断的创新。谁能不断地创造出这"一招鲜"来，谁就能在这市场竞争中立于不败之地。所以，它既是企业支持力的一个重要内容，又是企业执行力的一个重要内容。但是，如果没有全面系统的创新激励管理，单靠空洞的创新说教，是不可能不断把这"一招鲜"创造出来的。

第二篇

现代管理实施的工具

权力、组织和文化是管理得以实施的三大工具。因此，有效实施现代企业管理，就要对这三大工具进行具体的分析。

首先，本篇对权力的本质和权力的依据、权力的分类及其独断性、不同权力的有效作用对象、权力大小和运用程度与管理效果的关系、权力的创造和积累等内容进行了具体的分析，使权力适度且能最有效地发挥其作用。

其次，对管理的第二大工具——组织的定义、性质、功能和要素，组织目标和组织成员的关系，不同结构的组织与管理效果的关系，企业组织与企业领导人的关系也进行了分析。说明组织在管理过程中的作用，以及如何把握组织，为有效管理创造条件，避免问题的出现。

最后，说明了文化在管理中的不可或缺性以及不同组织文化对管理效果的不同影响力。

第一章

管理实施必须借助管理工具

管理实施必须借助管理工具——构筑诱导对方进行行为选择的情境所需的材料和工具。管理实施具有三大工具：权力、组织和文化。本章对其本质内容及其创造途径，分别进行了分析。权力、组织、文化三种管理工具并不能自动有效的起作用，而且被管理者的个体差异性导致其所作出反应的性质和程度也会完全不同，这都对管理者提出了一定的挑战。

管理就是通过设计、构筑和维持一种特定的情境，以协调被管理者的意志行为，使之与管理者的意志目标达成同一和吻合，以调整其行为，保证高效地最大限度地达成管理者的意志目标。用什么来设计、构造和维持这样的情境呢？管理者不是无所不能的神仙，无法点石成金，更无法把自己的神经系统与被管理者直接连通，像主体我的大脑指挥自己的手脚一样，控制被管理者的意志行为，指挥被管理者的四肢手脚。这就必须借助一定的材料工具，就像搭个戏台也得有木桩、木枋、木板、螺钉一样。管理实施所要设计、构筑和维持的并且能协调被管理者的意志行为的情境，没有管理实施的材料工具，谁也难以保证一定能达成“通过他人做好工作”的管理目的。

管理实施，木桩、木枋、木板、螺钉没有用，有用的是权力、组织和文化。权力、组织和文化也就构成了管理者可资利用的管理实施材料工具，如果管理者手中没有可资利用的权力、组织和文化，管理的实施就只能是空话。下面就管理实施的三大工具：权力、组织和文化的本质内容及其创造途径，依次分别加以分析。

权力、组织、文化三种管理工具并不能自动有效地起作用，因为任何人都只会对外部情境带来的感触作出反应。并且其感触不同，所作出的反应的性质和程度也会完全不同。因而使用同样的管理工具，在影响他人的行为选择上，会发生很大的差别。这是因为对于同样的工具，存在有组合使用艺术上的差别。

让人有所感触的并不是权力、组织或文化这三种管理工具本身，而是由这三种工具构筑的特定情境。“县官不如现管”，其道理就在于此。县官有权，但只要他的权力不会给我带来什么价值满足，或剥夺我什么价值满足的条件，即使是皇帝，我也完全可以不予理睬。能让人有所感触的就是这种让人感到可能有所得，或者可能有所失的特定情境。人之所以屈服于强权，是强权的约束，让他为了自身的根本利益，不能作顺从之外的选择。强权所构成的约束，也就是他所面对的一种情境。要作用于他人的行为选择，就必须使他人直接有感触，不得不对自己的行为选择进行调整。

前篇做过分析，能让人有所感触主要有尊重人、信任人、关怀人、教诲人、激励人和约束人六种方式。但尊重人、信任人、关怀人、教诲人能够起到影响诱导他人行为选择作用的前提，是与被尊重、信任、关怀、教诲的人之间在身份地位上存在一种正向差距，至少是一种对等的关系。也就是说，通过尊重人、信任人、关怀人、教诲人，能使他人的行为选择有所调整和改变的一个前提条件是尊重、信任、关怀、教诲人的人所拥有的权力、地位高于对方，至少不低于对方，否则，就难以对他人的行为选择形成影响。

一个乞丐向你行大礼，三叩六拜，你也不会感到这是一种尊重，因为他的这种尊重太廉价，给你带来的价值满足几乎为零。得胜的将军被他所俘的俘虏推举为首领，他也绝不会感到这是一种信任。一个菜色挂在脸上的人，无论如何真诚地告诫大富翁，说晚上不能吃得太饱，否则会有损健康，这个大富翁也不会觉得这是一种关怀。教诲更是如此，尽管对方的话是千真万确的真理，若对方的地位太低、影响太小，也就很难以让人听进去。历史上虽有孔子拜七岁的项橐为师的美谈，但现实中的人很难像孔子一样，具有不耻下问的美德。

激励人对被管理者产生作用的前提是实施激励的人拥有构筑边际情境的资源。没有控制生死、得失、荣辱和升降的权力，也就不可能构筑出相应的边际情境。2009 年 3 月 24 日《大众日报》刊有阳功庆一篇小文章，题目是《粉笔的魔力》。全文如下：

美国贝斯雷罕钢铁公司同时与多家建筑商建立了商务关系。工程建设初期，一切都在计划的正常轨道上运转。但后来，由于各基地材料需求量巨大，远远超过预期数量，钢铁公司生产的原材料，根本跟不上建筑工地的节拍，这让公司各部门经理很烦恼。

如不能如期提供产品，按合同，各厂家只能支付公司80%的费用。那么，公司将会蒙受巨大的财产损失。虽说工人工作量已由原来的一班制变为两班制，日班和夜班，工作时间增加了一倍，但还是没能起到很好的成效。唯一的解救之法就是提高工作效率——这是部门经理们最为苦恼的事情。

“我们怎样才能使员工完成他分内的工作呢？”一次，一名项目经理向正在工厂考察的总裁查尔斯·史考伯问道。

“哦，像你这样能干的人，”史考伯笑着问，“怎么会无法让工厂员工提高工作效率呢？”

“我也不知道怎么回事，”经理一副苦恼的样子，“我用了各种法子，向那些人又发誓又诅咒，甚至我曾威胁要把他们开除掉，但还是一点儿效果也没有。他们仍旧无法达到预定的数量。”

时值日班结束，夜班正要开始，穿着灰色工作服的工人在车间里忙碌地穿梭着。史考伯环视了一下，说：“能给我一根粉笔吗？”然后，他转身面对离他最近的一名工人，问道：“你们这一班今天制造了几部暖气机？”

“6部。”工人回答说。史考伯没说一句话，在地板上用粉笔写了几个字，然后就走了。

部门经理被搞得一头雾水。此后，史考伯每天都来这里一次，并用粉笔写个字。不久，此部门的生产情况显然逐渐好转，很快就达到了预期数值；在其他部门，史考伯如法炮制。不久，各部门步调均衡，增长势头猛烈。公司很快便扭转了以前生产脱节的局面，提前完成了任务。

此次业务是贝斯雷罕钢铁公司树立威信最为关键性的一战。商场如战场，一招失手，极可能满盘皆输。由于史考伯管理方法独特，钢铁公司很快变为全美最赚钱的公司之一。

为了庆祝此次业务的成功，公司领导层特意举行了一次大型的香槟晚会。宴会上，觥筹交错，一派喜气。正当酒酣之际，一位坐在史考伯身边的经理，实在憋不住心里的疑惑，就问他，到底是什么法子使公司这么快就摆脱了困境。

“其实，还得感谢那位部门经理呀，是他给了我一支有魔力的粉笔。”史考伯开玩笑地说，“要使工作圆满完成，就必须激起竞争。我指的并非是赚钱的卑鄙手段，而是激起超越他人的欲望。那支粉笔就具有这样的力量。”看到那个经理一脸不解的样子，史考伯继续说道。原来，史考伯每天视察各厂部工作情况时，都要在一块十分显眼的地板上，写一个大大的阿拉伯数字，以记录日班和夜班的工作量。

在暖气机制造部门，夜班工人看到了那个数字“6”，以为是日班工人在炫耀成绩，于是他们加紧劳作。在第二天早上，史考伯统计工人的工作量时，夜班工人已把“6”擦掉，写上了一个更大的“7”字。日班工人早晨来上班，当然看到了这个挑战性的数字，夜班工人显然在向他们示威。那晚下班之后，地板上赫然留下一个颇具威胁性的大“10”字。日班和夜班在无声之中进行一场数字赛跑。

文中的故事好多人都引用过，几乎是讲激励的讲师们挂在嘴上的典型案例。用一支粉笔构筑能激励人的边际情境，这是以用粉笔的人拥有充分大的权力和充分高的威望和地位为前提的。如果查尔斯·史考伯不是公司的总裁，他手中的粉笔还会有这种神奇的作用吗？答案无疑是否定的。

约束人对被管理者产生作用的前提有两点：一是必须有权剥夺他人的价值满足的条件；二是所剥夺的只能是他最看重而又不可能在他处获得的价值满足。约束就是抡大棒，而抡大棒能发挥作用的前提是，打他，他也不走。否则，你的大棒还没抡起来，人都跑光了，你大棒抡得再高也无法起到约束人的作用。

所谓管理工具，也就是构筑诱导对方进行行为选择的情境所需的材料和工具。就像盖房子一样，要使房子成为房子，具有避风遮雨的功能，就必须有砖有瓦，有窗有门，有梁有柱，就需要有钢筋、水泥、石头、沙子、砖块、木料等。要让被管理者感到被尊重、信任、关怀、教诲、激励和约束，管理者手中也就必须有能构筑这相应情境的材料和工具。管理者能够运用的管理工具就是权力、组织、文化这三个，后面分别加以介绍。

第二章

权力的本质和权力的依据

所谓权力，也就是改变和协调他人行为选择的能力，或者叫做让人不得不的一种力量。它表现的是一种人与人之间的关系，使没有权力的人不得不充分考虑握有权力的人的意志和愿望。其功能是让人服从，即权力的主体可以通过运用权力，构筑特定的情境，把他人的行为选择引导到与自己希望相一致的方向上来。权力的作用，就像长枪，顶着他人的脖子，不听话就会扎进去，要人的命，从而让不想死的人不得不顺从他的意志，改变其行为选择。

一、权力的本质

权力是管理实施的首要工具，没有权力，也必须创造出权力来。否则管理的实施就只能是乞丐的哀求。

但权力并不是政治学的独有课题，而且从政治学的角度定义的权力仅仅是一种狭义的片面的权力。也正是在政治学中，权力被弄得臭名昭著，似乎权力就是罪恶。原始野蛮的权力也的确与罪恶同在。秦始皇焚书坑儒、罗马教会贩卖救赎符和火烧布鲁诺、希特勒的集中营……他们的权力在这里也真正是与罪恶直接联系在一起的。也就是说，如果他们的手中少一份权力，也就会少一份罪恶发生。因为："要使权力既不分裂人也不团结人，既不歧视人也不把人拉平，也许是不可能的。""权力往往使掌权者盛气凌人，为罪恶准备了条件；冲突使秩序取决于权力，就是证明，权力渗透到人际关系之中，这是人类极不完善的明显标志。"但是，"因为人们不团结，为了保证秩序，权力似乎就是必要的；因为人们不平等，作为把每个人置于优秀人物的统治之下的一种方式，权力似乎又是有道理的。”①然而，这里的道理不是因为秩序的需要，致使罪恶的权力也得接受，而是权力本身并不是罪恶，仅仅原始野蛮的权力才与罪恶相连，权力本身是社会存在和发展的前提。

政治学把权力等同于暴力，等同于强制，权力也就是军队、警察、法院……伦理学把权力等同于自由，凡是可由自我抉择的就是自我的权力，生存权、居住权、劳动权、结社权等就是这个意义上的权力。很显然，政治学的权力可以获得社会的秩序，但罪恶不可避免。而用伦理学的权力来组织社会，罪恶是可以避免的，但秩序却难以保障。

唯有社会学的权力可以既保证社会的秩序而又可以避免罪恶。彼得·布劳认为：“权力的定义应该加以扩大，应该写成：它是个人和群体，将其意志强加于其他人的能力，尽管有反抗，这些个人或群体也可以通过威慑这样做。威慑的形式是：撤销有规律地被提供的报酬或惩罚，因为事实上前者和后者都构成了一种消极的制裁。我们应该指出三种更为深刻的意义。第一按帕森斯的说法，权力的概念用来指一个人或群体反复地把他或它的意志强加于他人的能力，而不是指影响他们的一项决定（不管多重要）的单个例子。第二，用来对反抗进行威胁的惩罚，假如他是严厉的，使权力成了一种强制力量，尽管在权力中有一种唯意志论的成分——惩罚可能先于服从受到选择，它有时就是惩罚——这种成分使它区别于直接肉体强迫的限制情况。最后，权力被设想为固有地不对称的和依靠一个人从其他人那里截留报酬并对他们实施惩罚的基本的能力——在考虑到他们能强加给他的限制之后依然存在的能力。它的根源是单方面的依赖。相等力量的相互依赖和相互影响标志着缺乏权力。”②

彼得·布劳所强调的是把主体我的自我意识强加于他人。这仍未完全脱离权力的原始野蛮特性。权力的价值也就是它能使对方接受权力主体的意志，并按权力主体的意志行动，否则权力与权力主体就不存在任何关系，权力也就是多余的谎言。人们寻求权力并占有权力也正是因为权力能使他人的意志行为与权力主体的意志目标协调一致。至于是否需要把权力主体的意志强加于他人，强制他人接受权力主体的意志，这并不重要。因为完全可以无须任何强制，也会使他人的意志行为与权力主体所期望的意志行为一致起来。作为主体性存在的人，任何一个主体我都有其自我意志，但这种自我意志并不是确定不变的，而是随着主体我所处情境的不断

① 格伦·蒂德．政治思维：永恒的困惑．杭州：浙江人民出版社，1988年版，第76页．

② 彼得·布劳．社会生活中的交换与权力．北京：华夏出版社，1988年版，第137~138页．

变化而不断调整的。

所以，只要具有构筑特定情境以改变他人的意志行为的能力，也就拥有了权力。权力的本质就是改变、协调他人的意志行为，使之与权力主体的意志目标保持一致。

权力的本质并不能由权力的具体形式决定，而只能由权力的意义所决定。权力表现的不是一种物的存在，而是一种人与人之间的关系。说明这种关系的也只能是这种关系的当事人中具有主导作用的一方的意志目标，即对在这个关系中具有主导作用的当事人的价值和意义。所以，无论是把权力等同于暴力和强制，还是等同于自由，都是片面的，它们都未把握住权力的本质。暴力和强制只是权力的具体依据和具体形式，自由则仅仅是一种意志选择的条件，都不足以说明权力的内在规定性。

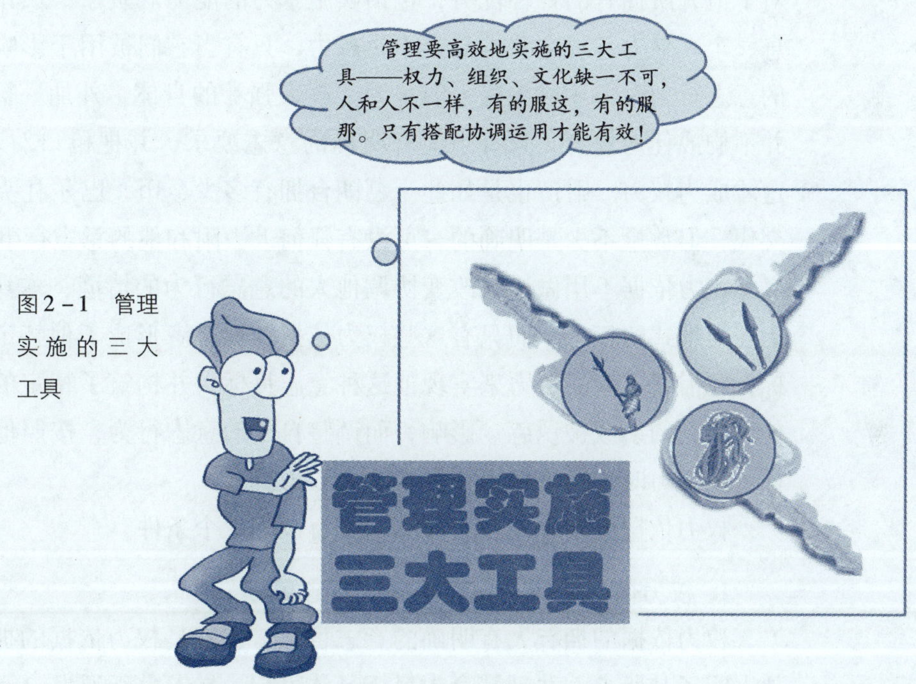

图2－1 管理实施的三大工具

由上述分析，可以归纳出权力的定义了。所谓权力，也就是改变和协调他人意志行为的能力，它表现的是一种人与人之间的关系，权力主体可以通过它构筑特定的情境把他人的意志行为与自己的意志目标协调起来。

二、权力的依据及其转化为权力的条件

凭什么改变协调他人的意志行为呢？或者说用什么来构筑特定情境，以使他人的意志行为与权力主体的意志目标协调一致呢？这就是权力的依据，或叫权力来源。任何一个人都有自己的意志，即使这种意志尚不坚决、不确定，也会有他一定的意志指向，这就是常说的意向。他改变或放弃这特定的意向总有其原因和理由，无端地改变其意向，这只能是在精神失常的人身上才会发生。

所谓权力的依据，也就是一个人凭以影响支配他人的自身条件，是相对于他人所拥有的种种优势，包括实施暴力的能力和资产、舆论控制、信息、个人魅力等。这些本身并不是权力，只有当它们被用于影响支配他人的意志行为时，才成为权力的来源。高大强壮的身体，外加一挺机枪，这并不构成任何权力，只有当他有明确的意志要求，并把枪口对着他人时，这才成为权力。财产也是如此。葛朗台拥有多少金币，巴尔扎克没有明确交代，但数量不少是明确的，可没有任何人去附和他的意志行事。

权力依据不用做构筑改变协调他人的意志行为的情境，本身就不能成为任何形式的权力。而只有这些权力依据的拥有者形成了他特定的意志目标，并需要他人的努力来实现他这种意志目标，并构筑了特定的情境，使他人受到约束或被诱惑、影响，而调整自己的意志行为，按照他的意志目标要求努力时，这些权力依据才变成权力。

权力依据要转化为权力概括起来有以下三个条件。

1. 权力依据的拥有人有明确的意志目标

权力依据的拥有人有明确的意志目标，也就是权力依据的拥有人能使他人明了其所求，并且其意志目标具体可行，是人力所可为。

从前有一个国王，六旬得一女，甚是高兴，悬赏万金，广召天下奇士，寻求能使公主即刻长大的药。有一个人应召，谎称他有这种药，但要求国王在他找回药之前，不得见公主。国王答应了，他去找了十二年后才回来，胡乱弄了一些药让公主吃了，再带公主去见国王。国王不得不赏黄金万两给这个骗子。

国王的这种权力仅仅成了受愚弄的依据。目的不明确，他人不知所从，也就没有服从，权力也就不可能存在。目标不现实，权力依据也就不能转化为权力。用枪顶着他人的脑袋让他去水里捞月，这除了让人觉得你

要无端加害他之外，不会有人感到你的权力的存在。你悬赏万金，让人去水里捞月，也只会让人感到你在炫耀财富。若你用所控制的舆论指责他人未能从水中捞出月来，也只能给你造成一个流氓无赖的形象。

2. 他人认同你所拥有的权力依据

相对于贞德姑娘，英国的宗教法庭是无权的。相对于布鲁诺，罗马教廷也是无权的。只有相对于屈服暴力淫威的人，暴力才会成为权力。也只有受钱财引诱的人，钱财才能成为权力。信息也只有相对于需要这种信息的人才会成为权力。舆论也只有被舆论褒贬的对象承认你的舆论才会成为权力。至于魅力则更是依赖于对方的认同。对方欣赏你的举止，则你的举止就有魅力，并对他的意志行为形成影响。对方若不欣赏你的举止，你的举止也就成了令人嗤之以鼻的怪癖。

3. 权力依据被恰当地用以构筑特定情境

比如作为暴力的刑法，过宽则没有威慑作用，不足以驯人；过严则导致对抗，会使人民奋起反抗来摧毁这个暴力。其他权力依据也都是如此。以钱财作为奖赏，过少则不足以起到激励作用，过多则又会被当做不能兑现的戏言。舆论更是以适当适时为前提的，任何言过其实的舆论不仅没有诱导人的意志行为的作用，反而会遭人唾弃。信息不能超越其真实性去诱导人，否则就成了欺骗。魅力则是其举止有不同于众人之处而又恰到好处。众人把这种举止认做魅力，也正是因其度恰到好处。不足则不足以成为一种魅力，太过则会使人反感，而使之把其不同于众人之处的举止视做陋习。

三、权力依据的分类

权力依据可以分为五大类，而每一类的性质又各不相同。按照它们所能构筑的情境形成的权力的独断性的大小，可以排成一个序列：暴力、财富、舆论、信息、魅力。其独断性由完全的有到完全的无依次递减。所谓权力的独断性，是指权力留给管理对象自主选择的余地。这种选择余地越小，也就是权力的独断性越大，反之则相反，这种选择余地越大，也就是权力的独断性越小。这也是区别管理性质的一个重要指标，权力独断性越大的管理，留给被管理者的自主性就越小，管理达成的效率就越高，但管理达成的效益不一定越好。权力独断性越小的管理，留给被管理者的自主性就越大，管理达成的效率可能不高，但管理达成的效益不一定不好。

1. 暴力

暴力依据所支持的权力具有完全的独断性。权力作用的对象只有两个选择，或者不承认这种暴力的合理合法性，因而不屈服于暴力；或者完全服从暴力的拥有者的意志。在奴隶主鞭子下的奴隶，就只有这两种选择，要么忍受鞭打，乃至被处死，要么对奴隶主的旨意百依百顺，甘受其随心所欲的役使。

2. 财富

财富转化为各种各样的经济利益，可作为对他人服从的奖赏，其所支持的权力仍然具有很大的独断性。被奖赏者尽管可以根据自己的实际情况选择服从的程度，但他仍只能被动地接受奖赏，奖赏的内容和奖赏的数量，都是财富拥有者决定的。奖赏得当与否是由奖赏者来评价的，而不是由被奖赏者来评价的，被奖赏者只有看重或不看重，以及接受或不接受其诱惑的选择。

3. 舆论

舆论虽然可用以制造纯粹的谎言，以欺骗人，但谎言总有被揭穿的时候，欺骗也只能是暂时的。因而舆论也就不能无中生有，随意把黑说成白，把是说成非，而只能在程度上做些手脚，大说成小，小说成大，多说成少，少说成多，其独断性因而也就减少了许多。因为被舆论作用的对象只有接受其所提供的价值观念，相信其所传递的信息，才能对对方构成影响。

4. 信息

信息作为权力依据，其独断性很小，只有对方需要这特定信息，并相信你所提供的信息具有真实性和权威性时，才会接受你的信息，你所提供的信息也才会对他人的意志行为形成影响。这里尚存的一点独断性仅仅在对方迷信你时，你掺加了谎言的信息也能被他接受。

5. 魅力

魅力不再有任何独断性了，其存在本身就是靠他人认同获得的。任何一个人都有不同于一般人的地方，这种不同只有被他人认同才会成为魅力，而其主体很难自主地强化这种魅力。因为魅力是建立在度的恰到好处之上的，自主地加大某一行为举止的度，只会留下矫揉造作之嫌，让人鄙视。魅力因而是在其主体无法自控的情况下发挥作用的。里根是有魅力的美国总统，可他并不能确定他的魅力究竟在赢得选民的信任上发挥了多大作用。他除了频频与选民接触，把更多承认他的魅力的人唤醒外，并不能自主地放大其魅力，让所有人都认同。

图2－2　权力的五个依据

需要反复提醒的一点是，权力依据还不是权力，但创造权力必须从权力依据的积累开始。因为没有权力依据也就无以创造出权力。把权力依据转换成权力，这是权力创造必须完成的第二步工作。但这两步工作并不是截然分开的，管理者并不能先把权力依据积累到很充分之后，再把它转换成权力，而且权力对权力依据的积累又有促进作用。又分权力与权力依据的意义不仅仅在于为管理者进行权力创造提供理论指导，而且这种区分还有助于对权力内部构成进行探索分析。罗素没有作过分析，所以他是直接在权力依据这一点上对权力进行分类的。J. 福伦基和 B. 拉弗思则直接就权力的形式进行了分类。但他们都回避了权力创造问题。要建立服务于管理实施目的的权力理论，这种区分也就是首先要完成的工作。

第三章

权力的分类及其独断性

若分析权力，首先就要明确权力的分类。而权力分类是根据权力的依据来进行，还是根据权力作用于对象的方式来进行呢？本章通过分析，选择了以后者为标准。由此，可以将权力分为惩治权、奖赏权、立法权、参议权、专业权、交易权。而就权力所包含的独断性由大到小的排列依次为：惩治权、立法权、交易权、专业权、参议权、奖赏权。

一、权力分类的根据

罗素的《权力论》可以说是研究权力问题的经典。他在该书中把权力分作了六类，即僧侣的权力、国王的权力、赤裸的权力、革命的权力、经济的权力和支配舆论的权力，并专章进行了讨论。但他的分类是含混不清的，尽管他也专门讲了权力的形式，但他的分类却不是以权力的形式为依据进行的。他注意到了权力的来源或叫依据的不同，但在他的分类中，并不是每一类权力都仅仅只有一个来源或依据。就僧侣的权力分析，罗素认为：“僧侣最原始的形式是拥有两种权力的巫医，人类学家将这两种权力分为宗教的和巫术的。宗教的权力依靠神的帮助，巫术的权力则假定是自然的。”[①] 应该说，僧侣权力的依据主要是信息，一般人相信有一个超人的神存在，并且认定僧侣有通神的本领，僧侣因而可以带来神的信息。舆论也是僧侣权力的依据之一。众人信仰神，也就信任僧侣，从而赋予了僧侣以舆论控制的权力。除此之外，暴力也是其依据之一。十字军东征、火烧布鲁诺就是赤裸裸的暴力行为，各种各样的宗教法庭都是暴力机关。哥白

① 罗素．权力论．北京：东方出版社，1988 年版，第 36 页．

尼提出日心说，但并未马上宣传，就是慑于宗教法庭的淫威。国王的权力可以说是暴力、财产、舆论、信息和魅力五种权力依据的混合产物。任何一个国王都拥有强大的暴力依据，包括军队、警察、法庭，尽管在不同的时期，其形式有所不同。财产是其另一个重要的依据，“率土之滨，莫非王臣”，是因为“普天之下，莫非王土”。而君权神授又为国王的权力提供了舆论依据。君、神同位的信仰又为国王权力提供了信息依据。魅力虽非国王所常有，但因对国王的迷信，国王也就有了无限的魅力。赤裸的权力，“即一种无须人民默认的权力。这是屠夫对羔羊的权力，侵略军对被征服民族的权力，警察对被发现的阴谋集团的权力。”① 这种权力的依据是单一的，就是暴力。但革命的权力，却在暴力这个依据之外，加上了信息这一依据。“新信仰取代旧信仰——这是革命权力的来源。”② 而人的信仰却是与在信息上的不对称性联系在一起的。信仰是因为信息的缺乏才把信仰的对象当做信息源来供奉。而经济的权力和支配舆论的权力，二者也就是财产和舆论转化成的权力。很显然罗素对权力的划分重点考虑的是权力的依据。

J. 福伦基和 N. 拉弗斯对权力的划分却是直接根据权力作用于对象的方式进行的。他们认为，拥有强制权就意味着拥有这种权力的人能给权力的作用对象分派不愉快的工作，在工作上为难他，或者干脆找他的麻烦。拥有奖赏权就意味着拥有这种权力的人能给权力作用的对象增加工资收入，提供特别的好处，或者岗位晋升。拥有立法权就意味着他拥有向管理对象定规立矩的权力，管理对象也承诺按照其所订立的规矩行事，完成他所布置安排的工作，并把完成工作视做自己的一种责任。拥有专业权则意味着拥有这种权力的人能给管理对象提供好的技术建议和恰到好处的工作指导，并让对方分享其知识和经验。拥有参与权则意味着拥有这种权力的人能使管理对象感知其价值和意义并尊重其意见。应该说这种划分更为科学合理。

二、权力的分类

前面已作过分析，若在 J. 福伦基和 N. 拉弗斯所划分的五类权力之外加上交易权就更全面。因为这种交易权也是从对对象的作用方式来描绘权

① 罗素. 权力论. 北京：东方出版社，1988 年版，第 63 页.

② 同上书，第 126 页。

力的。这六类权力又直接可以从五类权力的依据序列中找出对应关系。一定形式的权力只能来自特定的权力依据，但这并不是说一种权力只能来自一种权力依据，而是说任何一种权力都有它特定的权力依据。

1. 惩治权

惩治权也可叫做强制权，是指名副其实地把自己的意志强加于人，而权力作用的对象没有接受和不接受这种权力作用的选择余地。它的权力依据有四：

（1）暴力。就像奴隶主对待奴隶那样，不接受被强加的意志，就会有皮鞭和棍棒落在身上。建立在这种依据上的权力，可以说是赤裸裸的强权，是强者打在不驯从的弱者身上的拳头、棍棒和子弹。不过在当代社会中，其意义越来越小，但远不是无。没有哪一个国家解散了军队和法庭，对不驯服的学生、工人和市民动武的政府也是数不胜数的，更不用说对影响扰乱社会稳定的罪犯了。不仅如此，在有些社会组织中，还有表现为不同形式的体罚的暴力存在。企业单位也有自己的保卫人员，这就是一种暴力。父母对孩子、老师对学生，这种暴力尽管已降低到不再算是严格意义上的暴力，但其痕迹仍然存在，包括罚站、扭耳朵、打手掌……在黑社会组织中，暴力还是惩治权的最主要依据。

（2）财产。在这里不是指财产给予而是财产剥夺，罚款、扣发工资和奖金是其重要形式。

（3）舆论。通过舆论来谴责，使其丧失活动于其中的社会的认同，非体罚的行政处分就是其代表形式。

（4）信息。即不再把信息传给他，并且也不再把他传达的信息当做可信的信息接受，这也就是撤去信任，使之孤立，从心理上实施惩治。

而解雇和开除等处罚则是四种权力依据的综合。没有暴力作依据，开除了，他仍然坚持不离开岗位，就不能有开除处罚的实施。并且开除不仅剥夺了他在这个单位赚取工资收入的资格，而且还伴有舆论的谴责。同时他也被排除出了原来的信息传播网络。

2. 奖赏权

奖赏权则直接依存于财产、舆论和信息三个权力依据。

（1）财产奖赏，则直接是给予物质经济利益，使之需用物质来满足的需求实现得更多、更充分。

（2）舆论奖赏，则直接是承认其价值，给予他更多的尊严。人作为一种主体性存在，是不能脱离社会而存在的。社会在舆论的诱导下，认同其价值，给予其尊严，这本身就是他的“能”和“善”的需求的满足。

（3）信息奖赏，则是提升对对方的信任，使之在原有的信息网络中上升到一个更为重要的枢纽上。使之一方面能接受更广泛的信息，有更多的人把信息传送给他；另一方面又有更多的人认同他传播的信息。这种信息奖赏实际上是通过提升信任程度而提升其社会地位，所代表的是他的“能”和“善”的需求的满足。

但要奖赏却不能用己所无的东西去实施奖赏。奖之以金钱，你必须有金钱；奖之以美名，你必须控制着舆论；奖之以信任，你必须有提升其社会地位的能力。否则你的奖赏权也就是空洞的虚无。所以没有这三个依据也就没有奖赏权。

3. 立法权

立法权的权力依据则可以说是无所不包的，任何一种权力依据都可转化成立法权。所谓立法权实际上也就是为权力对象定规立矩的权力，使权力对象心甘情愿地接受权力主体的意志目标要求。因为权力对象已认同了权力主体，所以权力对象就会直接把权力主体的意志目标当做自己意志行为选择的方向。

这种权力可由暴力依据转换而来，罗素已作过分析。他说：“军事征服所给予的权力，经过或长或短的一段时间之后，往往不再只是军事的。罗马人所征服的一切省份，除犹太人之外，很快成了帝国的顺民，不再具有独立的愿望。在亚洲和非洲，伊斯兰教徒所征服的基督教国家，并非被迫听命于他们的新统治者。威尔士逐渐默认英国的统治，虽然爱尔兰不是这样。亚尔比宗派异教徒被武力征服后，他们的后裔从内心到外表都对教会的权力表示服从。诺曼人的征服在英国产生了一个王室，一段时间之后，它被认为享有登王位的神权。”①

（1）由财产依据转化的立法权在现实中比比皆是。业主在业主企业中的立法权，以及大股东在股份公司的立法权就直接是由财产依据转化来的。甚至由老板或股东大会、监事会授权的董事长、总经理也可以说其权力是由财产依据使之在企业组织管理中拥有了定规立矩的权力。国有企业的经营领导人也是通过代表国有企业产权主体的国资委的任命授权而取得定规立矩的权力的。企业中的其他员工服从他，并不是他有什么特别的才干或魅力，而是他被授权取得了财产依据可转化的立法权。

（2）舆论依据转化为立法权。国际上这样的例子屡见不鲜。例如某国的军队领导人通过政变取得国家的执政权，然后借助舆论的宣传，将其塑

① 罗素．权力论．北京：东方出版社，1988年版，第63~64页．

造成国家和民族的救星，以巩固其独裁统治。

（3）由信息依据而获得立法权的事例很多，尤其是在企业组织中。李·艾柯卡成为克莱斯勒公司的董事长，既不是靠他个人的魅力，也不是靠他的控股权，而是靠他经营汽车业独有的经验和知识。这些经验和知识也就是信息，并且是股东和社会都认同的信息。

（4）魅力作为权力依据不可能单独起作用而转化为立法权，但它对取得立法权的正面作用却是不可否认的。人们都承认里根的个人魅力，而且他的魅力在他的政治生涯中帮了他很大的忙。没有个人魅力这特有的权力依据，他由一个三流演员登上世界超级大国的总统宝座，简直是不可思议的。

4. 参议权

参议权则直接导源于财产、舆论、信息和魅力这四种权力依据。这四种权力依据的占有，使之有可能获得广泛的社会认同。人们都把信任赋予他，使他在社会中取得特殊的社会地位。这种社会地位并不一定与合法权力相统一，但其社会地位只会高于这合法的权力主体地位之上。因而使他得以成为智慧的象征、道德的化身和价值的裁判。在名义上邓小平从未担任过我们党和国家的第一领导人，但他却在我们党和国家的事务中作为真正的核心主导中国共产党及其执政的中国近二十年之久。前新加坡总理李光耀退居资政之职，但对国家事务仍可起主导作用。但这种地位并不一定是政治地位，而是一种因为他在财产、舆论、信息和魅力四个权力依据中某一方面特别突出，并得到了社会的广泛认同，形成的社会地位。影星和歌星等是得自于他们的个人魅力；经济学家、哲学家、社会学家是得自于他们的信息知识；德高望重者则是得自于舆论对他们的褒扬；富翁靠的则是他们的财产，这是不言而喻的。在香港回归之前，英国委派的港督要提出一项有关香港发展的动议，也还要征求李嘉诚的意见，这也仅仅是因为李嘉诚是香港的首富。

5. 专业权

专业权的权力依据则纯粹是信息。因为他在某个专业上有高于一般他人的造诣，成为在一定社会组织中这一专业的权威，因而凡涉及这一专业的事务决策就不得不听取他的意见。即使他的信息中包含有个人的意志目标，也不能忽视，因为他的意志代表的是一种自然的权力。自然规律是不可抗拒的，任何违背自然规律的行为都要受到自然的惩罚。而专家则是对自然规律把握得最好的人，想逃避自然惩罚的人也就必须听取专家的意见，赋予专家以特别的权力。

6. 交易权

交易权强调的是在社会交往中单方面地向对方承担义务而形成的对对方的意志行为的影响作用。而能够用做单方面向对方承担义务的资源也就构成这种权力的权力依据。也就是说，这种权力的依据必须是能够预付出去的资源，只有预付才成构成单方面的义务。很显然作为资源预付的权力依据只有财产、舆论和信息三项。

（1）在他人困窘之时，慷慨解囊相助，这就是通过财产的预付单方面向对方承担了义务。受人之恩就是欠人之债，当施恩者有某种意志意愿需要满足之时，接受其意志，并用自己的意志行为去实现其意志意愿就是还债。不过这里有一个度的问题。任何人都会把所受之恩与施恩者的意志要求进行对比权衡。当后者较前者太失度时，受恩者也会拒绝接受其意志要求。

（2）舆论有提升或贬低人的地位的作用。通过舆论提升人，尤其当这个人的社会地位还未确定之前，这就是授人以知遇之恩。相对于“有”的需求已获得满足的人，知遇之恩的意义远远大于钱物的施舍。施舍是有条件的，只有当他处于困境需要经济援助时才有意义，否则施舍还会给他人以受侮辱的感觉。而通过舆论提升人的地位则是无条件的，只要能做到这一点，他人都不会拒绝。但用舆论提升人形成的知遇之恩所转换的权力的运用，则要受到受知遇者的意志目标的制约。只有当受知遇者的意志目标与知遇者的意志目标存在一定的同一性，至少二者的差异是有限的，这种差异是受知遇者能容忍的时候，受知遇者才能接受知遇者的意志要求。在这一点上他所受的限制比接济他人转换的权力所受的限制还要大。尽管如此，通过舆论提升人创造权力是最经济的。在恰当场合一句称赞的话，也会创造出很大的权力。刘备三顾茅庐，实际上是借助舆论来提升诸葛亮的地位。当时刘备虽然新败，但仍不失为一方豪杰，他的三顾就充分肯定了诸葛亮的地位和价值，诸葛亮为报答刘备的知遇之恩，忠心耿耿，鞠躬尽瘁，为刘氏父子效命二十七年。一顾就赢得诸葛亮九年的不渝忠心，这不能不说是最大的经济活动。

（3）用信息来单方面向对方承担义务，这与施舍接济他人的性质意义相同。只不过后者提供的是物，前者提供的是有价值的信息。

（4）通过接济人、褒扬人和指点人来创造权力还有权力创造倍乘的作用，因为这除了形成单方面地向对方承担义务造成交易权之外，他还会博得仗义疏财、乐于助人和知人善任的美名。这美名又可以视为舆论转化的一种权力依据。有了这种美名，就会增加他的参议权，让他成为社会价值的仲裁人。《水浒》中的宋江，文不及神机军师朱武，武不及母夜叉孙二娘，但他却成为梁山大寨之主，也主要是得之于他平时的乐善好施，仗义疏财，单方面向他人承担义务之功。再加上他在聚义厅三番五次地让贤，为新上山的英雄提升地位造舆论，使他们又欠下他知遇提举之恩。可以说宋江是天下善弄交易权的第一人。

三、不同权力的独断性分析

通过对不同权力与权力依据关系的分析，我们发现，不同权力的不同性质与它的不同的权力依据存在着密切的相关性。就权力依据对管理对象的依存程度而言，可排成一个由小到大的系列，依次是：暴力、财物、舆论、信息、魅力。

而不同权力所包含的独断性的大小与这种权力所由此形成的依据对管理对象依存程度大小相关。由此形成的依据对管理对象依存程度越小，则其权力的独断性就越大。反之则相反。就其所包含的独断性由大到小的排列依次为：惩治权、立法权、交易权、专业权、参议权、奖赏权。

所谓权力的独断性也就是权力主体将其意志强加于对方不给对方以自主选择的可能性。

惩治权的独断性最大，管理对象完全没有选择的自主权，权力主体的意志要求接受得接受，不愿接受也得接受，管理对象没有任何选择的余地。

立法权的独断性，尽管比惩治权小，但仍很大。承认了权力主体的合法性，也就必须接受他定规立矩的意志。

交易权的独断性较小。人们都知道，人情大如天，欠债可以讨价，但欠情却不能讨价。交易权实际上就是管理对象对权力主体所欠下的人情债。知恩图报作为一种普遍的道德规范约束着每一个人，因而使交易权拥有了独断性。

专业权的独断性仍然存在。因为专家的意见代表的是一种客观规律的要求，反映的是事物发展的必然性，因而它让人只有很小的自主选择余地。

参议权的独断性就很小了。社会地位给你带来了这种权力，但我仍可选择不听取你的意见，甚至直接不认可你的社会地位。影星、歌星、球星也仅仅对追星族才拥有参议权，并且很不稳定，任何一个人都可以成为追星族的一员，也可退出追星族，还可再选择自己心中的偶像。

图2-3 六种不同的权力

奖赏权就完全没有独断性了。奖赏只是一根胡萝卜，也只有需要这个胡萝卜的人，胡萝卜才有引诱他使之调整其意志行为的作用。

就奖赏权与交易权进行比较，二者的权力依据相同，但所包含的独断性却存在很大的差别。这是因为运用权力依据创造权力的过程不同。交易权力是先将权力依据作为一种资源先贷出去，自己作为债权人存在，因而使之可以带有一定的强制性，以把意志强加于对方。而奖赏权则是先有对方的意志行为调整，作为资源的权力依据此时变成了还贷物，是对方把自己的意志行为调整作为一种投入物，先贷给了奖赏权的主体。在这里权力主体的行为已处于一种被动的地位，尽管他所实施的奖赏只是体现了他自己的意志目标。

第四章 不同权力的有效作用对象

不同的权力其作用的性质存在很大的差别，为此，管理者要根据管理所需协调诱导的对象，和管理者要完成的工作的性质来选用不同的权力来实施管理。具体来说，管理者在管理时，要考虑到管理对象素质上的差别、管理对象的意志目标的差别、管理对象的素质与意志目标的差别等内容。要使权力与管理对象相适应，就必须使所选用的权力的性质与这种差异相吻合。

一、权力与权力作用对象要相应

胡萝卜和大棒代表两种性质完全不同的权力。同是权力，但作用的性质却存在很大的差别。假设在胡萝卜（奖赏权）和大棒（惩治权）这两种不同形式的权力上所作的权力创造努力相同，但由于权力的性质不同而会形成完全不相同的管理效果。可以说埃及的金字塔和我国的万里长城是用大棒打出来的，是苦力们不堪皮鞭的抽打及处死的威胁才用自己的血汗筑成这世间奇迹。但并没有听说哪一部哲学经典或文学名著是用皮鞭抽出来的。《史记》是司马迁遭宫刑之后的激奋之作，也不是用大棒指着鼻子威逼出来的。皮鞭可以从人身上抽打出血来，却永远抽打不出聪明才智来。而很多工作却是必须靠智慧和才干的运用才能完成的。

因而大棒代表的权力会在须用聪明才智完成的工作的管理实施中失去作用。但大棒代表的权力却可在仅用简单的体力劳动完成的工作的管理实施中取得不错的效果。人作为一个具有充分理性的存在物，不仅会在利害之间作出有利的选择，而且还会多害相权取其轻。搬石头、垒石头对自我存在的威胁，要远远小于皮鞭的鞭打和即刻的处死。所以，大棒下的苦力能垒起金字塔和长城。因为搬石头、垒石头仅仅是一种体力活动，并不需要脑力投入。他们并不会对金字塔和长城的历史成就的大小感兴趣，能不能完成以及能在多长时间内完成，他们也不关心。而当其活动没有脑力的投入就不可能完成时，大棒权力的管理效果就没有了。

当大棒与人对立时，人的意志目标就被引到如何逃避大棒上，其聪明才智就不能参与到他的活动之中去。所以，大棒权力所能协调的仅仅是体力活动，而不可能是脑力活动。因为大棒权力不可避免地会造成协调与被协调的双方意志上的冲突和对抗，把管理对象的意志行为导向到与权力主体的意志目标相反的方向上。而聪明才智的发挥没有意志的参与则是不可能完成的。因为聪明才智的发挥是一种注意力高度集中的脑力活动，而这种活动也只有由意志来引导，使之相对稳定地指向某一点，才能把大脑中储存的信息都激活，并把它们依据一定的意图重新进行组合，这才可能有创新和发明。正是因为这个原因，活动只有当它是一种自主的活动时，它才能表现出充分的创造性。所以，需脑力投入才能完成的工作，就不能指望靠大棒权力来提高效率。

由此可知，要提高权力运用的效率，就必须使权力与权力作用的对象相适应。也就是说，根据管理所需协调诱导的对象和管理者要完成的工作的性质来选用不同的权力来实施管理。

二、管理对象对权力性质的限制

就管理所需协调诱导的对象进行分析，他们在素质上和意志指向上都会存在很大的差异。要使权力与管理对象相适应，也就必须使所选用的权力的性质与这种差异相吻合。

1. 管理对象素质上的差别对权力性质的限制

首先来分析素质上的差别。素质有高有低。所谓素质高就是指他意志能力强、文化知识多、反应变化快、道德修养好。

（1）意志能力强，主要是指自我控制能力强。当他选准一个目标之后就能把注意力都集中在这个目标上，并坚持不懈地沿着这个目标不断努力，同时不易被努力过程中的艰难险阻所吓倒而放弃努力，有一种不达目的誓不罢休的刚强毅力。

（2）文化知识，指的是文化理论修养，并非特指所受教育的程度。文化知识多也就是广见博识，知识面广，因而有比较开阔的思路。

（3）反应变化快则是从思维品质上的规定。文化知识多并不等于聪明才智多，只有当文化知识多，而又能融会贯通，灵活运用时，死知识才能化为聪明才智。反应变化快也就是机智灵敏，能具体问题具体分析，区别对待，遇事不是死板固执，僵化守旧。

（4）道德修养好也就是能严守社会伦理规范，最重要的是守信用，讲义气，懂礼节，有怜悯心、责任心、感恩心。

但四者在素质中并非处于同等的地位。高素质必须四者俱全，但低素质并非四者全无。仅有道德修养和意志能力还不能算素质高，但意志能力强、道德修养差就一定素质不高。

2. 管理对象的意志目标对权力性质的限制

管理对象的意志目标，是受他本身素质的高低以及他的需求满足状况影响的。高素质的人更看重自我发展、自我完善和自我价值的实现，而不会把仍属于自我保存范围内的自我感官的刺激和满足确定为他的意志目标，也不会认为吃、喝、玩、乐是一种满足。因为高素质的人把自我存在仅仅当做自我发展、自我完善和自我实现的手段，而不是目的。所以，只要“有”的需求有了基本的满足，也就不再把意志目标定位到“有”的需求满足上，而是定位到“能”和“善”的需求满足上。相反地，低素质的人没有自我保存之外的追求，所以“有”的需求基本满足之后，仍把意志目标定位在“有”的需求上，因而总是想方设法刺激感官，激起欲望后又再满足它。因而“有”的需求就一直处于满足——再刺激——再满足——再刺激这样的循环之中，永远也上升不到“能”和“善”的需求满足的寻求上来。马斯洛的需求层次理论正是忽视了这一点，低层次的需求可以通过反复刺激和反复满足而使人不能超越。

除了素质的影响之外，人的需求满足状况也是一个重要的影响因素。自我保存的“有”的需求不能满足，使其肉体的存在受到威胁，他也就不可能把意志目标确定在更高的自我发展、自我完善和自我实现的“能”和“善”的需求的满足上，只有“仓禀足才能知礼仪”。对于素质低的人而言，饱暖会生淫逸；对于素质高的人而言，饱暖不满足也不会去想事业。即使像马克思这样的伟人，当他揭不开锅的时候，也不得不暂时放弃伟大理论的创造，而去誊印店寻求抄录员的工作以先满足自我保存的需要，虽然因老板看不上他的字而没有录用他，但他在那时的意志指向确实发生了转移。

一般而言，当自我保存的“有”的需求未获得最基本的满足之前，人的意志目标就主要是指向“有”的需求。当“有”的需求基本满足实现之后，高素质的人就开始把意志目标转向“能”的需求满足，但“善”的需求进入意志目标却还得在“能”的需求获得一定满足之后。

3. 管理对象的素质与意志目标的关系

素质与意志目标二者存在密切的相关性。虽然高素质的人也可能其意志目标仍是以最低层次的肌肤之利的欲望为主导的，把自己的追求固定在自我存在的“有”的需求满足上，吃饱了还要吃好，吃好了还要吃得更好……以肉体感官的满足为目标。但低素质的人却不可能把其意志目标确定在高层次的欲望上。低素质的人因为受其知识理论修养的限制，不能想象出吃好、玩好、穿好之外的人生价值和意义。当然这也不是绝对的，人生的价值和意义在一定程度上是由其所在的社会伦理和文化传统灌输的，因而使低素质的人也可能有较高的价值追求。韩素云仅仅是一个受过中学教育的农民，李素丽也只是一个很普通的工人，其文化修养都不算高，他们的意志目标却都定位在较高层次的需求满足上。

一般而言，低素质的人有较高层次的欲望追求，大都是由一种朴素的社会价值观念引导，并不能算做是一种自为的行为。而自我发展、自我完善和自我实现的意志目标成为一种自为的行为，必须有较高的文化理论修养作指导，尤其是有自我价值判断和自我价值实践的“善”的追求。主体我若没有形成其价值理论和价值观念，也就没有对这种价值判断和实践的执著追求。所以，可以大体把二者结合起来，直接由素质来说明。因而不同权力的有效作用对象也就可以根据作用对象的素质来确定。

一般而言，高素质的人有较高的追求，其主动性和能动性也较大，因而也最不愿意他人把意志强加给他。相对于他们，最有效的权力则是只有较少或者没有独断性的权力。希特勒当政的十多年中，由刺刀装点的强权充塞了每一个角落，但在思想家、文学家、艺术家、科学家之中，除了少数本身就是纳粹的信徒之外，绝大部分人都未被这种权力慑服，很多人都逃离了德国，未逃走的也是通过怠工来反抗。

相反地，低素质的人，包括高素质但只有低追求的人，真正是“只有在运用自己的动物机能——吃、喝、性行为，至多还有居住、修饰等需求的时候，才觉得自己是自由活动，而在运用人的机能时，却觉得自己不过是动物。动物的东西成为人的东西，而人的东西成为动物的东西”。[①] 对他们而言，衣、食、住、行、性之外的所有活动也都是不自主的，因而缺乏

① 马克思：《1844 年经济哲学手稿》，见《马克思恩格斯全集》，北京：人民出版社，1979 年版，第 42 卷，第 94 页。

积极性和能动性，没有外在的一定强制，其活动是无法推动的。所以，相对于他们，最有效的权力则必须是具有较多独断性的权力。比如，对于连基本信誉都没有，也没有起码的社会伦理道德观念的人，你对他单方面地承担义务则不会对他的意志行为有什么影响作用。相反地，你对他们单方面承担义务，反而会被他们认为是你的愚蠢。不过最没有独断性的奖赏权，对他们也还是有效的。奖赏权所提供的满足是多方面的，既有高层次的也有低层次的，但是他们会把这种奖赏权所提供的满足当做一种交换，并且迫不得已时，他们还会先把活动贷给掌权人。所以可以说，奖赏权是一种具有普遍适用性的无独断性的权力。如果把它作为一个例外，那么就很容易对权力与管理对象进行调试了。

所含独断性大的权力相当于低素质的管理对象拥有较大的作用力度，所含独断性小的权力相对于高素质的管理对象拥有较大的作用力度。但奖赏权的作用，对任何人都具有同样的作用力度，其前提是你的奖赏物必须是被奖赏对象所看重和向往的。

至于管理所要完成的工作项目的性质，与不同性质的权力关系问题，通过上述分析，现在已是显而易见的了，凡是需要较多的脑力投入才能完成的工作，其管理就只能用独断性较小的权力。反之则相反。这道理是不言而喻的。

第五章

权力与管理效果的关系

管理过程中，所赋予被管理者的权力要适度。权力过大，尤其是独断性权力过大，则会放大掌权人的自身弱点和失误，从而为组织正常运行带来危害，甚至是灭顶之灾。而权力过小，则无力协调统一整个组织成员的意志行为，也不利于管理目标的达成。可见，权力过大或过小都会给管理效果带来负面影响。因此，在管理过程中，对权力的约束要做到收放自如。而权力的运用程度也会给管理效果带来影响。本章分别对惩治权、立法权、交易权、专业权、参与权和奖赏权的权力过度导致的不良影响进行了分析。而权力运用虽然其对管理效果带来的负面影响比运用过分要小些，但也不可忽视。本章重点对惩治权和奖赏权运用不足导致的危害进行了分析。不过，权力运用过小的负面影响还是要小些，因此管理者应该将重点放在如何约束权力运用过大上。

一、权力大小与管理效果的关系

可以经常听到这样的抱怨："不给我开除人的权力，我怎么把单位工作搞得好。"似乎是给了他杀人的权力，那单位就会搞得好上加好了。他们并没有想到，单位工作没搞好，是与自己的能力与努力直接相关的。应该说封建帝王的权力够大了，生杀予夺，一言九鼎，但远远不是每个王朝的每代皇帝都把国家管理得天衣无缝，相反更多的却是混乱和无效率。由此可见，并不是权力越大，管理效果就一定越高。不过也不能得出相反的结论，是权力越小管理效果就越高。

权力过大，尤其是独断性权力过大，则会放大掌权人的自身弱点和失误。任何一个明智的人都能看清这一点。

图2-4 改变人的意志行为的不是权力

权力过小，无力协调统一整个社会组织成员的意志行为，你打你的鼓，我敲我的锣，管理效果肯定好不起来。在第二次和第三次国内革命战争期间，国军力量远远强于共产党领导的工农红军和解放军，反而屡屡败北，战前指挥权力过小，实际上也是其中一个原因。保证最佳管理效果的权力大小确实是一个很难把握的度。

一般而言，权力没有大到可以压制不同意见的程度，也没有小到难以统一社会组织成员的思想观点的程度，就是恰当的度。在一个社会组织里，有与管理者不同的意见存在，这不仅不是坏事，而且是十足的好事。不同意见可以弥补管理者个人的弱点，修正其偏见和失误。但当管理者的权力大到能使他一意孤行，不理会不同意见时，这时社会组织就很危险了。任何一个个人，无论怎么英明伟大，也不免会失误，“智者千虑，必有一失”。如果没有不同意见来修正这千虑中的一失，这一失也许会毁弃以前所有努力的成果。但当不同意见不能通过协商讨论来消除，都各行其是时，社会组织也就破裂了。很显然，这也就没有管理效果可言了。

并且这里权力的大小与权力的性质不相关，无论哪一种权力，无论是具有独断性，还是不具有独断性的，过大或过小都会给管理效果带来负面影响。权力本身就是一种交换关系，表现的是权力主体以特定的利益为管理对象提供其需求的满足来换取他们对权力主体的意志服从。权力愈大，则说明他所能提供给管理对象满足其需求的资源占有越多，权力对象就越会调整自己的意志行为以服从权力主体的意志要求。而这种利益并不限于经济物质利益，凡是能为对方的“有”“能”“善”三大需求的实现有所帮助的都是这种利益的组织构成部分。《邹忌讽齐王纳谏》一文所作的分析很全面，任何能使对方与权力主体构成惧怕、偏爱和有求三种关系的情境，都会使对方放弃独立意见，而附和权力主体。

独断性的权力会造成恐惧，非独断性的权力却会带来利得，两者适配运用才能取得理想的管理效果。

二、权力运用程度与管理效果的关系

不仅权力的大小对管理效果会带来影响，而且权力的运用程度也会给管理效果带来影响。权力作为一种交换关系，任何使用过当，都会造成失衡，使所提供的利益与所要求的服从不相适应。如果所提供的利益小于所要求的服从，则会造成管理者与被管理者的对立。而这种对立的任何程度、任何形式的发生和存在都会降低管理效果。对立本身就表现为内部成员的不满，这种不满又会在他们的意志行为上反映出来，使组织的经济目标和社会满意目标都难以充分实现。

（1）就惩治权而言，惩治权的运用目的在于增加对未受惩治者的威慑，使之不敢违抗其意志要求。而当这种惩治权使用过度时，未受惩治者也会感到受惩治可能性的加大，从而不再通过服从来换取消除受惩治的威慑，而是谋求对抗惩治权的办法，服从相反会减少，对立会增加。

（2）当立法权运用过度时，则会使认同并服从其立法权的人，难以从认同和服从这种立法权中获得归属和安全的满足，相反会产生一种受压迫、受凌辱的感觉。这只会导致一种后果，即直接否定其立法权，或者用脚投票，脱离这个立法权赖以存在的社会组织，或者用拳头投票，用暴力摧毁这种立法权。

（3）交易权的使用过度，则意味着要求接受施予的一方以过度的服从来偿还救助之恩和知遇之恩。这会导致接受施予的一方不再遵守知恩图报的伦理规范，而不服从施予者的意志。因为他认为施予者要求过分的意志服从是借机敲诈，未遵守乐善好施的伦理要求，从而使他不再会有欠人恩情未报的内疚，因而交易权本身也就被否定了。交易权的存在本身就是建立在相互信任的基础之上的，这种基础的动摇，也就没有交易权了。

（4）专业权是建立在他人对其专业权威的认同基础上，如果你恃才傲物，目空一切，他人则会寻求替代办法，减少对你专业知识的依赖，使你的专业权丧失。

（5）参议权比专业权更依赖于社会和他人的认同，如果凭借其社会地位所拥有的参议权而对他人盛气凌人，颐指气使，则直接会使社会和他人动摇对其社会地位的认同，解除其参议权。

（6）奖赏权的使用过分，则表示为随意确定和改变奖赏的标准，使他人感到其奖赏与之作出的意志目标不对等，从而产生受欺骗、受侮辱的感觉。这种失衡造成的对立有时会以很激烈的形式表现出来，乃至不接受其奖赏而毁弃为之努力的成果。但这种对立更大的影响是对后继事务，它失去的是一片人心。

尽管权力运用不足比运用过分对管理效果带来的负面影响要小些，但也不可忽视。它表现为提供的利益大于所要求的服从。这种情况主要发生在惩治权和奖赏权这两种形式上。惩治权运用不足会给人以威不足以慑人的感觉。如果靠恐惧来协调他人的意志行为，其协调能力则会降低，因为恐惧本身不大，也就用不着用服从来换取对它的削减。奖赏权的运用不足表现为小服从大奖赏。这在取信于人的过程中是必要的，但它又会造成可用做奖赏的资源运用的低效率。而对任何一个社会组织，可供管理者运用的这种资源都不会是无限的。并且奖赏物的边际效用递减规律的作用还会降低对受奖人的激励作用。如果用十分的努力获得了1万元钱的奖金，或者一个一等功，他最多再用九分的努力去争取第二个1万元的奖金或一等功，因为同样奖赏物的效用相对他来说已下降了。本身非物质的名誉奖赏越多就越没有价值。在一个100人的社会组织中，1个人获一等功，他会受到99个人的尊重；50个人获一等功，就仅有1个人会尊重他了，其价值下降的却不仅仅是50倍，而可能是500倍、5000倍。若是同一个人获得多次一等功，在他人心目中的价值也会边际递减。在现实中，权力运用不足一般是少见的，因为作为主体性存在的人，都有把自我意志扩张为他人行为的向往，因为这种扩张本身就是“能”和“善”的需求满足的具体化。因而，在权力运用的程度上要把握的度的限制，也就主要体现在运用不能过分上，其标准是权力的运用是否造成了双方的对立。

第六章

权力的创造和积累

把人的意志行为引导到权力主体的意志目标上，就是管理。管理与权力是相应存在的。权力创造和积累是为了满足协调诱导他人的意志行为的需要，这就使这种活动与管理活动本身重合起来。权力的创造和积累的过程大致可以概括为四个前后相继的环节：权力的客观需要、权力的选择、权力依据的展示、权力的积累。本章对此进行了相应的分析。

如果把权力定义为影响他人的意志行为的能力，那么，权力的意义和作用就是管理，因为管理也就是要协调他人的意志行为，使之把工作做好。没有协调诱导他人的意志行为的能力，也就不能拥有什么权力。权力本身不是对物的关系，而是对人的关系，虽然对人的关系也会表现为对物的关系。而协调诱导他人的意志行为的能力，也只有在需要协调诱导他人的意志行为的时候才有意义。这种需要也就是把人的意志行为引导到权力主体的意志目标上，而这也就是管理了。反过来说，没有权力也就没有管理。你要实施管理，把他人的意志行为引导到你的意志目标上来，但你不具备协调诱导他人的意志行为的这种能力，你的要求就是毫无意义的空话。

权力创造和积累本身却又是一种有意识有目的的活动，又正好是为了满足协调诱导他人的意志行为的需要，这就使这种活动与管理活动本身重合起来了。因管理的需要才创造和积累权力，没有这种需要也就不会有权力的创造和积累。人作为一种主体性存在，其活动除了生理活动之外，都是由需要引导的，没有相应需要，就不会有相应活动。权力虽然也可以在不自主的情况下存在，就像英俊高大、风趣幽默的特质，会使人有一种特殊的魅力而使人们的意志行为转向他的意志目标上来，这种情况尽管只会在很短暂的时期内存在，但它的存在本身就表现为一种权力，而这种权力也只有在他自主地运用时才能称为权力。如果他们对他的行为举止进行模仿，而他完全无意于如此时，这魅力就不能算做权力。因为他人的模仿与他的意志目标无关。而当他把他固有的魅力变成有意识、有目的地协调诱导他人的意志行为的能力时，权力也就创造出来了，而这时他也就实际上在实施管理。

权力的创造和积累的过程大致可以概括为四个前后相继的环节。

1. 权力的客观需要

权力创造和积累的过程起始于有协调诱导他人的意志行为的需要，尤其是社会群体一致活动的必要性产生的这种需要。这种需要也就是客观需要。没有这种需要，也就不需要权力。鲁滨孙在解救星期五之前，就没有这种需要，因而也就无须创造权力和积累权力。而在鲁滨孙解救星期五之后，他也就产生了把星期五的意志行为纳入他的意志目标范围之内的欲望，以使他自己的精力得以节省，并使他增加了对付荒岛上恶劣自然环境的能力，因而他也就开启了权力创造的过程。他对星期五的权力的创造并非直接来自于他解救星期五这一行为，而是直接来自于星期五对他的认同和恐惧，使之不自愿而又不得不调整其行为以满足解救他的鲁滨孙的意志要求。没有星期五对他的认同和恐惧，他也就不会有对星期五的权力。很显然，其前提是星期五的意志行为可以为他的意志目标的达成服务。正是这个前提的作用，才使他有意识地维持星期五对他的认同和恐惧。这是权力创造和积累过程的第一个环节。

2. 权力的选择

就其性质分析，权力又可以归纳为三大类：一是暴力权力，二是认同权力，三是交换权力。权力不同，协调诱导对象的意志行为的方式也就不同。暴力权力是给对方造成一种恐惧，使之不得不把他的意志行为调整到所要求的方向上来。认同权力则是权力对象对权力主体的尊敬、爱戴、佩服，是权力对象自觉自愿地让自己的意志行为与权力主体的意志目标保持一致。交换权力则是权力对象感觉到让其意志行为与权力主体的意志要求保持有限的一致，会获得有助于其自我肯定价值满足的报答。

究竟选择何种权力，这要受以下两个方面的制约：

（1）权力拥有者的意志目标对权力对象的意志行为的要求。当你的意志要求主要是对方的体力付出时，那么暴力权力也就可以奏效了。而当你的意志要求主要是对方的脑力付出时，那么暴力权力则是难以奏效的。

（2）权力依据。要创造暴力权力，你就必须有威慑他人的手段，使之不得不调整其意志行为以满足你的意志要求。要创造认同权力则要求权力主体具有魅力，或者有超人的智慧谋略和广博的知识才干，或者享誉遐迩的操行品德。魅力可以部分来自造物主的恩赐，但仍有相当大的一部分与后两者一样，得靠其长期努力。要创造交换权力则要求你有为他人提供自我肯定价值满足的手段。他人要钱，你得有钱拿出来与人交换；他人要地位，你得有给予他人这种地位的能力。

3. 权力依据的展示

你有一支枪，得让人知晓你这支枪的威力。你拥有广博的知识和超人的智慧，你得把它们展示给人，让人认同你的知识和智慧的价值。你拥有亿万家产可以施人，得让人知晓你的家财是真实存在的，而不是吹出来的牛皮。没有权力依据的展示，就没有权力的创造。权力依据未被展示之前，它就和埋在地下未被人探知的金矿一样没有意义。而且权力依据不会被人来探知，而只能被展示，没有人会心甘情愿地把自己的意志行为置于他人的意志目标之下而受人驱使。

4. 权力的积累

一个人有没有权力，就看他有没有协调诱导他人意志行为的能力，他的权力的大小又直接取决于他所能影响和协调其意志行为的“他人”的数量的多少。数量越多，则说明其权力越大，反之则相反。意志及行为被他所协调的人由少变多，也就是权力由一人扩展为多人，权力也就增加了，而这种增加却是由积累而实现的。就暴力权力而言，能威慑一个人的权力，这种威慑权力可以把被威慑的这个人变成他的威慑力的增加。因为被威慑的人可以成为他得以威慑他人的手段，从而使他可以威慑更多的人。而有更多的人被威慑，这就使他的威慑力变得更大了。认同权力也是如此。一人认同，而认同这个人的人，又会追随他而认同，从而使更多的人认同。交换权力则表现为交换得来的权力又可再用以交换。使交换范围增大，从而使他所能协调诱导的人更多。现实中这种事例很多，有些人并没有特别的本事，就会拉扯关系。但这种关系拉扯却使他的权力依据得到了倍增。从而没有地位也会有权力，并且往往其地位远远高于他的上司办不成的事，他却可以轻松办成。

第七章

组织的性质、功能及构成要素

组织是管理实施的第二大工具，现在从其定义开始讨论。组织是一种特别的社会群体，在这个社会群体中，资源和信息的流动是有序的。资源和信息流动的有序性是检验是否为组织的标准。组织具有任何其他存在物所不具有的功能。从严格意义上进行分析，组织功能只能概括为三个方面：一是稳定功能，二是整合功能，三是分工功能。由此，本章对组织的三大功能及五大构成因素进行了全面的讨论。

一、组织的定义

L. E. 布尼和 D. L. 库尔茨直接把组织定义为信息“处理机”。但这仅仅抓住了组织的一个方面的本质规定。R. A. 韦伯等从系统的角度对组织进行了定义，认为“组织就是决策和信息加工系统”，这也不错。如果详细考查，可以说，组织也就是一种社会群体，只不过在这种社会群体中，资源和信息的流动是有序的。当这个社会群体很小时，比如是一个由夫妻两人组成的小家庭，资源和信息流动的有序性是不明显的，但只要这二人有一人处于主导地位，这种有序性就会有所体现。假如在这个夫妻两人的小家庭里，妻子能耐大而又跋扈，丈夫在外挣的钱就要上缴给她，并把他从外面听到的消息传达给她。但她自己挣的钱却直接掌握在她手中，她所收集的信息也不一定都给她丈夫讲。同时，她又向她的丈夫下达她的决定，并让她的丈夫去落实。丈夫个人需要什么开支，又得向妻子申请，再由妻子同意后把钱支给他花用。在这里，资源和信息是先收集，然后再拨付和传播。而当这个社会群体较大时，这种有序性就很明显了，比如有一个五科一室的县级防疫站，业务费由上级拨给，五个业务科室也有零星的收入，其资金和信息流动的有序性就很明显。

首先看资金的流动。业务费由上级拨给，直接到达站长手中。构成资金的一个部分的业务收入，则由业务人员收取后逐级上缴，最后到达站长手中。资金也就都控制在站长手里了。下面需要开支，则先报告，然后由站长审核同意后再下拨。

再看信息。一是乡村的疫情信息，由下而上逐级报告，直达站长，并在这里作出反应。二是上级的工作指示，它与下面报告来的疫情一块融合，变成工作安排和计划逐级下达。

在这里，资金完全没有横向流动，但信息可能有横向流动，但这不是主要的。这种横向流动的信息只是一些小道消息，以及个人间的琐事和传闻。

资源和信息流动的有序性可以说是检验是否为组织的标准。凡是资源和信息流动具有有序性的社会群体就是组织。反命题也是成立的——资源和信息流动的有序性特性不具备就不是组织。并且这种有序性的大小还是检验组织运行效率的标准。凡是具有充分有序性的组织，则组织运行的效率就高。反之则相反。有序性的消失，也就意味着组织的解体和消亡。

二、组织的性质和功能

组织的性质与组织的功能是联系在一起的。组织是人的组织，是人的自我意识和自主活动的产物，它与人所具有的社会性不同。社会性首先是由物竞天择的自然选择而作为人的一种特性存在的，但组织活动却不是人的本能活动，而是人有意识的自主活动。也就是说，创立组织和参与组织都是服务于人的特定的意志目标的，因而组织也就是服务于人的特定意志目标达成的工具和手段。组织之所以能成为服务于人的意志目标达成的工具和手段，是因为组织具有任何其他存在物所不具有的功能。严格进行分析，组织功能只能概括为三个方面：一是稳定功能，二是整合功能，三是分工功能。

1. 稳定功能

稳定功能是组织的最重要功能。电影院的观众、超市的顾客，他们都是社会群体，而不是组织，所以毫无稳定性可言。观众与观众之间，顾客与顾客之间，彼此几乎是完全不相关的，尽管在同一时间进入了同一空间，但因为相互之间没有建立任何有意义的稳定联系，所以仍然是社会群体，而不是组织。在组织之中，资源和信息流动的有序性会把组织之中的每个人相对地稳定在某一位置上，在资源和信息流动中担负一定的功能，从而使这组织之中的个人实现了两重稳定。

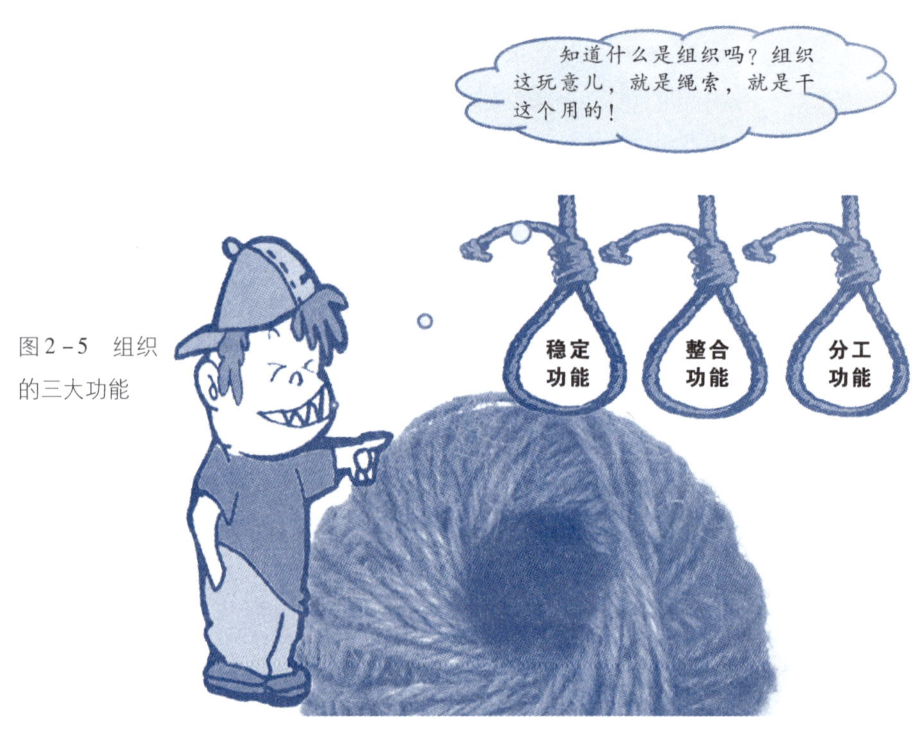

图2－5 组织的三大功能

一方面是这社会群体的个体流动性降低了，变成了具有相对稳定性的由个人组成的特殊社会群体，人与人之间也结成了相对稳定的关系，不是今天聚明天散，而是常聚不散。

另一方面，在组织中的每一个个人都充当了一定的角色，而这种角色既是建立在组织认同的基础上，又是建立在充当独特角色的个人自己认同的基础上的。角色的组织认同，也就是组织的角色分派。这种角色分派一般都有相对稳定的依据，并且这种稳定的依据在角色分派中贯彻得好坏，又直接影响到组织中除角色分派者之外的众多个人对这种分派的认同。比如分派的依据是德和才，而当某角色被分派给某人而他不具有相应的德和才时，组织对这一角色分派的认同度就会降低。角色分派可能带有强制性，也就是说可以把某一角色强加给某一个人。但若这个人不屈服于这种强制，这种角色分派就仍然是无效的。从这个意义上讲，角色分派至少要获得角色担任者本人的认同，才能生效。

这两重认同又使组织中的个人位置得到了稳定。而稳定社会群体，这却是对社会群体实施管理的前提。社会群体聚散无常，根本就不可能实施管理。要通过他人做好工作，而工作本身是具有连续性的，在工作的连续性的范围内，工作者不相对稳定，任何能协调诱导其意志行为的情境也就难以产生作用。因为这种情境的作用是建立在具体问题具体分析基础之上的。如果设计、构筑和维持的情境依据的是一种对象，而他直接作用的是另一种对象，其结果就与刻舟求剑无异了。

2. 整合功能

所谓整合也就是把社会群体的意志行为整合到同一目标指向上，使社会群体中分散的个人的意志目标统一起来，形成这个社会群体的共同意志目标。整合形成的共同意志目标，虽然不可能是这个社会群体中每个成员个人的初始目标和终极目标，但它至少是其中介目标或者叫做过程目标，即他可通过这种目标的达成而达成他所希望达成的意志目标。

组织是人为了实现某一特定意志目标而创建的，如果它的成员不能通过这个组织实现他个人的特定意志目标，即需求的满足，他也就不会被卷入这个组织之中。资本主义的原始积累时期，血汗工厂对工人的剥削和压迫真可谓惨不忍睹，而工人之所以接受这种剥削和压迫是因为他们接受这种剥削和压迫是他们的一种理性选择。血汗工厂毕竟还为他们提供了可暂时延续生命的衣食居所，否则他们会更惨，直接抛尸街头。也就是说工人借助于血汗工厂这个组织，维持了自身的暂时存在。这种暂时存在却是作为主体性存在的人在最不利的情况下的意志目标，要达成这个最低的目标，也就不得不忍受资本家的剥削和压迫。

并且组织还可以为个人提供归属和社交这两个方面的需要的满足。相对于成员个人，这种意志目标本身是具有终极性的。任何一定的个人，只有在特定的组织中担任一定的角色，他才成为一个真实而具体的人。归属的需要也就表现出具有向往担任一定角色的需求。在组织中担任了一定的角色，也就是归属了这个组织，这个组织也就成了他的组织。就社交需要的满足而言，稳定的社会联系则是基础，而组织又正好可以提供这种基础。而一个人要获得这两种满足，就必须认同这个组织。而这种认同过程本身又包含了调整自己的意志行为以与组织整体保持一致的过程。要使他人给自己分派一个满意的角色，认同他人和组织是其首要条件。这种组织成员的相互认同，也就使组织取得了整合个人的意志行为的功能。

此外，组织还会通过把社会群体稳定化，而形成一个组织本身存在的基础。它表现为这个社会群体因为稳定而经常的联系会形成一种共同的行为习惯、习俗以及制度化的要求，这也就是组织运行规则体系和组织文化的形成。它们对组织成员个人具有同化作用，使新成员不自觉地接受其整合，使之符合组织对他的意志行为要求。组织的整合功能正是管理离不开组织的原因所在。管理必须协调诱导他人的意志行为，如果对每一个人都只能通过面对面的教诲劝导，那么要做好稍大一点的工作，也就不可能了。因为工作项目越大，就越需要更多的人共同努力，而面对面的教诲劝导却限定了一个人所能协调诱导的人的数量。而组织却可以突破这种限制，它把一个几千、几万，甚至几百万的人构成的社会群体变成了一个整体，为一个统一的目标努力。

据社会心理学家所罗门·阿希在20世纪50年代初的实验说明，作为行为主体的个人都存在一定程度的从众倾向。“阿希做了一系列的实验，群体的规模在1人到15人之间，在要求对线段进行比较的实验中，当被试者只受到1个人的反对时，他的意见事实上不受影响。当面临着2个反对的人时，他的遵从性则大大增加，倾向于对群众的压力让步，有将近14%的次数，他的回答是错误的。当面临3个人以上的多数时，实验对象的错误将近32%。然而，超过这点以后，反对的人数在增加，对遵从性的影响却不大。比如，一个由七个人组织的多数，它所引起的遵从性和不正确的回答占实验总数的37.1%。”[①] 并且杰拉尔德、威尔哈密和康诺雷在1968年的实验中证实，从众的程度与这个社会群体之众的大小成正比。因为组织之中的众人是具有稳定联系的，这使一个组织之中发生从众的可能性又要大得多，从而使管理省去很多面对面教诲劝导人的工作。

3. 分工功能

分工功能是组织存在的前提。没有分工，组织也就没有必要了。比如非洲黑猩猩掏食蚂蚁，各自掏了各自吃，为掏食蚂蚁结成一个组织也就是多余的了，甚至是不可能的。如果每个猩猩掏的蚂蚁不是自己吃掉，而是集中起来交由组织分配后享用。这只会降低每个猩猩掏蚂蚁活动的积极性。从这个意义上讲，这种组织行为不仅是多余的，而且是有害的。因为掏和吃的行为的分离，使他们的活动与需求的满足二者也分离了。当然，没有组织也就没有分工。一个人有口、鼻、眼、耳、舌、手、脚，它们共存于同一个人的肌体之上，如不是共存于一人的肌体之上，这种分工也就不可能了。

有分工就必须有协作，没有共同的组织作为基础，就不可能有分工基础上的协作，分工也就不可能持续下去。比目鱼雌雄两条，一条只有左眼，一条只有右眼。如果它们不是彼此协调的雌雄一对，而是相互敌对的

① 克特·巴克. 社会心理学. 天津：南开大学出版社，1987年版，第190～191页.

一双，不仅不会彼此吸引，而且会彼此打斗，这一对鱼也就不可能存在下去了。

分工也就是角色分派。一个角色的存在既是其他角色存在的基础，又是以其他角色的存在为前提的。在一个最小的社会组织——夫妻两人的小家庭中，没有夫也就无所谓妻，没有妻也就无所谓夫。丈夫是以妻子的存在为基础的，同时又是妻子存在的前提。组织的分工功能把结成组织的社会群体的共同意志目标分解成一个一个的具体行为活动，并让不同的成员分别承担，使每一个成员都只承担完成有限的活动，以使结成组织的社会群体共同努力达成他们共同的意志目标。而分工不仅使超过个人能力的大项目得以完成，而且直接提高了活动的效率。就社会群体整体而言，付出的努力相对于从组织整体中获得的满足减少了。亚当·斯密曾很详细地分析过这一过程的意义。这二者又正好是管理的目标所在。

图2-6　有效的组织

三、组织的构成要素

组织可以说是一个系统，也可以说是一个有机体，但都可以分解成不同的构成部分和构成要素。很多教科书也都作了这种分析，从这些分析中可以发现，很多管理学家把组织构成部分与构成要素二者混为一谈。L. E.

布尼和 D. L. 库尔茨对二者就未作区分。组织构成部分要小于整体，但大于构成要素，是一定要素构成的。并且一般而言，组织构成部分都是相对整体而言的存在，并且不能独立存在。但构成要素却不一定。它并不是相对整体而言的，是可以独立存在的，并且这种存在与整体可以没有任何联系。比如，一张餐桌，桌面和桌腿可以说是它的不同组织构成部分，而它的构成要素却是木料、油漆、钉子。有了这种区分，就有助于把握组织的构成要素。

L. E. 布尼和 D. L. 库尔茨认为“组织要素有四个：任务、结构、人员和信息及控制过程”。这一分析所存在的问题是后者与前三者没有并列的逻辑同一性。组织要素应该说包括五个，即目标、结构、制度、人员、环境。五者缺少任何一个，都不能构成组织。下面略作分析。

1. 目标

目标是作为组织的社会群体的个人意志行为的共同指向，是组织存在的依据。组织如果没有其目标，也就失去了存在的理由。前面已作过分析，组织是人为达到一定意志目标而建立起来的，它是个人意志目标达成的手段和工具。如果人们没有什么可资利用的，它也就成了一个与人不相关的存在。

组织这种存在不同于其他客体存在，它不是自然的存在，而是由人有意识地创立的。人用不着它，也就不会创立它，即使创立了它之后，它相对于人的意义作用已终结，它也就自行消亡了。并且，不仅组织的存在得由人有意识地创立，而且其维持也必须由人的意志行为来实现。按照 L. E. 布尼和 D. L. 库尔茨的分析，当代开放系统的理论家是否定组织与目标存在同一性的，也就是说组织可以没有目标，认为“组织在本质上没有追求，更确切地说，当它处于一种连续的恶劣环境之中，它们寻求的只是自身的生存”。[①] 可是，寻求组织自身的存在，这本身就是一个目标，并且从组织存在的目标可以发现组织成员的意志目标。如果组织的所有成员都不能从组织存在中获得自身利益的满足，他们也就不会通过自身的意志行为去维持组织的存在。

构成组织目标的意志目标，虽然不可能都体现组织全部成员的意志目标，但至少是每个成员都可以通过组织目标的达成获得一定的自我肯定的价值满足。因而使这个组织目标的达成成为组织成员个人的意志目标的中间目标。如果组织没有目标，也就是说不能体现组织成员的任何意志意

① L. E. Boone and D. L. Kurtz. “Management”, p226.

愿，那么他们就会退出或脱离这个组织，使这个组织归于消失。至于组织目标是不是同等地体现每个组织成员的意志目标，则是另一回事。毋庸置疑，如果组织目标同等地体现了组织的每个成员的意志目标，这就意味着这个组织的成员是完全平等的。但这只能是一种理论抽象，在现实中是不可能存在的，但绝不能因此就否定目标这一要素的存在。

2. 结构

结构则是组织存在的形式，它表现的是组织中资源和信息流动的顺序。一个组织，它的资源和信息采取一种什么样的线路流动，这是由组织结构规定的。任何一个组织都可以描绘出它的组织结构图，构成这个图的各个组织构成部分内在联系的就是资源和信息的流动。组织是一种资源和信息流动有序的社会群体，结构则直接是资源和信息流动的有序性的序本身，没有结构也就没有这种有序性，也就不能算做组织。并且组织的三大功能也都主要是通过结构来实现的，资源和信息在组织中流动有相对稳定的线路，也正是这种流动线路的相对稳定才赋予了组织的稳定功能。有了相对稳定的结构，组织的每个成员的意志目标与组织目标才形成相对稳定的关系。一些人可以直接从组织目标的不断达成中获得需求的满足，而另一些人则可能从组织的存在中获得需求的满足。但后者与前者并不矛盾，组织目标的达成也只有在组织维持存在的情况下才有可能。这样也就把组织成员的意志行为整合到组织目标上来了，这就赋予了组织以整合功能。组织结构图描绘的不是人与人之间的关系，而是岗位与岗位、部门与部门、单位与单位及其三者相互之间的关系，每一个岗位就代表一个组织中的特定角色，这每个角色又都有确定的职责，具体说就是确定的权利、责任和义务。而每一个角色的职责又有所不同，但这种种角色并未确定由谁担任，或者说这种岗位并未填充具体的人，它仅仅是一种权利、责任和义务的要求。这也就是分工，分工功能也就是由此形成的。从这个意义上讲，结构也就是组织的存在本身。如果目标是组织的灵魂，那么，结构则是组织的躯体，是它载负着灵魂。

3. 规则

组织并不是一个僵死的静止存在物，而是一个活的能动的社会有机体，不断活动则是它的特点。如果不活动，组织也就死亡了。组织活力的大小与其活动多少成正比，活动越多，其活力就越大；反之则相反。组织如何活动，这则是由规则这一要素限定的。规则不仅仅是指组织中有文字记载标明的规章制度，而且包括没有文字记载标明的习惯、习俗和传统。也就是说这里的规则是广义的，准确说应该是组织运行的规则体系和文化，但用规则来概指则更简洁。它体现的是组织活动的程序和方式。如果说结构是组织的静态存在，那么规则则是组织的动态存在。组织不能没有活动，也就是说不能静止地存在，所以，组织单有结构没有规则就仍不能存在。组织的三大功能实际上也只有通过组织的动态存在，才真正地“能”起来，否则就还仅仅是一种抽象的功能。组织活动也就是组织成员的活动，组织作为一个整体本身并不能活动，组织成员个人的活动也正是在规则的约束下，才变成组织的活动。在这里已不再是抽象的、岗位和角色的排列，而是具体的人与人的关系了。抽象的死的岗位和角色不会与组织目标和组织整体发生背离和冲突。但当岗位已由具体的个人承担，角色已分派给具体的个人了，这些个人的意志行为是否与组织目标和组织整体保持一致，使组织成员个人的活动转化成组织集体的活动，没有组织规则体系规范其程序和方式则是不可能的。也正是从这个意义上讲，组织的三个功能，只有在组织规则这一要素的作用下才可能最后获得和实现。但这里的规则有一个特点，即它体现的是实际过程中组织成员个人的活动程序和方式，是组织运行过程中体现出来的活动程序和方式。仅仅停留在纸上的制度并不包括在列。仅仅停留在组织手册中的规章制度表现的只是组织成员个人与组织整体之间的虚假的关系，而不是现实的关系。只有这种现实的关系才能说明组织本身。就像一个政党，如果它仅仅是在党章中说得美丽动听，而在现实过程中又另是一套，人们是不会被其章程中的美丽动听的词句所迷惑的，它的性质会由它的现实活动传达给他人。

4. 成员

组织本身就是由人构成的一种社会群体，没有人也就不成为组织。R. A. 韦伯等认为，“组织即是在一块工作的一群人”。他们强调的就是这层意思。也就是说人员是组织的又一不可或缺的要素。组织中的任何一个岗位都必须由人来填充，任何一个角色都必须由人来担任。机器人可以在生产中帮很大忙，但它却不可能在组织中担任任何一个角色。由一个机器人代替了打字员的工作，这仅仅是用办公自动化缩减了岗位，并不能说机器人成了组织的成员。组织成员只能是活生生的人，是具有其相对独立的意志目标，并会不断调整其意志目标的主体性存在。并且人员本身的特征也会对组织的性质带来影响。工会只能是工人的组织，科学院也只能是以科学家为主体的组织。完全不具人员要求的社会群体就仅仅是社会群体，而不是组织。就像每天去公园的游客，各种各样，并且也无法知道他们各有一些什么特征，所以他们就仅仅是一种无序的社会群体。并且，同一个组织，当它的人员有了较大的变化之后，这个组织的性质也就发生了变化，尽管它的名称仍未变。比如德国的社会民主党，现在的党与一个多世纪以前恩格斯创建的党就完全不一样了，因为它的人员在素质、地位、处境上都发生了重大变化。从这个意义上讲，人员也就是组织的决定因素，组织的性质风貌都是由其组成人员决定的。组织目标、结构、规则也并不是一成不变的，它们可以由人来调整改变。组织变革和组织发展之所以成为可能和必要，也就是因为它可以通过人员的变化来改造改变。即使人员本身未发生变化，而其人员的意识观念发生了变化，这本身也可以成为改变它的依据。

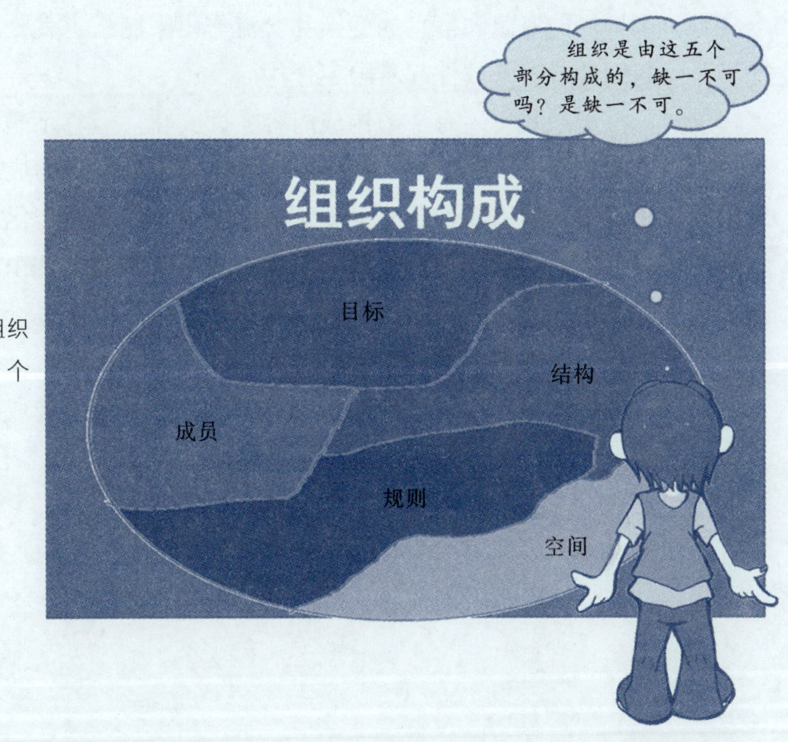

图2－7 组织构成的五个部分

5. 空间

组织不是超时空的存在物，它必须存在于特定空间。这空间也就构成了组织活动的环境。

组织可区分为封闭和开放两类，这是管理学的常识，但这种区分仅仅只有理论上的意义，因为不可能有绝对封闭性的组织。绝对封闭性的组织只能是独立于社会和世界之外的组织，它不与周围世界进行资源和信息的变换和交流，这种组织整个宇宙也不可能有。任何一种组织，如果终止了与周围世界的资源和信息的变换和交流，这个组织也就死亡了。首先是因为组织目标都是外向的，而不是内向的。因为表现为组织目标的组织成员个人的意志目标正是不能通过个人努力实现才借助于组织这个工具，否则这个组织也就成了多余的废物，也就无须他人消灭，自己就消亡了。其次是因为周围世界的运动变化不可避免地会给组织成员个人以刺激，使之在意志意识上发生变化，这就会影响到组织的目标、结构和规则，并调整改变它们。如果组织成员不再对周围世界具有感知反应能力，这个组织也就可能只是一个太平间或墓地。不仅不存在绝对封闭性的组织，而且也不存在绝对开放性的组织。绝对开放性的组织也就是组织与组织周围世界没有边界，那么，这个组织就融到了周围世界之中了，也就不存在了。正是因为如此，空间才成为组织的一个不能或缺的要素，它对组织的边界和与周围世界的资源和信息的变换和交流作出限制，也就是说环境因素对组织的封闭性或者开放性起着限定作用。

组织其实还有一个构成内容，即文化。但它不是独立存在的，就像人的基因一样，从系统的角度分析，基因也是人体构成的内容，但它寄存于相应组织的构成细胞上，无法独立出来。组织的文化也是如此，它寄存于目标、结构和成员上，并与规则形成交叉重叠，并由目标、结构、规则和成员来体现。所以在此没有单列出来说明。但在进行系统分析时，就必须把它独立出来了。

可以说，任何一个组织都是由上述五个要素构成的，而又因为这五个要素各自的性质和数量不同，从而使形形色色、千奇百怪的组织得以形成。

第八章

组织目标和组织成员

组织成员的意志目标与组织目标这两者的关系并非完全一致，也是不可能是一致的。因此若要分析二者的关系，既要分析组织本身的性质，同时也要分析不同组织成员的地位。组织成员对组织目标影响的程度大小是不同的，这也是组织分类的标准。不同性质组织成员的意志目标与其组织目标的关系是不同的。通过规划设计，可以通过组织这个工具实现管理。

一、组织成员的意志目标和组织目标的关系

所有组织目标都可归纳为三个方面，即经济效益目标、内部成员满意目标和社会满意目标。这里要讨论的是不同组织成员的意志目标与组织目标的关系问题。这一问题很少有人论及，倡导民主的政治理论书籍多有涉及，但强调的仅仅是二者的一致性。但这实际上只不过是一种理想，完全的一致性是断乎不可能的。

（1）并非所有组织都是自治组织，而非自治组织的目标本身就是外加的，而不是由组织成员的意志目标协调统一而成的。

（2）自治组织的目标，一般是组织成员的意志目标相互冲突协调妥协的产物，远不是同等地体现了每个成员的意志目标。

（3）不只是组织目标的达成才能给组织成员个人提供满足，很多成员的意志目标的满足，是直接由组织存在本身提供的，组织目标在这里反降为组织存在的手段和工具。

但这远不能说组织目标与组织成员个人的意志目标毫无关系。如前面已作过的分析一样，如果组织成员个人不能从组织目标的达成中获得任何

利益，他会很容易找到脱离其组织的途径。除了奴隶之外，没有哪个组织给其成员戴了脚镣。组织成员之所以未戴脚镣却仍未脱离其组织，就是因为他们的意志目标可以通过这个组织获得一定程度的满足。

因此，要探索组织成员的意志目标与组织目标的关系，既要分析组织本身的性质，看它的目标在多大程度上是由组织内部决定的，同时也要分析不同组织成员的地位，看他在组织中担当何种角色。

二、组织的分类

按照组织成员对组织目标影响程度的大小分析，组织可以分为六类。按对组织的目标影响的程度由大至小排列为：合作组织、自治组织、自营组织、附属组织、分支组织和部门组织。

1. 合作组织

在合作组织中，因为组织成员的经济地位平等，因而他们每个人对组织目标的影响程度大致相等。所以合作组织的目标也就包含了每个成员的意志目标，它也就直接是合作组织成员的意志目标的重合和汇集。

2. 自治组织

在自治组织中，组织成员不再有平等的经济权利作依据，社会平等和政治平等或多或少地要打折扣，他们的意志目标也就不再是平等地进入组织目标。瑞典是世界上最民主的国家，其所寻求的目标也不能完全体现每个公民的意志目标。因为各自关心的问题和寻求的目标不会完全相同。不同就是分歧和对立，而民主协调分歧对立的办法就是少数服从多数，因而也就把少数人的意志目标从组织目标中去排除去了。

3. 自营组织

自营组织是合作企业和国有企业之外的企业组织的总称。这种组织也是由组织成员创立的，但不是全体成员，而仅仅是这个组织中的部分成员，甚至一个成员主导创立的。因而组织目标也就仅仅是由这少数人确定的，多数人的意志目标远不能进入这个组织的目标之中。没有哪个私营企业或私人组织会把员工意志意愿的满足直接当做其所寻求的目标。

4. 附属组织

尽管上述三类组织的目标在所包含的成员的意志目标上存在差别，但它们的目标都是由组织内部确定的，附属组织却不再享有这种优势了。附属组织就是因为不能自主，而不得不把组织目标的确立权利转让给他人，从而寻求保护和依托。不过附属组织在选择自己的依托上却还是自主的。至于这类组织的目标有多大份额来自所依托组织的旨意，则完全由这种依附性的大小决定。在附属组织中，组织成员的意志目标进入组织目标中的部分，究竟是全体成员的，还是部分成员的，这又得看这个附属组织的基本性质是属于合作组织还自营组织。

5. 分支组织

在分支组织中，组织成员对目标的影响作用力度就更小了。分支组织也就是一个整体组织中的分支机构。但因为这个分支机构在空间上与整体组织存在一定的距离，因而它的目标也就可能包含有这分支组织中一部分其成员的意志目标。就像一个大公司的分公司，它仍具有一定的独立性，正是这种独立性使它的成员的意志目标可以部分地进入它的目标之中去。

6. 部门组织

部门组织仅仅是一个整体组织的组织构成部分，虽然也可以找到它与整体组织之间的边界，但这种边界能赋予其成员的意志目标进入其目标之中的可能已经很小，尽管还不完全是无。

至于国有企业它该归入那一类，这得分析其性质。我国改革开放之前的国有企业，近乎政府的分支组织，但到目前为止，也远远算不上自营组织。但随着改革的深化，自主经营、自负盈亏、自我发展、自我约束的“四自”能力的获得，它也就可以归入自营组织这一类了。这六类组织的成员的意志目标在组织目标中得以体现的程度可以说是按顺序递减的。

三、不同性质组织成员的意志目标与其组织目标的关系

既然还有很多成员的意志目标并未在组织目标中体现，那么，他们为什么还会加入组织中来呢?

这是因为组织目标不能成为他们意志终极目标的体现，但可以成为其中间目标的体现。也就是说，他们通过努力使组织目标得以实现，而他们所寻求的目标则由组织提供其实现的条件。工人并不关心他们所受雇企业的利润的高低，但保证了一定的利润率也就维持了企业的存在，也就有了衣食居所的依托。如果他们都不努力，企业亏损垮掉了，他们衣食居所的依托也就没有了。并且如果企业盈利多，老板还会增加他们的工资奖金。

前面的分析已涉及这一问题。组织成员的意志目标既可以通过组织目标的达成来实现，也可以仅仅通过维持组织的存在来实现。因为组织存在是以能实现其成员的意志目标为前提的，因而相对于通过维持组织的存在来实现其意志目标的成员而言，组织目标也就成了具有工具手段性质的中间目标。通过组织的存在实现的意志目标，不仅仅是物质经济利益的满足，而且“能”和“善”这两类欲望的满足都可以借以实现。组织的更大作用是它能给其成员提供一个稳定的活动舞台，尽管在这个舞台上演的不仅仅是大团圆的正剧或娱乐人生的喜剧，也还有催人泪下的悲剧。但没有这个舞台，也就没有台可登，失败不存在，成功也不可能。有了这个舞台，自我发展和自我完善的可能性就增加了。人不可能在组织之外去发展完善和实现。一般都讲人的自我发展、自我完善和自我实现，不能脱离社会，这仅仅是笼统的说明，其实应该说是不能脱离组织。组织这种社会群体可以给人提供更多的帮助。组织相对于成员个人而言，它就是一个熟悉而稳定的社会群体，相比变动不拘的陌生的社会群体，他个人的价值和地位更容易得到实现。从这个意义上讲，相对于组织成员个人而言，组织存在比组织目标本身更具有意义。

如果详细分析，不难发现，组织的存在给其成员带来的意志目标满足，要大于组织目标的达成给其成员带来的意志目标满足。因而关心组织存在的人远比关心组织目标达成的人为多。这正是所有组织不能一劳永逸地摆脱组织膨胀和无效率的原因之所在。

由此可见，组织的存在与组织目标的达成二者发生背离是不可避免的，这种背离越严重，组织运行也就越没有效率。解决这个问题正是管理所要做的工作。提高组织运行的效率就是要降低和减少组织存在与组织目标达成的背离，最有效的途径也就是尽可能把组织目标转换成组织成员个人的中间目标。而这时却发生了一个悖论，除了业主企业这种组织之外，无论哪一类组织，其组织成员中，承担管理功能的人，其意志目标的达成更多的是依赖于组织的存在，而不是组织目标达成本身。比如，美国著名的制度经济学家加尔布雷思作过分析，认为管理者阶层就只求稳定、不求最大利润。企业的首要目标是赢利，而被授权经营的企业领导人却只满足于某一最低限度的利润。作为一个企业领导人，如果没有达到这个目标，将丧失他的投资所占比重不大而占据主导地位的企业的经营权利。“通常认为他的积极性目标是，在不至于冒过大的风险、不至于过于严重地危及适应他保护性目标的最低利润的情况下，尽可能超过这个最低的限度。”但他们“首先注意的是保护他的地位或威信——使他的事业得以继续存在，使他自己不致失业”。①

在任何一种具有一定规模的组织里，其成员都可以划分为三个层次，即上层管理者、中间管理者、被管理者——普通成员。三者的意志目标与组织目标的关系存在很大的差别。

在合作组织中，一般成员的意志目标的达成主要地依赖于组织目标的达成，中层管理者的这种依赖减少了，上层管理者的这种依赖更小。相对于上层管理者，组织目标的达成主要只有中间意义。组织目标的达成只有当它有助于组织的稳定和发展时，它才给上层管理者的意志目标的达成带来直接影响。

但在组织目标完全外定的分支组织和部门组织这两种组织中，这种差异趋于消失。组织的所有成员都只把组织目标当做其中间目标，并且还发生了反向的变化。更关心组织目标的不再是一般普通成员，而是上层管理者，其次是中间管理者。因为管理者被授权时，也同时负有了实现组织目标的责任，因而组织目标更能成为管理者的中间目标，组织目标的达成更有助于他们的“能”和“善”的需求的满足。相反地，一般普通成员从组织目标的达成中所获得“能”和“善”的需求的满足要小得多，甚至没有。比如一个车间，它的任务完成得好，车间主任的意志目标达成的程度则会远远大于一般工人。他可能由此被证明其能力而被提拔为厂长经理，但工人却仍然还是工人，只不过多加几块钱的奖金而已。

但在自营组织中，管理者也可能直接是组织目标的确定者，他们的意志目标与组织目标存在着同一性，也最关心组织目标的达成。这里最不关心组织目标达成的可能要算中间管理层，他们仅仅会注视他们所负责的部门的目标，因为他们的意志目标的达成仅仅以部门组织目标的达成为中介。而最普通的职工反而比他们还要关心整体组织目标的达成，因为相对于部门组织目标的达成，整体组织目标的达成更能带来利益的满足，包括工资奖金的增加和荣誉感的增添。

综上分析，通过组织这个工具实现管理，其工作可以归纳为如何规划设计，把组织目标转换成组织成员达成其意志目标的中间目标。这个规划设计也就直接关系到管理效果的好坏。管理效果若不好，可以说直接与这个规划设计相关，或者是本身没有规划设计好，或者是这个规划设计仅仅停留在纸上而没有付诸实施。

---

① 加尔布雷思．经济学和公共目标．北京：商务印书馆，1986 年版，第 93 页．

第九章

不同结构的组织与管理效果的关系

对管理效果影响作用最大，且又最能体现其组织特征的要素组织结构。在集权的纵式结构和横式结构的组织中成员的地位和作用的是不同的。这种差异体现在四个方面：统一组织成员意志目标的难易程度不同、组织成员向上可流动性的大小、不同组织内部成员对立的积累性和非积累性、能否造就出增加组织活力的领导人。由此也正显示出横式结构的优越。

就组织的各个要素进行分析，对管理效果影响作用最大，并又最能体现其组织特征的要素就是组织结构。对于管理效果的影响作用，虽然不能整齐划一地得出结论说，仅仅某类某种结构的组织的管理效果最高，因为组织仅仅只是管理要素之一，但确实存在一定的相关性。仅就《追求卓越》、《卓越的热潮》及《全美管理最好的100家公司》三书所列举的企业组织的结构进行分析，近80%的可以划作分权的少级数大跨度的横式结构。虽然这种划分具有一定的相对性，但其特征仍具有其确定性。虽然他们各自对管理的好坏的定义也可能存在一定细微差别，也就是说强调的重点会有所不同，但基本规定性是相同的。管理得好的企业组织也就是管理效果高的企业组织。

在当代社会，这种横式结构与管理效果的相关性的存在是有其内在客观必然性的。组织的结构不同，在这个组织之中形成的人与人之间的关系也就不同。在集权的纵式结构的组织中，底层成员与顶层成员之间相隔的层次多，从而使二者在组织中的地位和作用存在更大的差异，也就是人与人之间的不平等会更严重。而在分权的横式结构的组织中，底层成员与顶层成员之间相隔的层次少，从而使二者在组织中的地位和作用差距较小，也就是说相互之间较为平等。这种平等和不平等的差异会在四个方向造成不同的结果。

1. 统一组织成员意志目标的难易程度不同

不平等的地位和作用本身就会使组织成员在意志目标上发生分歧，并且不平等的差异越大，分歧也就会越大。不平等的地位和作用不可避免地会使他们从组织活动中获得的价值满足在性质上不同。比如在自治组织中，处于上层或高位的成员，可直接从这个组织的存在中获得价值满足，而底层成员却只有在组织的目标达成之后才能获得一定的价值满足。从而使上层高位的成员把组织的维持和延续当做意志目标，相反地，底层成员却追寻组织目标的达成。虽然这也可以通过组织制度来协调，但是很显然，差距越大，协调的难度也就越大。而意志目标的任何不协调，都会降低管理效果，不协调的意志目标会彼此抵消其努力的作用。

2. 组织成员向上可流动性的大小不同

这一问题社会学有过详细的分析，但他们的着眼点是放在可流动性对社会的稳定作用上，认为当下层精英分子不能向上顺利流动，为统治阶层所吸收时，就会在下层社会聚集力量，成为社会不稳定的因素。更重要的是这种流动性的大小还会直接影响到组织活力的大小。一个组织只有当它的组织成员的聪明才智和创造性都充分发挥出来时，这个组织也才能有生气，并发展壮大。而可流动性却是其聪明才智和创造性充分发挥的前提条件。处于组织的低层，有聪明才智和创造性也就没有机会发挥，更不用说聪明才智和创造性还得在流动过程之中发掘、发展和积累。

在集权纵式结构的组织中，成员的向上流动性并不是建立在平等竞争的基础上，由组织目标的需要来选择和决定谁会成为向上流动的成员，而是由已居高位的成员来选择。而他们选择的依据却不会是，至少主要不是组织目标达成的需要，而是巩固他们在组织中的地位的需要，也就是说对自己的忠诚。并且他们还会担心这种忠诚的不可靠，因而仅仅选择其才智和能力低于自己的成员委以重任，因为才智和能力强于自己的成员，其地位的上升会直接对他的地位构成威胁，由此导致所任用的成员在才智和能力上从两个方面递减。

（1）都任用比自己更无知无能的下属，因而使越向下的任用越是无知无能。

（2）组织的最高决策人，又总是选用比自己更无知无能的继承人。

因此继承的代数越多，其继承人也就越无知无能。人们之所以有“富不过三代”的规律归纳，其中的原因与此直接有关。这对于组织而言不仅仅是一个不稳定的问题，不稳定问题可以通过限制下属之间的信息横向流通来缓解，现在很多企业和组织也正是这么做的，更重要的问题是组织活力的丧失。因为在这种结构中，只要很有限的几代的延续就会使整个组织成为庸人当道、庸人充斥的组织。因为有智有能的人难以兼容而被窒息和扼杀，除非他有“大智若愚”的本事把自己的才智隐藏起来，待到被选用之后再显露。这本身就又造成了组织人力资源的浪费和损失。并且从底层到顶层的层次越多，底层的精英越是难以登上他能充分发挥其聪明才干的高位，因为跨越任何一个层次都是很艰难的一关，并且每跨越一个层次都要花费相当的时间。比如在旧中国的封建官阶制度中，九品二十七阶，若每阶用三年时间，就不可能有人达到二品以上。即使有旧中国的那种科举取士制度，若这种取士与组织目标不是充分的吻合，而仅仅服务于领导人笼络人心以巩固自己地位的需要，对组织的兴旺发达也就很少有什么帮助了。这正是科举制度的作用退化的原因所在。

3. 组织内部成员对立的积累性和非积累性

这确是关系到组织稳定的大问题。对立在内部积累，达到一定程度，这种对立也就会直接造成组织的解体和崩溃。对立的非积累性则是对立会在产生之时随即自行化解。

集权的纵式结构明显具有内部对立的积累性，因为结构层次的级数越多，也就意味着不平等越严重，因而使对立也就越严重。而在这种结构之中的对立，其主要的形式也就是底层与顶层，下属与上司之间的对立。在集权式组织下，这种对立一旦形成，就不免逐渐积累加剧。握有权柄的顶层成员和上司不是力图通过调整自己的意志行为来缓解对立，而是力图通过强权的运用压制对方的意志意愿来消灭对立。而人作为一种主体性存在越压制则会越加剧这种对立，当他尚无力反抗上司的压制时，也许会忍气吞声以积累力量，当其力量已有可能与之抗衡时，他们则会行动起来并摧毁由他们的上司代表的压制他们的组织，或者以非常手段把令他们无法忍受的掌权人赶下台。这都会给组织的稳定和发展带来灾难性的后果。

而在分权的横式结构中，人与人之间处于较为平等的地位，谁也不会去寻求通过压制来消灭对立，因为他们作为一种具有充分理性的存在，能意识到自己的力量不足以压制对方，从而千方百计地寻求妥协方案以化解对立，因而也就可以给组织带来稳定。美国自 1776 年建国，除了南北战争爆发过尖锐的、不可调和的对立冲突外，对立从未积累到要摧毁政府和国家的地步。苏联却不同，仅仅七十四年的时间，就由被积累的对立和矛盾摧毁了。

在任何一个组织中，对立的出现是不可避免的，问题是如何消弭这种对立。用强权来压制对立只会加剧对立。用民主的方法却可以把对立双方的怨气宣泄出来，然后予以调解。而宣泄本身就有化解对立的作用。

4. 能否造就出增加组织活力的领导人

领导人不同于行政官僚，二者有很大的区别。罗伯特·汤森作过详细的研究，现整理如表 2－1 所示。①

表 2－1　企业活动的价值创造分析表

领导人	行政官僚
1. 与人分忧	1. 高高在上
2. 了解每个人的长处；办公室门虽设而常开；为人解决困难、提供意见，帮助员工加油	2. 看不见他的踪影；只会发号施令，再等结果出现
3. 考虑到如何让员工更有生产力，更专注在公司的目标上，并考虑如何酬劳员工	3. 只顾及私人的利益、地位，以及自己对外的形象
4. 和工作岗位上的员工相处融洽	4. 和员工不和
5. 没有特权，在公司中不用特别车位、私人盥洗室、餐室或电梯	5. 有特权
6. 走动式管理，到现场进行调研，现场发现问题，现场解决问题	6. 坐在自己豪华的办公室，等问题找上门
7. 早到迟退	7. 迟到早退
8. 随和，和各级员工关系和谐	8. 和一线工人关系僵化，甚至对立
9. 会倾听同事和下属的意见	9. 只会滔滔不绝地说
10. 公司所寻求的价值简单明了	10. 要求复杂，价值不清
11. 随时可以找他	11. 低层员工找不着他
12. 对所有员工都一视同仁，努力寻求公平	12. 对中层公平，但剥削压迫基层作业人员
13. 敢于负责，有作决定的魄力	13. 不敢负责，爱有委员会、顾问
14. 为人谦虚，礼贤下士	14. 傲慢自大，唯我独尊
15. 不屈不挠地面对艰难险阻	15. 千方百计地逃避困难和问题
16. 对于正确意见，能坚持到底	16. 只有在自己利益受到危害时才会坚持
17. 简化问题	17. 把问题复杂化
18. 能容忍公开的反对意见	18. 不能容忍公开的反对意见
19. 叫得出每一个下属员工的名字	19. 叫不出下属员工的名字
20. 有坚强的信念	20. 该作决定时摇摆不定

① 参见彼得斯，奥斯汀．卓越的热潮．北京：中国工人出版社，1992 年版，第 424 页．

续表

领导人	行政官僚
21. 必要时，可以拼命工作	21. 不愿拼命工作
22. 信任员工	22. 只相信纸上的文字和数目
23. 把重要的工作分派给别人做	23. 保留最后的决定权
24. 不花太多时间在公司外的社会活动	24. 喜欢和其他公司的主管打交道
25. 自己隐姓埋名，却希望公司声誉卓著	25. 只是借用公司来提升自己
26. 自主承受责备	26. 有责任就寻找替罪羔羊
27. 把功劳归于他人	27. 功劳归给自己，并埋怨没有人才
28. 常常给予真诚的回馈	28. 资讯传到他办公室时就不出来了
29. 知道在什么时候用什么方法开除员工	29. 不愿“做恶人”
30. 去芜存菁	30. 老是想扩展得更大、更复杂
31. 有问题时总能去帮忙，为下属员工工作创造条件，提供方便	31. 不惜打扰下属员工的紧张其工作也要下属员工到办公室开会
32. 认为成长是卓越的副产品	32. 认为成长是主要目标
33. 尊重所有的员工	33. 轻视一线工人，认为他们懒惰、没有能力、忘恩负义
34. 了解业务并知道谁是幕后功臣	34. 从未见过幕后英雄
35. 在压力下仍诚实不欺	35. 说话随兴所致、模棱两可
36. 寻找该废除的控制权	36. 喜欢增加控制权
37. 喜欢面对面地交谈	37. 喜欢用备忘录和长篇大论的报告交流
38. 直截了当	38. 喜欢耍手段
39. 言出必行，为员工所信任	39. 变幻莫测、说他认为员工爱听的话
40. 承认自己的错误，安慰认错人	40. 死不认错，老是责怪别人
41. 不用公司手册来压人	41. 用公司手册来压人
42. 公开一切	42. 秘密行事
43. 纸上作业很少	43. 纸上作业一大堆
44. 从内部提升人才	44. 老是从外面挖“人才”
45. 信守承诺	45. 不守诺言
46. 办公室平实无华	46. 有华丽的办公室
47. 培养并且也认为还有他人，可担任其角色	47. 注意不让任何人来抢他的位置
48. 极为重视公司的价值及目标	48. 除与自己直接有关的，都不关心
49. 公司第一	49. 个人第一
50. 认为错误是学习的机会	50. 认为错误是不可容忍，应该大加责罚

有了这种真正意义上的领导人，组织目标的统一也就容易实现了。因为领导人本身就是具有凝聚力的管理者，组织的活力也会因为他的引导把更多成员的聪明才智变成组织目标的达成而增强，组织的稳定性也就有了更多的保障。真正意义上的领导人不会像行政官僚那样力图用强权来压制对方，而是用敬人、安人、诲人的办法，把对立方转化为盟友，使对立由大化小，由小化了。只有分权的横式结构才有助于造就这种真正意义上的领导人，这种结构并不赋予管理者以绝对的权利，使之除了尊敬人、关心人、教导人、激励人来协调他人的意志行为，调动其积极性之外，没有其他途径可寻，这就迫使管理者调整自己的行为方式以转化为领导人，而不是向行政官僚坠落。

由上述分析可知，管理效果与分权的横式结构的相关性就显然了。并且这种相关性的存在还有一个不可或缺的前提条件，这就是社会经济的发展已为人的“有”的需求的满足提供了基本保障。也只有这个时候，人的“能”和“善”的需求才能成为主宰人的意志行为的动因，使之不再能容忍盛气凌人的老板和高高在上的行政官僚的颐指气使行为，组织结构所允许的自主活动才能变成组织目标达成及管理效果的提升。

第十章

企业组织与企业领导人的关系

组织像一根绳索，把人拴在一定的组织岗位上，由组织赋予的责任和义务、利益和权力，作为一个大网整体束缚着人的行为选择。使之在这一定组织岗位上充当相应角色的人，要获得所期望的利益和权力，就必须严格履行其职责。并且组织作为一种特定的社会，还会通过人所固有的社会性对人的行为选择形成影响，使这个组织中的每个人为维护自己在这个社会中的尊严和应有的地位而约束、调整自己的行为选择，以适应这个组织存在和发展的需要。

图2－8　组织的最大价值

任何一个领导人要把自己的理想和目标变为现实，就必须有一个组织作为他的工具，以推动其理想和目标的达成。理想和目标有多大，这个组织就需要有多大。组织相对于一个有理想、有目标的领导人而言，它就是这个领导人延长了的四肢，独立于他的身体之外，而又在他意志要求的范围之内。由众多人构成的组织，直接服务于组织领导人的意志目标和他的价值判断，这众多的人的手脚也就都成了这个领导人的手脚。并且，一个企业领导人最终能否获得充分的成功，并不是简单地看他所控制的物质资源规模以及他个人理想的大小，而是在于他把这个组织当成自己延长了的四肢进行协调、运行，发挥其作用的能力的大小。

一、争夺组织控制权，就是延长自己四肢的努力

在任何一个组织中，总是存在没完没了的为争夺组织控制权而进行的政治斗争，甚至在一个家庭内部也不例外，夫妻之间也还有争夺家庭事务主导权的纠葛呢。为什么？

因为拥有了对组织的控制权，也就意味着他能够通过这个组织来实现其理想和目标。各种党派政治组织是如此，作为经济组织的企业也是如此。

党派政治组织，是由信仰、理想、目标和价值观念相同的人构成的一种社会群体。这种信仰、理想、目标和价值观念，是这个组织的领导人不断说教和倡导的结果，但其基础却是加入这个组织的这些人，最终都认同这种信仰、理想、目标和价值观念。

企业组织却完全不一样，构成企业这种社会组织联系的是经济利益关系。企业领导人也有他的理想和目标，但这种理想和目标首先反映的是企业投资人对利润回报的追求，企业的存在必须首先满足这一目标要求。只有这一目标要求满足后，其他理想、信仰才有价值。企业是建立在投资人的投资这一意志行为基础上的。全世界的企业界都知道，松下幸之助是一个非常有社会责任感的企业家，他把企业存在和发展的目标，直接定义为对社会的贡献和责任，但其前提却仍是企业本身的赢利和发展。因为松下幸之助是企业家，也是企业的主要投资人。

人类社会发展到今天，虽然不能再说企业的意志就是资本的意志，但资本对企业的统治力量仍是强大而残酷的。新浪的创始人王志东离开新浪，张树新被迫从瀛海威出走，融入国美并且也是一个重要投资人的陈晓，经过几番挣扎，但最终仍然被在高墙内遥控指挥的大股东黄光裕从董

事局主席的位置上拉了下来而不得不改行做他业，这都是资本的力量在发挥作用。但资本的力量要发挥作用又离不开企业这个组织。所以，往往是资本所有人和企业领导人的结合形成一个特定的角色——企业家。而这个企业家的大小——影响程度和所能控制的资源规模，与这个企业组织形成一种独特的关联关系。一方面，由企业领导人来推动这个企业的成长。另一方面，这个企业的成长反过来又提升企业领导人的影响力和他所控制资源的规模。

二、能协调好企业组织，也就是延长自己的四肢

图2－9 对组织的意义定位不当

在企业领导人推动企业的成长，与这个企业的成长反过来提升企业领导人的影响力和他所控制资源的规模这一关联关系中，首先是企业领导人把这个企业组织当做自己延长了的四肢来发挥作用。一个企业领导人最终能否获得充分的成功，最终在于他协调这个组织，把这个组织当成自己延长了的四肢进行协调、运行，发挥其作用的能力大小。世界知名零售企业八佰伴的后辈继承人，之所以把八佰伴这样一个规模庞大的零售企业帝国送上了断头台，就是因为八佰伴这个家族的后继人不具备协调、运行八佰伴这个“四肢”的能力。海尔的张瑞敏和联想的柳传志，之所以能把一个

很小的企业发展成为一个在全世界都有举足轻重影响的企业集团，是直接与他们两位最有效地协调了企业组织这个作为他们延长了的四肢的作用相关的。

从这里可以看出，领导人能够把他所领导的组织协调好，这个组织就能够起到自身四肢延长的作用，不仅可以实现其越来越大的理想和目标，而且也会使这个组织不断壮大，从而使自己的这种延长的四肢越来越长。相反，如果不能有效地协调这个组织的运作，这个组织就不可能起到这种作用，甚至还会变成拖累自己的负担，消耗自身的体力，使自己变得迟钝、笨拙、老态龙钟。

三、有效益，企业组织这个延长的四肢才健康

企业组织相对于企业领导人存在的意义和作用，就是它能够成为企业领导人延长的四肢，使企业领导人的理想和目标能在更广泛的基础上实现。但效益却是企业这种组织存在的唯一理由。也就是说，企业组织只有当它有效益时，才能保证企业领导人实现更远大、更宏伟的目标，它才能起到延长的四肢的作用。

企业组织与一般的社会组织不同，它是企业领导人自己投资或者通过吸引投资人注入资金而创办的经济组织。在这个组织中，企业领导人的意志目标就是这个企业的共有意志目标。尽管加入这个企业的员工可以通过某种形式把他们的意志目标融合进来，但前提是他们的意志目标必须与企业领导人的意志目标相吻合，没有冲突和矛盾。

所以，企业必须有充分高的效益，才可能按照现有的样子存在、发展，如果没有充分高的效益，就必须调整改组，在这中间没有任何可调和的余地。企业组织所赖以存在的资源得由企业自己来组织和创造，如果企业组织没有效益，企业消耗的资源就不能得到有效补偿，企业资源必然会逐渐萎缩，最终因资源枯竭而使这个企业组织死亡。

有魅力的企业领导人，会为了寻求和保障充分高的效益而对企业组织进行大刀阔斧的调整、改造。通用电器的杰克·韦尔奇，接过通用电器这个庞大的企业王国的权杖之后，他的根基稍一稳固，就对通用电器进行了大规模的精简、优化。在短短的几年内，让通用电器由41.2万人降到27万人，组织层次减少了2/3，好多管理人员也因此丢掉头衔。他因此而得到一个“中子杰克”的绰号。中子弹只对人有杀伤作用，而

不损害建筑物。他开始对通用电器进行精简改造时，企业仍然保持有较高的赢利水平，在美国企业界仍处于领先地位。但他作为在通用电器连续供职二十多年的老员工，对通用电器的效益不仅感到不满，而且也知道潜力挖掘的空间在哪里。他大胆地进行精简、优化，使通用电器再次创造出它自己历史上也少有的新辉煌。通用电器是他延长的四肢，他不能容忍它萎缩、化脓，甚至癌变。所以，即使只是一个蚊虫叮咬的硬块，他也得及时处理。

第十一章

文化的性质与管理的关系

文化具有四大特性：内在性与外在性的统一、可传播性、渐变性、可塑性。文化被用做管理的工具，是因为文化具有管理功能，而文化的管理功能又直接是由文化的特性决定的。文化的四大特性对管理产生不同的影响力。而以价值观念为依据分类的出世文化、物本文化、权本文化和人本文化对管理的影响效果也不同。本章对这些内容一一进行了分析。

一、文化的特性

要把文化当做一个管理的工具自主运用于管理过程，以提升管理效果，首先就必须准确把握文化的特性和功能。

关于文化的特性，菲利普·巴格比的概括应该说已很明确了。他认为，文化就是一种行为的规则。“它包括内在和外在的行为两个方面，它排斥行为的生物遗传方面。文化规则可以在，也可以不在个人的行为中反复出现。但是，一个规则要被称为‘文化’，它就必须以一个既定的方式反复（或反复失败）地出现于一个特定社会的大多数成员的行为中，并被理想化地推定能出现于该社会的全体成员中。”“文化规则并非必须在单个人的生活中重复出现。重要的是。这些规则是否在社会多个成员的行为中重复出现。”“只有那些饮食习俗，如烹调、餐桌规矩、进餐时间和特殊的表示饥饿的方式，才是人类学家所关心的。”这才是文化所体现的内容。“我们可以说，文化包含了思维模式、情感模式和行为模式，但并不包含任何决定这些模式的不可见实体，不管它们是什么东西。”但是，“足以把一种文化与另一种文化区别开来”的却是由社会成员的内在的和外在的行为规则所体现的价值观念。“正是价值观念，为文化间的差异提供了基础。”①

为便于理解，可把文化的特性概括为以下四个方面。

1. 内在性与外在性的统一

总括菲利普·巴格比的分析，可以归纳为一句话，文化就是一定社会共同体共同的而又非遗传的行为规则。而这种规则既是内在的又是外在的。

它是内在的是因为它直接是一定的价值观念的表现和具体化。价值观念不能从外面强制性地灌入人的头脑之中，而是由人的意识意志活动完成的对自我、社会和世界三者相互之间的关系的归纳和抽象。他头脑中的价值观念由外界进入和形成是自主完成，也只能自主完成，任何形式的强制都只会使之形成与之对立的价值观念。希特勒纳粹的集中营没有把关在这里的俘虏改造成法西斯的狂热追随者，原因就在于此。

它是外在的，是因为这种社会共同体共同的行为规则对这个社会共同体中的成员具有明显的约束作用。虽然它并不是强制性的，像法律那样具有不可逾越的约束力，但违背这种共同的行为规则，就会被这个社会共同体所鄙弃，使之在这个共同体中失去尊严、地位和价值。这就使不愿被这个社会共同体所遗弃的成员不得不遵循这种行为规则行事。

从这个意义上讲，文化的第一个特性，就是这种内在性和外在性的统一。这一特性就决定了它对社会群体的意志行为具有整合作用，使社会成员的意志行为被规范在一定的框架之内。

2. 可传播性

“文化，也可以说成是一种风格。浏览构成文化的各种各样的特质和集结，我们似乎领悟了一些共同品质，即一种被我们认识为属于英国的、或美国的，属于那伐鹤或爱斯基摩的难以捉摸的东西。”② 但是这种风格却不同于表现在具体的个人身上的风格。个人的风格就是一种个性。但是“个性不会从一个人身上跑向另一个人，但文化却可以从一个社会传播到另一个社会。我们也不能说某一个人取得了一个新的个性，除非它借助了十足的夸张。地方共同体却能够也确实取得过一种新文化。文化不生不灭，不成熟，也不衰落，除非我们赋予这些词以新的意义。文化没有任何

① 菲利普·巴格比．文化：历史的投影．上海：上海人民出版社，1987 年版，第 105、101、97、95、130、131 页．

② 同上书，第 129 页。

作为，只有人才有所作为。我们必须把文化看成是自成一体的、特殊的和特定类型的实体；它们的性质只能根据考察它们的本身，而不是参照生命有机体或者其他现象来加以决定。”①

文化并不是一种实物，尽管有物质文化一说，工具、武器、建筑物、艺术载负有文化，但它们都不是文化本身，任何文化都是以一种信息的形式存在的。考古不是发掘古董，而是发掘信息。文化的可传播性正是得自于这一点，信息本身就是可传播的。虽然信息不等于文化，但文化却一定是信息。无论是共同的行为规则，还是价值观念，都是一种信息的存在。因为随着这种信息的传播，文化也就实现了传播。因此，任何信息传播的途径都可以是文化传播的途径。

但文化传播又不同于一般信息传播。一般信息是一种知性的存在，让人一接触并理解，也就实现了其传播。但文化不同，它是一种观念性存在，仅仅接触和理解是远远不能实现其传播的，而必须认同它。比如伊斯兰教徒认为妇女从头至脚都是羞体，因此，穆斯林妇女除穿不露羞体的衣服外，还必须戴盖头和面纱。这可以说是很广泛的一种知性信息，并广泛传播开来了。但作为文化并未传播开，只有信仰伊斯兰教的人才认同这一行为规则。即使是普通的服饰也是如此。西装领带本来是很一般的服饰，但在20世纪80年代初，刚开始在我国流行时，就遇到很多人抵制。甚至到80年代中叶之后，我国著名经济学家陶大镛教授这样的高级知识分子，对说相声穿西装仍然还不能容忍，在讲课时也要对之大加挞伐。这就是因为西装中包含有一种文化信息，似乎舍中取西就是背祖叛宗。

很明显，文化的可传播性要大大低于一般信息的可传播性。一般信息的传播不会受到对方原有信息的抵制，除非两种信息在内容上存在对立和矛盾。即使如此，决定取舍的并不是原有信息的作用，而是由经验事实检验来决定的。文化的核心是价值观念，新的价值观念却必不可免地会遭到旧有价值观念的抵制。价值观念无法由经验事实来判断真伪，它不是真伪的问题，而是善恶、美丑的问题。所以，文化的传播只能是耳濡目染，渐次实现。

---

① 菲利普·巴格比. 文化：历史的投影. 上海：上海人民出版社，1987年版，第139页.

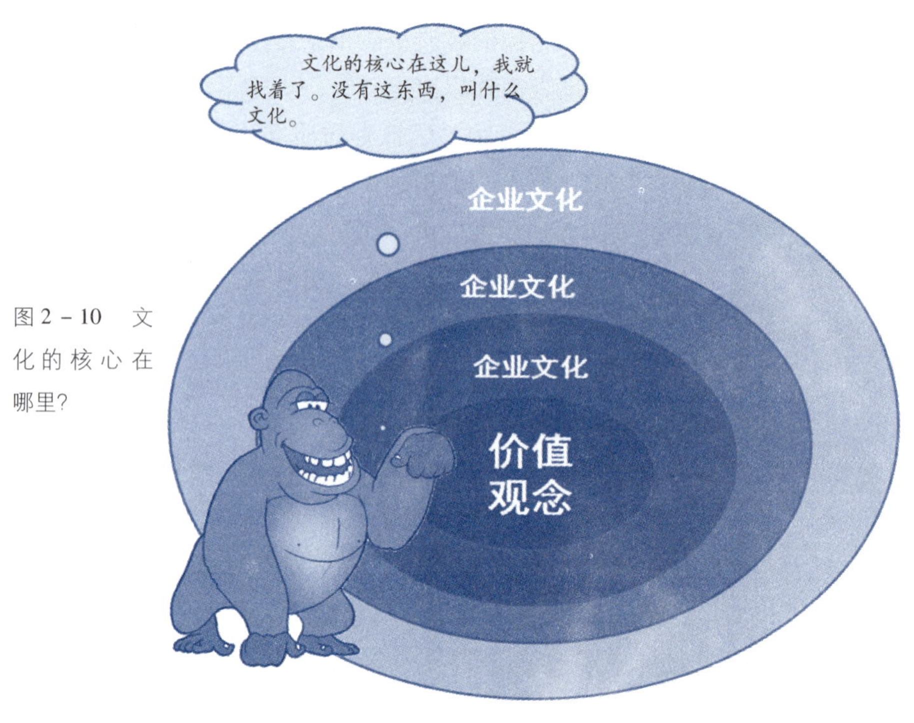

图2－10 文化的核心在哪里?

3. 渐变性

文化作为规范人的行为的一种规则和引导人的行为的价值观念，只有当作为主体性存在的人把某种行为规则和价值观念内化为自我的规则、价值观念，并把与这种规则、价值观念相对立冲突的旧有规则、价值观念舍弃时，才有文化的变迁。行为规则、观念、价值却不能由脑细胞自动生成，而只能在社会实践活动中通过人与人之间的交往和人对自然认知的加深形成。而要把前人或他人的行为规则和价值观念直接内化为自我的行为规则和价值观念，也只能通过他自己的社会实践活动来实现，不能直接移入人脑。

外在强制推行的行为规则也可以内化成为人的价值观念，但这得通过这种强制的永久化来实现。妇女裹脚本身就是一种陈规陋习，并且给妇女带来了极大的痛苦，但国民革命之后过了多年的时间才被彻底废除。很多人把裹小脚当成了美，所以废除其痛苦反而不情愿。

行为规则和价值观念一旦内化为主体人的自主行为的依据，它就具有惰性了，没有外在的冲击，很难自我改变。并且外在的冲击也不能对它的改变造成的立竿见影的效果。比如征服民族总是希望把他们的文化强加给被征服民族，但从没有立即见效的，落后民族不能做到这一点。古罗马人对希腊的征服是如此，日耳曼人对罗马人的征服、蒙古人对大汉民族的征服，都是如此。先进民族对落后民族的征服也未能做到这一点。欧洲人征服美洲土著人已几个世纪，至今也未把欧洲文化都强加给印第安人。正是这种惰性决定了文化的渐变性。

4. 可塑性

文化是主体人的产物，不过这里的主体人不是单个的主体我，而是众多的主体我构成的群居在一起的人，也就是说是由众多个人集结成的社会的产物。尽管文化不是实体性的存在，而是一种观念性的存在、信息性的存在，但它仍可以作为主体性存在的人的认知客体和实践客体。没有人会否定文化可以作为认知对象和实践对象这一事实。尽管文化本身也仅仅是主体性存在的人对于社会和自然认识实践的一种结果。这种结果既是人类进一步认识实践的起点，又是认识实践的工具和手段。因此人们才可能通过自己的认知和实践来修正、补充和丰富原有的文化。尤其是当不同文化发生交流时，人们便可以同时把不同的文化用做认识实践的工具和手段。尽管并不是每一个人都能如此。因此，相对于任何一个个人，都不是简单地接受文化，只是在原有文化的框架中活动，不敢逾越，而是通过自己的认知和实践进行创新，把原有的文化按照自己的新认知进行改造，正是从这个意义上讲，文化具有可塑性。

文化的可塑性是由人对文化的主体性地位决定的。人是文化的产物，仅仅是指人的意志行为以及性格特征要或多或少地受到文化的影响和制约。但人并不是被动地接受文化，而是不断地在对文化进行反思。几乎所有的民族都有过多偶婚、活人殉葬的文化历史，但现在却只在极少的原始民族文化中才能找到了，所有的文明民族都抛弃了这种陋习。

文化的可塑性更多地存在于亚文化上。在一个规模较小而彼此联系紧密的社会群体中，因为人与人之间的交往更频繁，从而使文化在这里表现得更丰富更具体。文化的可塑性在这种较小规模的社会群体中从三个方面加大了。

（1）参照系文化的种类增多了，因而使这个社会群体可以在更广泛的范围内把自己原有的文化与周围用做参照系的文化进行比较，并用参照系的文化来丰富改造原有的文化，以使这种文化更能体现这个社会群体的共同意志目标。

（2）社会群体规模较小，因而为社会群体实现自我控制提供了条件。社会群体的成员个人可以通过直接的接触和交往来贯彻行为规则和价值观念。并且在这个社会群体中的个人的创新也较易通过直接的接触和交往而获得认同，使之由一种个人的价值观念转化为社会群体共有的价值观念。

（3）在小规模的社会群体中的亚文化更多的是关于人际交往关系的规则和观念，而不像在整体社会中的文化是人与人，以及人与自然的关系的总和的观念和认知，从而使这种亚文化更少受到人类社会本身的已有的认知和实践能力的限制，因而使之相对于文化具有更多的自主性。

但是，文化的这种可塑性是很有限的，它不可能像捏橡皮泥一样，可任人捏来捏去。这主要是因为文化的性质和风貌是由这种文化的主体——众多作为主体性存在的个人，集聚而成的社会群体的整体认知水平和实践能力决定的。已掌握人工降雨技术的民族，不再有雷神、雨神的神话以及敬天的文化了。尽管在20世纪70年代的中国，一些边远的山区还有砸龙洞求雨的荒唐之举，但现在气象知识的普及就使这种文化无以为继了。

文化行为本身也是遵循功利性原则的，于是有利于享有这种文化的社会群体的发达兴旺，这种文化就越有生命力，否则就会被更有利于这种社会群体发达兴旺的文化所取代。在现代文明已有所发展的国家，尤其是发达国家，就很少有敬天、祭天的文化行为了。原因很简单，敬天、祭天远不如敬人、安人。由人发展的现代科学技术可给人们带来真实的利益，而天却不能。活人殉葬陋习的革除，并不是因为人道主义道德观的觉醒，而是科学证实殉葬不能给死者带来任何一点儿慰藉。民主制度的兴起也是如此，并不是权贵们发善心，而是平民百姓已有能力掌握自己的命运，不再容忍权贵们把自己差来喝去。平民百姓也是主体性存在，当他已有能力主宰自己的命运时，就绝不会把自己的命运交由他人去主宰。

二、文化的管理功能与文化特性的关系

文化被用做管理的工具，是因为文化具有管理功能，而文化的管理功能又直接是由文化的特性决定的。

文化作为一种共同的行为规则和价值观念，直接使人按照共同的思维模式、思想方法去思考和行动，这本身就是一种人际意志行为的协调。文化的渐变性使享有这个文化的社会成员的观念和意识也具有相对稳定性，使之不会因为过于频繁的变化而降低对所处社会群体的认同而产生离心倾向。文化虽然不能对共同享有它的社会成员进行强制性的约束，但它却可以通过众人的认同来激励人们按照这种文化所选定的价值取向活动。众人的认同相对于具有社会性的主体性存在——人而言，其奖赏作用比金钱更具有意义。个人的价值不能单由他个人的孤芳自赏来实现，社会认同是其

唯一途径。这三种功能也可总称为整合功能，即对众人的意志目标和意志行为的整合。这种整合也正是管理活动所寻求的目标，只有意志目标和意志行为整合了，才能使服务于组织目标的工作做好、做到位。

文化的第二种特性和第四种特性又为它用做管理工具提供了可能。信神信上帝的人都相信神和上帝会奖善罚恶，这正是人们所祈求的，但神和上帝却总不以众人之善为善，也不以众人之恶为恶，从而使人根本无法通过神和上帝来奖善罚恶。神和上帝也就成了徒有万能的存在。关汉卿借窦娥之口诅天咒地说："有日月朝暮悬，有鬼神掌着生死权。天地也，只合把清浊分辨，可怎生糊突了盗跖颜渊？为善的受贫穷更命短，造恶的享富贵又寿延。天地也，做得个怕硬欺软，却原来也这般顺水推船。地也，你不分好歹何为地？天也，你错勘贤愚枉做天！哎，只落得两泪涟涟。"这并不是因为她认定天地无能，而是因为她感到天地不明事理不通人情。文化的可传播性和可塑性为人们自主地按照自己的愿望来发挥其功能作用提供了可能。文化的传播性和可塑性也就使文化本身可通过设计改造，从而把它的功能转换为人们自己的权能。

三、不同性质的文化

对文化进行系统地分类分析，这是文化学或文化人类学的课题，而不是管理学的工作。但文化作为管理工具之一，管理学又必须从管理的角度对它从性质上进行分类分析。

文化的核心是价值观念，因而以价值观念为依据进行分类也就能最准确地揭示不同文化之间的差别和本质。世界文化乍一看来似乎是杂乱无章、千头万绪的，但若对它的价值观念进行一些分析，则可发现，它们可以归纳为很有限的几大类。按价值观念进行分类，也就是相对于行为主体，什么是有价值的、有意义的和应该的进行分析。它可直接告诉我们这个社会群体所追寻的目标及所推崇的行为。

总观世界文化，以价值观念为依据，大体可分为四大类，即出世文化、物本文化、权本文化和人本文化。下面略作介绍。

1. 出世文化

出世文化是一种否定性文化。其价值观念的核心思想就是否定人的主体性、能动性，以及人生的价值和意义。认定人生只不过是孽海受苦和负罪受罚。其主要特征有五点：

（1）否定人的主体性，即否定人本身，认为人不过是徒具人形的过渡性存在物，与山水草木、牛马虫豸并没有什么区别。所具人形也只不过是超越于世界之上的造物主或上帝的安排。也就是说，人不是因为自身的原因才成其为人，而是造物主和上帝的意志才如此，造物主和上帝才是人的原因。因而人本身不能决定自己的存在及其存在形式，只能作为造物者和上帝的客体任他们摆弄。

（2）否定人的能动性。因为这种文化认定人不是主体性存在，自己不是自己存在的原因，仅仅是造物主和上帝的意志对象，因而不仅不可能有自己的追求，并且任何追求都是枉然，造物主和上帝的安排是无法抗拒的，人除了听天由命之外别无选择。人的存在无论处于何种形式何种境地，也都是造物主和上帝的意志。他让你富有也就富有，让你贫贱也就贫贱。“命中只有八合米，走遍天下不满升。”人的命运也就是造物主和上帝意志的具体化。人除了安分守己，乐天安命之外，都是多余的，不会有任何结果。

（3）否定人生的价值和意义。因为人在造物主和上帝面前是无所作为的，只能驯服地听任造物主和上帝的摆布，他的存在除了体现造物主和上帝的旨意之外，也就没有任何意义。人若不能自主，或者无所作为，人生也就不可能有任何价值和意义，人生的价值和意义不能由自身之外的存在来赋予。若由人生之外的存在赋予人生以价值和意义，这种价值和意义也就不是人生自有的，而是赋予者的，因为能赋予也就能剥削。当你有任何与赋予者意志不同的意志时，也就会被剥削，因而你的意志就仅仅是赋予者的意志。加之能动性被否定，是无所作为的存在，因而即使自我能赋予其存在一定的价值和意义，也不能通过自我的努力去实现，其价值和意义也就仍然不可能存在。

（4）出世文化的行为特征就是“无所谓”。因为人不具有主体性，不可能有自己的寻求，干什么也就无所谓了，主体人的行为是有目的的，若没有了目的，行为当然也就无所谓了。并且人是无能为力的，如何干也就无所谓了。因为能力都是造物主和上帝的，有谁还会关心如何干呢。加之人生没有价值和意义，因而干与不干也就无所谓了。人生本身就没有价值和意义，人自身的存在就是多余的，还有什么必要去努力呢？人的存在本身也只不过是因为人之外的造物主和上帝要人存在这一旨意不好违抗才存在，所以什么也就都是无所谓，生无所谓，死也无所谓，贫穷无所谓，富贵也无所谓。

（5）出世文化所体现的行为规则可以概括为两个字：“去欲。”即废弃自我的意识，去掉一切欲望。不难发现这种文化的现实典型就是佛教文化。无论是小乘佛教的“我空法有”，还是大乘佛教的“我法皆空”，都强调的是空，都有废弃自我的“我空”。“我空”就决定了“要好就只有了”，所以“好便是了，了便是好”。不仅废我的佛教文化是出世文化，而且“混我”的道教文化也可归入出世文化。道教认为万物有灵，人与自然没有区别，能归于自然，则是人的存在的最好形式。所以，南北朝的文学家郭璞在他的《游仙诗》中说：“朱门何足荣，未若托蓬莱，高蹈风尘外，长揖谢夷齐。”把自我混融于自然，“无欲无为”。不仅如此，印度教文化、基督教文化、伊斯兰教文化中也都包含有出世文化的一些特征。印度教的业报轮回观念、基督教的原罪说、伊斯兰教的顺从真主，这些都属于出世文化的价值观念。

因为出世文化不具有管理工具的作用，所以也就没有必要对其进行细分了。

2. 物本文化

物本文化则是一种物欲横流的文化。其价值观念并不否定人生的价值和意义，却把这种价值和意义仅仅定义在人的感官刺激和生理满足上，认定人生的价值和意义就是吃好、穿好、完好。它倡导的是人生短暂，须及时行乐。“得行乐时且行乐。”“花开堪折直须折，莫教花落空折枝。”这种文化从而表现为一种商品拜物教或货币拜物教。人的感官刺激和生理满足必须由物的效用来提供，可用以交换的商品和货币都能转换成为能提供感官刺激和生理满足的效用，所以它们也就成了价值和意义的本身。因而谁的钱最多，谁的价值也就最大。至于钱是从何而来的则是无关紧要的，偷、抢、骗都行。社会行为的规则就是弱肉强食，不怜不让。

在人与人之间的关系上，如果说出世文化是一种相互冷漠，老死不相往来的关系，物本文化则是一种彼此对立，相互利用的关系。即使父子之间、夫妻之间也都是由这种关系维系的。养儿为防老，娶妻为养子。这种文化的极端形式可能要算中美洲的当特尔卡斯托岛上的多布文化了。

“在多布，所有权的极端排他性最强烈的表现在有关对甘薯的世袭所有权的信仰上。在苏苏里，世代所种甘薯的品种就像苏苏成员血管里流的血一样是确定不变的。即使在已婚夫妇的田园里，也不混种。他们各自耕耘自己的田园，播种自己世袭的薯种，并用各种苏苏族系所个别秘藏的巫术符咒来催生助长。他们那个社会的普遍教义就只有本族的甘薯，才适种于自己的田园；只有借助那种和种子一起流传下来的巫术符咒，才能获得丰收……这样一来，妻子的田园和丈夫的田园就不得不分开了。他们也总是各留各的薯种，而且催生助长所用的巫术符咒也是分别传下来的，不得混用。任何一方土地的歉收都会引起对方的不满，而且会成为婚姻纠纷和离婚的原因。”① 在这里谋杀、情欲、欺诈和背信弃义并不违忤伦理道德。《文化模式》的作者本尼迪克特介绍，有一个人怀疑是他的姐姐对他用了魔法，使他日渐虚弱。他不仅无情地毒死了他的姐姐，而且还毒死了他的外甥女。即使“在接受礼物时，我们通常讲‘谢谢’，而多布相应的俗语是‘假如你现在毒死我，那我该怎么报复你呢?’”他们的信念是没有人可以信任。“在日常的交谈中，多布人既温文尔雅又殷情好客。‘如果我们打算杀一个人，我们就接近他，和他一起吃喝、睡觉、干活儿、休息，也许得花几个月的时间。我们就等待着时机。我们也称他为朋友’。因而当占卜者掂量哪些证据以断定杀人凶手时，常常怀疑那些竭力与死者相交的人。如果他们未曾有什么合理的原因而经常在一起，那么，死因便一目了然了。”“在他们看来，整个生活就是一场残酷无情的斗争，那些不共戴天的仇敌为了争夺每一份生活之必需而相互倾轧。在这样的斗争中，猜忌和残忍是他所信奉的手段，他绝不怜悯别人，也绝不想得到别人怜悯。”② 可以说，物欲文化是没有道德为规则的，只要是能力和“聪明”所及，没有什么行为是不道德的，最大的不道德就是无能，约束人的行为也仅仅是他的能力。

物本文化可细分为竞骗交易式文化和等价交换式文化，其内涵会在文化建设管理中讨论。

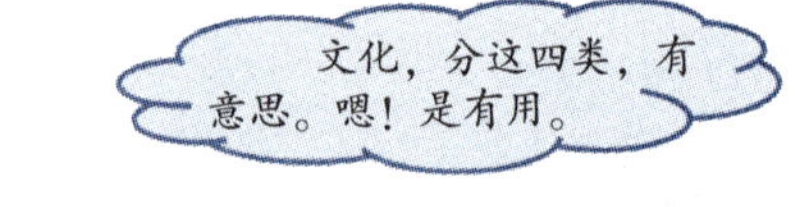

图 2-11　文化的四个大类

① 露丝·本尼迪克特．文化模式．北京：三联书店，1988 年版，第 135～136 页．

② 同上书，第 162～163 页。

3. 权本文化

权本文化认定只有权力的扩张，能把自我的意志强加给他人，这才是人生的真正价值和意义。相比物本文化，权本文化则是一种发展，在这种文化中，赋予人生的价值和意义加宽了，不再仅仅是物欲的满足，而是包含了物欲之外的心理需求的满足。这种文化把人的目光引向了权力，谁获得了权力，谁就实现了人生的价值和意义。谁获得的权力大，谁实现的人生价值和意义也就大。

在这里权力和钱一样，谋求权力也并不一定要遵循什么规则。“成者为王，败者为寇。”因为权力本身就是规则，如果说有什么规则的话。权本文化的行为规则就是一句话，权小的服从权大的，无权的服从有权的。这也就是严格的君臣父子等级制度。

在价值观念上，权本文化是两歧的，强权的合理性与服从的必要性并存。有权就可以为所欲为，不存在什么应该不应该的问题；无权就得服从，不服从就是不道德。若无权者以其力量，无论是暴力取胜还是财力收买，只要打倒了有权者，夺得了权力，原来的无权者也就有充分的理由让原来的有权者服从。篡夺权力而创建晋王朝的司马氏对蜀汉后主刘禅是这样，兵变登上宋王朝开国皇帝宝座的赵匡胤，对唐后主李煜也是这样。唐后主李煜的词句“问君能有几多愁，恰似一江春水向东流”就表达了他做赵匡胤的阶下囚时的无奈。这也就是说权本文化既要求无权者当温顺的驯服奴隶，也允许不择手段地谋取权力。

与物本文化不同，权本文化是一种有秩序的文化，但这种秩序并不涵盖权力更替的过程。所以，权本文化与物本文化一样，也是一种弱肉强食的文化。权本文化在表面上可以有慈父文化和强盗文化两种形式的区别，但在实质上这种区别是不存在的。当无权者有忤当权者的意志时，慈父也就变成了强盗；而当无权者驯服温顺时，强盗也就变成了慈父。这种文化的核心是无权者的服从，儒家文化是这种权本文化的典型。他们倡导的是属于慈父文化的王道，但儒家文化的先祖孔子在登上高位获得诛杀大权的第七天就诛杀了同朝的大夫少正卯，此时的孔圣人对政敌也是毫不心慈手软的。

就人的主体性进行分析，权本文化比物本文化对人的主体性所作的肯定更多了，但它却是以剥夺一些人的主体性来肯定另一些人的主体性。它把有权人的主体性肯定到了无以复加的程度，权力扩张本身就是主体性发展的一种形式。而无权者却要受有权者所制定的规则约束，不能越雷池半步，否则就是无礼和不忠。相对于无权者则是不允许有主体性的，要求他们"去我","克己复礼",成为没有自我意识的驯服工具。所以,从这个意义上讲权本文化既是一种强权文化,又是一种奴化文化。

权本文化可细分为海盗霸权式文化、慈父关爱式文化、能人强权式文化、角色法权式文化四种,其内涵和特征,将在文化建设管理中讨论。

4. 人本文化

人本文化与出世文化是正相对的两极。出世文化否定人的主体性和能动性,以及人生的价值和意义。人本文化却以肯定人的主体性和能动性,肯定人生的价值和意义为基本特征。人本文化就是以人为本,这不仅仅是意味着把人本身作为社会活动的中心,而且是尊重人的价值和权利,承认人的尊严和地位。因而,人本文化又可以说是一种人道人性的文化。不过这个"道"和"性"就是主体性。人本文化的价值观念是否一定要用主体性这一概念来表述则是次要的。但若不认同这一特性,就可以说不是人本文化,不尊重人的价值和权利,不承认人的尊严和地位,无论如何也说不上是把人作为价值本身。而如果人不具有主体性,价值和权利、尊严和地位也就是毫无意义的谎言。相对于山水草木,机器纸笔无所谓价值、权利或尊严、地位。权本文化也承认人的主体性,只不过仅仅认定那些权力在握的人才具有主体性,而一般人则是不允许有主体性的。人本文化则把主体性普及到每一个人,承认每一个人都具有主体性,进而也承认每一个人的价值、尊严、权利和个性。

人本文化行为规则可以概括为四个方面,即民主参与、平等合作、利人利己的统一及立法规范。

(1)民主参与可以说是为每个人的主体性的发展创造条件。独裁专制把大多数人排斥于价值判断和价值选择过程之外,人的主体性畸形发展,使人的主体性以与他人为敌的形式表现出来。民主参与集权专制相反,它不允许个人独断造成的对大多数人发展、发挥其主体性的机会的剥夺,从而也就保证了任何一个欲有所作为并能有所作为的人不会因社会和他人的压制而影响其自我价值的实现。

(2)平等合作既强调每个人的主体性的发展发挥具有同等的机会,又强调任何个人单枪匹马孤军奋战成功的艰难,必须与他人协力合作。鲁宾逊一个人连一个独木舟都无法弄下水。没有其他人的合作,人的主体性就要受到很大的限制。合作是人的主体性实现最大发展的前提条件,而平等却又是合作的最有效地进行的前提条件。

(3)利人利己的统一,既要求利人利己不能损人,又倡导利人也利己。任何一个人都是一个主体性存在,其意志行为不利己就意味着其意志行为没有目的性。这是不可能的。但利己若损人，则是把自己的意志凌驾于他人之上。他人也是主体性存在，不会容忍这种事发生。因而利人也利己则是最好的意志行为选择。即自己的意志努力既实现了他人的意志目标，也实现了自己的意志目标。就像受聘于董事长的总经理在为股东赚取利润的同时，也使自己的智慧和才干得到发挥，自我价值得到了实现一样。

（4）立法规范则是强调用共同意志形成的规范来规范人们的行为，而不是用权贵的个人意志来约束人们的行为。并且这还不仅仅是一个法制的问题，而且要求这个法必须是众人的意志的一种汇集、整合和沉淀。

人本文化可细分为牛仔游侠式文化、诚信友爱式文化、民主平等式文化、公平竞争式文化四种，其内涵和特征，将在文化建设管理中讨论。

把世界文化划分为这四大类，这是粗线条的划分，但这种划分对分析文化与管理效果的关系已足够了。若要对文化进一步细分，则是文化建设管理要专门探索的课题。

四、不同性质的文化与管理效果的关系

1. 不同文化之间的关系

我们对文化的分类是粗线条的，因而对不同文化与管理效果的关系的分析也只能是粗线条的。

我们把世界文化分为四大类，并不意味着世界文化就是彼此独立的四块分布。实际上四大类文化是彼此融合纠缠在一起的，只不过各自都有一些典型的特征属于某种类型的文化所独有。而形式纯之又纯的文化，世界上根本不存在。在理论上，不同文化都有自己明确区别于其他文化的特征，但在现实中却找不到不同文化的分界线。现实世界的四类文化的关系可以说是四个相互勾连的圈。但第一个圈和第四个圈却不相勾连、不相交接，并且也仅仅这两个圈不相勾连、不相交接。勾连交接则形成重合，这就意味着可以是多种不同文化的混合体，只有不相交接重合的部分才代表纯粹形式的文化。但这种纯粹形式的文化，在历史的现实中还未存在过。

纯粹的人本文化在将来有可能发展出来，但这也只是一种理论推测。也就是说，重视人本身，尊重人的价值的文化是文化发展的趋势，这种文化会逐渐取代其他文化。因为出世文化是人的主体性被压抑的文化；物本文化背景中的人，其主体性已有所觉醒和解放；权本文化则使人的主体性

有了进一步的觉醒和解放；只有人本文化中的人的主体性才有了全面的解放和发展。而人的主体性却不会逆向发展。自我意识一旦进入人的大脑，就不可能再退出来，除非发生病变丧失了意识。并且随着人类社会的发展，自我保存的危机会逐渐不再作为一种外在力量压抑人的主体性了，人的主体性在整个人类社会都普遍解放和发展之后，纯粹的人本文化也就来临了。

而且出世文化本身就是对人的主体性的一种扭曲。人意识到了自我，但自我的能量却很有限，远远不足以保证自我的存在和发展，因而采取了一种否定自我来肯定自我的鸵鸟策略，把主体性隐藏起来与鸵鸟遇险把头埋到沙子里没有区别。自我不存在，自我的任何一点儿能量也是巨大无比的，就像任何一个定值数比上无穷小就会变成无穷大一样。自我的能量增加了，自我的意识也就会加倍增加，从而使人的主体性实现解放和发展。而人本文化又会随着人的主体性的解放和发展而解放和发展。虽然讨论人的主体性与人本文化的关系有陷入先有鸡还是先有蛋的悖论的危险，但人本文化的发展对人的主体性发展的依赖性却是不言而喻的。

由此也可以看出，人的主体性越发展，文化就越是会由出世文化，经物本文化、权本文化向人本文化发展。在这里，无论从理论上分析，还是就现实分析，都可得出这一结论。

2. 不同文化与管理效果的关系

四类文化是一个连续的发展过程，至于它们与管理效果的关系，也就是显而易见的了。

出世文化不能用做管理的工具，其管理效果也最低。如果人们对什么事都无所谓，那么任何激励都是无效的。他们没有追求，也就无法用所追求目标的满足来提供激励。关怀是在对方需要关怀时才有用，对方若废弃了自我，也就不存在对关怀的需要。乐天安命，认同命运给他的一切安排，他也不会有抱怨，也不会有愤慨，即使躯体受到折磨，他也不会因此而不安，因为他认定如此是当然。并且如果他自我没有主动的需要，教诲引导也没有用。废弃了自我，也就是不可理喻的了，而能教诲的只有理。尊重也没有用，因为只有他自己自尊，并看中自己的尊严和地位，他人的尊重才能对他产生作用。因而，使他人做好工作的途径就只剩下约束这一条了。这也就无法把对方的主观能动性发掘出来，因而也就不可能有管理效果的提升。

物本文化的管理效果比出世文化要高。在物本文化背景中，人们的肌肤刺激和生理满足成为其意志行为的主导。这种主导为管理活动的设计、构造和维持一个能协调诱导他人的意志行为的情境提供了可能。因而也就可能通过管理活动把他人的主观能动性发掘出来变成管理效果的提升。但是物本文化的价值观念可以说是建立在动物本能的基础上的，这种意识可以说是受动物本能支配的，自我尚未成为其主体，因而不仅短视，而且会因动物本能的诱使而不择手段。彼此猜疑，相互欺诈是不可避免的，这不免致使人与人之间失去相互信任和竭诚合作的基础。每一个人都只能像虎豹一样孤身奋斗，但管理效果的提升却有赖于成员之间的相互信任和竭诚合作。管理目标并不都是去抓兔子，而更多的是围攻象群和犀牛群。并且在一个社会群体之中，若没有任何合作的基础，这个社会群体也就濒临瓦解了。在这样的文化之中，寻求管理效果也就是不可能的了。因此，与物本文化相伴的也只能是难以让人满意的管理效果。

权本文化可以说是秩序的文化。“唯上智与下愚不移”，上尊下卑，君臣父子，名正言顺。这是很多管理者向往的一种文化秩序。在这种文化背景下，能创造出比物本文化高的管理效果也是理所当然，这主要是因为权威和服从实现了高度统一，从而有利于协调社会成员的意志行为，步调一致地做好工作。同时，权本文化引导人们尊重权力，崇拜权力，向往权力，从而使权力的扩张成为主体人的一个重要价值需求。这就倍增了主体人选择的目标，为管理活动的激励增加了途径和资源。赏予权力则是鼓励，剥夺权力却是惩罚，从而使它也就成了协调诱导他人的有力工具。并且权力还可以成为人与人之间关系的润滑剂。权力只有被管理对象认同之后才是真正的权力，这就使权力主体也不得不多少考虑一下管理对象的意志目标。儒家文化中的民本思想也正是在这个意义上形成的。因而权本文化也会有助于提高社会成员的满意程度。

但权本文化仍不能创造出理想的管理效果，因为与权本文化相伴的有两个直接扼制管理效果提升的后果：一是导致无谓的服从，这又直接造成下属的不负责任，使权力主体的偏颇和失误难有纠正的机会；二是下属的主体性和创造性难以充分发挥作用，使下属的聪明才智难以变成管理效果的提升。这两个后果即使在慈父关爱式文化这种权本文化中也不能避免。慈父也不会容忍下属对自己的不服从，也不能改变下属处于被动的地位。

人本文化与较高的管理效果存在着紧密的相关性，最根本的一点是，社会成员的主动性和能动性可发挥到最大，从而可把大多数人的聪明才智都转变成组织目标的达成。但它却不是所有的管理者都向往的一种文化，这不仅是因为在这种文化背景中，意志目标的统一和意志行为的协调需要花费时间，而且因为在这种文化背景中，管理者的权威会遇到挑战，他们的能和德的任何一个方面的不足，都会使之难以形成控制全面的权威。因而存在任何德、能的不足而又怕丧失权威的人都不会倡导和创建人本文化。

在人本文化中，权威只能靠自己的能和德来创造和维持，谁又愿意放弃既得的权威去用自己并不确定的德和能去捕捉经常处于挑战之下的权威呢？袁世凯想做皇帝，并不是皇帝的权威更大，而是皇帝的权威受到的挑战的可能更少，皇帝比总统的宝座更容易维持。

第三篇

规范化管理整体实施标准

企业规范化管理的实施，务必弄清楚什么是“规范化”。规范化的目的是使企业在面临内外困境时，能够做到自我诊断，灵活机动地解决问题，突破困境。

企业规范化管理是历史发展的必然。企业的性质已经由资本运动的载体，发展为由八大类利益关联主体共同拥有的公共组织。这是企业管理必然要实施规范化的深层原因所在。那么，如何实施企业规范化管理呢？

首先要清楚管理成事定理与企业规范化体系结构的关系。管理成事定理告诉我们，若要让被管理者做好工作，就要从心理上、意愿上、流程上、资源上、沟通上等方面为其创造条件。而只有企业的体系结构做到规范化，才能符合这些条件的要求。而最终规范化的效果还要以“八零”境界为标尺进行检验。

第一章

企业规范化管理的基本要求

“制度化管理”和“标准化管理”是与“规范化管理”有着本质的区别的。企业规范化管理就是要使企业构建自我免疫和自我修复机制。使企业在“生病”时，自己用自己的免疫力战胜疾病，走向健康良性运转。这是企业规范化的精髓所在。企业规范化管理有四个必备特征，本章对此一一进行了论述。这四个特征是其与其他管理方式的根本区别所在。

一、制度化管理、标准化管理都不等于规范化管理

企业规范化管理，在20世纪的90年代末，作者以此为题为山东潍百集团提供咨询服务时，还是一个多少有些生僻的概念，现在它已开始成为一个时髦的概念了。可惜人们更多的是把它等同于制度化管理，或者说是标准化管理。尽管规范化管理最终也需要制度，通过制度对企业组织运行的规则进行文件化处理，但制度化管理仍远不等于规范化管理。人们所说的制度化管理仅仅是强调要把企业老板或上司主管的稳定意志——不是心血来潮的冲动——以制度的形式予以界定。它仅仅是相对于由情感情绪主导的上司老板的随意性管理实施的行为过程而言的，是与能人强权管理相对立的一种管理，强调的是事事有章可循的“法制”化管理。规范化管理强调的是在管理的过程中，必须充分体现人的主体性，承认人的权力和地位，尊重人的价值和个性，强调不能把人当做机器上的螺丝钉和齿轮，是在对被管理者的主体性存在这一本质特性的准确把握的基础上，通过基于一套价值观念体系建立的游戏规则来引导下属员工的行为选择。所以，也可以说，规范化管理就是主体主义的人性化管理，强调承认、维护被管理者主体性存在这一本质特性，强调运用被管理者主体性存在这一本质特性

来达成让被管理者做好工作的目的。

到目前为止，我国企业管理的理论和方法，几乎都是从欧美国家照搬过来的。但在英文中没有规范化管理的概念，一般都把它译为 Standard Management 或 Criterion Management，即标准化管理。因为由欧美国家的社会发展史可知，它们大都是直接从奴隶社会进入资本主义社会，或者这种过渡阶段的封建社会时间很短，其管理的实施也就仅仅是奴役。所以马克思认定管理的属性是二重的，它既是奴役关系的体现，又是社会大生产的需要。基于这种历史背景的管理，是不可能容许被管理者的主体性存在这一本质特性存在的，其所谓标准也不过是对捆绑奴隶的绳索长短、粗细以及捆绑的花样、紧松的细节说明。

我们所讨论的规范化管理，尽管与标准化管理存在一定的联系，但二者也远不相同。标准化管理更多强调把为达成组织目标的行为过程以具体的标准加以界定，并用所界定的行为过程标准来约束管理者和被管理者双方的行为，其内涵只不过是把组织运行过程的细节用制度的形式固化下来了，所以它与制度化管理没有多少区别。而我们所讨论的规范化管理除了强调要贯彻体现一套完整的价值观念体系，使所制定的游戏规则和行为标准不再是孤立的支离破碎的约束之外，重点强调的是，对管理实施的行为过程和标准进行统一的理论根据必须建立在主体性存在这一人性理论基础上，通过一个完整的规则体系来实施管理，以保证管理目的的高效达成。并同时强调给予被管理者一定价值选择的自由，让被管理者在寻求价值、尊严、权力和个性的过程中达成管理目的，把需要他做好的工作不折不扣地做好。所以，它不是简单地对企业组织运行过程制定具体明确的行为标准。

规范化管理与制度化管理及标准化管理的不同在于它必须满足四个要求：

（1）系统思考。这就是贯彻整体统一、普遍联系、发展变化、相互制衡、和谐有序、中正有矩六大观念，把规范化管理的实施建立在系统思考的基础上，通过系统思考确立企业组织运行的系统结构关系。

（2）全员参与。这就让每一个员工都参与到游戏规则的制定过程中来，以保证其对企业组织运行的游戏规则的理解、认同和支持。

（3）体系完整。这就是强调要有完整的思想理论，对企业管理的方法和技术进行整合和协调，并在整合和协调的基础上，构建企业组织运行的游戏规则体系，同时保证游戏规则体系在内容上涵盖企业组织运行过程的所有方面。

（4）制度健全。这就是强调要把潜规则显化，并把企业组织运行的所有游戏规则都以制度的形式进行文件化处理，明确贯彻过程中的责任。

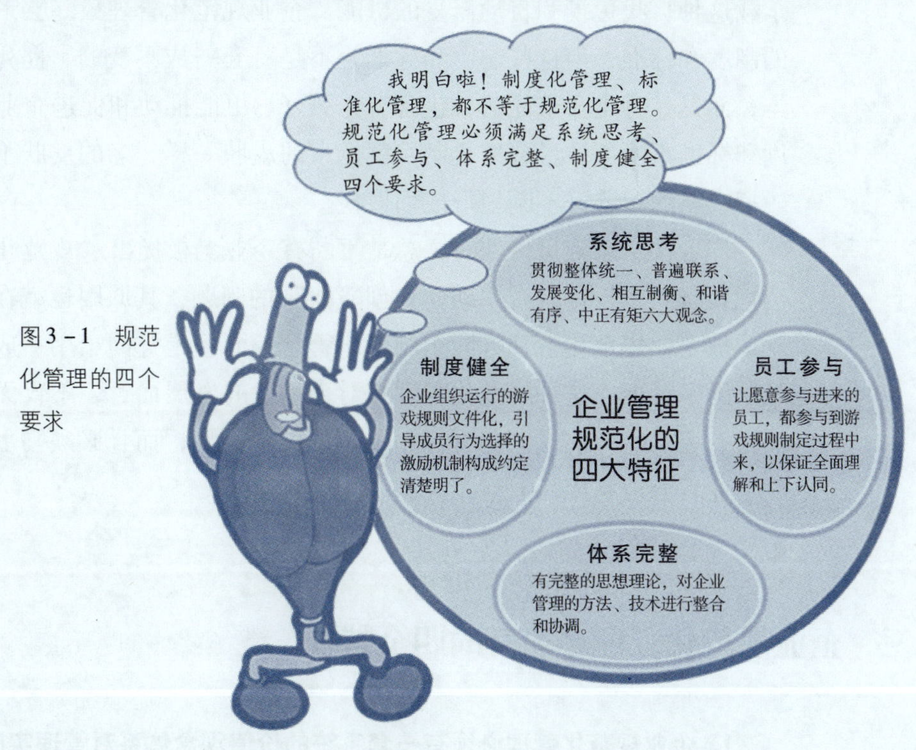

图3－1 规范化管理的四个要求

二、企业规范化管理就是为企业构建自我免疫、自动修复的机能

企业规范化管理，也需要制度化，也需要标准化，但它的重点在于为企业组织构建一个具有自我免疫、自动修复的机能。也就是说，使企业组织形成一种内在的自我免疫功能，能自动适应外部环境的变化，能抵御外部世界带来的侵害。并且当企业组织在发展过程中遭遇外部世界造成的创伤后，能像有机体的创伤自动恢复愈合一样，能自动地修复愈合，使企业发展建立在持续稳定的基础上。或者说，它是要赋予企业组织一种生命力量，让企业像一个生命有机体一样，无论内部原因，还是外部原因，致使企业组织发生创伤和病变后，具有自动愈合、自动产生抗体以抵御病源、恢复健康的机能。这也就建立了企业组织运行的规则体系，让这种规则体系行使有机体的自我免疫、自动修复的机能。现实中绝大部分走上不归之路的企业，之所以会因为很小的挫折，就导致企业组织分裂解体，其根本原因就在于它没有这种自我免疫和自动修复的机能。它们就像得了艾滋病

的人一样，免疫功能丧失了，一点儿小小的感冒也会要它的命。尽管制度和标准在此是绝对不可缺少的，但它仅仅起一个组织外皮的作用，由它来承载这种自我免疫和自动修复的机能。企业规范化管理最终会形成一系列的制度和标准，但这些制度和标准绝不是一套一成不变的、僵死的制度文本，而是具有生命机能的，包含有让更好、更能推动和促进企业发展的制度和标准不断创造形成的机制，就像人的皮肤一样，老的皮肤不断角质化蜕掉，新的皮肤又不断地形成而取代。

作者在给总裁班讲课时，总是不断有企业老板提出“规范化管理会不会把人管死，管得没有主动性和创造性”的问题，其原因也就在此。他们不单把企业规范化管理等同于制度化管理，而且是等同于用一成不变的僵死制度来管理。这种规范化管理相对于企业的发展而言，不仅无益，而且非常有害。这样的规范化管理，企业不仅不需要，而且必须马上清除，否则企业真会被它困死。

三、企业规范化管理必须有的四个特征

1. 企业规范化管理必须有一套系统的价值观念体系对管理实施进行整合

企业是一个有机整体，对企业进行管理的行为方式、方法，也就不能是支离破碎的。企业是由人构成的组织，企业发展的核心资源也是人，而主导人的意志行为的却主要是他的价值观念。所以企业规范化管理必须有一套企业组织上下一致认同的价值观念体系作为指导思想来协调企业组织运行过程，包括管理实施的行为过程，使之融合为一个整体，并彼此协调照应。百衲衣式地把其他企业的管理方式、方法东搬一点，西凑一点，是不能获得理想的管理效果的。一套系统的在企业内部广泛认同的价值观念体系，是构成企业组织自我免疫、自动修复机能的基础。企业组织有了这样一套价值观念体系为企业组织运行提供指导思想，任何有违于企业发展正道的行为和做法，都能被及时纠正，避免不利于企业持续快速发展的行为和做法给企业的发展带来灾难性后果之后再“肃反”纠正。

2. 企业规范化管理必须吸纳中国古代管理思想的精华

管理就是对人的意志行为进行诱导，以服务于管理者意志目标的达成。中国有延续5000多年的文明史，在这漫长的社会发展历史中，发展和积累了丰富的人际关系协调处理的思想理论。中国文化中协调人际关系的思想理论，相对于利益关联主体多样化的企业管理，相比于欧美机械主

义的管理理论，就显得从容而有效得多。

彼得·圣吉的《第五项修炼》从20世纪90年代初出版至21世纪头十年中期，一直是盛誉不衰，甚至被称做20世纪“90年代企业管理的圣经”。可人们怎么也不会想到，他的这一经典论著的思想理论却与中国古代文化有关，直接从中国古代文化思想理论中吸取了营养。彼得·圣吉本人也不隐讳这一点。他明确表示过，他这本书的思想理论直接是由台湾文化学教授南怀瑾先生的著述媒介，从中国古代文化思想理论中得到了启发。甚至他出行东方世界时，总要挤出时间去拜访南怀瑾先生。

这可能是一件让那些挂“洋头”的经理人和商学院的中国教授们感到难堪的事。他们所效法的居然是来自于被他们视做破烂丢在厢房无人问津的东西。中国历史连续5000多年没有中断，这不仅仅是因为地缘关系，而且直接与在中国古代就形成了一套有效地协调多方面利益关系的思想理论直接相关。因此，如果我们想构建企业自我免疫、自动修复的机能，从中国古代文化中吸取营养是一条捷径。

3. 企业规范化管理必须协调企业发展所有利益关联主体的关系，而不单是服务于投资人的赚钱赢利目的

当代企业不再仅仅是资本增值的机器，而是服务于企业发展的多种利益主体的一种公共组织。强调协调企业发展所有利益关联主体的关系，也就是必要的。要实现企业的稳定发展，作为企业也就必须赚钱，并且到任何时候，企业也是赚钱赢利的工具。只不过这所赚的钱不能为投资人所独占。如果企业投资人和经营者置企业发展的其他利益关联主体的利益于不顾，甚至掠夺侵犯他们的利益，企业的发展就不免会成为无本之木，无源之水。其利益受到掠夺侵犯的人，还会全力为企业的发展作贡献吗？这显然是不可能的。

这个道理近100年前就有人意识到了。拥有连续百年辉煌发展史的世界医药巨头美国强生公司的创始人罗伯特·约翰逊，1908年就明确把服务顾客和关心员工放在股东报酬之前。1943年，小罗伯特·约翰逊在他为公司制定的经营方针——《我们的信念》中已明确地把客户、员工、管理人员、社区的利益放在了股东利益之上，而股东利益仅仅居于第五位。[①] 现代企业组织运行就更应该如此。企业发展在当代社会不再仅仅依赖于资本这一单一要素，甚至在高科技企业中，它连一个主要要素也算不上。在企业发展中起作用的任何一个因素被忽视，都会影响企业的持续快速发展。

① 詹姆斯·柯林斯，杰里·波特斯．基业长青．第一版，北京：中信出版社，2002年5月，第76～77页．

协调企业发展所有利益关联主体的关系，因而直接是构建企业自我免疫、自动修复机能的途径。

4. 企业规范化管理必须全面承认被管理者的主体地位，充分尊重人的价值、尊严、权力和个性

这也就是必须消除过去关于人的本质特性假定的片面性，整合经济人、动物人、社会人、自我实现人、文化人、复杂人等多种片面性假设，认定人的主体性存在这一本质特性，以主体人原理为理论基础。不以主体人原理作为管理实施的基本指导思想，构建企业自我免疫、自动修复机能，并把企业组织运行的价值观念体系基于主体人原理之上，那么保障企业持续快速发展就只能是空话。因为企业组织价值观念体系的核心内容就是关于人与人之间关系的性质的界定。如何界定人与人之间关系的性质，也完全取决于他对于人的本质特性的认知和把握。

第二章

当代企业管理必须规范化的深层原因

有人可能会说以往没有规范化管理，企业不也照样运行、赚钱吗？问题是社会发展变化了，企业的性质也发生了变化，如果其管理不与时俱进，就难以保证赚钱和持续的快速发展。本章具体分析了企业的投资人、经营者、管理者、劳动者、客户、社会公众等与企业利益关联主体的特点，以此来说明企业性质的变化，说明企业管理变化的必要性。

一、企业性质的发展变迁

1. 企业的原始性质——资本运动的载体

企业的发生、发展是与资本主义制度的发生、发展相伴随的。在资本主义之前不可能有严格意义上的企业。是资本主义这一特有的社会经济制度，把社会生活中从事生产交换活动的非自然人主体，变成了企业。有钱人为了赚取更多的钱，克制即刻消费，把手里的钱投入于生产经营活动，就形成了企业这种独特的社会经济组织。他们投入企业的钱，已不再是本来意义上的钱，而是能够下出金蛋的资本。在这里，企业也就仅仅是作为资本运动的载体，服务于资本增值的机器存在的。它的成立、存在和发展也都只是服务于企业老板私人赚钱赢利的目的。也就是说，企业作为一种社会经济组织，仅仅是一种私人组织，只是服务于企业老板个人意志目标的达成。

企业的这种性质，在马克思及其以前的时代，可以说是绝对的、普遍的。尽管空想社会主义的思想家们曾经有过改变这种现实的试验和探索，但从总体上看，企业作为资本运动的载体这一本质特征，并没有多大的改变。因为社会经济的发展还很落后，社会财富极其匮乏，衣食不济的贫穷和疾病、灾难结伴而行。加之人们刚刚从神的附庸和婢女的地位中挣脱出来，人们的物欲极度膨胀，获得财富以满足自我肌肤之利的需要，成了人们活动的全部内涵。有钱人为了实现财富积累，投资兴建工厂和商行，创建企业，仅仅是服务于赚钱——最大限度地赚钱这一目的。为了达成赚钱的目的，企业老板对内敲骨吸髓地剥削和压榨工人，以获取尽可能多的剩余价值，对外则是不择手段地欺骗产品用户，以谋取尽可能多的不平等交易收益。为了制服工人的反抗，消除产品用户的不满，他们甚至不惜动用由他们控制的国家机器，包括警察、军队、法院等，通过剥夺他人的自由，以迫使他人成为他们赚钱的工具。在英国，血淋淋的"羊吃人"历史延续了近三百年的时间。这种现实，即使到了20个世纪的中叶，可以说仍然没有实质性的改变。在美国，连老福特这样目光超前、思想开明的企业老板也曾在20世纪初，借助警察的力量镇压过工人的罢工反抗。

但到了21世纪的今天，如果仍坚持认为企业仅仅是资本运动的载体，资本增值的机器，属于私人产品，可能就有些与现实相违了。

图3－2 企业的原始性质——资本增值的机器

2. 推动企业性质变迁的四大社会经济发展

随着社会经济的发展，社会本身也发生了巨大的改变。尤其是从20世纪下半叶开始，科学技术的突飞猛进发展，使社会的风貌和性质，开始发生根本性的改变。直接导致企业性质变迁的，主要是以下四个方面的社会经济发展：

（1）市场活动的主权转移到了消费者一边。

科学技术的突飞猛进发展，极大地推动了社会生产力的发展，使社会产品，无论在品类、品种上，还是在总量上，都极大地丰富起来。任何一种商品的供给不仅丰富，甚至有些产品还出现了严重的相对过剩。绝大多数产品，都有多个供给主体相互竞争，甚至这种竞争已经激烈得使产品供给商不得不千方百计地讨好客户。作为商品需求一方的消费者，不再是任人欺骗宰割的对象。在市场上，他们已成为与商家享有平等权利的市场活动主体。他们用钞票投票，直接决定着产品供给商的生死存亡。产品供给商的任何一个弄虚作假、坑蒙拐骗行为，都无法维持其自身长久的发展，而且最终会被消费者所摒弃而被送进坟墓。

（2）社会保障制度不断发展完善。

随着社会经济的发展，社会保障制度开始发展完善起来，并且是越来越完善。这一发展直接使生活在这个社会之中的任何每一个人，都获得了独立的生存权利，使他们不再作为一个依附民，受人宰割。原来迫于生计而为人做牛做马的工人，也不再仅仅为了生存而出卖自己的劳动力。社会保障制度的发展和完善，能够保证他们的基本生存需要。这就使作为企业老板的资本家和经营者，无法再肆无忌惮地剥削、压榨他们。他们选择进入哪一家企业打工，并不完全是受温饱所迫，而是为了获得自己的尊严，实现自己的价值。就以中国的“农民工”为例，这些进城打工的农民工，也不完全是因为在农村老家吃不饱、穿不暖，而是因为他们希望生活得更有质量，能充分实现他们的自我价值。这就更不用说发达国家的劳动者了。

（3）国家机器的主权逐渐回到了国家主人手中，国家立法开始转向保护社会的大多数人。

随着社会的进步，社会越来越趋于平等，国家机器不再仅仅是少数人压迫、剥削大多数人的暴力工具。社会中的大多数，包括作为消费者和作为劳动者的两个弱势群体的利益，开始受到国家机器的保护。任何一个弱势群体的利益，如果受到侵害，都有机会通过诉诸法律寻求自身利益的保护。尤其是《消费者权益法》和法律援助制度的普遍实施，在相当程度上直接维护了这两个弱势群体的利益。

（4）科学技术的发展，使企业赖以发展的核心资源，由资本资源转向了人力资源，即人的聪明才智的发挥。

在当代社会，任何一个企业如果没有大量的人力资源积累，除了投机取得片刻的兴旺之外，已不可能实现持续稳定的发展。资本的作用可以说已下降为一个主要服务于发挥人的聪明才智的中介载体，仅仅起着为人的自我价值实现构筑舞台的作用。美国的微软公司、戴尔公司等众多新兴企业，都只是以很少的一点儿投资起家的。甚至还有像中国海尔这样的企业，还是在负债的基础上发展起来的。相反，原已积聚有雄厚资本的老牌企业却放慢了发展步伐，甚至是停滞和倒退。50 年前的世界 500 强企业中，有一多半已被淘汰出局，并且这些被淘汰出局的企业，大都是曾经积聚有雄厚资本的老牌企业。比如有两三百年历史的英国皇家巴林银行破产倒闭，就不仅仅是因为没有资金运转不灵，而是其内部管理不重视人力资源的积累，致使搞阴谋投机的人有机可乘所致。

3. 企业组织开始具有公共产品的性质

社会经济发展的四大变化，直接使企业的性质发生了改变。尽管社会经济的四大发展变化，还存在着严重的不平衡，并且也没有完全突破大资本、大企业对社会权力的控制和垄断的局面。但现代企业至少不再是马克思时代的血汗工厂了，已经在相当程度上由一种单纯的私人组织转化为一种具有一定公共组织、公共产品性质的社会经济组织，并且这种发展是一个不可改变的趋势。这一点，对于成规模的企业尤其明显。作者在《私营经济发展研究》的项目研究中，明确提出了一个观点——“私营经济也具有公有制经济的性质”，就是从这个意义上讲的。私营企业老板，要发展他的企业，已很难通过压榨和欺骗的手段达成目的，而不得不在客观上直接为他企业的员工、社会和他人提供利益满足，通过互利互惠的交换来实现。这也就为众多的人带来了利益满足，“公有”就在这里实现了。公有的“有”也就是利益满足。如果有而不能带来利益满足，这种有，无论是公，还是私，也都是虚幻的。因而任何一种经济组织，只要能为社会带来多方面的利益满足，并使这种经济组织所实现的利益，超越了建立和维护这种经济组织的个人利益的范围，那么，它也就具有一定公有的性质。相反，即使名义上是一个公共组织，或者以国有的形式存在的公有制企业或事业单位等，如果它只能为少数个别人带来利益满足，这种公共组织，也就蜕化为私人组织、私人产品了。

就现实分析，成规模企业的存在和发展，除了为企业的投资人，带来一定的投资回报之外，还必须给员工、产品客户、商务伙伴、社会公众和国家政府带来不同程度、不同形式的利益满足，它们也就直接构成企业发展的利益关联主体。一方面从企业的发展中获得利益，另一方面企业的发展又依赖于它们从不同角度为企业发展贡献所需的不同资源。在企业的发展中，它们任何一个方面如果不能从中获得应该有的利益，也就不会为企业的发展贡献相应资源，相反还可能处处设障。因此，尽管企业组织的形成是投资人投资驱动的结果，但这种依存关系却又直接把企业变成了与发展利益关联主体共同拥有的公共组织和公共产品。

二、企业作为公共组织的利益关联主体

企业组织具有公共组织、公共产品的性质，这主要是因为企业的发展直接决定于一系列的利益关联主体。企业发展依赖于不同利益关联主体的资源贡献，因为企业发展本身直接是企业经营资源的一种积累和结构优化，而企业发展之后又直接为它的利益关联主体带来不同的利益满足。企业发展利益关联主体主要包括八个方面。

1. 投资人

投资人是直接为企业的存在提供资金支持的人。企业的资本资源主要来自于投资人对企业的投资，他们的投资直接构成企业的自有资金。而任何形式的融资也都必须以这种自有资金的存在为基础，自有资金是融资积累集聚资本资源杠杆的重要支点。所以，投资人也就构成了企业资本资源的主体和基础。因此，如果投资人看好企业的发展前景，企业的资本资源也就可以通过投资人的投资和追加投资来实现积累，以增强企业资本资源的实力。如果这种利益关联主体充分认同这个企业，那么，企业资本资源的限制也就很容易突破，即通过他们的投资和追加投资来实现企业自有资金的扩张，进而再通过以这种自有资金为基础的杠杆负债来实现资本资源的积聚和扩张。

而成规模的企业，其投资人又往往并非一个主体，而可能包含有众多的投资主体。就其相对于投资主体个人的关系和在企业经营中的作用进行分析，它们可分为小额投资人、大额投资人和企业控股人。投资人要从企业发展中获得的价值主要是投资回报，但相对于企业的四种价值——交易收益、基业稳固、投资回报、社会美誉而言，不同类的投资人可能有不同的追求，也就是说，他们会看重不同内容的企业发展价值。

（1）小额投资人。他们的投资在绝对量上相对较小，对投资人个人以及对所投资的企业都不会构成至关重要的影响。即使是股票市场上的散户，只要懂得一点儿投资常识的人，也都不会把他所拥有的资金全用于购买一家企业的股票，而会进行投资组合，购买多家股票，以实现保值，这就使他在对投资企业的影响上以及自身资产组合的份额上都是小的。就小

额投资人而言，他们所看重的就是这种投资在短期内回报的大小，同时，他们也希望这种投资尽可能不存在风险。所以，他们对企业的关注焦点是放在企业投资回报上，其次才是基业稳固。对交易收益和社会美誉价值，他们关注的程度很小，要有所关心的话，也仅仅在能否为他们带来稳定的、更高的投资回报这一点上。

（2）大额投资人。这是从两个方面来定义的：或者是他的投资份额相对比较大，直接对企业的资产构成形成一定的影响；或者相对于投资人自身的资产组合而言，相对较大，是投资人自有资产的一个主要部分，甚至直接是他全部资产。这也就是赌博式的投资人。股票市场上不进行任何投资组合的投资人就属于这种性质。尽管这种大小的界定是从两个方面来说明的，但其影响主要是后者，即这特定投资在他所拥有资产中所占的比重。正是因为他对特定企业的投资，在他的个人资产中占有绝大部分，因而他对企业的关注程度就会发生变化。他首先看中的是基业稳固价值，其次是对这种基业稳固有支持作用的社会美誉价值，再次是投资回报价值，最后是交易收益价值。因为这部分资产甚至构成了他们未来生活的基础，所以，他们希望在能够充分保值的情况下获得增值。

（3）企业控股人。这是指这种投资人所作的投资在企业资产中所占的比重最大。在这里的控股并不完全意味着绝对的控股，一定要达成50%以上的控股比例，而是他在此企业资产中拥有高于他人的比例，从而使他在这个企业的经营决策权上有比他人大得多的权力。这种控股的意义是使他能获得对这个企业经营的决策权。一般而言，投资人对一定企业谋求控股地位，也就是谋求企业经营的决策权。他们对企业四种价值的关注顺序又有所不同。尽管他们也会寻求投资回报，但更多的是通过这种控股来实现他个人独特的价值和权力。控股的目的就在于保证他对企业这个小社会的影响力。所以，控股人在一般的情况下，会把对社会的影响力放在首位，他们首先关注的是表现为对社会影响力具有较大直接影响的交易收益价值。其次是投资回报价值，投资回报价值的提升能够使他们获得更多的投资能力，因而扩大他们对社会的影响力。他们也会谋求社会美誉价值，由他所控股运行的企业，具有良好的社会形象，他们会从中获得一定满足。而基业稳固价值则是放在最后，因为控股本身就需要承担一定的风险，他也具有承担风险的能力和经受风险的心理准备，所以基业稳固价值就成了他们最后关注的一个价值。

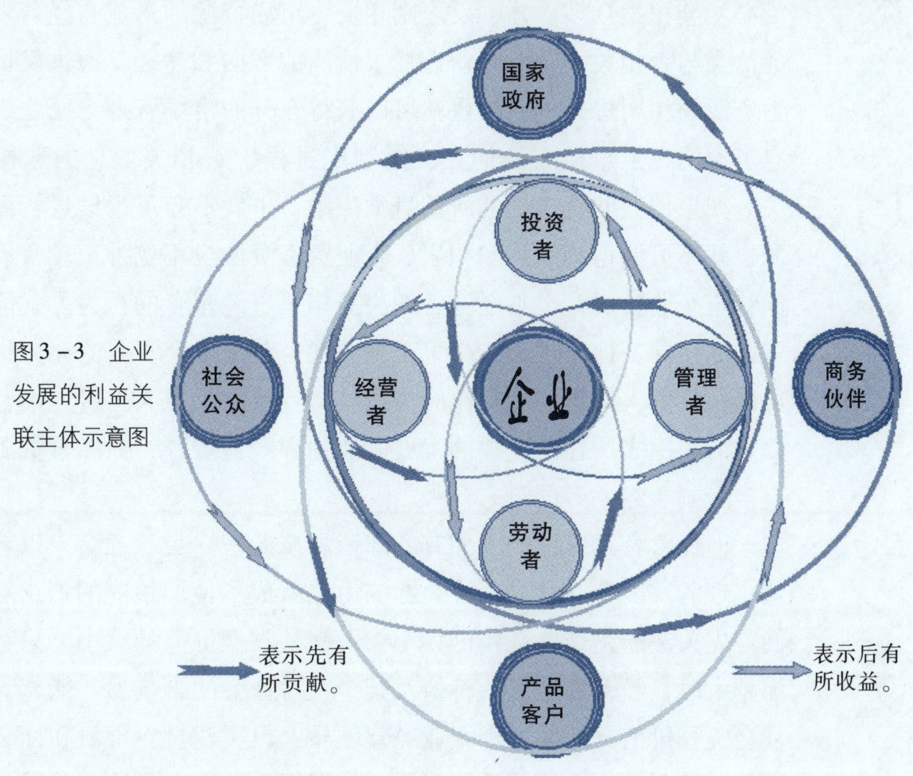

图3－3 企业发展的利益关联主体示意图

2. 经营者

所谓经营者，也就是企业经营决策的主持人，他们是直接主导企业组织运行方向和方式的主体。企业经营什么、如何经营，主要由他们的意志选择决定。因为经营决策往往需要承担一定的风险，这就要求经营决策人具有一定风险承担能力。正是这一原因，现实中企业控股人与企业经营者二者重合起来了。但随着社会经济的发展，企业的经营在知识技能上的要求越来越高，从而使企业经营能力与企业经营风险承担能力的分布发生分离，也就不可避免。也就是说，具有企业经营风险承担能力的人，不一定具有企业经营能力；具有企业经营能力的人，又不一定具有企业经营风险的承担能力。这就迫使企业的经营权和所有权分离，即通过让企业投资控股人把企业经营权转移给对企业的资产不具控股地位的经营者。我们在这里讲的经营者更多的是两权分离基础上的企业经营决策权力的拥有者。

就企业的资源而言，无论是企业的市场资源，还是人力资源、信息资源、社会资源，都直接与经营者的意志选择相关。企业的社会资源主要是由企业经营者的特定社会关系决定的。企业经营者有广泛的社会关系，也就会形成企业庞大的社会资源。反之则相反。人力资源的发展和积累，与经营者是否真正重视人才，尊重人才直接相关。重视人才，尊重人才，也就必然会积累众多人才，反之则相反。市场资源的形成与经营者决策制定的恰当与否相关。企业经营选择了恰当的方向和途径，通过发挥已有的人力资源的作用进行创新，也就可以获得充分的市场资源，反之则相反。信息资源的积累直接与他们在决策制定过程中对相关信息的选择和应用相关。如果他们欣赏自己的所谓直觉决策，也就不会重视信息资源，信息资源也就不可能得到发展和积累。企业资本资源也不例外。投资人是否选择向特定企业投资，也与经营者的决策相关。经营者的行为方式能够得到投资人的认同，他所进行的决策正确无误，获得了投资人的充分信任，也就可以从投资人那里获得广泛的投资支持。从这个意义上讲，经营者是企业兴衰的关键之所在，企业的发展需要种种经营资源，而经营资源的积累又直接受制于经营者的意志行为。

但经营者是靠他们所拥有的知识和技能来立足于社会，以寻求自我价值实现的。因此，个人的社会影响力也就成了他们最先的追求。所以，他们首先关注的是企业规模的大小，即交易收益价值的大小。只有当企业规模越大时，经营者个人的价值及其个人对社会的影响力才能越大。其次是社会美誉价值。任何一个企业经营领导人想实现自我价值和社会影响力的提升，只要不是在极端的情况下，他们都会看重企业社会美誉价值。能够成为流芳百世的人，就绝不会选择去做任何一点遗臭万年的事。投资回报也是他们必须关注的一个价值。只有保证一定的投资回报，才能够获得更多的资本资源，也才能使他通过投资的扩张来实现企业规模扩张这一目标。放在最后考虑的是基业稳固。他们把基业稳固价值放在最后考虑，并不是因为他们具有风险承担能力，而是因为人生命的有限性与人对价值追求的无限性的矛盾，使他们选择了一种或多或少具有赌博性质的行为选择，成则英雄，败则寇。只要有一成的成功可能，他们都会冒100%的风险去赌、去努力。

3. 管理者

如果说企业的决策层是由经营者构成，那么，企业的执行层也就主要是由管理者构成的，尽管二者之间并没有明确的分界线。企业的发展必须通过他们的努力把企业决策所确定的发展战略付诸实践，把决策所确立的发展目标落实。他们本身是构成企业人力资源的一个重要部分。在很多企业，发展上走弯路，并不完全在于经营者的决策失误，而在于执行层的不力，好的思路和方法无法贯彻落实，从而使一些很有前途的好项目不了了之，半途而废。同时，作为执行层的管理者还或多或少地会影响到企业的决策，对企业发展方向、发展途径和措施选择构成影响。从这个意义上讲，如果说企业的经营者是构成企业的核心，那么，管理者作为执行层则构成企业存在和发展的支柱。在很多情况下，企业一定项目的选择又直接受制于这种执行层的现状。所以，前联想董事局主席柳传志就强调："没有恰当的人，不做。"这里的恰当的人并不是指技术人员或者一般员工，而是管理人员，即能够担当一定项目的主持工作，能对项目的运作承担责任，保证项目顺利进行的管理者。在一个企业，这类人力资源实际决定了一个企业发展的后劲。在一般情况下，即使高层次的技术人员，也都可以通过高薪聘来，而管理人员却不可能通过简单的高薪吸引来积累。在一个企业中，管理者要发挥他特定的作用，担当他应该担当的职责，这不仅与他个人的能力才干相关，而且与他与这个企业组织的长期磨合达成的协调和融合相关。如果没有一定的磨合，与企业组织团队实现融合和协调，也就难以发挥出他应该有的作用。并且管理人员是一个相对比较大的群体，用高薪挖人积聚成本也太高，挖来的人也还有一个磨合的问题。从这个意义上讲，管理者这种特定的人力资源很难仅仅靠钱购买来实现积累。

管理者因为各自在企业组织运行中所处的层次地位不同，又可以分为三类：

（1）现场主管。即在企业的生产经营现场承担一定管理职责的人员。

（2）中层主管。他们是对企业经营决策起着上传下达沟通桥梁作用的人。他们往往负责一个部门、一个单位，或者一个独立的公司或事业部。尽管他们所负责的业务面已经比较广，但其企业经营的方向、方式却是已经被决定好了的。他们仅仅是按照这既定的方向、方式在措施上进行具体化，并通过特定的管理付诸实施，保证贯彻执行到位，不发生偏差。

（3）高层主管。在一般情况下，高层主管又是企业经营决策的参与人，甚至可能被吸纳到企业经营方针和方向等重大决策制定的过程中来。但他们并不是决策的最终定夺人，甚至他们被邀请参与经营决策的讨论，也并不完全是要使他们的价值选择在经营决策中有所体现，而是经营决策定夺人为了保证他自己的价值取向能够得到更充分的理解和贯彻而采取的一种民主措施。但高层主管与中层主管的区别并不在此，而在于他们对一定企业的经营活动具有更大的影响。企业所制定的决策能否成功地得到贯彻，他们起着决定性作用。

管理者的三个小类，各自又都有自身的价值选择。所以，他们在对企业四大价值的关注次序排列上也完全不同。现场主管因为处于企业较低层次，他们所拥有技能和知识的稀缺程度相对较低，因而使他们在劳动市场上实际上处于一种不太有利的地位，往往会供大于求。所以，他们非常看中自己的这一职位，因而他们对企业四大价值的关注顺序是：基业稳固、社会美誉、交易收益，最后才是投资回报。只有基业稳固和社会美誉价值充分高，企业的发展才稳定，才能保证他们的职业稳定和职业发展的稳定。

中层主管比现场主管的情况要好一些。一般而言，能够成为一名合格的中层主管，也就具备了特定的才干，这种才干本身又具有一定的稀缺性。在这种情况下，尽管他们也会看重自己的职业发展，但他们更加看中自我价值的实现。所以，他们关注的企业发展价值首先是社会美誉。他们在一个社会美誉价值很高的企业任职之后，如果他感到他的发展遇到了障碍，他会很容易地跳到一家新的企业。这种社会美誉价值本身会为他的这种工作转换提供支持。紧接着他们关注的是企业交易收益。只有企业规模充分大，他们的职业生涯才有发展的余地，也只有当企业在规模上不断扩张，他们的职业发展才会有充分多的机会。他们也会关注企业基业稳固价值，因为他们的职业发展还有相当大的空间，所以，他们不希望企业发展走太多的弯路。他们对投资回报的关注程度相对较低，投资回报的增长也许会通过员工分红和期权给他带来一定的利益，但这种影响对他们而言，已经很小。

高层主管就不同了。能成为高层主管的，就一定对企业经营的知识技能拥有相当的积累，因而他们在劳动市场上也就成了一种高度稀缺的资源，甚至根本进入不了劳动市场就被抢走。尽管经济收益的大小他们也会看重，但他们所看重的已不再是经济收益大小的本身，而是这种经济收益大小所包含的对他们价值的认同。他们所寻求的主要价值也就上升到了自我价值的实现和社会影响力的扩张。他们对企业发展价值的关注顺序因而与经营者接近。他们不太看重企业基业稳固，因为他们很容易通过职业的转换来实现自身的价值。他们成为特定企业高层主管之后，在这特定企业的职业发展的空间已变得相当有限。所以，他们最大的愿望是实现企业规模的扩张，创新拓展职业发展空间，并使他们能够获得更广泛的影响力，具有更大的个人经历资本，使他在转换下一个企业就职时，能够谋求到更好的职位。

4. 劳动者

这里的劳动者是狭义上的，它仅仅是指承担企业组织运行具体事务工作的人员，所以又可称为作业人员。他们既包括操作工人，也包括技术开发人员和市场开发人员。撇开一般现场操作人员不论，技术人员和业务人员在知识技能要求上，相对比较高，他们是构成企业人力资源的另外一个重要部分。他们直接制约着企业产品创新和工艺创新，以及市场开发的能力。但这种人力资源与管理者不同，他们的作用和价值主要在于他们的知识和技能。只要具有特定的知识和技能，在任何一个企业都能找到自己活动的空间和舞台，并发挥出相应的作用。尽管他们可能不仅仅看重企业所给予经济福利的大小，但只要企业能够提供充分高的经济福利，也就可能充分多地从其他企业挖过来。他们进入一定的企业发挥作用，不需要长期的磨合，只要具备相应的物质条件，他们的作用也就能充分发挥出来。

劳动者这一大类包含有众多的小类，大体可以分为无技术的一般员工、有技术的工人、专门从事技术工作的现场技术人员、专门从事技术开发的专业人员、专门从事开发的高级专业人员、从事市场开发的一般专业人员和从事市场开发的高级专业人员。在这七类中，尽管他们所拥有的专门技能在性质上存在很大的差别，但这种性质上的差别并不影响他们在对企业四类价值的关注上的差别。这种影响仅仅存在于他们所拥有的专业技能的高低上。所以，就他们与企业四大价值的关系分析，可以合并为三类：一是没有专门技能的普通工人；二是具有一定专业技能的员工，包括技术工人、现场技术人员、普通研发人员和普通业务人员；三是高级专业人员，包括高级研发人员和高级市场开发人员。

没有专门技能的普通工人，他们因为在劳动市场上处于不利地位，能够找到一份称心的工作，本已不容易。他们进入企业能够得到一份比较满意的工作，就往往会高度看重工作的稳定性。希望工作稳定而获得稳定的经济收入来保证自己和家庭的生活所需，以及应有的生活质量。所以，他们首先看中的是企业基业稳固价值，企业能够持续稳定的发展才能够保证他们职业的稳定性。如果企业发展出现大的波动，使他们成为被裁员的对象，这就会给他们带来很大的打击。他们也会看重企业社会美誉价值和交易收益价值。因为他们相信较高的社会美誉价值的企业一般都可以实现相对稳定的发展。企业交易收益价值大，也就意味着企业规模大，企业规模大，抗风险的能力也就强，稳定性也就高。最后，他们才会关注企业投资回报。企业投资人能够获得多大的投资回报，尽管也会直接影响到投资人追加投资的行为选择，但对他们的直接利益影响却几乎是可以忽略不计的。

普通专业人员在劳动市场上的地位与现场主管大体相同。所以，他们的追求以及他们对企业发展价值关注的顺序也与现场主管大体相同。

高级专业人员在劳动市场上的地位，与他们所拥有的专业技能的高低相关。一般而言，他们的这种技能总存在一定的稀缺性，所不同的可能是其稀缺程度的不一样。因为他们的这种技能的获得，至少要通过长时期的学习和实践，以丰富知识积累经验，其供给总是有限的。所以，他们在劳动市场上的地位是介于中层主管和高层主管之间。其稀缺度降低时，他们的地位就与中层主管相当；其稀缺度提高时，他们又与高层主管相当。尽管他们不能对企业的经营方针和方向产生直接的影响，他们的价值也不可能通过他们的价值选择在企业决策中的实现来实现，他们所追求的也仍然主要是自我价值的实现，但他们的这种自我价值并不在于社会影响力的大小，而在于他们能够做成他人不能做成的事，能够做成一件或者一些对社会对企业的发展有用的事，这就是技术创新和市场创新。正是这种创新，使他们的自我价值得到实现，也正是这种创新使他们在企业的发展中成为一个具有重要影响的力量。但他们的自我价值的实现并不一定依赖于特定的企业，他们的技能发挥所需要的仅仅是一种物质条件，谁能够提供这种物质条件，他也就能够实现他应该有的自我价值。所以，他们首先看中的是企业交易收益价值的大小。企业交易收益价值越大，也就是企业规模越大，那么也就越能够为他们的创新提供广阔的舞台，从而使他们的自我价值得到充分的实现。他们也会看重投资回报价值，投资回报的大小会直接制约他们所需要的创新舞台的条件。社会美誉价值他们也会考虑，但不会放到较高的地位上，因为他们自身能够通过创新实现自我价值。基业稳固价值他们考虑得很少，如果有所考虑的话，也仅仅是因为企业经营风险的上升会不会引起企业发展的波动，从而影响他们创新开发工作的连续性。

5. 国家政府

国家政府是企业外部环境的操作者，也是企业信息资源中宏观信息的源头。企业的外部环境的性质在很大程度上要受制于国家政府的政治政策趋向的影响。所以，它又直接制约着企业市场资源的发展和积累。比如，国家关于市场的相应法规，就会直接影响到企业所积累的市场资源的多少，专利保护期的长短、反垄断法规的限制等都是如此。如果国家政府把专利保护期限设立得太短太松，对市场垄断的限制过严，也就直接会限制市场资源的积累。

国家政府尽管也可以分为地方政府和中央政府，但它们对企业四类价值的关注的顺序大体是一样的。如果说存在差异的话，这种差异主要体现在地方政府对企业关注的程度要高于中央政府。我们这里所说的企业，都是特定的企业，因为中央政府所涉及的区域更广阔，企业更多，它并不会在乎某家企业的兴衰。而相对于地方政府则不一样。在一个较小的区域范围内，如果一家企业能够实现在规模上的大发展，也就直接可以提升当地地方政府的政绩，提升当地经济发展水平。同时，如果企业发展稳定，就能够起到保证当地社会经济发展和社会安定的作用。相反地，在一个区域不大的地方，一家规模较大的企业发展走弯路，不仅直接会引起地方政府在财政税收上的波动，而且可能会因为企业发展波动导致人员裁减过多而引发一系列社会问题。从这个意义上分析，地方政府对企业发展价值的关注首先是在交易收益的价值增值上，其次是基业稳固价值。对于投资回报，地方政府也仅仅是在它会影响其发展和税收的情况下才会关注。但只要企业能够赢利，并且还能够保持对投资人的一定吸引力，地方政府也就满意了。尽管企业投资回报率的高低会通过所得税的大小来影响地方政府的财政收入，但因为企业所得税是一种与中央政府共享的税收，地方政府对其的关注也因此减低了很多。

中央政府对企业发展价值关注的顺序与地方政府稍有一点差别，尽管在交易收益价值这一点上都具有优先性，但让中央政府所关注的企业发展价值排在第二位的是社会美誉，其他的差异也就很小了。

6. 商务伙伴

商务伙伴是对企业发展提供合作支持的独立企业和机构，或者是企业联盟的伙伴，它们都是具有自己独立经济利益的经济组织，他们所寻求的价值与企业所寻求的价值完全相同，也包括交易收益、基业稳固、投资回报和社会美誉四个方面的价值。它们对企业五种经营资源的积累也都存在关联关系。就资本资源而言，他们可能通过贷款支持，或者供货信贷（缓收货款）和销售信贷（预付定金）而使企业资本资源得到扩张。就人力资源而言，企业也可以通过与商务伙伴的合作而得到支持，共享商务伙伴的人力资源。甚至市场资源也可以通过合作进行共享。委托贴牌生产，接收贴牌加工，这都是企业共享市场资源的方式和途径。社会资源虽然难以直接进行合作共享，但也可以通过合作获得相应信息后建立这种社会关系，积累自己的社会资源。而商务伙伴的供给需求本身就构成信息资源的一个重要部分。结成广泛的商务合作关系，也就可以获得更广泛的信息资源。

商务伙伴之所以成为一定企业的商务伙伴，完全是为了实现它们自身的四种价值的增值。他们与一定企业的合作会更看重所能获得的投资回报价值和交易收益价值的增值。他们也希望通过这种合作提升自己的社会美誉度，并且没有风险。这就决定了他们在对特定企业四大价值的关注上有了自己特定的顺序。并且，商务伙伴的性质本身也有差异，这使他们作为商务伙伴对在企业发展价值的关注顺序上会有所不同。商务伙伴主要可分为供货商、经销商、投资机构、信贷机构、中介服务组织五类。

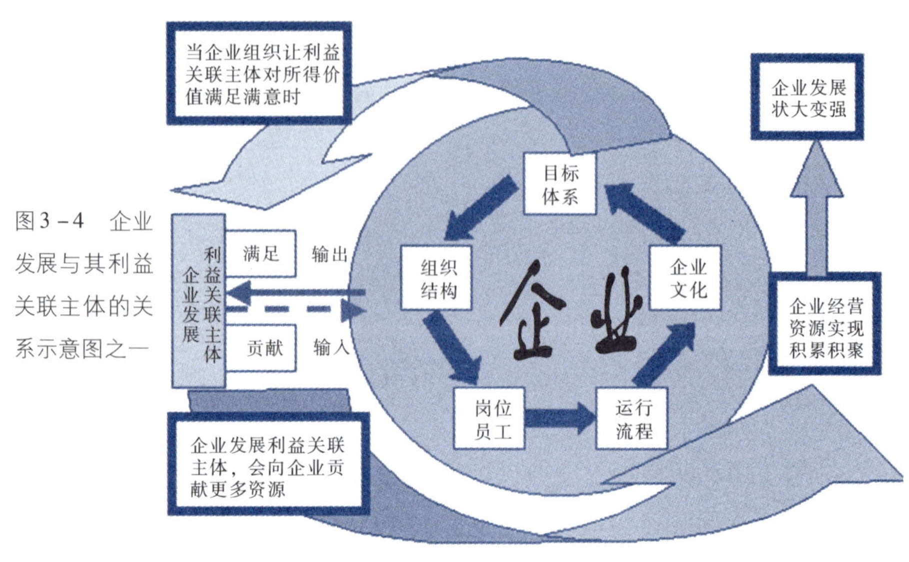

图3-4 企业发展与其利益关联主体的关系示意图之一

供货商为了保证自己为特定企业所提供的原材料、设备等产品能够获得稳定的收入，不会变成呆账、烂账，并且希望与之结成长久的伙伴关系，以使自己的产品销售保持稳定，他们往往会看重企业基业稳固价值。只有企业经营稳定，没有太大的风险，与之合作的供货商才没有风险，同时，也才能实现自己的稳定发展。其次是社会美誉价值，如果一个企业没有最基本的社会美誉，甚至是不讲信用、不守法纪，这势必会给供货商造成供货风险，使供货商蒙受损失。至于交易收益和投资回报的大小，可以说与它们的利益关系不直接，所以很少进入他们的关注视野。他们所能关注的主要是发出去的货能否按时收回货款，以及是否能将这种业务持续下去。后两者对他们的这种利益没有直接的影响。

经销商首先关注的是这特定企业社会美誉价值。企业社会美誉价值高，也就意味着他经销这特定企业的产品很容易获得消费者认同，降低他的经销风险。他们也会关注企业交易收益价值，企业交易收益价值会表现为一定产品的市场占有率的高低。如果一定商品的市场占有率高，也就意味着消费者的认同程度高。但这一点对经销商的影响却有正反两个方面：一方面所经销产品企业的市场占有率高，就意味着这家企业的产品比较容易得到消费者的认同，经销这种产品不会有风险；另一方面这种市场占有率高，又意味着这类产品的经销商已经在这个市场上占有了充分大的空间，相对于一个新增加的经销商而言，可能意味着市场开拓已比较难。因为当市场份额达到一定高度之后，再增加一定的份额，其难度会与这种产品原有的市场占有份额的大小成正比。经销商也会关注企业基业稳固价值，他会担心所经营的产品因为其厂家破产而使后续服务责任转移到自己身上，致使自己的经济利益蒙受损失。

投资机构主要是对企业的新发展提供投资支持的经济组织，包括投资银行和各种投资基金会。他们所寻求的价值与小额投资人有近似的地方，就是为了获得投资回报。所以，他们首先关注的是企业投资回报价值的大小。对于一些尽管投资风险小，但投资回报低，社会美誉度高的企业，他们也并不看好。尽管在现实的投资企业中，分为风险投资和一般投资，但所有的投资都会有风险。他们希望通过进入高风险的投资项目来获得高额回报，当这种高风险高收益的投资项目一旦转化为收入仅仅徘徊在平均值左右的时候，他们就会转移这种投资。所以，他们所看重的企业发展价值甚至仅仅是投资回报。

信贷机构是为企业提供信贷支持的经济组织，包括银行和信托公司等。信贷机构贷出资金或设备，虽希望获得贷款利息收益，但首先是要保证本钱能够按期回收。所以，他们对企业发展价值的排序首先是社会美誉，即这个企业有没有充分高的信誉度；其次是基业稳固，即这种贷款会不会有难以收回本钱的风险。交易收益和投资回报两种价值，就只是它确定前两种价值的一种参考。

中介服务组织的性质与信贷机构有近似的地方。信贷机构所提供的是资金支持，中介服务组织所提供的是企业所需要的其他服务，包括广告、咨询等。所以，它们所看中的企业发展价值也主要是企业社会美誉与基业稳固。同时，它们也看中企业交易收益和投资回报。一般而言，中介服务组织都是规模比较小的经济单位，它们能够为一家规模巨大、运行良好的企业提供服务，这本身也会成为它们自己的一种骄傲，也是它们开辟其他业务的一种资本。

7. 社会公众

社会公众是企业发展的一种特殊的利益关联主体。如果他们能够认同企业的行为规范和产品，他们可直接成为企业所需人力资源的构成部分、企业的投资人、企业的产品客户，或者商务伙伴。从这个意义上讲，企业的所有资源也都可能通过他们获得。但这种获得是有前提条件的。这个前提条件是他们对企业充分有信心，高度认同企业。如果能够突破这个条件的限制，社会公众就可以成为企业发展的五大资源的直接供给者，那么，企业经营资源的限制也就可以彻底地突破了。

社会公众可以从两个层次进行分析：一是企业所在社区的社区公众；

二是企业所在地国家的社会公众。

社区公众在很多方面会受到企业的直接影响，这种影响既有正面的，也有负面的。正面的影响主要表现在这家企业如果有很高的社会美誉价值，就会使他们产生一种自豪感。同时，他们也会从这种企业的发展过程中，获得一些经济上的福利。包括获得就业方便、繁荣当地经济等。负面影响是一些企业的经营很可能带来多种形式的环境污染，包括空气、噪声、水资源污染，以及社会治安方面的问题等。因此，社区公众对企业发展价值的排序，首先是交易收益价值的大小。只有企业规模充分大，才能为社区公众带来足够多的经济福利。其次是社会美誉，只有社会美誉度足够高的企业，才会看重自己的形象，以及与社区居民之间的良好关系，减少污染，美化环境，融洽相互之间的关系，并通过努力消除企业可能为社区公众带来的负面影响。基业稳固价值社区公众也会考虑，毕竟在当地的任何一家成规模企业的发展波动都会给本地经济的发展带来不利的影响。最后是投资回报。尽管投资回报是企业进一步发展的基础，但与社区公众没有直接的利害关系。

社会公众之中尽管包含社区公众，但这里的社会公众主要是指远离企业所在地的社会公民。他们很少直接受到企业的存在和发展的影响，无论是正面的，还是负面的。但这种影响却仍然存在，尤其是当这家企业规模比较大，其市场影响力比较高的情况下。所以，他们所关注的也就仅仅是这家企业交易收益和社会美誉两类价值的大小。

8. 产品客户

产品客户是企业所生产经营的产品或服务的消费者。虽然他们并不直接为企业提供什么资源支持，但他们可以用手中的钞票作为表决权，直接决定企业的生死存亡。而他们手中钞票本身又可能通过购买行为转化为企业的资本资源。

产品客户从企业发展中获得一定的产品或者服务，首先是希望通过这种产品和服务来获得自己特定的需求满足。所以，他们首先关注的是企业社会美誉价值，即这家企业所提供的产品和服务是不是货真价实，有无完善的配套服务。其次是交易收益价值。因为交易收益价值充分高的企业所提供的产品和服务在同类市场上所占的比重比较大，可以相对减少产品客户购买的风险。只有货真价实的产品和服务才会受到广泛的认同，才会创造出相对较高的市场份额。最后是基业稳固价值，这对一些耐用品生产企业而言，就显得非常重要。如果企业所提供的产品质量有问题，消费者购买之后企业发展发生波动，无力再提供相应的服务，甚至破产倒闭，就不免会让产品客户蒙受损失。产品客户也会关注企业的投资回报价值。但如果产品客户明白企业投资回报率已经高出社会平均投资回报率很多的情况下，这往往就会让产品客户有一种受欺诈的感觉。所以，产品客户关注这特定企业投资回报价值，是看这种投资回报是否合理、恰当，而不是如何高。

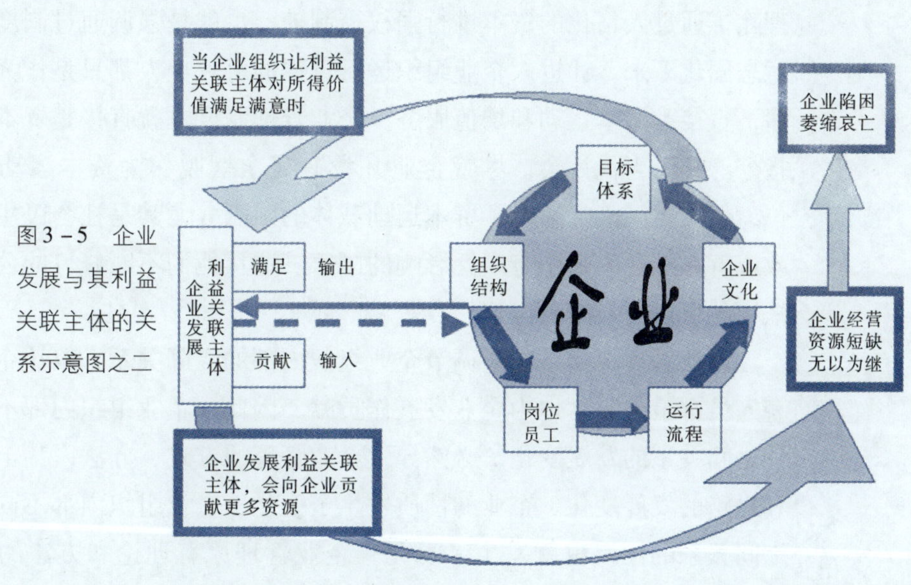

图3－5 企业发展与其利益关联主体的关系示意图之二

三、企业性质变迁带来的企业管理发展变化

1. 企业性质变迁带来的企业内部关系发展变化

企业性质由一种资本运动的载体、资本增值的机器，发展为由八大类利益关联主体共同拥有的公共组织，也直接带来了企业组织内外部关系性质的发展和改变。很明显，在企业发展的三种主要的相互关系中——劳资之间、厂商与客户之间、管理者与被管理者之间，现在不再是一种对立的关系，而是一种相互依存、互利互惠的关系，至少这三种关系的性质已开始向相互依存、互利互惠的方向发展。尤其是企业存在和发展目的的发展变化，更是明显而不可逆转。企业在客观上已不再仅仅是服务于投资人赚钱赢利的工具，而是必须服务于社会多方面利益满足的公共组织。仅仅为了投资人或经营者个人赚钱的目的而发展企业，就不免陷于停滞，甚至破产陷困。美国安然公司、安达信公司就是如此。相反为了社会更广泛的利益而努力的企业却蒸蒸日上，日本松下、美国强生就是典型。

2. 企业内部关系变化带来的企业管理发展变化

企业管理是随着企业的形成而形成的，随着企业性质的发展而发展的。而企业的性质又是由它所服务的特定社会的性质所决定的。在资本主义社会，尤其是在早期的资本主义社会，企业仅仅是资本运动的一个载体，企业组织运行的每一个环节都只是服务于资本增值的目的。所以其管理除了通过人格化的资本进行强权控制外，也就是强调通过制度化把资本意志固化下来，让进入企业组织运行过程的每一个人都只是作为资本的附庸，直接为资本运动和增值服务，企业管理制度也就直接是资本所发出的指令。到了当代社会，尽管企业并没有完全摆脱作为资本运动载体的地位，但其内涵已经超越了资本运动载体的限制。尤其是社会民主党长期执政或者在社会生活中有广泛影响的国家。这从他们不断修订的公司法或商法中就可以明显地看出这一点。

企业管理也就是通过调节企业组织内部的人际关系，以让企业内部所有人员都最大限度地为企业发展作贡献。因此，企业组织内部不同关联主体之间关系的发展变化，必然导致企业管理的方式、方法，甚至基本理念和思路的发展变化。企业的性质发生了变化，企业组织内部不同关联主体之间关系的性质也就发生了变化，企业管理原有理论和方法的作用和效果，也就必然会下降，甚至过时和失效。要保证企业管理的有效性，在理论和方法上也就必须对应这一发展和变化。与企业组织内部不同关联主体之间关系性质发展变迁相伴随，企业管理也要求有对应的转变。这种转变主要有以下五个方面的内容：

（1）管理的中介工具，由以权力和组织为主，转变为以组织和文化为主。

通过强权和等级控制实施管理，已无法再取得必然的效果。下属员工作为被管理者，不是因为职位的限制，使之有义务必须按照上司老板的意志行事才按照上司老板的意志行事，而是他们认为上司老板的意志选择也是他们希望作出的选择，所以他们才按照上司老板的意志指向行事。也就是说，他们认同了上司老板的意志选择，而不是被动地接受了上司老板的意志选择。人是一个有自我意识和价值判断的主体性存在，只要外部条件允许他进行意志选择，他就不会放弃他的意志选择。这就限定了以工作分析为核心的组织设计基础上的企业管理的效果。以工作分析为核心的组织设计，把人当做有标准限制的螺丝钉和齿轮，这是从饥饿奴役中已解放出来的自由人所不能容忍的。要保证企业管理的效果，必须转向企业文化建设和团队精神建设，即主要依靠企业文化的诱导和团队成员集体行为的引导，使他们形成做好企业组织希望他们做好工作的意愿后去努力。

（2）管理方式，由单一的约束方式，转变为尊重、信任、关怀、教诲、激励和约束六种方式并重的综合运用。

在现代管理组织中，主要通过指令和控制来实施管理，已不再能保证让下属员工做好工作，而只能通过沟通获得被管理者的理解和认同，让被管理者自己形成与工作要求相对应的意志意愿，甚至是兴趣偏好后，发挥自己的主观能动性和创造性来达成做好工作的目的。任何一个人，只要不再有生存的危机压迫他，他就会充分看重自我价值的实现，从而也就不会被动地接受他人的驱使。这就使仅仅建立在对上司老板指令进行文字定型化基础上的规章制度，在企业管理中的作用效果大大降低，而只能通过融和上下之间的情感，协调上下之间的意志目标来提升企业管理的效果。

（3）规章制度的内涵，由投资人、老板和上司的稳定意志，转变为企业组织上下共同认同，事先约定的行为标准和管理标准。

在这里，企业的规章制度，不再仅仅体现投资人和上司老板的旨意，而且必须融合下属员工的意志要求。这就是说企业的规章制度是一种大家都认为应该如此的约定，而不单是投资人或上司老板把他们的意志强加于下属员工的一种约束。这就使闭门造车式的企业的规章制度的杜撰成为没有成效的事，而只能通过在员工广泛参与的基础上形成的游戏规则来协调和统一企业组织的行动步调。

（4）绩效考核的内容，由对行为过程负责的“做了没有”，转变为对行为目标结果负责的“做成了没有”。

上司主管不再仅仅盯住下属员工是否按照既定的指令行事，而是分析确定下属员工是否根据企业发展的目标要求，能动地、创造性地工作，是否达成了应该达成的目标结果。也就是说把行为活动的方式、方法的选择权通过游戏规则制定的参与交给下属员工自己，上司老板仅仅提供一个基本的思路和方向性指导。这就决定了建立在刚性约束基础上的行为态度活动目标不再能取得理想的管理效果，而是强调要以目标达成的结果为导向，充分发挥下属员工的主观能动作用，共同探索优化达到目标的方式方法，然后再用以进行自我约束和相互约束，从而使共同探索确定的过程要求和结果成了考核关注的焦点。

（5）激励下属员工行为动机的内容，由单一的金钱物质利益，转变为对应于“有”、“能”、“善”三个需求满足的多种多样、丰富多彩的利益。

当人们不再为温饱所驱使而被动地接受他人指令时，仅仅有金钱物质利益的激励就不够了。金钱物质不是下属员工所寻求满足的全部内容，

“能”和“善”的需求的满足对他们同等重要，或者说除了金钱物质利益之外，他们还需要被尊重、被信任、被关注。单一的金钱物质利益，不再能充分有效地激发下属员工做好工作的积极性了。因此，必须根据人的欲望的多样性，丰富激励员工行为的内容和手段，尤其要重视下属员工自我价值实现的种种需要的满足。这就决定了必须尽可能重视员工发展管理，并把企业发展所形成的更多、更大舞台留给企业内部员工，以使之有机会不断在企业内部获得自我价值实现的满足，而不是根据工作职位说明书寻找“空降兵”来争夺挤占他们可能的活动舞台和发展机会。

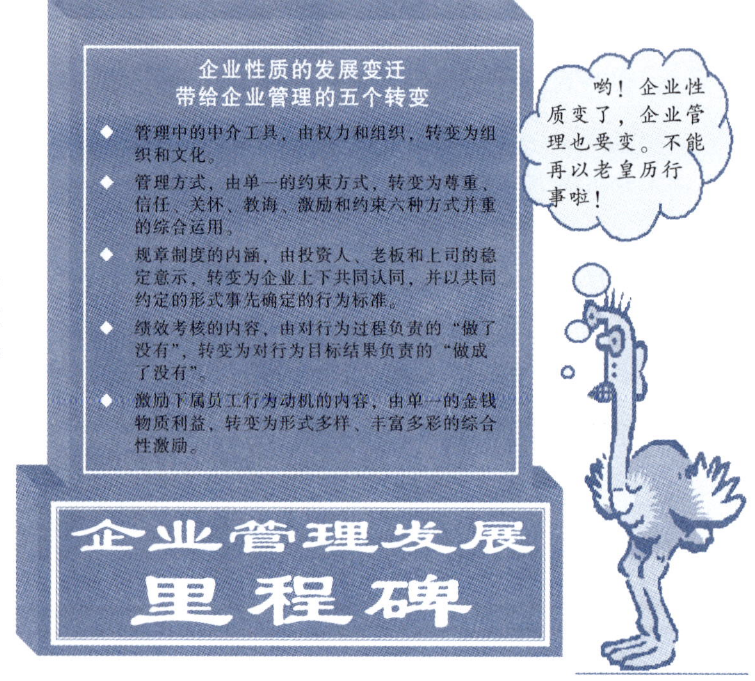

图3-6　企业性质的发展变迁带给企业管理的五个转变

3. 麦肯锡在中国失蹄的原因直接是忽视了企业性质的变迁

笔者在网上看到一篇文章，题目叫做《打败麦肯锡》，理由是麦肯锡在中国咨询市场有好几个项目都运转不顺。已见诸媒体的主要包括以下五个项目：

（1）1998年4月，乐百氏花1200万元，请麦肯锡作战略咨询。很多人认为麦肯锡的近300页的咨询报告，没有为乐百氏设计好发展方向，而是指错了路，使乐百氏失去了一次发展的大好机会，败给了娃哈哈。

（2）王府井百货花500万元人民币请麦肯锡公司帮助设计“百货业大连锁经营方案”，最后麦肯锡提供的解决方案却无法派上用场，成为废纸一堆。

（3）康佳花巨资请麦肯锡咨询，它最后提供的“全方位咨询方案”中尽管有被康佳董事长陈伟荣所称道的麦肯锡方案“精髓”——KPI 考核制度，却不适合康佳的实际情况，无法付诸实施。

（4）实达花大价钱引进麦肯锡咨询，无果而终，并造成巨额损失，陷入发展困境最后倒闭关门。

（5）麦肯锡为中国联通进行咨询的业绩，仅仅达成方案计划效果的1/7。

有人可能会说，经麦肯锡咨询的原世界 500 强企业走弯路，甚至破产倒闭的也不少。比如安然公司、瑞士航空、凯马特百货和环球电讯等一大批近期相继破产的世界著名公司，全是麦肯锡的老客户。尤其是安然公司，麦肯锡为之提供咨询服务达 18 年之久，每年从安然公司获得的咨询费都超过 1000 万美元。这可无法用水土不服来解释其原因。如果从这个角度进行指责，作者仍然认为理由太牵强。没有哪个名医能保证经他的手医治过的病人一定长命百岁。

图3－7　企业规范化管理是为企业构建自我免疫、自动修复的机能

麦肯锡创建于 1926 年，是代表世界企业管理最高水平，也是世界顶尖的企业管理咨询公司。它所发明的企业管理理论和方法，是全世界的商学院，当然首先是哈佛商学院所推崇的标准。最典型的是企业组织构成的 7S 理论，从出笼到现在，似乎还没有人提出过疑义，是绝对的权威标准理论。麦肯锡在 41 个国家拥有 80 家分公司，近 9000 名员工，拥有来自 70 多个国家的 5200 多名咨询顾问。并且他们都是毕业于世界著名学府，绝大多数人同时拥有世界知名学院的工商管理硕士或博士学位。它为全球

最大的200家公司中的147家提供过咨询服务。这些公司包括120家金融服务企业中的80家，11家最大的化学制品公司中的9家，和22家最大的医疗保健品企业中的15家，与全球400多家客户建立有长达15年之久的合作关系。

作者认为，麦肯锡在中国咨询市场走麦城，问题完全出在它的理论方法没有跟上企业性质发展变迁的步伐上，或者说是忽视了企业性质的发展变迁。它经过70多年的努力，总结完善了一套庞大而系统、全面、完整的企业管理理论和技术方法。在项目咨询过程中，麦肯锡的咨询人员偷懒把成功企业的过去的做法直接嫁接到另外的企业身上，直接使咨询方法模式化，也就在情理之中了。而经过70多年丰富完善的理论方法，也不是说要改就能马上创新改变的。它不能适应企业性质发展变迁的实际，也就是不可避免的。麦肯锡的这套企业管理理论和技术方法已成为它赚取美誉和金元宝的机器，而机器一旦完善成形，也就不可能像捏橡皮泥一样，再随意改变一个形状，增加一个功能。而当今世界企业性质的发展变迁，又不可能去适应麦肯锡的这台机器，麦肯锡的这台赚取美誉和金元宝的机器，在现实运行中遇到挑战，也就在情理之中了。

所以，无论是做企业管理研究工作者，还是直接从事企业管理的人员，都必须时刻记住一点，只能改变理论和方法以适应变化了的实际，而不能相反让实际适应已有的理论和方法。麦肯锡不是没有关注到企业实际的变化，只是没有充分关注到企业性质本身的变化。从它的项目咨询思路分析，很容易发现它仍然是把企业作为资本增值的机器对待的，只是强调为企业投资人和经营人的利益服务。它没有引导企业全面关注企业发展众多关联主体的利益，因而导致企业发展关联主体之间利益失衡，使企业发展陷困，也就在所难免。对它的一些不太成功的咨询项目，稍作深入分析，几乎都可由此找到直接或间接的原因。

其实不仅仅是麦肯锡，世界老牌的处于全球咨询业顶端的咨询公司也都是如此，其失败走麦城的项目一点儿也不比麦肯锡少，只是它们不是世界第一，受关注的程度低一些，没有人总结而已。据作者所知，甚至像以技术著称的IBM公司也有一些企业管理咨询项目失败了，其深层原因与麦肯锡大体相同。所谓老牌，也就是入行时间长，有长期的行业经验积累。相对于企业管理咨询行业的企业而言，如果只有行业经验的积累，没有不断适应服务对象发展变化的创新，失败也就不可避免。

第三章

管理成事定理：管理让他人做好工作的条件

管理成事就是如何才能让被管理者做好工作。说起来简单做起来难。若要让被管理者做好工作，就要创造六个方面的条件：能力素质、意志意愿、热情耐心、资源支持、评价标准和程序方法。管理成事定理有六个推理以及四个推论，告诉企业领导人若要管理成事还要通过企业规范化管理，做好一系列工作，如创造完整的管理体系、做好沟通，等等。

一、管理成事定理的内涵

管理的目的就是做好工作，做好工作也就是达成管理者所希望达成的目标，这也就是把事做成。如何才能让被管理者做好工作，这是管理学必须探索解答的问题。在此我们把对这一问题的解答概括起来，命名为管理成事定理，也就是对通过他人做好工作的条件作一个概括性界定。

海尔董事局主席兼 CEO 张瑞敏讲过一个典型例子：擦桌子。他说，擦桌子的工作是一项极其简单的工作，只要每天定期擦五遍就达成了好的要求，并由这个好的要求制定其岗位工作标准，每天擦五遍桌子。可是，如果没有外在监督，他第一天可能擦五遍，第二天可能只擦四遍了，第三天也就可能只擦三遍，第四天也许只会擦两遍、一遍。第五天甚至会认为反正都差不多，不擦也没事，就干脆一遍也不擦了。张瑞敏认为这是中国人的特性。其实还不准确，应该说世界上所有人的特性都是如此，美国人、法国人、日本人也都不会例外。其差别仅仅在于中国人不喜欢有完整具体的行为约束，爱自作主张，会钻空子而已。有标准没有监督和约束，就不会有人不折不扣地按照标准行事。

管理成事定理又可称为执行力定理。一个组织，为什么没有执行力？

就是因为应该由组织成员做到位、做好的工作，没有做到位、没有做好。一个组织执行力的高低，与这个组织的成员把工作做到位、做好的整体程度呈正相关，与没有做到位、做好的工作的整体程度呈负相关。管理成事定理的内涵可表述如下：

要通过他人做好工作，不为他全面创造出能力素质、意志意愿、热情耐心、资源支持、评价标准、程序方法这六个条件，是难以达成目的的。

如何才能让他人把工作做好？概括起来就是能力素质、意志意愿、热情耐心、资源支持、评价标准、程序方法六个条件的满足。

1. 能力素质条件

对于任何一项工作，仅仅想做好，还远不能保证能做好。只有被管理者具备做好这一工作的能力素质，并且又愿意付出努力，这才可能把这一工作做好。这种能力素质包括心理特征、知识结构、技能水平和体能状况四个方面的内容。只有这四个方面的实际，完全与所要做的工作相适应，被管理者才有可能做好这一工作。能力素质条件是做好工作的前提条件，被管理者不具备相应的能力素质，单有一种美好的主观愿望是没有用的。并且这种能力素质，是一种硬约束，不具备就是不具备。如果没有充分多的时间让被管理者通过学习和修炼，提升能力素质，让他把要他承担的工作做好，就是绝对不可能的。

2. 意志意愿条件

意志意愿条件的内涵是，被管理者只有具有把工作做好的意志动因，在主观动机上想做好工作，并愿为做好工作付出努力时，才可能把工作做好。这也就要求通过一定的方式，把本来不属于被管理者所寻求的目标，转化为被管理者希望达成的目标。至少转化成他所寻求的一种间接目标，使他明确地感觉到，做好这个工作也是他自己的意愿。要做好任何一件工作，哪怕是很简单的工作，就像前面所讲的擦桌子一样，如果做工作的人，没有想到要做好，也不愿意付出努力，那么，这个工作也就不可能做好。正是从这个意义上讲，意志意愿条件是通过他人做好工作的首要条件。

3. 热情耐心条件

这一条件的内涵是，只有保证他人在做好工作上具有稳定的意志意愿，并持续不断地进行努力，才有可能把工作做好。任何一项工作，只要反复的次数多，延续的时间长，就会使人的兴奋点转移，热情下降，意志松懈，进而导致放松要求，降低努力程度，这就不免导致本来很容易做好的工作，也难以做好。而现实中的工作能一蹴而就的少，更多的是不仅要付出不懈的努力，而且还要克服工作中可能出现的种种艰难险阻，甚至还要蒙受挫折。这就必须有不断的内在激励和外在激励，维持其热情耐心，稳定其意志指向，使被管理者形成坚忍不拔的毅力。

4. 评价标准条件

这一条件的内涵是，对做好工作的好的标准，必须事先有明确的界定，使管理者和被管理者双方都明确，对这特定工作进行评价判断的尺度是什么，怎样才算是好，怎样才算不好，使被管理者有努力的方向和自我评价的依据，使之能自主把握工作的进程。如果没有事先约定的评价标准，被管理者仅仅通过自己的猜测和想象进行界定，这就不免与上司主管的要求发生背离，甚至南辕北辙，使本来完全可以做好的工作最终受挫，达不成目的。在现实中，人们总是想当然地假定下属员工完全明白这个好的评价标准，但往往他们自己也不甚明了。在对下属员工的工作绩效进行考核时，总是因为没有确切的评价标准而发生考核不准确、不客观的事。如果是这样，即使不会影响员工已完成的工作，也会因为考核评价不公正、不公平、不客观、不准确、不全面而影响他们对下一工作的努力程度。

5. 资源支持条件

这一条件的内涵是，做好工作必须具备相应外部资源的支持，其内容包括材料场地、设备工具、人员配合，等等。这是他人做工作的能力素质要求之外的条件。任何一项工作，无论是简单还是复杂，都必须授予对应于做好工作所必需的外部资源的支配、使用权，否则也就不可能做好工作。巧媳妇难为无米之炊，更是难为无锅、无水之炊。并且授权提供的外部资源支持，还必须与工作本身的要求相适应，只要任何一点不充分，也都会影响工作的最后质量。外部资源条件不具备，或者不充分，这不仅会增加做好工作的困难程度，而且可能直接降低员工做好工作的信心，使之产生挫折感。要让下属员工发挥主观能动性，但也必须有发挥主观能动性的外部条件，没有外部资源的支持，至少必须给予政策上的支持，政策也是一种资源。

6. 方法程序条件

这一条件的内涵是，做工作的人必须清楚，运用什么样的方法程序才能圆满地完成工作。这一条件与能力素质条件有联系，但不完全相同。能力素质条件并不需要对具体工作的方法程序都有全面完整的掌握，而完成具体的工作却必须明确具体的方法程序，才能保证其效率。被管理者有对应的能力素质，事事都让他自己探索，寻求完成工作任务的方法程序，这就必然会降低效率。所以，这一条件要求，做好工作的方法程序，无论岗位员工是否原已把握，都必须事先作出界定。被管理者尽管可以通过改革创新找到更好、更有效率的方法程序，但事先界定的方法程序可起到对他的改革创新效果的约束作用。任何人都可以在做事的方法程序上创新，但必须保证能比事先约定的方法程序投入更少、效率更高。

以上六个方面的条件，是一个整体，缺少任何一个方面都不可能通过他人做好工作。在现实中之所以有下属员工没有做好的工作，也就是因为作上司主管的，没有全面完整地为下属员工创造出做好工作的六个方面的条件。没有做好工作，其责任应该都在上司主管。所以海尔的80/20原则，强调下属员工没有做好工作，上司主管要承担80%的责任，其道理也就在此。如果要具体地定义什么是管理的话，为下属员工做好工作创造出对应的六个方面的条件就是管理。从这个意义上讲，下属员工的工作失误，上司主管不仅要承担80%的责任，甚至应该承担100%的责任。

图3-8 谁会无偿贡献？

二、管理成事定理的六个推理

由管理成事定理，很容易得到以下六个推理，现分别介绍如下。

推理一：在企业组织运行过程中，零碎的管理体系是难以达成管理目的的

何为零碎的管理体系？零碎的管理体系主要有以下三个方面的表现：

（1）没有一套完整的价值观念体系，以为企业管理的实施提供指导思想，各个管理人员，在不同的时间和地点，都可随意根据自己所了解和掌握的方法实施管理，没有统一的指导思想和行为标准。

（2）所运用的管理技术方法，是从不同的企业支离破碎地抄袭和照搬过来的，或者在不同的单项专题培训中学来的，没有系统完整的理论对它们进行整合，不同的技术、方法之间彼此孤立，不相照应。

（3）在一个企业组织范围内，管理方法和措施没有统一的规划设计，相互之间不协调不配套，甚至彼此矛盾冲突。

通过他人做好工作的六个方面的条件，不是孤立的，而是系统地紧密联系在一起的一个整体。企业组织本身也是一个完整的系统，企业组织运行过程中不同的工作之间，也存在着紧密的联系和依存关系。并且下属员工在思维方式、行事习惯上还存在一定的连续性和惯性。如果管理体系不完整，管理方法和措施没有一套完整的价值观念和理论予以整合，方法和方法之间，措施和措施之间，不免相互冲突、相互矛盾。这就必然使被管理者在做工作的过程中不知所从，也无法自主判断和协调自己所做的工作的相互关系，以及自己的工作与他人的工作的相互关系。因而也就难以保证下属员工做好工作，管理的目的也就难以达成。在现实中，很多企业也都重视管理，并千方百计地学习他人好的管理经验，但总是难以取得预期的效果，其原因就在于这种零碎的不成体系的管理方法和措施所固有的局限，不能完整地为他人提供做好工作的六个方面的条件，并实现彼此协调。

与零碎的管理体系相对应的是系统而完整的管理体系，即企业所选择运用的管理方法和措施，是基于一套完整而系统的理论之上，有一套完整的价值观念体系统率，在管理的实施过程中，不存在与这种价值观念体系相违背的管理方法和措施。

推理二：单向的管理沟通是难以达成管理目的的

所谓单向的管理沟通，也就是上司主管只用指令和训话向下属员工表达自己的意志意愿，不听也不管下属员工有何种反馈。其特征有以下五个方面：

（1）无论是要做的工作和做好的标准要求，都只是由管理者向被管理者以指令的形式下达，根本不听取下属员工的意见。

（2）当凭自己的主观感觉认定有什么问题时，上司主管也不询问、不核实，就对下属员工进行呵斥和责骂。

（3）不与被管理者进行工作过程沟通，也不考虑和了解被管理者在承担工作过程中有什么困难，而是到了不满意的结果发生后再算总账。

（4）朝令夕改，给下属员工下达的工作指令和作出的激励承诺，随心所欲地更改调整，根本不考虑下属员工的接受程度和意愿。

（5）约束下属员工的规章制度，在拟订形成过程中从不与下属员工进行沟通，征求下属员工的意见，强制性地把约束强加于下属员工。

这种单向的管理沟通，首先就会受到被管理者的意志意愿的抵制。如果下属员工没有形成与其要求相对应的意志意愿，这种指令要求对于下属员工的约束作用，就是很弱的。任何一个人做任何一件事，都会有自己的判断。他认为不应该的事，如果是迫不得已地去做，他总可以找到抵制的办法和理由。本来完全可以成为被管理者自我约束的要求，并能轻易做好的工作，就往往因为没有考虑下属员工的意志意愿，而最终被下属员工抵制反对，导致无法落实。其次，不沟通也就不可能确切地知晓下属员工是否具备做好工作的能力、是否明了工作做好的标准要求、是否知道承担工作的具体方法程序等一系列的问题。再次，不问青红皂白地对下属员进行呵斥和责骂，不仅会造成员工工作情绪低落，而且会导致人心离散。如此这样，怎么可能让下属员工做好工作，达成管理的目的！

与单向的管理沟通相对应的是，为形成上下认同的游戏规则，强调在互动的基础上，让员工全面参与讨论沟通，以保证企业组织运行的游戏规则体系能为绝大部分员工认同。也就是说，要被管理者履行的约束，无论其内涵是否与被管理者的意志相违背，也都必须与被管理者进行充分的沟通，以获得被管理者的理解和认同。只有被管理者理解和认同了的约定，才能对被管理者具有充分的约束力。被管理者才会把这种约束当成一种自我约束而严格遵守。同时强调通过互动基础上的沟通，以把握让被管理者做好工作的六个条件的满足情况，并及时采取措施，把尚未具备的条件创造出来，以保证下属员工的工作能稳扎稳打地做好。

推理三：想要下属员工无条件地做好上司指派的工作，是完全不可能的

管理成事定理明确了要通过他人做好工作的六个条件，不满足这六个条件是难以保证下属员工按照管理者的意志要求做好所指派工作的。而要下属员工无条件地做好指派的工作，则直接与管理成事定理相冲突，所以完全不可能。

这一推理强调的是任何一个企业老板或上司主管，当你希望你的下属员工做好所指派的工作时，就要全面分析一下，你为下属员工做好工作，创造、提供了哪些条件，还有哪些条件不具备。不要以为有权指派下属员工做工作，下属员工就会做好工作。指派工作与做好工作是两回事，不能混为一谈。而在现实中，很多企业老板和上司主管都忽略了这一点，下属员工最终没有做好工作又抱怨下属员工，可这种抱怨于事毫无补益。

推理四：让下属员工做好工作的可能性，与其做好工作的条件的完备程度成正比

既然管理成事定理所界定的做好工作的条件没有一个是可有可无的，那么，让下属员工做好工作的可能性也就必然与其做好工作的条件的完备程度成正比，即越完备越有可能做好工作，越不完备越可能造成工作失误，致使企业组织运行受阻和损失发生。

这一推理强调的是如果你所指派给下属员工的工作与企业组织运行的正常进行和效率、效益存在有直接而紧密的关系，那么，你就得事先想到其后果，并事先确认其所创造提供的条件的完备情况，保证百分之百地为下属员工提供做好工作的条件，而不是让下属员工自己去想办法，增加企业组织运行的风险。

推理五：对于下属员工的工作失误，直接上司的责任大于下属员工的责任

管理成事原理界定的是通过管理的实施让他人做好工作，直接上司作为管理者，在此的职责就是为下属员工创造提供做好工作的条件，否则就不能叫上司主管了。最终下属员工没有做好工作，倒推可知就是作上司主管的没有为下属员工把做好工作的条件全面创造提供给他，所负的责任当然应该比工作失误的下属员工本人大。

这一推理强调的是任何下属员工的工作失误，直接上司主管都有不可推卸的责任，并且要承担主要责任。

推理六：不与下属员工所关注的价值满足相关联的工作，他是不会有做好的意志意愿的

意志意愿是让他人做好的一个重要条件，那这一条件怎样才能具备呢？本推理就是答案：这就是把指派给下属员工的工作本身与下属员工所寻求的价值满足关联起来，做好了所指派的工作就保证能给他带来他所希望获得的价值满足，反之则相反。

这一推理强调的是不要想当然地让下属员工做好工作。任何一个下属员工都是一个主体性存在，他做任何事都只会从他个人自我肯定的角度思考判断，进行行为选择。忽视了这一点，下属员工的表现难免让你失望。

三、管理成事定理的四个推论

推论一：忽视下属员工意志认同的专断式管理，是难以保证达成管理目的的

任何一个下属员工都是一个主体性存在，都不愿被人当做齿轮或螺丝钉一样的客体工具搬来拧去，所以要让下属员工做好工作，管理实施首先就必须让他明了所指派给他的工作的价值和意义，并让他认同，然后在此基础上让他明了做好所指派工作对他自我肯定价值满足的意义。

这一推论强调的是为下属员工创造提供意志意愿条件的重要途径在于让下属员工理解指派给他的工作的价值和意义，一是相对于企业存在和发展的价值和意义，二是对于他个人自我肯定的价值和意义。

推论二：下属员工工作的热情和耐心，只能靠管理实施开发形成

在工作中遇到艰难险阻是正常的事，问题是如何让下属员工具有战胜艰难险阻的热情和耐心。这种热情耐心下属员工可能本来就有，因为他意志坚强，有一个从不认输的性格，但在企业组织运行过程中，就不能仅仅靠碰巧下属员工刚好是这种不认输的人，而是要通过主管的沟通和激励，开发出下属员工的热情和耐心，并且这直接是上司主管管理实施的要务。

这一推论强调的是上司主管不要抱怨下属员工不积极努力，缺少热情和耐心，而要把沟通激励开发下属员工的热情和耐心作为自己的职责履行。

推论三：提供与做好工作相适应的人、财、物授权支持，是管理者的重要职责

在现实中很多上司主管，包括企业老板，总是强调让下属员工发挥主观能动性，开创性地开展工作，甚至把《把信送到加西亚》书中的主人公罗文作为榜样要求下属员工学习效法。如果下属员工因为客观条件不具备没有做好工作，就以罗文为依据进行批评指责。这些企业老板和上司主管没有想到把信送到加西亚的罗文仅仅是世界奇迹，不是现实中存在的普遍事实，不能作为普遍要求强加于人。

这一推论强调的是上司主管指派下属员工的工作时，必须考虑客观条件具备的程度，不能强人所难，让人做无米、无火、无锅之炊。

推论四：明确做好工作的评价标准和程序方法是管理者职责履行的基本内容

让下属员工明确做好所指派工作的评价标准和具体承担实施的具体程序方法，是保证他做好工作的六个条件中的两个，创造提供这两个条件直接是上司主管的管理职责，不能在下属员工完成了所指派工作而检查发现与要求存在差距时，再指责没有做到位，做的方法不对，等等。

这一推论强调的是上司主管必须在指派工作时就事先与下属员工进行沟通，明确工作的要求和做好的评价标准，以及具体承担完成的方式方法。

至于成事定理所要求的条件，如何满足的问题，现仅提出框架性思路，《企业规范化管理实施规程》系列会逐渐展开讨论。框架性思路现归纳如表 3－1 所示。

表 3－1　成事定理满足途径分析表

序号	条件名称	满足标准	创造途径
1	能力素质	与工作承担所具体要求的知识技能相适应	1. 聘任选择； 2. 培训开发； 3. 自我发展
2	意志意愿	对所承担工作的责任进行公开而明确承诺	1. 保证其所获得的三大价值满足于其努力和贡献，在横向同事间、纵向层级间、同行员工间、同域同学间，达成相应平衡； 2. 在其工作的社会环境中营造“三公”（公开、公平、公正）情境； 3. 消除其人际关系中的“三不”（不尊重人、不信任人、不关怀人）行为
3	热情耐心	努力做好工作的意志稳定，遇到艰难险阻，会自主寻求战胜的办法措施	1. 提升其对所承担工作价值的自我评价水平； 2. 通过提升其情商水平，以提升自我调节情感情绪的能力； 3. 诱导对方对工作形成兴趣爱好，使之在所承担的工作专业上形成意志黏附

续表

序号	条件名称	满足标准	创造途径
4	资源支持	人、财、物授权与工作圆满完成所需相适应	1. 与对方讨论确认所需资源； 2. 对应工作活动确定授权内容和数量，并足额授权； 3. 相对于所承担的工作，进行流程活动分解授权和工作职责分解授权
5	评价标准	工作圆满完成的评价管理者与下属员工达成共识，理解没有偏差	1. 事先确定考核评价的具体、明确而量化的标准； 2. 让工作承担者本人通过自我表述进行认定； 3. 标准调整征得管理者与被管理者双方认可
6	程序方法	对于工作的具体承担，有共同认可的操作方式方法约定	1. 对岗位工作都在流程梳理和优化基础上确定有行为活动的方式方法标准； 2. 让岗位员工参与到流程梳理和优化过程中来，至少让对方对流程标准进行认同，确认其有效性

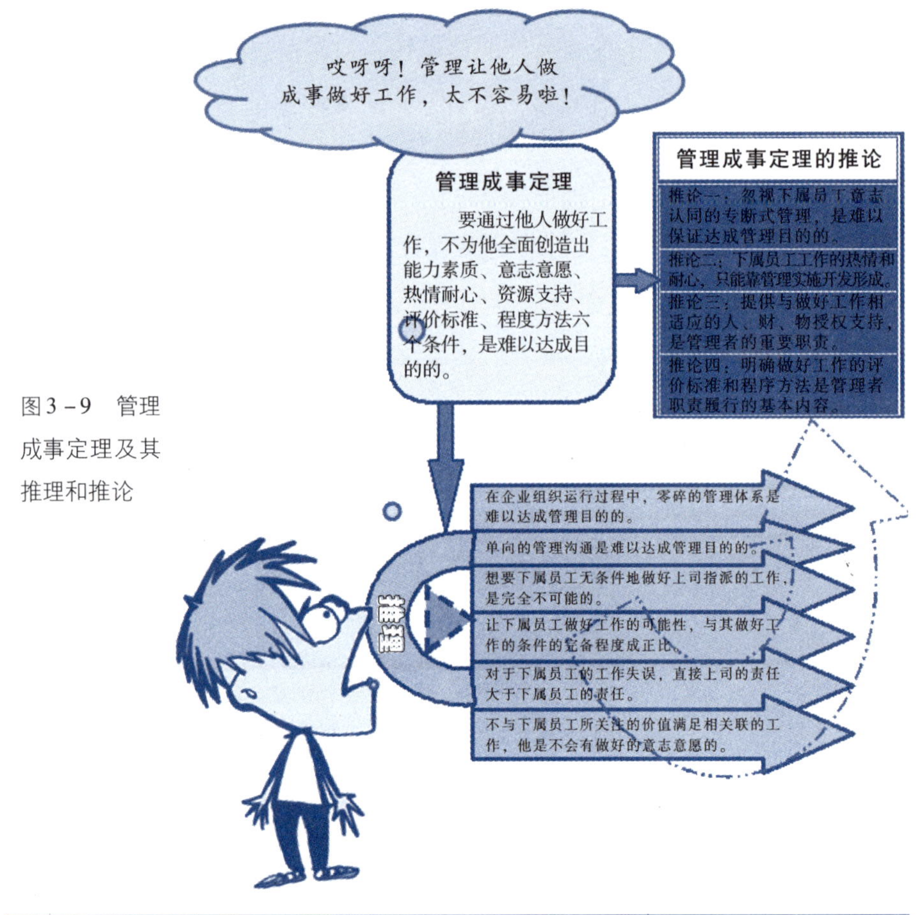

图3－9 管理成事定理及其推理和推论

四、企业管理规范化的体系结构与管理成事定理的对应关系

在一个企业组织中，要保证企业管理获得充分好的效率和效益，使企业的每一个岗位员工都圆满地做好所承担的工作，也就必须对应于每一个员工在圆满地做好工作的六个方面的条件上付诸努力，并堵住和避免六个推理和四个推论所分析界定的管理漏洞和失误。这也就是在全面实施企业规范化管理。

（1）对应于使被管理者做好工作的三个个人条件——意志意愿条件、能力素质条件和热情耐心条件，就是岗位员工管理的规范化。即通过意志管理使岗位员工形成做好工作的意志意愿，通过能力管理保证每一个岗位员工都具备与其岗位工作职责相适应的能力素质，通过情感管理和情绪管理，使岗位员工在不断强化外在激励的同时，强化内在激励，以不断提升岗位员工的信心和责任感，形成其做好工作的稳定意志和热情耐心。

（2）对应于圆满地做好工作的标准条件和资源条件，是组织架构管理的规范化。这也就是通过明确地确定每一个岗位员工所要承担工作的内容、质量要求，以及所能支配的资源，使之按照既定要求和标准，对所授予支配、使用权的资源的配置方式进行选择，行使决策权力，并承担相应决策制定的责任。

（3）对应于圆满地做好工作的方法程序条件，是运行流程管理的规范化。即至少要通过工作流程管理，事先确定每一个岗位员工所要完成的工作的具体承担方法和程序，使之只需要考虑如何进一步改进创新，提高效率和效益的问题，不必在方法程序上摸着石头过河，作不必要的探索。

（4）对应于零碎的管理体系，是企业文化建设管理的规范化。即通过自主进行企业文化模式的选择和设计、构建，为企业创造一个强势企业文化，以推动和促进企业持续快速发展。

（5）对应于单向的管理沟通，是决策制定管理的规范化。即通过企业决策制定过程的程序化，保障员工广泛参与的权力，以使每一个岗位员工的价值、尊严、权力和个性都得到充分的尊重，强调企业内部管理规章制度的内容都必须在管理者和被管理者广泛讨论达成共识的基础之上，以共同约定的形式形成。

成事定理所要求的条件，满足的标准是什么，规范化管理的实施从什么角度提出满足，现归纳如表 3 - 2 所示。

表3－2 规范化管理与成事定理条件满足途径对应分析表

序号	条件名称	规范化管理的作用
1	能力素质	建立聘选、培训的游戏规则，并通过游戏规则引导自我提升所需能力素质
2	意志意愿	通过游戏规则的建立和完善，使其预期明确后，确立与之相应的意志意愿
3	热情耐心	通过游戏规则明确其预期后，坚定其意志努力方向，并强化心理情绪管控
4	资源支持	运用三位一体的管控技术，对企业组织运行的全过程进行分析后，以岗位流程工作标准的形式进行界定
5	评价标准	运用三位一体的管控技术，对企业组织运行的全过程进行流程梳理优化分析，以流程标准和跟踪表单的形式进行界定
6	程序方法	运用三位一体的管控技术，对企业组织运行的全过程进行流程梳理优化分析，以流程图和流程标准的形式进行界定

第四章

企业规范化管理的行为过程标准

本章从企业规范化管理的角度，分别分析了其中的十个行为标准要求，即决策制定程序化、组织架构系统化、奖惩激励有据化、运行过程流程化、管理行为标准化、绩效考核定量化、权责关系明细化、目标管控计划化、活动措施具体化、监管控制过程化。对这十个方面的分析，将有助于使企业管理的规范化，企业效率才会提高。

一、企业规范化管理实施的行为过程标准的基本内容

企业规范化管理从总体上分析，其行为标准要求，主要包括十个方面的内容，即决策制定程序化、组织架构系统化、奖惩激励有据化、运行过程流程化、管理行为标准化、绩效考核定量化、权责关系明细化、目标管控计划化、活动措施具体化、监管控制过程化。企业规范化管理的核心，就是对企业管理人员实施管理的行为方式和方法进行规范，把它纳入企业组织运行的规则体系进行管控。所以，对管理实施的行为标准，也就不得不详加讨论分析。企业管理不规范、效率低的主要原因也就是企业管理人员管理实施行为不当，存在太多的随意性。正是这种不当的随意性行为，导致了企业组织运行过程中不同的单位、部门和岗位的行为活动相互不协调、不配合，降低了企业组织运行的效率和效益。所以企业规范化管理首先就必须对企业管理实施行为本身从总体上进行限定。这十个方面的标准要求，同时也是当代世界上管理得最好的企业的通行做法。也就是说，当代世界上管理得最好的企业，管理实施的行为都满足这十个方面的标准要求。或者反过来说，正是它们管理实施的行为，全都满足了这十个方面的标准要求，才能使他们企业组织运行的

效率和效益远远高出平均水平，使他们的企业在全世界成为出类拔萃的典范。

对于管理实施的行为过程，很多人都存在一种误区，认为管理就是运用权力约束他人，让他人不得不把工作做好，因而认为对于管理者的管理实施的行为过程不应该有什么约束和限制，管理者愿意怎么管，就怎么管，把管理实施的自主权全部交给管理者。

之所以会陷入这一误区，是因为他们把管理等同于对下属员工的指令、控制和监督。认为有了这种指令、控制和监督权力，无论怎么运用也不会有错。很显然，这混淆了管理实施的行为过程与管理目的的关系，甚至是把几个具体的管理实施的行为过程当做了管理目的本身。管理就是通过他人做好工作的意志努力，意志努力的方式就是管理实施的行为过程。其效果是好还是差，得用他人是否做好了工作来检验。管理实施的行为过程如果不能取得应有的效果，让他人把工作做好，这种管理实施的行为过程也就失去了全部意义。企业管理规范化，主要是对管理实施的行为过程进行规范化，强调在选择确定一套完整的价值观念体系的基础上，全面制定管理实施的行为过程标准要求，让企业管理人员，上至董事长，下至基层作业单位的班组长，都严格遵循。

不同的管理实施的行为过程是与不同的管理效果联系在一起的。要保证企业管理的效率和效益，也就必须把普遍有效的管理实施的行为过程，作为管理人员实施管理的共有标准。在管理方式、方法上探索创新应该倡导和鼓励，但必须保证所探索创新的方式、方法，比普遍有效的管理实施的行为过程更有效率。既不能让管理人员随意按照自己的偏好行事，也不能让管理人员拿企业组织运行管理工作做无谓的试验。

管理实施的行为过程所包含的内容很丰富，这里主要是根据当代世界上管理得最有成效的企业所通行的具体做法进行的归纳。决策制定程序化、组织架构系统化、奖惩激励有据化、运行过程流程化、管理行为标准化、绩效考核定量化、权责关系明细化、目标管控计划化、活动措施具体化、监管控制过程化十个方面的内容，也远远覆盖不了企业管理过程中的活动内容，这与我们本篇的目标也是一致的。在本篇中，我们只是讨论企业规范化管理的总体标准，即对企业规范化管理的实施和评价标准从总体上进行分析和界定。所以在此只抓关键和重点，很多具体的内容都只能在企业相应构成部分的规范化管理标准要求中讨论。但是，有一点是确定不移的，这里所讨论的十个方面的管理实施的行为过程标准要求，如果都具体实施，落到了实处，企业管理也就大体上实现了规范化，也就可以保证企业组织运行获得充分高的效率和效益。并且，如果是一个规模不大的小企业，在其企业管理中全面贯彻落实了这十个方面的行为标准要求，也就基本上实现了管理的规范化。作者之所以把这十个方面的内容以企业规范化管理的总体标准要求的形式单独提出来讨论，其目的就在此。同时，这也可以为尚无精力对企业的五个构成部分分别全面实施规范化管理的企业，提供一个实施规范化管理的总体框架和思路，使之明了企业要实施规范化管理，必须达成哪些基本要求，必须从哪些方面努力。

下面就这十个方面的标准要求分别进行讨论。

图3－10 通过他人做事，总让人放心不下

二、决策制定程序化的标准要求

企业整体规范化管理首先要解决的问题，就是企业决策制定管理规范化的问题。企业决策制定问题往往是直接关系到企业的生死存亡的大问题，一次失误就有可能把企业送入坟墓。在企业决策制定问题上“99 = 1”。即99次决策正确，实现了企业持续的发展，但1次决策失误，就很可能使企业一下由此陷入深渊，使99次正确决策所实现的发展，化为乌有。

一谈企业的整体规范化管理，人们更多地想到的是怎么样让员工按规矩办事，而很少想到实现决策制定管理规范化，以减少决策失误。而这决策失误比员工行为不规范对企业带来的危害和灾难更惨重。而企业高层管理人员，甚至最高领导人，又都习惯于拍脑袋决策，要么一个人独断专行拍脑袋决策，要么发扬一下民主，让大家拍脑袋决策，这都是造成企业发展不稳定的最重要原因。拍脑袋拍对了，企业就获得一次发展；拍错了，企业就蹉跎停滞，甚至陷困。没有规范化的决策制定管理，企业也就只能在这种徘徊中运行。

要保证企业发展少走弯路，企业整体规范化管理首先要解决的问题就是企业拍脑袋决策的问题，即在决策内容完整，决策方法科学的基础上，实现决策制定管理程序科学化。决策内容不完整，不免顾此失彼；决策没有科学的方法，除了一个人拍脑袋，就只能是大家来拍脑袋。决策没有程序管理，连什么时候拍脑袋的约束就没有，企业就只能像一只钻进黑布袋的老鼠，东拱一拱，西拱一拱，有幸撞上布袋口子，就获得一次生机和发展，若碰不上这个口子，就只能困在这个黑布袋里，待体力耗尽时，走向死亡。实现了决策制定程序化，不仅意味着要分系统组织决策制定，而且要运用科学方法进行决策，把决策活动约束在既定的程序中，避免决策制定受决策人的知识结构、情绪波动、感情冲动、价值偏好的影响，使企业的任何一个决策，都是一种推动企业发展的最优选择。

决策制定程序化是对制定决策的行为过程所设定的标准。谁都明白，任何一个决策失误都可能会给企业的发展带来重大影响，甚至是生死攸关的影响。决策制定程序化是相对于随意性的直觉灵感决策而提出的要求。根据实践分析，决策失误大都是决策制定人过于情感化，决策制定没有科学分析，没有程序限制，仅仅凭拍脑袋发掘灵感进行决策所致。尽管可能有人会说，他的决策都是根据他自己的不同时刻的性情和情绪，莫名其妙地产生的灵感进行的，但也有好多次歪打正着，取得了不错的效果。这话也可能是真的。相对于一次、两次的决策，拍脑袋拍中了，也不是完全不可能。一个赌徒赌六合彩的点数，一次、两次，甚至十次、八次都碰上了，这也是有可能的。但不可能保证永远都不错。就像抛硬币游戏赌博一样，十次正面向上，甚至一百次、一万次正面向上，谁也不敢保证第十一次、第一百零一次、第一万零一次正面仍然向上。正是从这个意义上讲，不能说凭直觉灵感进行决策，曾取得一定成功，就夸大这种方式的决策制定的效果。这种凭直觉灵感进行的赌徒式决策，最终败北一定是不可避免的。

决策是对资源配置方式的一种选择，但寻求的是最大限度地推动企业向发展目标靠近。只有所选择的资源配置方式能最大限度地抓住外部机会，并充分利用企业经营资源而又不超越其限制的情况下，才能达成决策制定的目标。二者之间的关系不是赌博式的直觉灵感所能把握的。尽管这种凭拍脑袋进行的直觉灵感决策，投入少，操作简单，什么代价都可以不付出，但如果发生失误，其代价就太大了。失误导致的损失就是成本，并且这种成本大得惊人。因此，任何一个企业若想谋求持续稳定的发展，也就必须放弃这种拍脑袋的直觉灵感决策，而代之以建立在科学分析方法基础上的程序化决策制定。

程序化决策制定也并不是要求大大小小的决策，都要用一大串科学分析方法进行反反复复的分析论证后，撰写一大摞论证分析报告，并在在此基础上拟订一组方案后选择。而是强调不论决策大小，都不能随心所欲，必须跳出决策制定人当时的情绪、情感，以及既定的思维方式对自己决策制定的思路限制和影响，在对决策所确立的目标、选择的约束条件等进行分析的基础上，作出最优的选择。

决策制定程序化有以下两种形式。

（1）决策制定的内在程序化。

这是指决策制定，从信息收集到最后拍板，全都由一个人完成。这种决策也并不是没有程序限制，而是程序化所要求的决策制定过程中各个环节上的活动，都由他一个人承担完成，其程序主要是体现在决策制定人个人的思维过程之中，是他在大脑中思考和分析相关决策制定问题，也依照一定的程序进行。这种程序化所强调的是，决策制定人必须在深思熟虑的基础上作出选择，而不是赌博式的选择。其决策制定的实施，强调的是必须通过清单把自己思维过程记录下来进行分析、比较、判断，把叼着烟完成的苦思冥想，通过记录定格，以保证其严密性和完整性。

（2）决策制定的外在程序化。

这是把决策制定过程中所必须完成的多个阶段、多个方面、多个环节的工作，交由不同的人分别承担完成，并且相互制衡，以保证决策制定免受个人情绪、情感、思维方式和个人偏好的影响。

无论哪种形式的程序化，在决策制定的过程中，都必须深入思考，并回答以下七个方面的问题：

①该决策究竟要达成什么目标？这一目标真的是企业的发展所必需的吗？

②服务于这一目标达成的现有资源状况如何？这种资源约束是否还有突破的途径？

③有多少条途径可以达成这一目标？每一条途径所需要的资源和条件又各有什么不同？

④企业现有的资源能支持哪几条途径？

⑤哪条途径对资源限制最小？哪条途径所需要的资源投入最少？

⑥还有没有更有效的途径可供选择？

⑦如果这个决策交由我负责贯彻实施，我会选择哪条途径？

一个决策无论是由一个人制定，还是由一些人集体制定，都必须对这些问题作出详细的分析，找到准确的答案后才能决策。无论决策大小，也都只有把这七个问题都深思熟虑，思考分析透彻了才可能得到最优的选择。对于投入资源较多，对企业发展影响较大的决策，还必须组成专门班子，让具有不同方面的专业知识和技能的人，分别承担信息收集、方案设计、方案论证、方案分析比较选择等决策制定过程中不同环节上的工作。对于资源投入少，对企业发展影响也不大的决策，虽然不需要按照这样的过程操作，但也必须对这些问题进行深入思考和全面分析，并通过清单进行记录定格，否则也就不免会发生失误。

决策制定程序化的具体要求，可概括为以下五个方面：

（1）无论决策大小都必须对上述七个方面的问题作出详细的分析和深入的思考。尤其是由一人承担完成的内在程序化的决策，必须有完整的程序约束决策制定过程，以使之在反复思考分析了上述七个问题，并得到一致性答案之后再决策。

（2）对于企业不同层次、不同内容、不同时段的决策，必须有事先的分析，明确限定哪些决策需要通过外在程序制定，哪些决策可以选择内在程序制定。

（3）对于选择通过内在程序制定的决策，必须事先确定决策制定的思维记录分析清单的内容范围，以及决策制定人对决策结果要承担的责任和责任承担的方式，并用责任来提醒他必须按照决策程序要求制定决策。

（4）对于选择通过外在程序制定的决策，必须有对决策制定过程参与人各自所要完成的工作和效果承担责任，以及责任承担方式的限定，以保证决策制定过程的每一个环节的工作都有人负责任。

（5）必须有程序化标准的贯彻落实的检查，即使是通过内在程序制定的决策，也必须保留决策制定人在决策制定过程形成的思维记录分析清单，以供事后检查。

三、组织架构系统化的标准要求

企业就是一个组织，没有人会怀疑这一点，但企业又是一个系统，也不会有人会怀疑这一点。在它的内部，子系统很多，而它自身又受制于一个更大的系统，是这个更大的系统的一个子系统。但在现实之中，一谈到企业组织，人们总想到公司的董事长、总裁、总经理、办公室、财务部、生产部、销售部等，似乎企业就像小孩过家家一样，搬几个砖头，上面贴上标签，这个砖头代表生产部，那个砖头代表财务部，还有个砖头代表办公室，最后再来几块砖头代表董事长、总裁、总经理等，把这些砖头堆到一块，就构成了一个企业。殊不知每一个部门，每一个岗位，都是来自于企业这个系统中的相应子系统的目标要求。

企业组织架构系统化，强调企业的单位、部门和岗位的设置，必须严格地根据企业各子系统的目标要求进行，并保证彼此之间的关系的协调。每一个单位、部门和岗位，必须明确并承担相应子系统目标功能所要求的工作。每一个单位、部门和岗位的职责作用，是来自于企业系统的相应子系统的目标要求。如果二者之间没有这种明确的对应关系，混乱和低效，则是不可避免的。

组织架构系统化是对组织架构这一管理实施的行为过程提出的要求。组织是实施管理的三大工具之一，其管理效果的好坏，又直接取决于组织架构本身的科学合理性。因此，组织架构，就直接构成企业管理的一个极其重要的活动。而组织架构科学合理的核心要求，也就是系统化。

组织架构系统化，包括三个方面的内容：

（1）强调组织架构的设计，必须严格地建立在系统思考的基础上。这也就是从系统的角度，对为达成企业发展目标的事务工作进行分解，以保证每项事务工作都落实到相关的单位、部门和岗位。这就是在明确企业所要达成的发展目标的基础上，分析确定为达成这特定目标所必须有的系统功能作用及其对应的事务工作，并对应进行关联分析和工作分派，设置单位、部门和岗位承担，以保证达成企业发展目标的事，事事有人做，不落下任何一件事。

（2）企业组织的单位、部门和岗位，都必须对应于企业组织所设定的目标，以及为达成特定目标所必须有的功能作用所要求的事务工作来界定其职责。这就是用企业发展目标来整合协调不同单位、部门和岗位之间的相互关系和行为活动的衔接，以避免让这众多的单位、部门和岗位成为一个一个的孤岛，各自为战，为了工作而工作，为了履行职责而履行职责，造成内耗和低效。

（3）组织架构系统化的核心是让进入企业组织的每一个人，都有系统的观念和意识，并从达成企业发展目标的角度认知自己的工作和他人的工作，使企业组织内部每一个单位、部门和岗位都自觉地相互配合、相互支持，为达成企业发展目标而齐心努力作贡献。

组织架构系统化的具体要求，可概括为以下五个方面：

（4）企业组织的单位、部门和岗位的设置，都必须能从企业发展目标所必需有的子系统功能作用中得到说明，任何单位、部门和岗位的去留和增减，都只能服务于企业发展目标实现的需要。

（5）每一个单位、部门和岗位，都必须明确自己的工作与企业发展目标实现之间的关系，并用这种关系的要求来界定各自的工作内容和标准要求。

（6）每一个岗位的工作都要有系统分析基础上的目标要求说明，不能从企业发展目标中得到自己岗位工作的内容和标准要求的，必须通过岗位合并或者裁减，以消除在这种不必要或不重要的岗位上的投入浪费。

（7）定期和不定期地对各个岗位所承担的工作进行系统分析，引导每一个岗位员工紧紧盯住企业发展目标，并让自己的工作都能直接为企业发展目标的达成作贡献，以避免只有岗位员工业绩，没有企业效益的事发生。

（8）严格区分单位、部门工作与系统功能作用的关系，并由子系统之间的关系来界定单位、部门和岗位及其相互之间的关系，由系统功能作用要求定义明确单位、部门和岗位工作标准，而不能相反，以避免割裂子系统及其相互之间的联系。

四、奖惩激励有据化的标准要求

企业为什么要奖惩？因为企业的每个员工都有自己的独立利益，任何人都不会学雷锋，无缘无故地为企业作贡献，这就必须有奖惩给予激励。员工为企业的发展作了努力，作出了贡献，就必须给予他一定自我肯定价值满足，这就是奖励。员工工作不努力、不负责任，给企业带来损失，就要剥夺他我肯定价值满足条件，这就是惩罚。

对于这种奖惩，必须有事先的约定。做了什么、做成了什么，该受到什么样的奖励、多大的奖励，在什么地方因为什么工作没有做到位，该受到什么惩罚，以及多大的惩罚，这些都必须有事先的规则约定，至少要有明确的制度作出界定，使其所得到的奖励和惩罚，无论是大还是小，都有事先确定的依据。否则，奖惩随心所欲，员工不知道什么样的行为会受到鼓励，什么样的行为是禁止的、不能容忍的，员工的行为选择不免无所适从。

如果员工只凭看老板的眼色和喜好行事，无法预测自己的行为后果，员工也就永远无法积极起来，更不用说发挥能动作用，创造性地为企业作贡献了。企业不是厂房设备和办公大楼的组合，而是要靠员工的努力和贡献为企业创造价值来实现发展的社会经济组织。没有员工的能动性和创造性的发挥，就不会有企业的存在和发展。

任何一个个人都不会因为想学雷锋而加入某一个企业组织，同时也不会毫无条件地为企业做好任何工作。因此必须有健全的企业激励机制，以调动加入企业组织的每一个人为企业发展作贡献的积极性。建立和健全这种激励机制的最基本要求，就是企业的奖励和惩罚设计得恰当，兑现得严格。奖励和惩罚是激励他人的行为动机，以使之做好工作的基本途径。没有一定的奖励也就无法引导他人的意志行为，没有一定的惩罚也就难以约束他人的意志行为。但一定的奖励和惩罚最终是否能够产生所希望的激励作用，又直接取决于这种奖励和惩罚实施的稳定性和规律性。对于任何一个行为的奖励，无论其奖励大小，如果不能与这种行为本身建立起稳定的联系，这种奖励也就起不到对这种行为的鼓励和诱导作用。对于要惩罚的行为也是如此。奖惩激励有据化也就是要求通过这个“据”把奖励和惩罚都直接与特定的行为稳定地联系起来，以使这种奖励和惩罚能够最大限度地对他人的行为选择起到诱导和修正作用。

奖惩激励有据化强调必须以一定的方式，明确奖励和惩罚的行为内容、范围和程度，把什么样的行为、何种程度的行为，要受到何种奖励或者惩罚，以及什么样程度的奖励和惩罚直接对应起来，让员工能方便地根据这种对应关系选择自己的行为。

这里的据，也就是针对不同的行为制定的一种共同约定。这种约定，必须是事先确定下来的、用明确的文字描述界定的。并且企业上下，包括管理者和被管理者都明确，而且保持相对的稳定。同时这种奖励和惩罚的约定还必须事先达成共识，并保证一定兑现，而不是发现了某种行为认为需要奖励或惩罚时由上司主管可老板随意给予奖励或惩罚。这里强调的关键点，奖惩的依据必须在被管理者的行为选择之前形成，以使这种约定，既成为被管理者行为选择的依据，也成为管理者实施管理，兑现奖惩的依据。

一个企业组织，如果所实施的奖励没有事先约定的依据，用以奖励的资源投入就纯粹是一种浪费。它仅仅只能给获得奖励的人留下一个上司老板还算知道好歹，没有忽视我的努力和贡献的印象。奖励和行为之间不能形成稳定的联系，行为与奖励之间具有太多的不确定性，也就不会形成诱导行为主体的行为选择的作用。对于没有事先约定的惩罚，更是一种不人道、不人性的行为，甚至可能被误以为是针对他的迫害。这样的惩罚不仅不能诱导行为主体的行为选择，相反还会激起行为主体的逆反心理，产生对抗，使之故意选择与要求相对立的行为。

奖惩激励有据化的具体要求，可概括为以下八个方面：

（1）针对什么样的行为进行奖励和惩罚，以及奖励和惩罚的方式和程度必须事先进行约定，以让被管理者明白，什么事是该做的，什么事是不该做的，什么行为是可以容忍的，什么行为是不能容忍的，为被管理者提供一个行为选择的依据。

（2）对于奖惩的方式、方法必须有事先的约定，无论是奖励还是惩罚，其方式、方法都必须对应于不同的行为和行为程度，作出明确的约定，以通过这种约定为被管理者提供一个行为选择的依据。

（3）所制定的奖惩依据必须全面公开，让管理者和被管理者都能准确、全面地把握其具体内涵和要求，以避免发生为了奖励而奖励，为了惩罚而惩罚的无效管理活动发生。

（4）奖惩依据的制定必须公开透明，避免把奖惩的设定针对具体专门的对象，以使奖惩成为诱导人们行为选择的有效激励措施和企业激励机制建设的主体内容。

（5）奖惩的依据必须保证相对的稳定，即使要修改也必须有让人认同的理由，以避免把这种奖惩依据变成没有约束力的文字垃圾。

（6）必须明确奖惩依据的时效性，强调只能对这种依据制定和公布之后，让每个人明确了，才具有约束力，不能把新制定的奖惩依据用于其正式颁布之前的行为上。

（7）奖惩的依据必须具体明确，不能仅仅只是一个原则性的说明。过于原则性的奖惩依据会给奖惩的实施带来不确定性，从而会降低这种奖惩的激励作用。

（8）必须确定奖惩依据兑现的具体责任人，使应该获得奖励的人能够根据自己的行为主动申报奖励，同时也使该受到惩罚的行为让人有地方去举报，给予惩罚。

五、运行过程流程化的标准要求

所谓运行过程流程化，也就是企业组织运行过程，都必须在流程梳理优化分析的基础上，确立流程标准，并盯住流程标准要求进行过程监控，并通过流程标准来协调单位、部门和岗位相互之间的配合协作关系，以规范岗位员工的行为，保证每个单位、部门和岗位所承担的工作，都仅仅为企业发展目标的达成服务。这也就要求打破传统的组织条块分割，由企业发展目标主导的流程进行控制，在明确确定其工作服务于企业发展目标达成的前提下，弱化对每个岗位员工行政指令的强制性，让流程活动承担人员根据流程标准要求确定每一个步骤和每一个环节要做什么、不做什么，使每个人都相对于企业组织运行过程子系统的目标要求承担责任。

在流程中，每个人都有自己所承担的职责限定和标准要求，但又不限于这种职责限定和标准要求，彼此之间有无条件地相互配合、相互支持、相互帮助的义务和责任。不再有上下之间的等级控制，每个人都是按照既定的流程要求进行工作，每个人的行为都服从这个流程的要求。不再有让人难以容忍的上下等级划分，每个员工都平等地为企业的存在和发展作贡献。尽管为企业所增添的价值、所作的贡献仍然有大小之别，但在人格尊严上是完全平等的，权力和地位的差别是结果，不是原因。正是因为他在这个流程中，作出了比他人大得多的贡献，使流程的其他承担人员从心底对他佩服、尊敬，从而使他享有比他人较高的地位和较大的权力。

但是，在此还有一个问题必须提及，这就是运行流程管理规范化是企业行事方式方法的规范化，而不是岗位员工工作程序的模式化和僵死化。

运行流程管理规范化，也需要有流程内部员工行为的行事程序和标准要求，但这绝对不意味着要对这种行事程序和标准要求进行固化。任何一个进入这个流程的员工只要发现了更有效的行事方式，都可以通过既定的程序，把它融入已有的运行流程之中，也就是优化完善运行流程。一个企业要有效地达成它所确立的发展目标，企业内部各个单位、部门和岗位的行为和活动协调配合是前提。而要实现这种协调配合，最有效的方式是通过流程梳理优化分析，把这些行为活动串联起来，变成一个流程。如果对达成一定目标的行为活动及其相互之间的关系和连接，没有流程梳理优化分析基础上的界定，而仅仅通过行政指令，由一个居于工作承担主体之上的上司主管来协调，这种行为活动也就是随意的、非流程化的。

企业组织要保证运行的效率，运行过程流程化是最基本的要求。通过对流程梳理优化分析基础上的流程标准进行约束，不仅可以减少直线等级控制的投入，而且可以降低直线等级控制所带来的摩擦，使行为活动本身更有效率和效益。运行过程流程化是一种与直线等级控制相对立的企业组织运行管理方式，它强调的是用流程的目标和相应的要求来整合资源的投入，而不是像直线等级控制那样，由高层管理人员，把工作承担主体当做一个一个的点进行管控协调，而是直接让这些分散的点连成线，用所寻求的目标对每一个连成线的点所提出的要求来整合相互之间的关系。这不仅能降低各个分散独立的点相互连接的困难，而且有助于减少作为独立的不同点的行为活动在资源投入上的浪费。

运行流程也可以分为内在流程和外在流程两个方面。

所谓内在流程也就是工作流程，是指为达成特定目标的行为活动由一个岗位员工独立完成，而仅仅是对行为活动的先后次序和数量、质量作出限定的流程，目的是使单独一个人的行为活动效率最大化，避免因为行为活动的自我组织不当而导致的浪费和低效益。

所谓外在流程是在不同的岗位员工，甚至是不同的单位、部门之间，为达成特定的目标而串联起来的一系列行为活动，也就是管理流程。它与内在流程之间的区别在于，行为活动之间的衔接和配合是由不同的人承担的，行为活动的上下游之间形成一个交接连接，并且下一个流程活动的承担人直接是上一个流程活动效果的评价人。

内在流程和外在流程之间并没有本质上的区别，当流程活动重复的次数增加到一定程度时，为了通过分工协作提升效益，内在流程往往就会转化为外在流程。反之则相反。

运行过程流程化的具体要求，可概括为以下七个方面。

（1）企业组织运行过程的所有活动环节，都要尽可能通过流程梳理优化分析，以流程的方式进行组织，以减少直线等级控制带来的官僚主义低效益，并通过组织扁平化来提升企业组织内部关系的平等程度以提升企业组织运行的效率和效益。

（2）在企业组织内部，每一个人都要有流程意识，并自觉地把企业发展目标的达成所要完成的工作通过流程方式来承担，以减少浪费。

（3）凡是跨单位、部门和岗位的工作，都必须梳理成运行流程来管理，并明确界定每一个单位、部门和岗位在特定流程中的义务和责任，直接用流程来协调和衔接单位、部门和岗位之间的行为活动。

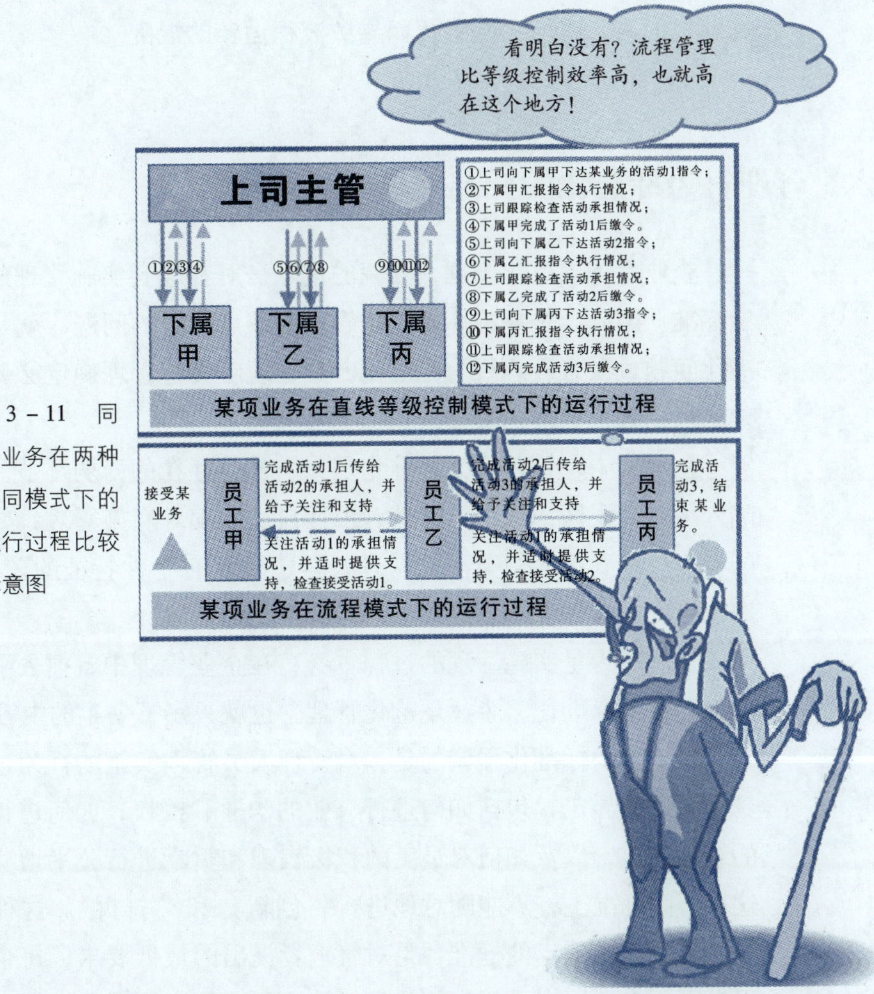

图3－11 同一业务在两种不同模式下的运行过程比较示意图

(4) 必须让企业相应主管人员直接对流程和流程结果负责，而不是对单个下属人员的工作成效负责，以避免完整的流程被块块管理所割裂。

(5) 必须按照运行流程的要求设定岗位，对于特定岗位员工所承担的流程个数要尽可能减少。尤其要避免让一个人承担多个流程中的活动，却在每一个流程中又只承担很少活动的情况发生。否则，不同流程的要求之间发生冲突，导致流程活动的延误，势必影响企业组织运行的整体效果。

(6) 必须按照流程来制定奖惩激励措施，即针对流程标准达成情况进行问责惩罚，对应流程效果实施奖惩，而不是针对具体岗位个人来实施奖惩，避免在激励形式上与流程管理方式相矛盾，以使每个岗位员工都高度关注自己工作的过程达标和最终目标和的达成，而不是把活动本身当做目的。

（7）最大限度地消除等级控制，尤其是要避免在企业组织内部具有特殊地位的人，跨流程瞎指挥而导致流程运转的混乱。

六、管理行为标准化的标准要求

企业整体规范化管理，强调的重点是对管理者实施管理的行为过程制定标准。因此，企业整体规范化管理要重点解决的问题，就是管理行为标准化问题。没有管理行为标准化，为管理者实施管理确定必要的规则，其他的规则就很难落到实处。

在现实中，管理行为标准化是一个普遍存在的薄弱环节。有很多人还陷入了一个误区：认为由管理者根据自己的偏好实施管理，并让管理实施的行为过程变得变幻莫测的管理，是一种具有个性特征的艺术化的管理。这也就成了管理人员抵制管理行为标准化的借口。

管理行为是实施管理的过程本身，在企业管理中，抽去了管理实施的行为过程的标准化，企业规范化管理，也就只剩下一半的内容了。

管理行为标准化强调的是，对管理人员管理实施的行为过程要求进行具体明确的界定，包括如何进行有效的沟通、授权，如何进行公正、客观的绩效考核，以及如何对员工的积极表现和贡献进行公平地奖赏。并且在这种行为标准上，不能随意地进行“创新”和“打折”。这种对管理实施的行为过程所确定的标准，是对管理者提出的最低要求，每个管理者都可以做得更多，更有成效，但首先必须按照这种标准要求行事。这就是“相对于管理人员，只有指定的活动，没有自选的活动”。

达成了这一目标，管理规范化的其他内容也就容易落实了。管理规范化的其他内容与管理行为标准化是目标和过程的关系，或者说是结果与过程的关系。通过管理行为标准化，控制住了管理者的管理实施的行为过程，管理目标和管理结果也就容易控制了。这里的管理实施的行为过程是狭义的管理行为，即实施管理的具体行为。说得更确切一些，它是在如何让他人做好工作的具体办法措施上的行为。要让他人做好工作，其关键点在于影响诱导他人的行为选择，使他人做好工作的意志意愿强烈而稳定。为达成这一目的的努力过程，就是管理实施的行为过程。

任何一个人都有自己独立的意志，不会轻易地接受他人的指令。想通过简单的指令让他人做好工作，那是很难达成目的的。因为任何一种指令，相对于指令接受者而言，都是被强加的一种意志。只要他有第二种选择，他都会选择抵制所强加的意志。因为接受别人的指令，并按别人的指令办事，这其中就包含有一种对自己地位和价值的否定，甚至带有一种对自己的贬低和侮辱，因而不免会给指令接受人带来或多或少的心理伤害。因此，指令接受人只要有其他可能的选择，他就会选择违抗指令，或者是使指令所要达成的目标成为不可能。当然，现实中也有喜欢依附于他人，自己不愿意动脑筋，而把自己的行为选择权交给他人，避免由自己作决定的人，但这种人毕竟少之又少。

正是从这个意义上讲，企图简单地通过指令来让他人做好工作，就不是一个好的管理行为选择。狭义的管理行为，包括五个环节的工作，即

（1）设计共同愿景，诱导被管理者关注企业组织的发展；

（2）通过沟通交流，直接使被管理者形成做好工作的意愿；

（3）授权为被管理者提供做好工作的外部资源支持，以为被管理者创造做好工作的外部条件；

（4）跟踪考核，准确把握被管理者工作的方向、进程、效果、问题和业绩；

（5）根据沟通的承诺进行酬赏兑现，给予与被管理者所付出的努力和贡献相适应的回报。

这五个环节的工作，构成一个完整的循环，就是管理的实施。只有当每一个环节的工作都牵动了被管理者的心，才能保证把被管理者的意志意愿调整到做好工作的努力上来。

管理实施的这五项具体工作，能不能起到诱导他人的意志意愿的作用，与这五个方面的行为是否恰当是联系在一起的。作为被管理者的人，都是主体性存在这一本质特性是共同的，所以，有效地诱导影响他人意志意愿的行为方式，也就具有共性。这就是管理行为标准化的意义之所在。

管理行为标准化，强调的是对这五个方面的具体方式、方法确定具体明确的实施标准，并在企业组织内部按照这统一的标准实施管理，避免在诱导被管理者的意志意愿上的随意性。尤其是要避免因为情感的原因，而对被管理者下属员工，进行亲疏分类，歧视一部分人，拉拢一部分人。发生这种行为，不仅不可能获得企业组织运行的最基本效率和效益，相反还可能分裂和摧毁企业组织，导致企业组织的崩溃。

管理行为标准化，包含有三个方面的内涵：

（1）管理实施的具体行为和措施，要有统一的行为标准；

（2）在企业组织内部要一视同仁，以同样的价值标准评价每一个下属员工；

（3）必须把管理实施的具体标准要求，作为每个管理人员管理实施的行为过程准则。

管理行为标准化的具体要求，可概括为以下八个方面：

（1）实施管理的五个环节的行为活动，都必须有制度化的标准限制，以使每个管理人员在实施管理的过程中，有法可依，有章可循。

（2）以制度的形式明确实施管理的具体行为标准，并有完整、全面贯彻执行的检查控制措施。凡是在管理实施的过程中所需要的活动，包括愿景设计、沟通交流、授权支持、跟踪考核和酬赏兑现，都必须作出详细而明确的界定，避免留下可能在管理者和被管理者之间发生矛盾和对立的真空地带。

（3）标准的制定必须根据每个企业的实际作出界定，既不能一刀切，也不允许过分强调自己单位、部门的特殊性，而选择一些违背行为科学基本原理的方式、方法。

（4）所选择的管理实施的行为过程标准，必须获得管理者和被管理者的共同认同，不允许想当然地站在上司主管的立场上，把这种行为要求强加于下属员工。

（5）凡是经管理者和被管理者共同认同的行为标准，都要用文字的形式固定下来，并且不允许在没有经双方共同讨论达成共识的情况下，随意变更，以保证这种标准的稳定性和权威性。

（6）要尽可能避免以指令的方式来驱使他人。只要不是紧急情况，就必须通过充分有效的沟通，在达成相互理解和认同的基础上，让被管理者自动请缨承担工作任务，自我设定行为准则，自己为自己立规定章。

（7）企业高层领导要身体力行，带头遵守管理实施的行为过程标准，并把管理实施的行为过程标准执行的情况作为对管理者进行考核的一项内容。

（8）具体标准可详可略，甚至可以简化操作，只设定禁止项，把不允许发生的行为方式全部列举出来，禁止所有不利于管理者和被管理者的意志融合的行为和言论，把需要从正面进行努力的方式、方法，留给管理者自己选择和探索。

七、绩效考核定量化的标准要求

绩效考核是企业管理的核心工作，要解决的问题是知人、识人，为用人、留人提供客观依据。这是常识。在一个企业中，无论这个企业规模是大还是小，都有必要对每个人的贡献进行量化评价。通过这种量化评价分析，把握其长处、短处和潜力，并用其长、避其短，发掘其潜能。尤其重要的是使每个人的自我价值能通过为企业的存在和发展所作的贡献来实现。只有这样，才能真正融合员工的意志目标和企业发展的目标。也只有这样，企业才能通过员工意志目标的达成来实现企业发展的目标。

绩效考核定量化，是高效管理的一个基本要求。但在现实中，这种定量化有真假之别。真实的定量化绩效考核，直接是对员工所作的努力和贡献的一种客观、定量化评价。虚假的定量化绩效考核，只不过是管理人员对其下属员工工作表现的一种主观评价的量化描述。在这里，因为是管理人员根据自己的感觉进行的主观评价，很难保证这种评价的公正、公平、客观、准确、全面。所以，这种量化描述很难反映下属员工努力的真实程度，以及所作贡献的实际大小。只有实现了公正、公平、客观、准确、全面基础上的定量化绩效考核，才能有助于提升下属员工为企业发展目标的达成作贡献的信心和能动性。虚假的量化绩效考核做不到这一点，相反只会鼓励下属员工讨好上司主管，投机取巧，因为他的绩效得分完全取决于上司主管的一句话。

绩效考核是企业管理中的一项核心工作，它是管理实施过程中跟踪考核环节中的一个方面的内容，是对于员工在为企业发展目标的达成，工作一个阶段之后，对他的工作成效和贡献的大小进行评价界定，以便为对他的奖惩、升降和去留提供客观、准确的依据。它不仅关系到员工的切身利益，而且对企业管理的整体水平起着决定性作用。任何一个重视管理的企业，都会高度重视它。

绩效考核定量化，是强调通过对员工的绩效考核标准和结果，以及员工绩效成绩的横向比较，都要提供量化的依据，使绩效考核的评价与员工个人对企业发展目标达成的贡献和努力状况对应吻合。这里的定量化不只是要求给下属员工一个量化考核评价，而是强调保证这种评价要达成公正、公平、客观、准确和全面的要求，避免随意给员工的绩效打一个由数量表示的评价得分。

绩效考核定量化的具体要求，可概括为以下四个方面：

（1）对于企业内部的每一个岗位的工作，都要确定量化的考核标准，并使这种量化标准与履职效果能方便地进行对比判断。

（2）绩效评价的量化必须与绩效考核标准的量化严格对应，脱离考核标准量化依据的绩效评价量化，就只能是虚假的量化。

（3）量化的标准必须能为不同层次、不同单位、不同职务类别的员工提供横向比较的依据，使量化的考核能准确地反映相对于他的实际履职效果。

（4）定量化考核只能针对员工对企业发展目标达成的贡献，与对企业发展目标达成的贡献不相关的内容，无论它怎么容易量化考核，都不能把它塞入绩效考核的内容之中。

图 3－12　到底谁会强调要重点考核态度?

八、权责关系明细化的标准要求

权责关系不明细是效益低下的企业在管理上存在的共有病症。岗位员工似乎都有很大的权利，却什么样的具体权利也没有；每个人似乎都承担了很大的责任，但什么样的具体责任都没有。就像有个幽默所讲：

有一个男人自夸在家里是最有地位的人，说他管大事而负小责。另外一个人问他：“你管什么大事?”

“比如谁当国家主席这种有关国家命运前途的事的议论和讨论，由我管，至于家庭的收入和支出这些琐事，则由我老婆管。”他回答说。

“你负什么小责呢?”

“买粮、买菜、做饭、洗碗、刷马桶等，由我负责，买房子、买家具由我老婆负责。”

在这里权责明不明？似乎是明的。但一眼就可以看出这种权责是不对等的，所承担的责任与拥有的权利相对的标的不是同一的，这就不是真正的权责关系明细。权责关系明细最根本的要求，是所对承担的责任和所拥有的权利有相同的目的物，并且对等地进行界定。否则，拥有权利的不承担责任，承担责任的没有权利，谁也不会努力履行职责，谁也不会约束自己的行为，这样的管理必然混乱、没有效益。很多企业管理混乱，乱就乱在这里。

权责关系明细化与流程管理的责任无边界并不矛盾。在流程内部，每个人也都承担有相应的活动。只不过每个人除了对此活动承担责任外，还要对流程整体目标的达成承担责任。所界定的责任，只是一个最基本的要求。特定的个人不能很好地承担这个责任，会有其他人提供帮助，不会因为这特定个人承担活动有困难而导致整个流程目标的达成受阻。但让他人提供帮助才完成自己活动的人，也会从内心反省自己的工作，并自责，或者在下一步工作中作出更大努力，在完成自己所承担的活动的前提下，也能为他人提供帮助。

这里的权责关系明细化，是针对实施管理的具体行为中授权支持环节而提出的要求。要保证被管理者能够做好工作，必须给予他做好工作所必需的外部资源，使他具备做好工作的外部条件。这也就是授权。但授给支配、使用权利的资源必须与他所承担的工作责任相对应，因为需要他承担特定的责任，才授予他相应资源的支配、使用权。授予的资源支配、使用权，是服务于所承担的责任的。所以，二者只有相互吻合，才能保证既没有资源的浪费，也不会发生履职困难的事。

而二者之间任何形式的背离，都会给企业组织运行的效率和效益带来不良影响。权大于责，会导致资源的浪费，使不该投入的资源没有意义地浪费掉。并且这种过剩的权利还会导致企业组织内部的职务腐败发生。大于责任的权利，只会被掌握这种权利的人用于权钱和权色交易，获取他个人的非法利益。这种大于责任的权利，很少有人会把它交回来的。责大于权，同样是不利的。责大于权也就是部分责任没有对应的外部资源支持，这种责任最终是无法履行落到实处的。与这种责任相对应的损失，也就是该做的事，没有人做或做到位。它必然会因为没法去做而最终没有人去做。该做的事没有做而导致的企业组织运行混乱和低效，也就没有人为之负责。

权责关系明细化，除了要求权责相互对应外，还要求界定清楚，使获得相应权利及承担相应责任的人，明确自己所能支配使用的资源的性质、数量和结构，以及对资源支配使用的后果所要承担责任的内容、方式和程度。并且，这里权责关系明细化的内涵，不仅是指工作承担主体本人要清楚明白其拥有的权利和必须承担的责任，而且他的上司主管，以及他的同事和下属也都必须清楚。后者直接是为他的权利的运用和责任的履行，构筑一个无所不在的监督环境，以使工作承担主体不得不严格约束自己，按照职责要求使用权利，并仅仅把这种权利用在职责履行上。而要使权责关系明细，就必须借助一定的方式进行界定，即对一定的工作承担主体进行授责、授权，必须有当时能表达清楚准确，事后能提供检验对照的依据，以使所明细的权利和责任对工作承担主体以及授责、授权人，都形成一个明细可辨的约束。

权责关系明细化的具体要求，可概括为以下六个方面：

（1）对任何一个岗位员工进行授责、授权，都必须同时、同量、同质地对应进行。授权不能脱离责任，授责不能脱离权利，以避免权责分离造成的混乱和低效益。

（2）所授给的权利和责任，都必须明确具体，不能笼统地授权、笼统地授责。这不仅是要求所授给的责任和权利都必须有对应的质和量的限制，而且要“专款专用”，使所授予支配、使用权的资源，只能分别对应于特定的责任。

（3）必须尽可能避免口头授责、授权。口头授责、授权当时可能都明确，可能事后就不明确了。所以，即使在特定的情况下，口头授责、授权了，也要通过一定的方式，用明确的文字给予追记，保证所有的授责、授权都有准确的文字界定。

（4）必须保证所授予的权利和责任具有相对的稳定性。对所授予的权利和责任的变更，必须事先确定其变更的条件，只要没有特殊的情况发生，事先约定的变更条件没有出现，就不能随意变更。

（5）对于所授予的权利和责任的调整和更改，必须选择与授予时的同样形式，避免因为形式上的不同而对前后授责、授权行为的理解认同程度发生歧义，使兑现落实发生困难。

（6）要调整更改已授予的权利和责任，在正常情况下，必须与权利享有人和责任承担人进行沟通协商。一方面通过沟通协商，保证权责变更的明细性；另一方面又避免让对方产生误解，引起抵触情绪。

九、目标管控计划化的标准要求

确立目标就是立志。中国有句俗话说：有志的立长志，无志的常立志。目标管控计划化强调的不仅仅是要制定长期目标，而且要制定有具体措施保障的长期目标，并在这个长期目标之下，确立短期目标计划与之对应，以保障其长期目标的达成。目标和措施本身也是相对的，战略措施相对于长期目标是具体措施，但相对短期目标而言，它本身又是目标。

有志者立长志，就是在确立长期目标的前提下，把战略措施变成短期目标去追寻和努力，并最终实现长期目标。无志者常立志，也就是短期目标与长期目标的脱节，或者说没有长期目标，结果是东撞西突，没有方向。三天两头儿在制订目标，但从没有目标的达成。强调企业经营管理的目标管控计划化，一方面是强调企业经营要有远大的追求，不能鼠目寸光；另一方面又要从现实出发，脚踏实地地做事，不能好高骛远，脱离实际空想。这一问题在现实的企业管理中并没有引起充分的重视。这往往导致两个结果：一是企业经营没有长远打算，过于随行就市，短期化行为，因而致使企业资源无法获得高效的利用和开发，更不可能达成企业整体效益的最大化；二是企业有长期规划，但没有具体有效的计划措施与之对应，结果使所确立的长期目标，失去了约束作用，成为没有意义的空话。

这一问题，在现实的企业组织运行中是一个具有普遍性的问题。因此企业整体规范化管理，必须把这一问题的解决作为一个基本的目标要求。

目标管控计划化是对管理实施的具体行为中愿景设计环节所提出的专门要求。目标是构成愿景的核心内容。但要使这种目标具有感召作用，让必须由他们的努力来实现的人被吸引住，就必须有分步骤实施的计划措施与之对应配套，以使这种目标成为切实可行、能够达成的具体量化指标。任何一个目标如果不能对应地分解成一步一步靠近目标的计划，这种目标也就只能是一种空洞的幻想，没有人会认为它可能达成，也就不会有人为这种目标的达成付出努力。如果它能够分解成具体的、让人感觉到切实可行的、完全能够实现的计划，这就可以使它起到提升人们达到目标的信心，激发人们为这种目标达成付出不懈努力的热情和耐心的作用。也只有这样的目标，在管理中才能发挥引导人的行为选择的作用。

目标与计划是紧密相连的，目标可以说也是一种计划，计划也可以说是一种目标。在这里我们是用目标来表示一种总体的综合性发展指标，而计划则是具体的、措施性的、分步骤的发展指标，是对这种总体的综合性发展指标的一种分解。目标管控计划化，也就是强调在制订总体的综合性计划时，要有全面具体的措施性计划与之配套。一方面用这种具体配套的措施计划来论证说明总体的综合性计划的可行性；另一方面又为总体的综合性计划的达成设定出分类、分步骤落实的考核标准，以便于对达成目标的努力过程进行控制。

目标管控计划化的具体要求，可概括为以下六个方面：

（1）设定任何一项目标，都必须有与之配套的具体计划措施。没有具体计划措施的目标，就不能确立为企业的目标内容。

（2）对所确定的目标，必须在分解成具体的具有可操作性的计划措施之后进行分析论证，以通过对计划措施可行性的分析判断，来论证确定所确立目标的可行性。

（3）由目标分解形成的分步骤的具体计划措施，必须能够为目标的达成提供控制依据，以使目标在企业组织运行中具有引导和约束作用。

（4）对任何一个单位和部门，所上报的目标规划都必须有配套的计划措施，以使所分解的具体计划措施能成为上级主管评价下属所确定目标的可行性的依据。

（5）上级单位向下属部门或岗位员工下达目标要求，也必须有与之配套的框架性计划措施提供支持，避免用抽象空洞的，下属员工无从着手的目标去驱使下属员工。

（6）由目标分析形成的具体计划措施，必须留有一定的余地和贯彻实施的弹性，使计划的具体执行人，能够根据内外部环境的变化，进行小范围的调整，从而通过小调整来保证大目标的稳定，以避免因为综合性大目标的多变而失去其权威性。

十、活动措施具体化的标准要求

世界著名企业在管理上的一个最大特点，就是注重对措施细节的控制。它们的管理不只是对行为作出原则性要求，而是对企业活动的每个细节，都要求作出明确的界定。他们的业绩正是靠这样一种注重措施、注重细节控制的管理来实现的。这种注重措施细节的管理，可以起到把智者的聪明才智普遍化的作用。它们所制定的措施细节标准，都是根据杰出员工的行为结果分析得来的，普通员工严格按照杰出员工行为方式行事，也就可取得杰出员工所能取得的杰出业绩。科学管理之父——泰罗就是通过这种思路来实施科学管理的。

我们国内企业与世界著名企业的差距，差也就差在这个地方，不注重细节，把细节问题留给员工自己随意处理。员工个人的素质有差别，其具体做事的方式也就会有差别，做事的成效也就不免因为做事方式上的差别而造成差别。在世界著名企业中，新聘员工上岗三天就可以熟悉自己岗位的职责，了解自己岗位的权力，明白做事方式、方法上的具体标准要求，完全进入角色。但在我们国内企业中，绝大部分企业新聘员工都要花三个月的时间才能做到这一点。仅此一点就使我们与世界著名企业的差距拉大了30倍。据有人调查，在市场经济条件下，每个人一生平均跳槽八次。在中国企业中，每个员工平均要累计浪费整整两年的有效工作时间，而在管理好的世界知名企业中，这却只需要浪费24天的有效工作时间。要消除我国企业与世界先进企业的差距，显然没有活动措施具体化目标要求的达成，是不可能的。所以活动措施具体化，也就必须作为企业整体规范化管理的基本目标要求。

活动措施具体化又可叫做活动措施细节化，是要求管理者和被管理者都要高度关注工作的细节。在工作的具体实施过程开始之前，就尽可能把问题想得周全一些，以保证把事情做得更完美，避免因为具体细节的疏漏而导致工作的失误。根据作者归纳的管理学第一原理的第三个推论，“不应该发生而可能发生的事，却一定会发生”，要避免不应该发生的事的发生，也就必须从具体细节上堵住所有可能发生的任何一个细小的漏洞，使不应该发生的事根本不可能发生。这也就是对管理的一种精细化要求，使管理者实施管理不仅仅要从宏观方面把握住，管住大的方向，而且要关注具体细节，以便在最终结果上能把握准。任何一件事，都是由一个一个的细节构成的，无论这个事是大还是小，都不例外。并且，在管理上真正是没有小事的，任何一个被忽视的具体细节，都可能带来严重的后果，甚至是灾难。管理无小事，也就要求必须在措施上盯住具体的细节，避免因为不当小事的发生，而导致管理所谋求的目标的落空。

活动措施具体化要求对每个岗位履行职责的细节，都要有事先的标准约束，不能只是笼统地确定一个工作的内容和努力的方向。必须把要做什么、做到什么程度，都作出明确的界定，不允许大而化之地对工作的职责作一个扼要的陈述。但活动措施具体化也并不是要剥夺限制具体工作承担人的能动性和创造性，而是对能动性和创造性发挥的具体效果作出一个最低效率和效果限定，使下属员工的创新探索必须保证其效率和效果高于原有的具体措施方法，以避免下属员工不负责任地创新探索。这种限定实际上是一种最基本的要求，具体工作承担人完全可以做得更好，也应该做得更好。活动措施具体化，也就是通过控制住措施细节来保证大小工作都做到万无一失，只能成功，不能发生任何纰漏。

活动措施具体化的具体要求，可概括为以下六个方面。

（1）对任何一个岗位的任何一项职责的履行，在措施上都必须有具体的细节说明，以保证工作效果的严密性和不同岗位之间工作衔接的吻合性。

（2）对于任何一项新开展的工作，所作的方案设计，都必须有具体措施上的细节分析说明，至少要为具体工作的承担人提出具体细节上的参考意见，以让具体工作的承担人有进一步发展、完善、提高的基础。

（3）上司主管向下属员工分派任何一项工作，都必须有具体措施上的细节说明。这种细节既可以由上司主管进行明确地界定后，随工作分派一同告知具体工作的承担人，也可以让具体工作承担人自己思考分析拟订好之后，反馈给上司主管，再由上司主管确认。无论措施的具体细节由谁设计确定，都必须有事先的思考和安排。

（4）企业组织运行过程的关键重要活动，都必须以文字的形式对其具体措施细节进行界定，以主管对照跟踪检查和考核。

（5）承担工作的具体措施细节必须不断完善，以便把具体工作承担人在实践中所探索的好的思路和方法，补充到对应的措施细节中去。

（6）细节描述的界定，必须用规范的语言，以便让任何一个新手都能够明确工作的具体承担措施和细节要求，以减少新手进入岗位之后摸索完成工作的具体措施造成的浪费。

十一、监管控制过程化的标准要求

粗放的管理的一个特点就是不管过程，只管结果。但当结果已经出现时，再进行控制也就无法挽回其损失了。过程是结果形成的前提，只有控制住过程，才能控制住结果。高效管理的一个最基本的要求，就是在不良结果出现之前，通过监管控制住过程，以避免不良结果的发生。结果就是现实，现实的东西只能接受它，不能改变它，要避免所不希望的结果发生，就必须在结果出现之前，守住过程，这就是监管控制过程化的最基本要求。

从严格意义上讲，管理工作做到已不得不对被管理者实施处罚时，其管理就已经失败了。管理的目的不是要惩罚人，而是要让被管理者积极努力、创造性地做好工作。被管理者没有做好工作，这本身就是管理的失败。所以抓住过程，当被管理者下属没能积极地创造性地工作时，就要通过监管找出让他没有积极地创造性地工作的原因，并对应控制，消除和改变导致他不愿积极地创造性地工作的原因，不能等到事物发展到最终结果出现之后，再去追究他的责任，实施惩罚。监管控制过程化就是强调在事物发展的过程阶段进行控制，避免不应该发生的过程的发生，进而防止不应该发生的结果的出现。所以企业整体规范化管理，要能保证充分提高企业组织运行效率，就必须达成监管控制过程化目标。

监管控制过程化与活动措施具体化在要求上存在很大的关联性，但二者的要求并不完全相同。监管控制过程化强调的是企业整体规范化管理，必须调整一个观念，把管理的重心从对结果的关注，调整到对过程的关注上来，避免当不良后果出现后，再对责任人进行处罚。活动措施具体化则是强调要把所确立的目标和好的设想，具体到达到目标、实施设想的具体措施上来，不能作不切实际的空想。

任何一个管理人员无论是处于高层，还是处于基层，都必须记住一点：如果不得不对下属员工实施惩罚，也就意味着自己的管理失败了。管理是通过他人做好工作，成效的大小和有无，都必须依据他人是否做好了工作来评价。如果没有做好工作，而不得不追究他人的责任，对他人实施惩罚，这也就是作为管理者的上司主管，在管理的实施过程中，有疏漏或差池，没有让被管理者把工作做好。下属员工没有做好工作，第一个要承担责任的，就是他的直接上司主管。海尔的20/80原则中强调要由上司主管对下属的过失承担80%的责任，道理也就在此。但这里不是讲如何对没有做好工作的后果责任进行划分，而是要求如何最大限度地避免不希望出现的结果的出现。这就是监管控制过程化的核心内容。

监管控制过程化强调的是，为寻求某一特定的结果而实施的监管控制，必须直接从产生结果的过程入手。在结果没有产生之前，关注产生结果的细小过程，对过程本身进行监管控制，以避免不希望出现的结果的出现。仅仅盯住结果也就是没有监管控制。当一定的不希望出现的结果出现之后，无论怎么惩罚也都不可能改变所发生的既定事实。损失已经发生了，任何形式的惩罚也都只能起到微不足道的惩戒作用，不可能全面挽回已造成的损失。覆水难收，所以其关键是要保证水不覆，而不是覆了再设法去收。

监管控制过程化所强调的对过程的关注和控制，与运行过程流程化所强调的要关注结果，并不是矛盾的。运行过程流程化是强调让具体承担工作的人，要严密地关注自己工作的成效，并从最终服务于企业发展目标的达成上思考问题，明确方向，避免为了工作而工作，这是对管理者和被管理者提出的统一要求。而监管控制过程化则是对上司主管在实施管理的思路和方法上提出的要求，是在过程阶段就堵住不希望出现的结果出现的可能性。二者之间是一种互补的统一关系。

图3－13 没有事先的过程控制就惩罚，就是迫害

监管控制过程化的具体要求，可概括为以下六个方面。

（1）强调管理者要深入现场进行走动式管理，不能坐在办公室里等结果，要和下属员工一同为寻求好的结果共同努力。

（2）上司主管对下属员工的工作必须提供方向性的指导意见，并及时把握下属员工工作的进展、困难和状态，并及时提供帮助，为下属员工工作中发生的问题提供解决办法，排除下属员工工作中存在的困难。

（3）对下属员工的工作必须进行定期和不定期的跟踪，以保证每一个上司主管所管辖的工作能件件、事事处于受控状态，让上司主管在结果出来之前就能够准确地把握其结果。

（4）要建立完善的工作汇报制度，让下属员工定期向上司主管汇报工作的进展情况，让上司主管有机会对工作进程中所发生的细微问题在漫延发展之前采取补救措施，以避免发生了大的失误之后造成补救挽回上的困难。

（5）对于任何一项大的工作或者是新的工作，在开始之前，都必须有完善而具体的计划措施的设计和论证，避免摸着石头过河造成的失足损失。

（6）要经常对下属员工工作的具体方法和措施提供指导，组织培训，让下属员工具有圆满地承担工作的系统知识和操作技能，以避免措施方法不当而造成不必要的损失。

第五章

企业规范化管理的效果标准

如何检验企业规范化管理实施后的结果呢？这就要从企业内部经营管理要素与外部竞争对手情况来分析。具体而言，可以从以下八个方面进行：决策制定的零失误、产品质量的零次品、产品客户的零遗憾、经营管理的零库存、资源管理的零浪费、组织结构零中间层、商务伙伴的零抱怨、竞争对手的零指责。本章对此一一进行了分析。

一、企业规范化管理的效果检验标准——“八零”境界

企业规范化管理，最终是服务于企业效益的提升，因而它必须能够直接带来看得见摸得着的企业组织运行的效率和效益。如何才算是实现了企业规范化管理呢？并不仅仅在于企业采取了多少个措施，颁布了多少个制度，确立了多少个标准，而在于是否给企业组织运行的效率和效益带来了明显的改善。

企业规范化管理的效果标准可以概括为八个方面的内容，即“八零”境界：决策制定的零失误、产品质量的零次品、产品客户的零遗憾、经营管理的零库存、资源管理的零浪费、组织结构零中间层、商务伙伴的零抱怨、竞争对手的零指责。这“八零”境界，也可以说是企业规范化管理的一个评价标准。达成了这“八零”境界的标准，规范化管理也就算真正实现了，在管理上的投入也就不再有能带来企业组织运行效率和效益的改善了。否则，通过规范化管理的实施，提升企业组织运行的效率和效益就仍然有余地。

这“八零”境界实际上是一种趋势性要求，它是指通过企业规范化管理的实施，使企业组织运行的效果可以趋于“八零”境界，但并不是说企

业在规范化管理上作了一点努力，就一定能够达成“八零”境界。“八零”境界同时也是企业管理的最高境界，达成了“八零”境界，企业管理也就到了无懈可击的地步。不过也不能因此认为“八零”境界就是不可能达成的一种理想，而只能说是企业只有在规范化管理上的努力，达成了相当高的程度，才可能接近的一种境界。并且这“八零”境界实际上也是可以达成的一种境界，只不过在现实中直接把这种“八零”境界作为企业组织运行的一种效果标准来努力的不多。在这“八零”境界中，任何一个“零”都可以找到现实的典型，也就是说它并不是一种空想，而是企业管理实践中实实在在存在的一种状态。

由规范化管理效果的“八零”境界，可以直接说明企业是否真正实现了规范化管理。有的企业老板担心实施规范化管理之后，把人的主动性和创造性都扼杀掉了，实际上也就是忽视了企业规范化管理在效果上的标准要求，以及必须寻求的效果上必须达成的境界。而是把管理过程的规范化当成了目的本身，变成为了管理规范化而管理规范化。如果是这样，这就不是规范化管理。相反地，这种规范化管理本身更是需要规范化。管理必须创造效率和效益，严密而科学的规范化管理更是强调要用效率和效益来检验管理本身的科学性和严密性。不具有明显的效率和效益的管理，直接就是管理不规范的一种表现，这正是需要通过规范化管理予以改进和提升的内容。

下面就企业规范化管理的效果检验标准——“八零”境界分别进行分析讨论。

二、决策制定的零失误的标准要求

零失误是市场决策的最高要求。决策正确与否，即能否及时把握市场的变化，抓住市场机遇，躲避市场风险，决定着企业的生死存亡。作为决策者对每一项决策都务必使其实施成功的概率趋于1，失败的概率趋于0。任何一次重大的决策失误，都会给企业的发展带来灾难性的结果，即使是一般性的决策失误，也会影响企业发展的业绩。

有一家主要制造压力钢瓶，并且是相当有影响的企业，曾在钢瓶行业中稳坐老大，市场份额超过70%。就因为一次错误的决策，上了一个不该上的项目——轧钢厂，数以亿计的资金投向了这个项目，最后仅仅试了一下产，就报废了。它的钢板生产成本高出市场价格一半以上。就因为这个项目，使之从钢瓶生产中抽掉了过多的资金，过多的管理力量，使它的主导产品——钢瓶质量下滑，市场份额降低。在不到两年的时间里，市场份额由70%降到不足13%。企业组织运行也因为资金问题而越来越吃紧，后来不得不把它下属的一些小公司低价转让出售。在此之前，他们的决策都是正确的，就是这样一次错误的决策，使一个辉煌向上的企业集团一下陷入重重困境之中，苟延残喘一段时间后，一再萎缩，淡出了人们的视线。

企业要持续稳定地发展，决策制定的零失误是前提、是关键。决策所涉及的问题，是企业发展方向、发展战略上的大问题。决策错了，其他管理工作做得越好，就越会放大这种错误。就像南辕北辙的人，跑得速度越快，离所向往的目的地就越远。

从这个意义上讲，要保证企业达成持续快速发展的目标，必须首先扼住决策制定的零失误这个要塞。决策制定的零失误，是保证企业持续快速发展的一个前提，也是任何一家企业都希望达成的一种境界。究竟什么样的境界才算是决策制定的零失误呢？这得从决策制定主体的行为和决策制定的效果两个方面分别分析判断。

从决策制定主体的行为分析，是指在决策制定的过程中，决策制定人的行为活动本身在主观上没有发生错误，决策制定人的思路和方法都正确无误，并且也是严格地按照应该有的科学分析方法所确定的程序要求实施的。

从决策效果分析，是指决策制定对资源配置方式的选择已达成了最优：一是没有造成企业资源的无效投入和浪费，包括资源的闲置，使企业有限的资源都在企业发展目标达成中起到了应该起到的作用；二是没有错过或者失去任何一个应该抓住的机会，使企业的发展充分利用了外部环境变化所带来的机遇。

尽管这两个方面的内容存在着紧密的关联关系，但二者之间并不是一种直接对应的关系。前一个方面的“零”的目标的达成，并不一定能够保证后面一个“零”的目标的达成，主观努力要受到客观条件的制约。前一个“零”也仅仅是说明人为的努力已经作得很充分，但毕竟任何一个人无论多么伟大、多么聪明、多么有权力也都不可能把整个世界掌控住，把玩于他的手掌之上。谋事在人，成事在天。主观努力和客观实际效果发生一定的差异是不可避免的。同时，后一个“零”的实现，也不一定绝对地依赖于前一个“零”的实现。买彩票的人凭他的主观臆断进行选号，也有赌准得奖的时候，尽管二者之间没有任何形式的联系存在，纯粹是一种偶然。这就像瞎子算命是骗人一样，但也有撞上说对的时候。如果相对一个事件，一个决策，任何方式的决策也都可能使失误为零，就像抛一个硬币，赌正面向上或向下都有50%正确的可能。就一次而言，赌对一次，也就是零失误。但随着事件的重复和决策数量的增加，在主观上不作努力要实现决策制定的零失误，其可能性就会越来越小。这正是他们二者之间的联系之所在。因此，任何一个夸口通过直觉决策获得成功的企业老板，既不要夸大自己这种直觉决策的效果，也不要沉浸在这种直觉决策的自我造神运动中自我欺骗。

在这里，永远要记住一点是：决策制定的零失误，是要保证持续多年、反复多次的决策，都没有失误。

决策制定的零失误的具体要求，可概括为以下五个方面：

（1）决策制定过程有严密而科学的程序控制，参与决策制定过程的每一个人的每一个行为都没有违背程序要求的随意性行为，每一个人的活动都没有失误。

（2）不存在自主计划的资源储备之外的资源闲置。这种资源闲置的发生，也就是决策失误的结果表现。

（3）没有发生自主计划负债之外的被动负债和资源短缺。这种被动负债和资源短缺的发生，也是决策失误的结果表现。

（4）没有错过任何一次企业应该抓住，也有条件抓住的市场机遇。任何应该抓住，并有条件抓住的市场机遇的错过都是决策失误的结果表现。

（5）没有任何形式的资源流失和浪费事件发生，包括人才的流失，任何资源的流失和浪费也都是决策失误的结果表现。

三、产品质量的零次品的标准要求

产品质量的零次品是质量管理上的最高境界。产品质量的零次品，意味着所有产品都是优等合格品。从20世纪70年代开始，发达国家中众多的企业投入大量精力寻求这个质量管理上的最高境界。在欧美国家普遍推行的6σ标准就是对产品质量的零次品境界的一种寻求。它强调在每100万件产品中，不良品不得超过3.4件。早在1985年，日本纺机生产厂，要求其零件不良率不得超过百万分之一，1991年提高到二百万分之一。

产品质量的零次品，它不仅最大限度地降低了质量成本，而且大幅度提升了企业品牌的价值，因为产品质量是构成企业品牌价值的核心内容。谁拥有了零次品的产品，谁就可能最大限度地拥有客户，实现其产品市场份额的最大化和销售收入的最大化，进而实现投资收益的最大化。

在一般情况下，产品质量损失是仅次于决策失误损失的一种经营损失。因而使产品质量的零次品相对于任何一个企业发展的持续稳定，都显得甚为重要。并且产品质量的零次品，在企业管理中再也不是神话，实施6σ 标准的企业把次品率降到百万分之 3. 4，这实际上也就使产品的次品率趋于零了。ISO 9000 标准也是服务于这一效果标准的，但要真正使产品质量的次品率趋于零，在企业组织运行中，还必须有企业组织运行整个过程提供全面的支持。

产品质量的零次品的效果标准，很容易理解，也很容易判别。但这里强调的不仅仅是由企业提供给消费者的有形产品，没有一件是不符合工艺技术所能达成的标准要求的，而且是强调这个产品合格与否，是由当时的工艺技术水平事先界定的标准来衡量的。其标准内涵是发展的，即随着科学技术的新发展在工艺上的运用，使质量所要求达成的标准，也就越来越精确，越来越高。

同时，这里的产品是一个综合性的概念，不仅仅是指有形的直接让用户抱回家的实物产品，而且包括与实物产品相配套的服务。售前、售中和售后服务，它们都是企业特定产品对应的构成部分。因此，产品质量的合格，还必须包括与之配套的服务质量也合格。实物产品质量达成了当时工艺技术所能达成的标准，如果售前、售中和售后的服务质量不高，也仍然属于产品质量有瑕疵。

产品质量的零次品的具体要求，可概括为以下三个方面。

（1）企业所提供的产品和服务，都必须严格地与这种产品和服务说明书的介绍相符，不允许有降低标准要求的地方。

（2）对企业提供给客户的产品和服务，必须达成当时工艺技术水平所能达成的标准要求，并使所提供的所有产品和服务都达成工艺技术所限定的标准要求。

（3）对企业提供的与实物产品相对应的服务，都必须有明确的标准界定，并且这种标准的界定必须站在客户的立场上，为客户着想，能为客户带来足够多的方便和满足，以使每一个与实物产品对应的服务都达成客户满意的标准要求。

图3－14 规范化管理的十大行为要求

四、产品客户的零遗憾的标准要求

产品质量的零次品，是客户满意的前提，远不是客户满意本身。在很多情况下，仅仅有一个产品质量达到所谓的国家标准是不够的。购买企业产品的并不是国家，除非是国家政府订货。因此这种国家标准仅仅是一个裁定企业与消费者纠纷的依据。如果企业仅仅能满足一个让客户无法从法律的角度挑出自己产品的毛病，保证能在所有的产品质量纠纷中立于不败之地的要求，企业是不可能实现其稳定发展的。企业存在的目的，不是打官司、胜官司，而是要避免这种官司，以让客户广泛认同自己的企业和产品。所有要寻求的目标，应该是企业产品的客户对企业及其产品没有任何遗憾。

产品客户的零遗憾不仅意味着客户最终会选择自己企业的产品，并且能从心底认同自己的企业和产品。它表现的不仅是客户对自己企业的产品质量满意，而且意味着客户对自己企业的行事方式也满意。客户对企业产品质量的满意，也就意味着客户认同企业的产品质量，产品质量达到了他所希望的标准，而不在于这个产品的质量是否达到了国家标准。往往客户对企业产品发生不满，并不是这个产品没有达到国家标准，而是产品质量在技术上的可能性与他的理想存在差距。导致这一差距的原因往往有二：一是客户对这种产品的生产技术现状不太了解；二是产品的广告承诺与产品质量现实有差距。

这两种情况都是企业与客户之间在沟通上发生了问题。前者是沟通不畅，客户不了解现有技术所能达到的质量水平；后者是企业的恶意欺骗，用虚假广告欺骗了客户。在现实中，客户往往也并不是要求其产品一定要达成国家统一的标准，是否满意，仅仅在于这产品给客户带来的自我感受。因此，企业只要真实客观地告知了其产品的技术性能标准，客户也认为这已经能满足自己的需求，一般不会去关心它是否达到了国家标准。客户对企业行事方式的满意，是客户对企业已有充分的理解，认定企业行事方式该当如此。这是对企业组织运行过程的一种认同，也是客户自我价值判断的一种实现。而这种自我价值判断的实现，会直接带给他一种心理上的满足。

所以，产品客户的零遗憾，是以产品质量的零次品为前提的，但其要求比后者要高得多。它强调要为客户提供合格产品之外的心理需求满足。达成了这一境界，也就意味着，客户一旦成为企业的客户，就会对企业形成高度的忠诚度。提供国家标准质量的产品，一般企业都可以，那么，客户选择购买谁的产品也就无所谓了。而实现了产品客户的零遗憾，则意味着客户在此获得的满足不仅仅是产品本身所有的效用，还有来自于产品效用之外的心理满足。这种满足不是仅仅能提供国家标准质量产品的企业就能提供的，因而使客户的产品购买选择会相对稳定下来。

企业所提供的产品最终都得由客户来评价，只有客户全都满意，没有不愉快的事发生，才能稳定客户，获得客户的忠诚，进而稳定市场份额。但客户会不会发生不愉快的遗憾事，并不完全在于产品质量是否全都达成部颁标准或国颁标准。产品质量有瑕疵，产品客户肯定会抱怨不满，直接对企业及其产品感到遗憾。但是，并不是说产品质量达成了部颁标准或国颁标准，产品客户就不会发生不愉快。不愉快同样会发生，只是概率降低了。并且如果发生了客户不满引起的诉讼，企业也一定能够胜诉。要使产品客户不发生不愉快的遗憾，最关键的是对客户表示理解，并通过一定形式进行沟通，获得产品客户对企业及其产品的理解和认同。尤其是强调通过沟通理解和服务来发掘客户，引起客户对自己企业和产品的关注，并购买自己的产品。而不是通过模糊的广告，使产品客户发生错觉和误解后而购买自己的产品，就像“基尼斯”套用“吉尼斯”的标志，在客观上对客户产生误导一样。否则就不仅仅是招来产品客户的不满，而且还会惹来侵权诉讼。

产品客户的零遗憾，实际上是要求任何一家企业，无论规模大小，在市场上处于什么样的优势地位，也都必须对客户以诚相待，时时、事事站在客户的立场上为客户考虑，平等地对待客户。相对于客户，并不仅仅是停留在国家法律法规所界定的义务范围之内，而是要把客户真正当做自己的衣食父母，关心客户，理解客户，为客户提供周全的服务。客户作为企业产品的消费者，并不是作为一个法律主体来与企业打交道的，企业也不能把客户当做一个法律主体来对待。在与客户的关系上，仅仅谋求通过法律来调节是绝对不够的。所以，很多企业往往因为忽视这一点，而把客户作为一个法律诉讼主体对待，赢了官司，而输了情感，也输了市场。企业与客户之间，首先应该是由情感调节的关系。只有当情感破裂，彼此之间的敌对关系已经发生，才进入权利和义务的法律调节范围之内。在任何时候，一讲权利和义务，也就失去了情感。没有情感处于弱势地位的一方，因为不理解而遗憾也就是不可避免的。

产品客户的零遗憾，是检验企业经营思想和经营宗旨效果的一个标准，强调的是让企业最大限度地为产品客户提供价值满足，使彼此之间建立情感联系。这一要求也是一种趋势性要求，只有当企业重视与产品客户之间的情感联系价值，才能不断地减少产品客户对自己企业和产品的误解。是否能让任何一个客户都绝对的满意，关键在于能及时地用情感来调节相互之间的关系，而不是作可能与否的判断。如果不努力为之，肯定不可能，如果努力为之也就可能。即使这样，往往也仍然难以使之为零。因为在产品客户与企业之间，发生不愉快的遗憾事之后，客户不一定直接对着企业抱怨，而是在其社会交往中，向社会和他人表达自己的不愉快和遗憾，企业不一定有机会及时了解客户所发生的遗憾，并及时消除。所以必须在强化与客户的沟通渠道上下工夫。黑龙江比优特商贸有限公司，为了鼓励客户提出产品和服务质量上的不满和抱怨，每向公司提出投诉一次，奖励50元钱，就取得了很好的效果，并因此大幅度提升了公司的品牌价值。它是一家以超市和商场为主业的公司，开始有人担心会不会有人为了这50元钱的奖励而无中生有以欺骗公司。事实结果是，尽管为了这50元钱而说假话的事件偶尔存在，但微乎其微，而公司在这一沟通渠道上花费的钱则节省了广告投入。

产品客户的零遗憾的具体要求，可概括为以下六个方面：

（1）自觉地把产品客户作为情感对象，主动地关心产品客户，并通过所有可能的形式与产品客户沟通，最大限度地达成双方的相互理解，以减少不必要的误解。

（2）对于客户发出的任何形式的抱怨，无论有理与否，都不能简单地用权利—义务关系来界定是否有理和合法，而必须站在客户的立场上给予更多的理解，以获得对方的理解和认同。

（3）必须有与产品客户进行情感沟通的畅通通道，包括客户服务热线必须热，直接把获得产品客户的情感认同作为企业经营的一个目标。

（4）杜绝可能会导致产品客户发生误解的广告，更不允许故意用可能引起误解的广告来获取市场。无论这种广告会在多大程度上给企业带来销售收入的增长，也都不行。即使是非故意欺骗也是让人难以容忍的。

（5）必须重视产品客户对自己企业及其产品的误解，并及时采取措施消除误解带来的彼此之间的对立和冲突，以赢得对方的认同，并最终让产品客户由遗憾转化为由衷的满意。

（6）选择适合自己企业实际的办法措施，就像黑龙江比优特商贸有限公司那样对于客户的投诉进行嘉奖鼓励，以为提升产品和服务质量确定着力点和方向。

五、经营管理的零库存的标准要求

经营管理的零库存是企业经营管理的最高境界。经营管理可以说与广义的营销管理是同一概念。其内容包括从发掘客户需求到组织生产，提供产品等一系列为客户的需求提供满足的活动。经营管理的零库存，强调企业生产经营组织过程中的每个环节都要按照用户的需要进行，最大限度地降低产成品库存、零配件库存、材料库存和设备库存。实现经营管理上的零库存，也就是彻底消除了资金占用不当造成的浪费，使资金使用效率达到最大化。

世界上最先寻求这一境界的企业，是日本丰田公司。也正是它在这一境界上的寻求，才创造出丰田奇迹。对这一境界的寻求，现已成为企业界的一种管理上的通用技术——及时化生产（Just in time）。

相对企业经营而言，资金总是一种稀缺资源。实现了经营管理的零库存，也就实现了企业资金这种稀缺资源运用效率的最大化，因而它又直接使企业投资回报率最大化。零库存，不是简单的库存管理问题，而是整个企业的经营管理问题。从生产组织，到销售管理，都只有严格按照客户导向的经营观念来组织，才能够达成的一种境界。其要点有三个方面：

（1）紧盯客户所需要产品的生产供给组织活动，强调刚好在客户所需要的时间、所需要的地点，提供他所需要的质量、规格、型号、品种的产品。

（2）保证客户“四个所需”的满足，不能通过选择大量备货的形式来实现，而是把整个生产经营变成一个完整的、持续不断的流程，要求上道工序仅仅在下道工序刚好需要的时间和地点，提供满足型号、质量、数量标准要求的零部件。

（3）强调把下一道工序当做自己的客户，上道工序和下道工序之间结成关系紧密的供货商与用户的关系。谁都不会购买库存多余的产品，谁也无法销售多余不需要的产品。

从这三个要点可以看出，零库存是一种经营管理方式。零库存的实现必须有严格、完善、具体的内部管理规则，所以规范化管理是零库存得以实现的基本前提。

零库存并不是说四种形式的库存绝对为0，而是四种形式的库存最小化。比如，在产品库存为零，绝不是说连备用件也不留，而是使这种备用件数量最小化。丰田公司在生产现场保留的零部件备用量标准，就是五个。低于五个自动补齐，达到了五个，上一道工序就自动停止生产。

在这里，可能会有人担心，客户的需求在时间上并不是均衡的，以客户为中心的生产经营是否会降低企业的经济效益。这种担心是有道理的，但通过均衡化生产技术的运用，这个矛盾是可以解决的。而运用这些技术，没有内部管理的规范化，却是很难见效的。

经营管理的零库存，准确地说，应该从趋势的角度来界定。这一效果标准，一方面要求企业管理者要高度重视企业经营过程中的资金占用问题，避免因为实物形式的资产毫无效益地占用资金；另一方面要求最大限度的提升资金周转速度，挖掘资金使用效率，消除不必要的产成品库存、零配件库存、原材料库存和设备库存，直接面向市场组织经营，消除企业内部仓库。

一般而言，稍有经验的企业经营者，都知道降低库存的价值，也会重视减少库存的工作，但往往总是因为企业组织运行过程中不同单位、不同部门和不同岗位员工之间，在行为活动的协调上不完全吻合，因而使相互之间的活动联系不得不借助于库存来缓冲，以维持企业经营的连续性。所以这一效果的标准要求，实际上是要求更新企业经营管理的思想和观念，尽可能通过用流程管理取代等级控制对一个一个孤立的工作单元——下属员工进行协调的方法，直接按照流程要求来组织企业的运营，把相互之间活动的平等协调提升为企业组织运行的主导方式。同时也只有在企业组织运行过程中全面实现了流程管理，通过流程梳理优化分析确定管理标准才可能最大限度地降低企业经营过程中的库存，使之趋于零。就科学技术目前的发展水平而言，已不再存在企业经营的零库存的技术限制，问题仅仅在于企业领导人和高层管理人员要有流程管理的思想和意识，并积极推动用流程管理取代等级控制。

经营管理的零库存的具体要求，可概括为以下五个方面。

（1）直接面向客户订单组织生产，使产成品的库存趋于零。除了季节性的生产限制之外，必须避免为仓库生产。

（2）对企业的生产经营过程，必须进行严密的规划设计，直接在企业内部的生产经营活动上实现协调和吻合，以消除零配件的库存。凡是保留有零配件仓库以维持大量的库存，也就是对企业的经营缺乏严密组织和规划设计的表现。

（3）建立稳定的外部商务合作关系，并把商务合作关系纳入企业统一的经营管理范围，让企业大批量的原材料供给和零部件供给变成适时、适量供给。除了以农副产品为加工对象的原材料要受季节的约束之外，都必须避免在企业内部建立专门的原材料仓库。

（4）严格大型设备的招标供货管理，把适时、适量供给作为一个重要的约束条件，列为评标的一个标准要求，以使企业刚好需要相应设备的时候，获得设备供给。

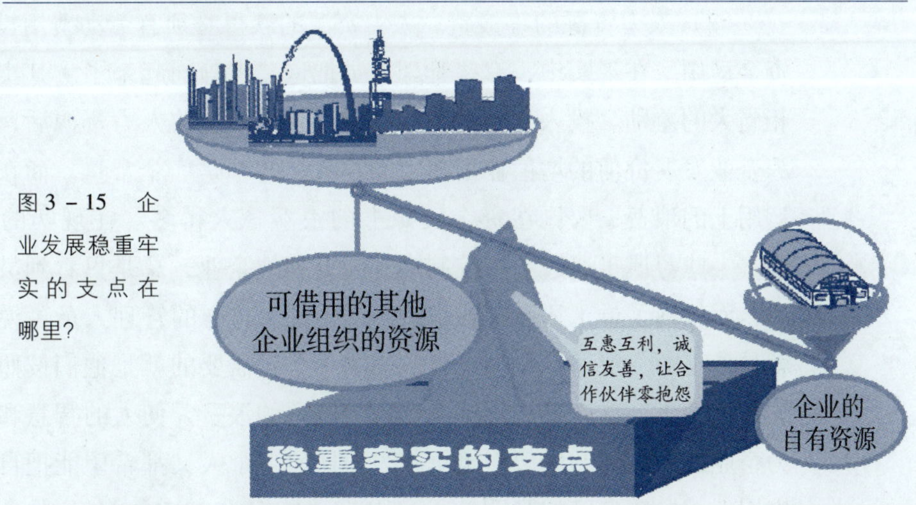

图3－15 企业发展稳重牢实的支点在哪里?

（5）对于企业生产经营方向的调整，可能带来的库存，要在调整之前与市场进行沟通，以避免调整后形成库存造成物料积压和有形、无形磨损。

六、资源管理的零浪费的标准要求

所谓资源管理的零浪费，是指杜绝企业资源的低效使用和无效投入，这也就是使企业资金运用效率达成最大化。在一个企业中，所有的资源都可以转化为资金。人力资源需要企业投入劳动费用来获得，设备资源、技术资源更是如此。管理资源和品牌资源虽然不是直接通过资金的投入获得的，但与资金投入仍然密切相关。要积累管理资源，没有资金投入是不可能的，要积累品牌资源也是如此。从这个意义上讲，资源管理的零浪费的核心，也就是资金投入的零浪费。但二者又不能简单地画等号。人力资源、管理资源和品牌资源与在这三者上的投入存在一定的正相关关系，却不是简单的线性关系。所以我们寻求资源管理的零浪费这个境界，既要抓住资金资源这个核心，又不能忽视人力资源、管理资源、品牌资源的浪费问题。

（1）资金资源的零浪费。要实现资金资源的零浪费，重要的是堵住资金无效投入这个漏洞，和资金资源的转换投入所造成的闲置和废弃。这是一般企业管理人员都非常关注的问题，并认定企业管理效益的提升，潜力都在此。就其运用投入和其投入转换形式进行比较，一般人对前者的关注要大于对后者的关注。

（2）人力资源的零浪费。人力资源的获得必须有劳动费用投入形成的资金运用。在现实中，有些管理人员把这二者等同起来了。其实二者存在相当大的差别。投入一定的劳动费用，获得一定的人力资源后，运用它能为企业发展价值的增值作出多大的贡献，并不是一个常量。而在这一资源运用上的浪费，要比在资金资源上的浪费惊人得多。在现实的企业管理中，一些习惯于通过等级控制来实施管理的企业，总是只看到员工的一双手，而忽视了员工还有一颗脑袋。甚至还有这样的管理人员，说我需要的就是员工的一双手，不需要他们的脑子，我需要的就是他们按照我指定的方式去做事。这就造成了极大的人力资源的浪费，使人的智慧和才干无法为企业发展价值的增值作出贡献。而任何一个人又都希望能把自己的脑子也用上，发挥自己的聪明才干。因为“能”和“善”的需求会让每一个人自主自愿地如此，“能”和“善”的需求的满足本身就是奖励。如果剥夺了这种机会，往往还会造成下属员工的不满，而使他们双手所能有的作用，也难以充分发挥出来。其结果是，同样的劳动投入，却可能造成了巨大的企业发展的业绩差距。

（3）管理资源的零浪费。管理资源的积累也需要资金的投入，但它一经形成，本身却又成为一种相对独立的资源，能为企业不断带来价值增值。海尔 OEC 和海尔文化作为一种资源为海尔的奇迹创造作出了非常大的贡献。海尔通过 OEC 管理模式和海尔文化，吃进了一个又一个甚至比自己还大得多的休克鱼，有效地弥补了海尔在发展过程中资金资源短缺的问题。但在现实中一般企业既不关注管理资源的积累，也不关注管理资源的有效运用。有一家企业在 20 世纪 90 年代初就探索出一个在股份合作制基础上的虚拟法人管理模式，使企业效益成倍增长。但他们从没想到怎么样运用这种管理资源来加速企业的发展。十年中，企业效益不错，但规模却只仅仅增长了为数不多的几倍，而海尔十年中却增长了近百倍。

（4）品牌资源的零浪费。一谈品牌资源的运用，人们很容易想到品牌的延伸和扩展，这二者都是品牌资源的有效运用。但在现实中，很多具有相当影响的百年老店，百年之后仍是一个店，其原因就在于没有有效地运用品牌资源来推动企业的发展，使品牌资源闲置，造成了极大的浪费。

资源管理的零浪费这一境界，是任何一个企业都非常向往的。但是要使自己的企业管理达成这一境界，没有整体规范化管理的实施，也就只能是一种空想。

企业的生产经营，是以一定资源的存在和储备为前提的，而企业的发展又与资源的作用发挥状况相关。只有当企业的所有资源都最大限度地发挥作用时，才能实现在资源总量不变的情况下，最大限度地实现企业发展。这一点是任何一个企业经营管理人员都明白的道理，但在企业经营管理实践中，却又总是广泛存在的一个问题。究其原因，有以下五个方面。

（1）任何一个中间管理人员为了保证自己所承担的职责能顺利地履行，以及自己在企业组织中的地位，就总是尽最大的努力争资源——争权，因而使资源支配、使用权的授予往往与所承担的责任背离，导致资源的浪费。

（2）人们对资源的定义，也往往不尽全面，关注有形资源的多，关注无形资源的少，从而导致大量的无形资源被浪费。而在当代社会的企业生产经营中，无形资源在整个资源中所占的比重越来越大，对它的忽视必然伴随有大量的浪费。

（3）随着社会富裕程度的上升，很多管理人员开始变得越来越豪气和大方，只是重视集中的大额资源的利用和浪费的降低，忽视分散的小额资源的利用和浪费。看得见一桶水，却看不见一滴水，忘记了一桶水是由一滴一滴的水积聚而成的，从而使很多分散的小额资源白白地浪费掉了。

（4）企业在经营管理上缺乏系统思考，组织架构缺乏系统性，各个单位、部门相互独立，都只是从单位和部门小团体的角度思考问题，往往因为缺少必要的配合而导致一部分资源在工作不配合不协调中浪费掉了。

（5）企业组织成员从企业整体运行的角度思考问题的越来越少，对资源浪费重视的程度也就越来越低，资源浪费也就随之越来越多。当企业规模较小时，企业管理人员很容易把减少资源浪费所带来的效益，与通过为客户提供产品和服务之后所获得的利益进行比较，从而能明确地意识到在内部减少资源浪费带来的效益，比通过为客户提供价值满足后获得效益要来得容易，因此，大都会自觉地重视消除资源浪费。但随着企业规模的壮大，人们的关注点逐渐向相反的方向转移了。

资源管理的零浪费的具体要求，可概括为以下九个方面。

（1）必须有全面的资源概念和意识。通过一定形式的培训，让每一个员工，尤其是管理人员都明白企业经营资源除了资本资源之外，人力、管理、品牌、信息都是重要的资源。

（2）必须定期分析检查由资金及其转换形成的有形资源的使用情况，分析找出这种种有形资源流失的漏洞，并及时采取措施堵补，以消除有形资源的浪费。

（3）重视对人的聪明才智的作用和发挥，让企业的每一个员工，不仅要发挥他们一双手的作用，而且要充分发挥他们聪明才智的作用，以把往往被忽视的真正意义上的人力资源——聪明才智发掘出来，为企业发展目标的达成所用。

（4）企业组织架构，必须有严密的设计和论证，以避免因为岗位设计不合理而导致的人力资源浪费，以及与岗位相伴的财和物投入的浪费。

（5）重视并全面实施运行流程管理，让企业组织的每一个人都自觉地从企业发展目标实现的角度思考问题，承担工作，履行职责，以避免发生与企业发展目标不相关的投入造成的浪费。

（6）重视对员工的发展管理，并在员工发展管理的基础上，让每一个岗位恰好选用与其能力素质要求相适应的人，使任何一个员工在工作实践中都有发展自己潜能的余地，避免人力资源使用浪费。

（7）重视管理资源的积累，对每个管理人员所探索出来的好做法、好思路，必须及时总结，并在企业内部全面推广，使管理本身成为一种不断积累壮大的资源，并又通过这种资源去整合更多的外部资源——其他企业和个人所拥有的资源，来实现企业的跨越式发展。

（8）重视品牌资源的积累，让企业的每一个员工都关注企业的形象和企业的品牌价值的增值和积累，使每一个员工的每一个行为都能为企业品牌资源的积累作出贡献。同时，又通过品牌资源来整合更多的外部资源——其他企业和个人所拥有的资源，以促进企业的快速发展。

（9）重视信息资源的积累，让企业的每一个员工自主地收集与企业发展相关的信息，并通过信息的使用，以使企业能捕捉到所有的外部机会。

七、组织结构零中间层的标准要求

所谓组织结构零中间层，就是从企业领导人到普通员工之间，没有中间管理层次。不过这个话听起来似乎是天方夜谭，一个成规模的企业如果没有中间管理层，如何运行？简直让人无法想象。要说有，那就是夫妻店，老婆管老公，或者老公管老婆。其实，这又是一个观念问题。人们习惯于通过等级控制来实施管理，陷入了科层等级管理模式的思维定式之中，没有探索，也没有想象还有其他形式的管理。在科层等级管理模式中，没有中间管理层次的零管理层，显然对于一个稍具规模的企业都是不可能的。如果我们能够跳出这个思维定式，实施流程管理，由流程相互之间的协调，代替等级控制下的上司对下属的协调、控制，这也就完全是可能的。

美国通用电器公司下属的飞机发动机厂，在 20 世纪 80 年代未就开始探索零管理层的变革。在这座有 8000 多工人的发动机生产厂，只有一个厂长和全厂员工两个层次，中间没有任何管理层，其运行不仅可能，而且效益卓越。在这里，管理费用大幅度降低，生产效率却大幅度提升。每个员工相互之间都是平等的，人人都有机会根据自己的特长和爱好，发挥自己的潜能，实现自我价值。这一管理变革在通用电器公司推广后，把一个由 40 万员工的企业由 20 多个管理层次缩减到只有 5 个。25% 的管理人员被削减，创造了当代世界上传统企业的惊人业绩。2001 年，实现销售收入近 1300 多亿美元，税后利润近 130 亿美元，是当时世界上税后利润过百亿美元大关的四家企业之一。

组织结构零中间层，可以从以下三个方面提升企业业绩。

（1）一般人都可以看得见的管理费用的大幅度降低。管理层次减少了，管理人员也就自然而然地减少了，在管理人员上的人工费用投入和设施投入都会相应减少。

（2）人力资源的充分利用。每个员工都不再有等级控制下的压抑和不满，他们的积极性、创造性和潜能，都能够最大限度地发挥，使员工的脑子——智慧得到充分的运用，而脑子的运用比双手的运用所带来的效益要高好多倍。

（3）企业凝聚力的增加。管理层次的减少，意味着企业内部相互之间的平等得到了提升。这就可使员工心情愉快地工作，从而使员工最大限度地融合到企业组织这个整体中来，使员工更关心企业的利益和发展。并且还可以减少人员流动，进而由人员流动的减少，而减少人员招聘费用的支出。

传统高尖的组织结构，不仅仅会造成大量的岗位重叠，人浮于事，带来人力资源的浪费，而且还会从两个方面给企业组织运行带来不良影响。一是与岗位重叠，人浮于事相联系的财力、物力投入浪费。在任何一个组织内部增加任何一个岗位都会带来相应的投入增加，无论这个岗位是否最终能为企业发展作出贡献。二是过多的管理层次，直接会因为企业组织内部不平等的加剧而带来不同层次员工之间的矛盾和冲突，从而削弱和降低企业组织应该有的凝聚力。

组织结构零中间层，也就是要求把企业组织的中间管理层次，尽可能消除掉，使之趋于零。从而一方面缩短信息和资源的流动渠道，以减少信息传递的时间和资源的中间占用和流失。另一方面通过消除不必要的等级控制，以实现员工之间的平等，直接为员工创造一个心情舒畅的人际环境，让每一个员工能心情愉快地工作，进而最大限度地发挥其作用，以提升既有的人力资源效能。

组织结构零中间层的实现，更是依赖于企业管理思想和观念的改变。即直接通过流程方式来组织企业的运行，从而把原来的等级控制监督转换成相互之间的适应和协调，用人们更能够接受的平等适应和协调来代替。并且这也是把企业组织结构的中间层次降至为零的唯一途径。在等级控制管理模式下，管理跨度会限制管理层次的降低，由等级控制管理转向流程管理的平等适应和协调，管理跨度的约束也就不存在了，至少会大幅度地舒缓其约束。

组织结构零中间层的具体要求，可概括为以下三个方面：

（1）用流程管理直接替代等级控制管理，用流程方式来组织企业的运行，使企业组织的每一个成员把自己的工作目标，都直接导向企业发展目标的达成上。

（2）建立完善员工相互沟通的网络，打破企业内部沟通的限制，扩大员工相互沟通的范围，使任何一个愿意沟通和需要沟通的人都有机会进行沟通，以增加企业组织成员相互之间的理解。

（3）以为企业发展价值增值和为客户提供价值满足为线索，来勾画设计资源信息传递的链条，直接用企业发展价值增值和客户价值满足的需要来代替等级指令，使员工在创造企业发展价值，为客户提供价值满足的时序上，构成平等协商基础上的指挥链。

八、商务伙伴的零抱怨的标准要求

所谓商务伙伴的零抱怨，也就是与企业结成伙伴关系的企业组织和法人单位，对企业的合作行为和合作方式高度认同。这也就是意味着企业的经营中不仅没有欺骗行为，而且行事方式规范，不存在违规、违法行为。当有所求时，企业不存在对伙伴单位相关决策人进行拉拢，甚至行贿，谋求损害伙伴组织利益的合作利益。当为他人所求时，也不存企业相关人员进行索贿、敲诈的事。这也就意味着与商务伙伴之间真正结成了一种利益共享、互利互惠、平等合作的关系，从而使伙伴组织能放心地与之合作，并愿意扩大合作范围、深化合作内容。

扩大外部合作，与商务伙伴结成战略同盟，是新经济时代实现企业稳定发展的重要途径。实现了商务伙伴的零抱怨，企业在合作行为上获得了商务伙伴的认同，愿意与之结成稳定的战略伙伴关系，这也就意味着企业有了广泛的战略同盟。而要达成商务伙伴的零抱怨境界，很显然，没有规范化的企业内部管理，以及必须由企业内部规范化管理来推动贯彻落实的互利共赢合作观念，是不可能实现的。

商务伙伴是企业为客户提供完整的价值服务的外部支持力量，结成商务伙伴关系是企业间接使用和支配不归自己所拥有的其他社会组织的资源的重要途径，也是企业突破自己资源限制实现跨越式发展的重要途径。为了维持和巩固商务伙伴关系，使企业能够相对稳定的间接支配和使用他人的资源，以为客户提供完整的价值满足服务，实现自己企业的发展，也就必须关注商务伙伴的利益，自觉地承认商务伙伴利益的合理性，并为实现商务伙伴的利益，自觉、自愿、自动地作出安排，以与商务伙伴结成利益共享、互利互惠、平等合作的关系，让商务伙伴没有任何形式上的抱怨和不满。

任何一个商务伙伴，都有自己的独立利益，无论自己企业规模多么大，实力多么强，也都只有在平等的基础上结成商务伙伴关系，才能使商务伙伴让度出自己的资源支配权和使用权，以服务于共同利益的实现。对商务伙伴的任何形式的欺骗和巧取豪夺，都只会恶化这种关系，使这种合作变得不稳定、不确定，进而限制自己企业间接地支配和使用外部资源的范围和数量，使企业在为客户提供完整的价值满足服务的过程中陷于不利地位，从而在激烈的市场竞争中因孤立无援而败北。这是任何一个希望持续快速发展和健康长寿的企业都不愿意看到的结果。所以，必须把商务伙伴的零抱怨作为企业管理的一个重要效果标准努力达成。

商务伙伴的零抱怨的具体要求，可概括为以下五个方面：

（1）不允许有对商务伙伴的欺诈行为，必须在诚实友爱的基础上，组织和维持相互之间的合作关系。

（2）不允许以强凌弱，通过一种不平等的合作侵占和掠夺商务伙伴的应有利益，以避免在与商务伙伴的关系上，仅仅由一种迫不得已的依附关系来连接相互之间的合作。

（3）对商务伙伴必须避免以发号施令的方式来进行沟通，而要求建成多种形式的能实现相互之间充分沟通的渠道，使彼此之间能够通过沟通达成相互之间的理解，并在相互理解的基础上实现情感上的融合。

（4）定期或不定期地听取商务伙伴的意见，并及时对商务伙伴所提出的问题给予反馈，以协调和统一在为共同的客户提供价值满足上的行为活动。

（5）站在商务伙伴的立场上思考问题，并根据自己的实力和实际，主动为商务伙伴排忧解难，只要不涉及到根本利益和重大利益问题，要尽可能多让步、多承担义务，让利于人。

九、竞争对手的零指责的标准要求

也许有人会认为竞争对手的零指责，相对于企业的存在和发展没有关系，并且与竞争对手之间的关系本身就是一种对立的关系。所以，既不可能让竞争对手没有指责，也没有必要在乎竞争对手是否有指责。这实际上是一种肤浅的市场竞争观。

竞争对手的零指责，是否可能，可由事实说明。伊莱克斯与海尔，海尔与通用电器都是所谓的同行冤家，它们之间不仅能达成零指责的境界，而且还能做到彼此间相互学习。竞争对手的零指责，即意味着企业在行业内形成了行业领袖的地位，其行为得到了行业内所有企业的认同，从而使之自然而然地成为行业标准的制定者，使产品客户具有更高的认同度和忠诚度。相反，如果存在竞争对手的正当指责，则说明企业经营有违规行为，并且这种违规行为一旦被竞争对手捅出来，就会损害企业的形象，降低客户的认同度，失去一些客户。从这个意义上讲，寻求竞争对手的零指责，也就是对企业形象的自我维持，对企业的行业领袖地位的稳定，对市场份额的稳定。

也很显然，要达成这一境界，没有规范化的企业内部管理和由这种规范化的企业内部管理贯彻落实的公平合法竞争的理念，是不可能的。

"同行是冤家"，这是企业经营者普遍持有的一种观点。尽管在同一个市场中活动，不可避免地会形成一种在利益上具有对立性质的竞争关系，但并不是这种竞争一会造成敌对关系。是否会形成同行是冤家的敌对关系，关键在于竞争手段的合法性和正当性。

如果选择了直接侵害竞争对手利益的不恰当的、非法的竞争手段，导致竞争对手的指责和敌对也就是不可避免的。如果竞争手段正当而合法，竞争对手因为自己实力或方法措施上的原因而在竞争中败北，竞争对手也会输得服气，也就不会有抱怨，更不会形成敌对关系。就像运动场上的比赛一样，都严格遵守了公正、公平的比赛规则，名落孙山的选手，并不会对冠军、亚军产生仇恨，相反还会形成崇敬之心，甚至结成相互切磋技艺以提升技能的朋友关系。相反，如果以不正当的手段取得了胜利，不能让输者认输，导致敌对关系的发生也就不可避免了。甚至被竞争对手诉诸法庭，不仅使自己输理，而且还会使企业的形象蒙羞，被社会公众所唾弃，在输理的同时，又输去利，这是任何一个希望长寿和稳定发展的企业都不愿意看到的事。也正是这一原因，使竞争对手的零指责，成了企业规范化管理不可或缺的效果标准。

竞争对手的零指责，也就意味着企业竞争的手段和行为方式无懈可击，不仅使竞争对手输得服气，而且使竞争对手视之为行为的楷模，即企业的行为标准能被竞争对手心悦诚服地选择为他的行为标准。这也就是企业发展成为行业共有的行为典范和标准的制定人。做到了这一点，企业不仅会赢得广泛的客户和社会美誉，而且还可获得充分有利的外部发展环境，在企业发展上得到更广泛的支持。

图 3－16 竞争对手挑不出毛病，客户也就挑不出毛病

竞争对手的零指责的具体要求，可概括为以下四个方面。

（1）企业的市场行为都严格地控制在法律允许的范围内，不允许有任何违规行为的发生。任何违规违法行为，相对于企业的发展，最终都是得不偿失的。

（2）市场行为的选择，都只是针对整个市场，而不是针对具体的竞争对手，以避免刺激任何一个具体的竞争对手，使之以己为敌而组织反攻，让自己蒙受不必要的损失。

（3）在竞争对手陷于困难之时，要从整个市场的角度出发，为对方提供力所能及的帮助，以共同开掘市场，把市场做大之后，各自获得应该有的利益。避免乘人之危，利用别人的困难，掠夺侵害对方的合法利益。

（4）在市场策略上，强调通过开拓市场、创造市场来获得应有的利益，避免在既定市场上通过不必要的价格战，进行你死我活的竞争。否则，在给竞争对手带来危机和损失的同时，也会使自己的企业蒙受一定的损失，甚至直接是两败俱伤。

第六章

企业规范化管理的体系标准

企业规范化管理是一项系统性的工程，是一个有机体系，为此就要从体系上对其进行分析。具体就是要做从以下五个方面进行分析：目标体系、组织结构、岗位员工、运行流程和企业文化。本章分别从管理效果“八零”境界与这五个方面的关系，以及每个方面实行规范化的具体内容和要求进行了说明。

一、企业规范化管理体系的分析

1. 企业规范化管理体系的建立必须系统思考

前面我们对企业规范化管理在总体上的行为标准和效果标准作出了界定。但要把这两个方面的标准都落到实处，变成企业管理的实际，则需要对企业的整个管理都进行规划、设计，使之成为一个完整的有机系统。正是从这个意义上讲，在体系上的要求，也就构成了企业规范化管理总体标准中一个不可或缺的内容。

这一要求本来是企业规范化管理必须有的一个基本要求和特征，但它并没有引起人们的充分重视。尽管倡导企业规范化管理的企业管理咨询师和培训师开始有了这种意识，但在规范化管理整个体系如何规划、设计上，并没有什么建树。他们或者直接把 MBA 教程所介绍的企业管理技术和方法堆砌起来，把企业管理可能涉及的内容全面覆盖，以为把企业管理的内容方方面面都涉及了，这也就达成了体系上的完整和系统上完备的要求，但在体系上的这种努力，无论做到什么程度都不免给人一种规范化管理没有体系，仅仅是百衲衣式的补缀和杂货铺式的堆砌。企业规范化管理体系完整的要求，重点在于使所涉及的多个方面的内容相互之间能结成一种层次分明、逻辑严密的联系。也有人想到要按照麦肯锡的7S理论组织构建这种体系。但因为7S理论本身的局限性，使在这种理论基础上所作的努力仍然让人感到不尽如人意，无法完全消除拼凑的痕迹。这7个“S”本身也没有把企业组织的有机系统的性质和内涵充分准确地揭示出来。但这个思路是值得肯定的，也就是说直接根据企业组织的构成来设计规划企业规范化管理的体系，是构建和完善企业规范化管理体系的一条有效途径。

由这条思路构建企业规范化管理的体系，也就必须对企业组织构成有一个科学的分析，并且这种分析要严格地遵循彼得·圣吉在他的《第五项修炼》中一再强调的原则——系统思考。也就是说企业组织本身是一个有机系统，对它只能在系统的基础上进行分析，而不能肢解，大刀横砍，剁成几大块，而应该保证企业作为一个系统必须有的内在逻辑联系，使这种分析不破坏企业本身所具有的系统性和整体性。企业组织的构成可以分解为相互依存、彼此紧密联系的五个构成部分，即目标体系、组织结构、岗位员工、运行流程和企业文化。在企业组织的这五个构成部分中，各自都对应于生物有机体的相关构成部分而在企业组织有机体中担当对应部分的功能和作用。企业规范化管理的体系，以这五个构成部分为框架进行构建，也就可以完整地保障和实现企业作为一个有机系统应该有的特征和性质。

2. 目标体系是企业组织有机体的血液和养分

企业是由人构成的社会经济组织，而每一个人又都是具有自己独立意志和利益的存在。他们之所以会走到一块儿来，结成稳定的联系，直接是因为他们每一个人所寻求的利益和目标与企业的目标体系存在着紧密的关联关系。

一方面，企业发展目标体系所设定的共同愿景对他们产生了感召作用，使他们感到自己的利益，或者说个人愿景目标的达成能直接通过企业共同愿景目标的达成而实现。同时企业共同愿景目标，最后能否变为现实，又依赖于能直接为进入这特定企业组织的每一个人的愿景目标的达成提供支持，和激励每一个人为企业共同愿景目标的达成所付出的努力。

另一方面，每一个个人所寻求的利益和愿景，又会随着时间的推移和社会的发展而不断更新和变化。这种更新和变化，又必然会反映到企业共同愿景目标的更新发展上。也就是说企业所设定的共同愿景目标，必须不断地更新和变化，以保证能为进入企业的每一个人不断发展变化的意志愿景的现实提供充分有效的支持。这是企业保证能够笼络住足够多的企业发展利益关联主体的一个重要的前提条件。企业发展实际上也就是企业发展利益关联主体为企业发展提供资源支持、积累资源的一个过程。

这两点相对于企业组织的存在和发展可以说是生死攸关的。企业如果没有能感召人的由目标体系构成的共同愿景，构成企业组织的成员必然都作了鸟兽散，企业也就不存在了。同时，如果企业的目标体系所体现的共同愿景，不能够及时更新变化，一旦已有的目标达成之后，没有新的目标确立起来，企业组织成员的个人愿景也就不再与它存在关联关系，企业组织也同样会作鸟兽散。从这个意义上讲，企业发展目标体系也就是构成企业组织的血液，直接由它不断为企业组织运行提供能量和养分，把企业发展的利益关联主体吸引住，并不断让企业发展的利益关联主体为企业发展提供资源支持。它不仅要保持一定的流量，而且要不断地吐故纳新，吸收新的营养，才能保证机体的健康。否则机体组织必然坏死，直至完全死亡。

3. 企业组织架构是企业组织有机体的骨骼和骨架

企业组织要有凝聚力，要发展，仅仅有不断更新的目标体系是不够的。企业发展目标体系不仅要不断地更新，而且要不断地变为现实，并在不断地变为现实的基础上又不断地确立新的目标体系，企业组织的生命才会长青。而企业组织的生命长青的前提是，所确定的目标体系都能够按照加入企业组织成为企业发展利益关联主体的愿望，以尽可能快的速度变为现实，进而又以尽可能快的速度更新发展目标体系。也只有这样，企业组织才能更有凝聚力，也才能更有活力，也才能真正生命长青。

而要保证企业组织的目标体系能高效地变为现实后又不断地发展更新，也就必须对与企业发展结成利益关联关系的人，包括直接加入企业组织，为企业共同愿景目标的达成付出努力的所有员工，和与企业发展存在依存关系的个人和法人，在企业发展中的作用、地位和活动方式进行分析界定，保证服务于企业发展目标体系实现的资源有序地流动，以协调其行为活动。这也就是对企业法人治理结构进行调整，对企业的组织架构进行设计、构建，让与企业组织结成特定利益关联关系的人，明确各自的权利和责任。对企业法人治理结构进行调整规范的标准，各个国家都通过公司法，或商法作了明确系统的界定，并且其实施带有强制性。所以，我们要讨论的主要是对企业组织架构进行设计、构建的标准要求。

尽管这种组织架构的设计、构建，仅仅只是按照目标体系本身的要求和所拥有的资源约束，把已进入企业组织的成员分解成相对独立地承担职责的单位、部门和岗位，这却是让企业作为一个组织能够立起来的前提条件。在任何一个社会群体中，如果没有对应的组织构架设计、构建，也就只能是一群乌合之众。这种乌合之众的社会群体，即使有一个目标引导，也是不可能有效率地达成的。这就像一个人没有骨头一样，不可能站起来，也不可能有力量。从这个意义上讲，企业组织架构也就直接是构成企业组织的骨骼骨架。

4. 岗位员工是企业组织有机体的组织细胞

无论企业规模有多大，加入其中的成员有多少，构成企业组织的单位、部门和岗位，都是具体的具有完全独立性的自然人个体。他们加入企业组织，在特定的岗位上承担特定的职责，享有特定的权力，也就成了这个企业组织的一个特定的岗位员工。但这种身份本身并不能保证加入企业的每一个成员都尽自己所能，为企业发展目标的达成付出努力，作出贡献。这就需要通过激励使岗位员工具有为企业发展目标的达成承担责任，付出努力的意志意愿，使岗位员工能够直接成为企业组织有机体的组织细胞，服务于企业组织有机体的存在和发展。并又通过它们的运动，维持企业组织的活力，拉动企业组织骨骼的相对位置变化，对外产生运动的力量，以便通过自己的努力，创造更适应自己存在和发展环境，实现自己的健康成长。这也就要求按照企业组织的目标体系所要求的功能作用，把对应的事务工作分解给各个单位、部门和岗位，使之成为不得不履行的职责，并且也能保证完整而全面地履行职责。也只有到这个时候，企业组织作为一个活的生命有机体，才能真正活起来。

5. 企业组织运行流程是企业组织有机体的神经血管网络

一个人活起来了，并不等于就活得好，活得健康，活得长寿。一个企业组织也是如此。要保证人体组织细胞彼此在功能作用上能协调运转，并不断地获得能量和养分补充，就需要有不同的网络结构，把它们联系起来，使肌体的组织细胞能最有效地服务于肌体生命本身。这就是神经、血管等网络系统的作用和意义之所在。对应于企业组织的这种网络结构则是运行流程。运行流程实际上是由目标和功能作用连成的看不见的一个网络结构。它把不同的单位、部门和岗位置于了特定的位置，担当特定的功能，发挥特定的作用，服务于特定的目的。神经和血管网络结构直接决定着人的肌体的健康状况和可能有的活力，运行流程同样也决定着企业组织的效率和活力。不恰当的运行流程是与低效率、低效益联系在一起的。不恰当的运行流程和发生病变的神经系统、心血管系统一样，不仅直接表现为人的肌体的虚弱，甚至直接造成肌体组织健康的丧失和死亡的来临。心血管病是威胁人的生命的最大疾病之一，神经病变是降低人的生命质量和价值的重要疾病。运行流程在企业内部作为一种做事的方式，完全与人的神经、血管网络一样，不完善、不健全不仅会导致企业组织运行的低效率和低效益，而且会使企业组织因为低效率和低效益而走向死亡。

6. 企业文化是企业组织有机体的基因密码

人作为人，尽管有共同的本质特性，共同的身体结构，但不同的人之间却仍然表现出很多甚至很大的差异，使人们能够相互区别和辨识。任何一个人在与其他人进行比较时，总会发现自己与他人不同，有自己独特的特征。不仅高矮胖瘦，皮肤黑白，而且五官形象、智愚表现也都有各不相同的特征。这种差异的存在，直接决定于人体的基因，是这种基因所传输的密码给人体的外形和内质带来了不同的特征。

企业的基因密码，就是企业文化。企业文化也是使一定企业区别于其他企业的原因和本质特征。不同的企业文化，直接表现为在其内部有被广泛认同的不同价值观念。不同价值观念又会导致不同的目标体系的选择和设定。不同的目标体系又会要求有不同的组织架构与之相适应。不同的组织架构又会要求有不同的行事方式，即运行流程。这样，企业文化的性质也决定了企业组织内部相互之间关系的性质，同时也会给岗位员工带来了性质完全不同的激励。

这些汇总起来也就直接构成了企业的独有特征。当然，企业的运行流程，作为一种行事方式，也会像人的行为方式一样，通过历史的沉淀，作用于企业文化的性质。就像生物环境的改变也会通过经久的作用，反映到遗传基因上，使基因本身也发生缓慢的改变，使其在外形和内质上对应发生变化。企业长期形成的行事方式——运行流程也会直接构成企业文化的一个内容。

并且在这里还有一点是不言而喻的，这就是企业文化在决定企业的本质特征的同时，也决定了企业的健康和长寿状况。不同的基因会带给人不同的健康状况和寿命差距，不同的企业文化相对于企业而言，也是如此。有的企业长盛不衰，有的企业却像流星一样，辉煌片刻后转瞬即逝，这都与其企业文化的性质相关。就像夏虫一样，它的基因只赋予了它几十天的短暂生命。

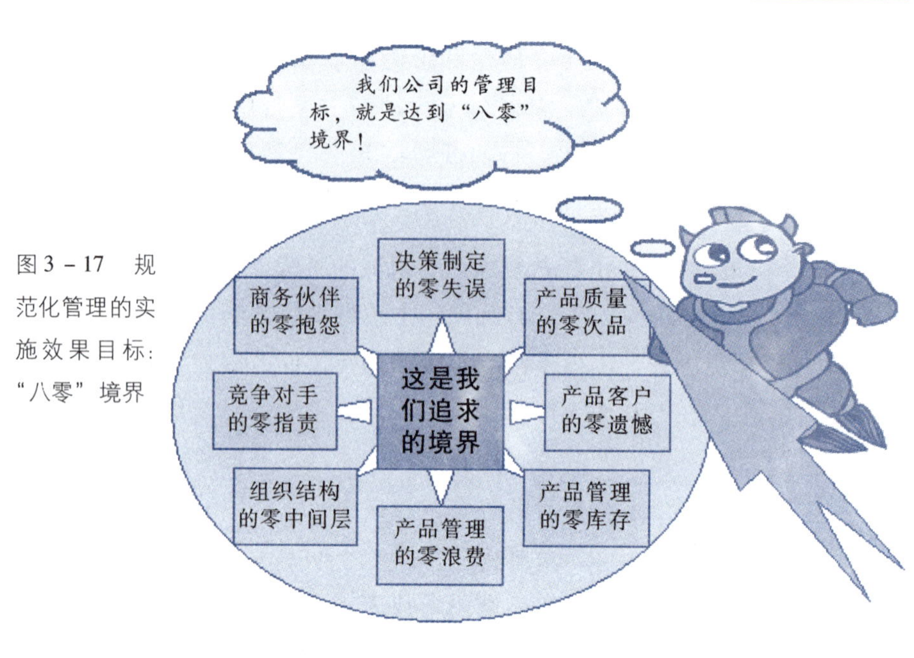

图 3－17 规范化管理的实施效果目标：“八零”境界

二、决策制定管理规范化在体系上的标准要求

1. 管理效果“八零”境界与决策制定管理规范化的关系

企业规范化管理体系的规划和设计，要保证其完整性和系统性，除了按照企业构成的这五个部分，分别依其内在要求和功能作用进行规范化之外，似乎没有其他更好的途径和方法。下面就按照企业构成的五个部分，对企业规范化管理体系作一个总体的描述和界定。首先分析目标体系管理规范化在体系上的标准要求。

目标体系是构成企业的一个重要部分，但目标体系却是企业决策的结果。企业决策所完成的选择，作为一个整体直接构成企业的目标体系。企业发展目标体系也就是由企业发展的方针、方向、战略、计划、措施、途径等内容构成的一个整体，它们之中任何一项内容的选择和设定，以及任何一项内容的任何一个细节也都是企业决策的结果。因此，企业发展目标体系本身质量的高低，也直接决定于企业决策制定管理的水平和规范化的程度。所以对目标体系的管理规范化，也就必须从决策制定管理规范化的角度来设计和实施。

决策制定管理规范化，是直接服务于决策制定的零失误的效果目标的。要保证决策不失误，首先就必须对决策制定的行为过程进行管理，全面实现规范化，以避免导致决策失误的五个作用因素，包括赖以进行决策制定的信息缺乏和决策制定人的情绪波动、情感纠葛、价值偏好、思维惯性，在决策制定过程中发挥作用。没有系统完整的决策制定过程的管理，这五个因素的作用就不可能全面扼制住，也就不可能提高决策的质量，把决策制定的失误降至为零。同时决策制定管理规范化对其他七个“零”的实现还起着至关重要的作用。任何一个管理实施的行为过程本身也都会直接表现为一种决策。把这其余七个“零”的境界设定为企业的发展效果目标，这本身就是一系列的重大决策。因为有一些企业不会把它们都选择为自己企业的效果标准。所以，如果没有决策制定管理的规范化，企业规范化管理效果的“八零”境界，也就都会成为空话。比如企业决策的任何失误，都会直接导致资源管理的零浪费和经营管理的零库存成为不可能。因为任何一个决策的失误，都必然会导致产成品、零配件、原材料和设备等，至少其中某一个方面的库存增加，同时也直接使与之对应的资源发生浪费。这是不言而喻的。因此企业规范化管理的实施，首先就必须有决策制定管理规范化的实施。

2. 决策制定管理规范化的内容分析

决策制定管理规范化，也就是使针对导致决策失误的五个因素而采取的措施办法明确化、具体化、系统化和完整化。也就是说，直接通过明确化、具体化、系统化和完整化的措施办法来扼制导致决策失误的五个因素的作用，以提升决策质量，减少决策失误。这种明确化、具体化、系统化和完整化的措施办法，主要包括以下四个方面的内容。

（1）对企业决策的框架体系，事先进行梳理、健全、完善。一方面让企业的不同决策都有对应的机构和角色，对它的制定承担责任；另一方面让决策制定人明确他所要制定的决策在企业决策框架体系中的位置，以避免因顾此失彼而导致的决策失误。

（2）对企业的经营资源进行事先的系统清理核算。企业决策制定也就是对企业未来活动进行计划和安排直接是选择和确立企业发展的目标以及达到目标的措施办法。这种选择必须在企业经营资源所允许的范围之内进行，也就是说对企业经营资源配置方式进行选择。所以，只有事先有完整的、系统的企业经营资源清理核算，才能避免发生配置了不存在的资源，忽略了现有资源利用的决策失误。

（3）对企业不同层次、不同种类的决策所必须运用的分析方法，作出事先的选择。这是保证决策质量的关键性措施。任何决策如果不借助科学有效的分析方法，其所作出的选择也就不可能是深思熟虑的，不可能是分析论证严密周到的，失误也就是不可避免的。事先确定了科学有效的决策分析方法，决策分析方法对决策制定过程的每一个环节都会有相应的约束，在决策制定过程中不负责任的或者非理性的行为都可通过它来全面遏止和避免。

（4）健全完善决策制定过程的程序管理规则。即通过决策制定程序来限制决策制定人的主观随意性，以迫使决策制定人投入恰当的精力，并把精力投入到恰当的地方，以使决策制定通过恰当的努力来保障其质量和效果。

3. 决策制定管理规范化在体系上的要求

决策制定管理规范化在体系上的要求，可概括为以下五个方面。

（1）对企业决策所要解决的问题、最佳制定时间、最佳制定责任岗位，都必须有全面的分析和界定，以使企业经营管理人员都明确地知道什么样的决策，该在什么时候制定，该由谁制定。

（2）对决策制定人所要承担的责任必须有事先的界定，以使参与决策制定过程的每一个人都能负责地承担和完成决策制定过程中相应环节上的工作。

（3）对企业经营资源的存量和流量，以及可借用量、可积累发展量，都必须在决策方案设计之前，进行全面清理核算，以使企业的大小决策所选择的资源配置方式都不会发生因为资源不清而导致的失误。

（4）任何一个决策制定，都必须有事先选择确定的决策分析方法限定。只有这样，才能在决策制定分析论证上，都有保证其基本效果的完整思路和活动标准。

（5）对于任何决策制定，都必须有明确的决策制定程序限定。企业重大决策制定必须通过外在程序对决策制定过程进行控制，对于企业发展影响不十分大的决策制定，也必须有内在程序的控制，以避免任何形式的主观随意性在决策制定过程中产生不良影响。

三、组织架构管理规范化在体系上的标准要求

1. 管理效果“八零”境界与组织架构管理规范化的关系

组织架构管理规范化，是保证企业组织运行效率的基本措施，任何不恰当的组织架构都可能给企业组织造成效率损失。但组织架构管理规范化，并不是谋求企业组织结构零中间层的对策和措施。也就是说，组织架

构管理规范化，不是以组织结构零中间层为目的的。组织架构是以企业组织运行效率的最大化为目的的。它所寻求的是最大限度地保证企业组织结构与企业发展目标、行业特点、人员素质等实际相吻合，以使企业的组织结构能充分保障所确立的发展目标的达成。并且，与企业组织运行的效率和效益相关的内容，又都在一定程度上依赖于组织架构管理的规范化。更不待言，组织结构零中间层的实现，也必须依赖于企业组织架构管理的规范化，可以不依赖的，也仅仅是夫妻店和摆地摊的个体户。

企业规范化管理的“八零”境界，都对组织架构管理的规范化存在一定的依存关系。任何一个目标的达成，都需要通过目标的对应措施分解，把它落实到不同岗位员工的工作职责之中去，它才有可能实现。这也就是人们常说的组织保障。没有这种组织保障，任何目标都可能落空。企业规范化管理所寻求的“八零”境界效果标准，也都是如此。比如产品质量的零次品，如果没有组织架构的设计把保障质量的措施落实到所对应岗位的工作职责之中去，就肯定不可能把产品质量提升上去，把次品率降下来。没有哪一个企业希望自己的产品有次品，却只有很少的企业基本上实现了零次品——达成6σ标准，其原因就在于保障产品质量的生产经营过程中，还存在有一些环节的活动，没有人为之负责，或者负责的人负不了责，即没有把责任恰当地落实到能承担责任的人身上。再比如要实现产品客户的零遗憾，这不仅要求把最大限度地为客户提供价值满足变成每个员工的职责要求，而且要求有专人负责，与对应的客户进行沟通，发现他们不愉快、不满意的事，及时采取措施给予更正和弥补，以消除客户的抱怨和遗憾。而这些又没有哪一项不需要通过组织架构的设计来提供组织保障。

2. 组织架构管理规范化的内容分析

组织架构管理规范化的内容，主要有以下五个方面。

（1）根据企业所选择确立的发展目标和战略规划，对达到企业发展目标的具体事务工作，进行清理核算。其目的很明确，即了解要达到企业所设定的发展目标，有多少项内容的工作，每项工作各有多大的工作量。组织架构是服务于企业发展目标实现目的的，首先就必须把要达到目标的事务工作分解落实到人。如果没有工作内容和工作量的清理核算分析，这种设计也就只能是无的放矢。

（2）对企业组织模式进行选择，即选择何种组织模式对企业的组织结构进行构建。不同的组织模式，只适应于不同的企业发展目标和企业内外部实际。只有选择与这二者最为适应的组织模式，才能使企业组织运行的效率和效益达成最优。组织模式的选择确定，实际上也就是设定企业组织运行的总体方式，它对企业组织运行的效率和效益起着决定性的作用。

（3）对企业的单位、部门和岗位进行设定，即在所选择的组织模式的基础上，把企业要达成发展目标所必须完成的事务工作，分解落实到企业组织的相应机构和个人。在现实中，即使有人对特定的工作负责，也尚不能完全保证这相应的工作能全面做好。所以任何一项工作，如果没有人对它负责，就绝对不可能做好。因此必须通过单位、部门和岗位的设定，把必须完成的事务工作以职责的形式落实到特定的机构和岗位。这是保证企业组织所确定的目标达成的首要条件。任何一项工作，只有有人去做，才有可能做好。

（4）对单位、部门和岗位的工作标准进行界定。单位、部门和岗位都必须由人来填充，所以它们的工作也就必然最终要落实到具体的岗位员工个人身上。这也就是把达成企业所设定的发展目标要完成的事务工作，以具体明确的标准确定下来，让每一个岗位员工都明确其要求。不仅如此，还必须明确界定做好工作的好的评价标准，以及做好工作的能力限制和工作本身的意义，以为承担相应工作的人提供一种意志意愿上的支持。

（5）对相应岗位的职责性质和内容进行授权，为岗位员工做好工作，提供应该有的外部条件支持。这是管理成事定理中定义的通过他人做好工作条件的第四项。管理成事定理中定义的通过他人做好工作条件任何一项都是必要条件，不是充要条件下，所以，尽管满足了这一条件不一定能保证他人做好工作，但没有这一条件的满足是绝对不可能让他人做好工作的。

（6）完善健全企业组织运行的管理制度。这也就是对企业内部不同单位、不同部门和不同岗位相互之间的关系，以及各自所要承担的责任和享有的权利等，都以制度的形式进行界定和规范，为企业组织运行提供必须有的规则支持。

3. 组织架构管理规范化在体系上的要求

组织架构管理规范化在体系上的要求，主要有以下七个方面。

（1）组织架构的设计，必须运用系统分析方法进行，对于单位、部门和岗位的设置，不能想当然地用指头画几个圈，圈定一下就完事。对于企业发展目标的达成必须完成的事务工作，必须通过清理核算分析，以保障全面落实到人，并且保证按预期完成。

（2）组织模式的选择，必须紧密地联系企业所设定的发展目标，以及企业内部的实际，在进行严密的分析论证之后完成，不能想当然地照搬照套他人的模式。

（3）企业组织的单位、部门和岗位的设置，不仅要以所清理核算的事务工作为依据，而且要充分考虑到不同事务工作相互关系的性质，以使事务工作本身相互之间所必须有的支持协调关系和监督制衡关系得到全面的体现。

（4）必须有岗位工作量的核算分析，并在准确的岗位工作量的核算分析基础上进行事务工作分解，以保证每一个岗位都有满负荷的工作量。

（5）必须有准确、具体的工作标准界定，使上司主管和下属员工都可通过相应工作标准文件的阅读，准确把握相应岗位的工作内容、履职要求、履职条件、工作价值，以及所享有的权利和责任。

（6）为保证岗位员工做好外部资源条件的授权，必须通过细分授予，在强化所授出权利的相互制衡的基础上避免笼统授权所造成的授权风险和授权本身的多变和波动。

（7）企业组织架构所形成的各种标准和要求，都必须以体系完整、内容具体、形式统一的制度文件予以界定，以使组织架构的设计一方面保持相对的稳定，另一方面又为企业组织运行管理提供规范化的依据。

四、岗位员工管理规范化在体系上的标准要求

1. 管理效果“八零”境界与岗位员工管理规范化的关系

企业要达成所设定的目标，所有的事务工作都要落实给具体的岗位员工。而这任何一件事务工作最终能否按照既定的要求做好，又都会对企业最终目标的达成构成直接的影响。但要保证每一项工作都有人做还只是一个前提，做好才是关键。有人做而没有做好与不做没有区别，甚至更糟，因为它不免浪费一定的资源。要保证每一项工作都做好的前提条件是，承担对应工作的岗位员工不仅有能力把它做好，而且有做好的强烈意志意愿、热情耐心，以及不成功便成仁的牺牲精神。这四者也只有通过岗位员工管理的规范化才能实现。

岗位员工管理规范化，对企业规范化管理的“八零”境界的效果标准的达成，都是直接而关键的。因为任何一个“零”的效果境界的实现，都需要对应承担相应职责的岗位员工，具有完整地履行相应职责的能力素质、意志意愿、热情耐心和牺牲精神。这“八零”境界中任何一个“零”的效果所对应必须完成的事务工作，稍有疏忽就会化为泡影。而没有岗位员工这四个方面的保障，让他在履行职责过程中不发生疏忽也就是不可

能的。

可以说企业规范化管理的其他几个方面，还只是为“八零”境界的达成提供一个框架性保障，而要具体实施，直接把“八零”境界变为现实，则直接依赖于岗位员工管理规范化的实施来保证所有岗位员工的能力素质、意志意愿、热情耐心和牺牲精神四个方面都满足其岗位工作的要求。任何一个方面的不满足，也都会使“八零”境界最后落空。比如从表面上看，组织结构零中间层，似乎对岗位员工规范化管理不存在直接依赖关系。但是，如果没有相应岗位员工的努力，谁为这种组织架构的选择设计进行精心规划、严密论证、谨慎实验。并且这种组织模式的运行要保证其效益，更是依赖于进入这个组织的每一个岗位员工都有与之相吻合的能力素质、积极承担责任的意志意愿、严格约束自我的热情和耐心，和舍我其谁的牺牲精神。任何一个方面的缺失，也都可能使这种形态的组织结构无法运行，至少会造成低效率。竞争对手的零指责似乎与其关系不直接，但也是如此。能在市场运作过程中严格遵纪守法，避免以不恰当的方式激怒竞争对手，这都需要企业组织运行过程中的每一个岗位员工严格要求自己，在企业所统一制定的规则要求的范围内活动，才能达成目的。市场竞争对手与企业本来就存在一种利益上的对立关系，只有企业组织中的每一个员工的每一个行为都是无懈可击的，竞争对手才会输得心悦诚服，也才真正不会抱怨和指责。所以说，企业管理水平的高低，效果的好坏，最终都会从岗位员工管理规范化上体现出来，任何形式上的不规范行为，都不免会制约企业发展目标的达成。

2. 岗位员工管理规范化的内容分析

岗位员工管理规范化的主要内容，是与岗位员工做好工作的能力素质、意志意愿、热情耐心和牺牲精神等四个方面的要求相对应的。

（1）岗位员工的能力素质管理。

能力素质是岗位员工圆满地履行其职责的前提条件。保证这一前提条件的主要途径有三条。

①完善岗位员工的招聘用人管理规则，使所招聘选择的人尽可能符合岗位履职条件要求。

②建立健全人力资源培训开发体系，即通过培训开发缩小相应岗位员工在能力素质和行事方式上与岗位员工履职条件要求的差距。

③健全完善员工发展管理规则，即通过对员工的意志欲望、兴趣偏好、知识技能和事业成就四个方面的发展进行管理，以保证每个岗位员工的能力素质，与履职条件的要求相吻合，并为企业的发展提供人力资源

储备。

（2）岗位员工的意志意愿管理。

这就是解决岗位员工积极努力做好工作的意志动机问题。其内容包括以下五个方面。

①愿景设计管理。即通过能感召吸引人的愿景设计，使岗位员工在意志目标的选择上，能与企业发展目标的要求一致起来。

②沟通交流管理。也就是通过充分有效的沟通，让员工明确所要承担的工作的内容、价值，标准，以及自己做好工作后可获得的自我价值满足利益等方面的内容和安排，使岗位员工形成做好工作的意志意愿。

③授权支持管理。即通过授予必须有的资源支配和使用权，使岗位员工具备做好工作的外部条件。

④跟踪考核管理。即对岗位员工履行职责，承担工作的过程，以及效果进行定期和不定期的检查评价，以保证所授予权力的正当运用，并为岗位员工对企业作出贡献之后应该得到的回报及人事再安排提供依据。

⑤酬赏兑现管理。也就是按照沟通所作的利益满足承诺约定，对应于岗位员工所作的贡献，在经济福利、人事安排上兑现落实，以稳定岗位员工的意志意愿。

（3）岗位员工的情感管理。

情感是影响人的行为选择的一个重要因素。要保证每一个岗位员工都做好工作，也就必须让岗位员工对他的岗位工作，以及共事的团队同事和企业组织整体形成深厚的情感，即爱企业整体、爱团队同事、爱本职工作。而要获得岗位员工的这种爱的情感，就必须让他们能首先从企业组织集体中获得爱的情感满足。虽然爱的情感是不能通过交换获得的，但让人只是付出爱的情感却也是不可能的。爱必须有爱的反馈，才会深化相互之间的爱。并且当一个人的爱的情感还没有确定对象之前，必须有人首先伸出橄榄枝。所以，企业组织整体就必须通过给予他们以充分的尊重、信任、关怀，使他们感到自己在这个企业组织大家庭中的地位、价值和温暖。实施情感管理，也就是在企业组织内部全面倡导和实施尊重人、信任人、关怀人，并通过尊重人、信任人、关怀人获得岗位员工爱的情感。

（4）岗位员工的情绪管理。

情绪是影响人的行为选择的又一个重要因素，如果没有恰当的管理，岗位员工个人情绪的不当暴发就不免会对他的意志行为带来干扰。情绪管理也就是自主地诱导岗位员工的情绪变化和发展，避免岗位员工的情绪自发地发泄导致其意志意愿波动，影响其职责的履行。其内容包括情绪诱导和情绪释放两个方面。前者是通过适时调动和激发岗位员工的一定情绪，以稳定其意志意愿，并使之焕发出新的生气活力。后者是通过疏通和建立多向的沟通渠道，以使岗位员工的情绪能及时释放，避免积累、积聚后集中暴发，影响其做好工作的行为选择。

3. 岗位员工管理规范化在体系上的要求

岗位员工管理规范化，在体系上的要求，主要有以下十一个方面。

（1）有能保证任贤用能，把与企业的发展需求相适应的人才，放到恰当的位置上的岗位员工选择聘用管理规则，以为员工提供发挥其聪明才智的舞台，使其智慧才干都能贡献于企业发展目标的达成。

（2）有完善的人力资源培训开发体系，能根据企业发展的需要，对现有人员相对于岗位履职条件要求开展多种形式的培训。这不仅是为了消除其能力素质与岗位履职条件的差距，而且是为他们进入更高层次的岗位作能力素质上的准备，以使其潜能能够最大限度地发掘和发挥出来。

（3）有员工发展管理的制度安排和设计，使岗位员工的意志欲望、兴趣偏好、知识技能和事业成就有机会得到全面的发展。

（4）有完整的企业共同愿景设计和更新管理，以及岗位员工的个人愿景设计和更新管理，以使二者能在高度融合的基础上，实现企业组织和员工个人的共同发展。

（5）企业内部有广泛的沟通交流渠道，并有倡导和鼓励的制度安排，使企业组织的上下左右，都能通过沟通实现相互理解和认同。

（6）有明确健全的授权管理规则，以保证每一个岗位员工都有做好工作的外部资源支持，并且权责匹配，不存在授权不当的问题。

（7）员工工作的跟踪考核体系健全，方法科学。一方面能及时把握和控制下属员工的工作进程和效果；另一方面又使每一个岗位员工为企业所作的贡献都能够得到公正、公平、客观、准确、全面的评价。

（8）薪酬管理体系健全、完整、科学，使岗位员工为企业所作的努力和贡献，都能够从物质福利上取得应有的回报，不存在薪资不公平的抱怨。

（9）企业职务晋升制度健全，以使能力强、素质高、贡献大的人，能及时获得提升和重用，不存在屈才、误才的问题。

（10）企业内部人际关系融洽，以使每个岗位员工都能心情舒畅地工作。不存在让人心情不舒畅、工作不热情的不尊重人、不信任人、不关怀人的“三不”行为。

（11）对情绪管理有专门的制度安排，以保证每一个岗位员工的情绪都能够得到恰当的诱导和及时的释放，不存在因为情绪的积累、积聚而导致的矛盾激化事件。

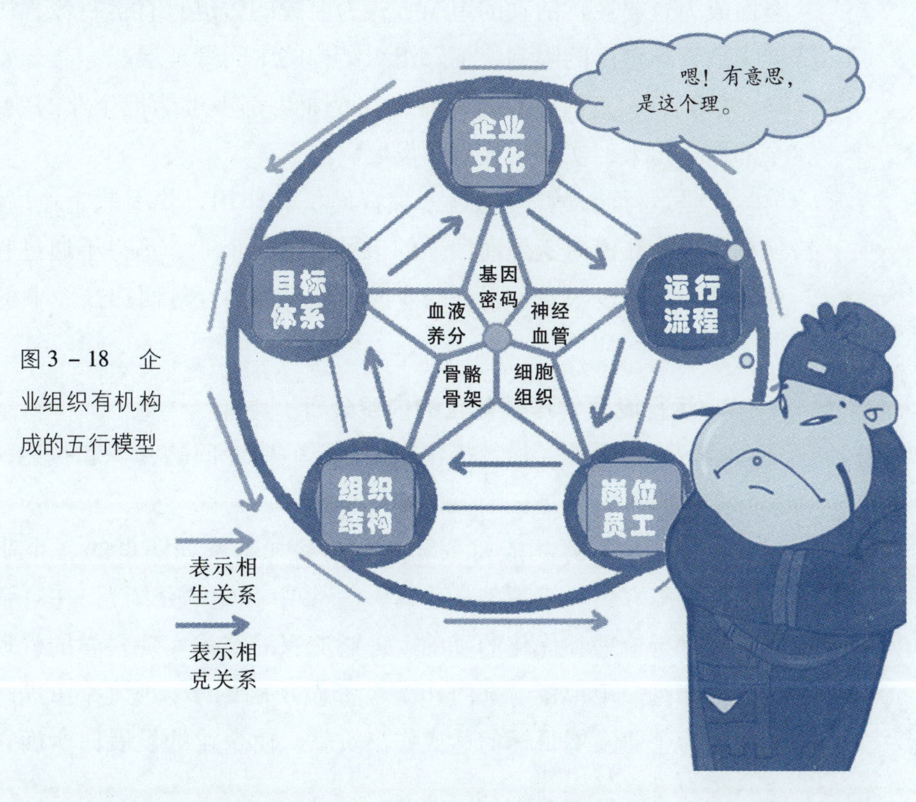

图3－18 企业组织有机构成的五行模型

五、运行流程管理规范化在体系上的标准要求

1. 管理效果“八零”境界与运行流程管理规范化的关系

运行流程管理作为企业组织运行的具体方式方法，对管理效果的“八零”境界的达成，都有直接的影响。其最直接的作用，是服务于经营管理的零库存、资源管理的零浪费和组织结构零中间层这“三零”境界的达成。企业管理的基本思路和方法，如果没有实现由等级控制式管理向流程协调式管理的转变，这“三零”境界就都只能是一句空话。

（1）只有确立了服务于客户价值满足，以客户订单为龙头的运行流程管理，才可能把经营过程中的产成品库存、零配件库存、原材料库存和设备库存都降低到尽可能低的水平。

（2）只有通过流程协调管理，让每个员工的工作目标都指向客户价值的满足和企业发展价值的增值，才能彻底消除企业经营过程中不必要的资源投入和占用。

(3)成规模的企业要实现组织结构零中间层，是直接以运行流程管理全面成为企业经营活动的组织方式为前提的，也只有运行流程协调管理才能突破管理跨度的限制，消除组织结构的中间管理层。

(4)任何忽视运行流程管理的企业也都不可能把企业的效益和潜能，全部挖掘出来，实现应该有的发展。

正是运行流程管理的这一独特地位和作用，才引起企业广泛的关注，使任何一个在面对激烈而残酷的市场竞争的企业，不得不通过它来挖掘企业的潜力，减少浪费，提高对资源的整合能力，进而提高企业的市场竞争能力。

2. 运行流程管理规范化的内容分析

运行流程管理，尽管操作起来需要一些专门的知识和技能，但其内容实际上很简单，就是三个方面的内容：

(1)运用目标功能树系统分析模型（本系列图书的《企业规范化管理系统实施方案·组织架构管理》一书中有专章介绍)，在对企业组织运行流程进行梳理和优化的基础上，对流程的结构实现科学的管理，以保证企业内部每一个单位、部门和岗位都做正确的事，使他们的每一份付出，都能够为企业发展目标的达成作出贡献，使企业的发展向所确立的目标迈进一步。

(2)通过对流程活动进行分析和优化，对流程活动进行管理，让每一个岗位员工都能够找到效率最高、投入最少、最省力的做事方式，这也就是都正确地做事。

(3)通过对流程接口进行规划设计，让每一个岗位员工都明白自己在所对应的运行流程中所承担的责任，以及责任的承担方式，使每一个岗位员工的意志意愿都调整到最大限度地做好工作，圆满地履行职责上。这也就是保证都负责地做事。

3. 运行流程管理规范化在体系上的要求

运行流程管理规范化在体系上的要求，主要有以下四个方面。

(1)必须运用系统科学的方法对运行流程进行梳理和优化，以保证流程的设定不漏项，使企业为达到目标所要做的事，事事都明白，并件件落到实处。

(2)对不同流程之间的性质，在科学分析的基础上，进行组合搭配，使流程之间的衔接吻合而有效。

(3)对流程活动有定期的分析改进安排，使流程活动的投入对应于既定的产出，能不断地降低。

（4）不同流程之间的接口在内容、数量、质量、时间、地点五个方面都有明确的界定，保证衔接稳妥、方式恰当，以使每一个流程活动工作发生失误时，都有具体的人承担责任，不存在相互推诿的情况。

六、文化建设管理规范化在体系上的标准要求

1. 管理效果标准“八零”境界与文化建设管理规范化的关系

企业文化的作用，实际上是对企业组织成员，上至董事长，下至学徒工，提供一种思考问题的方式、方法，对事物进行选择评价的标准、对具体工作的承担提供一个总体指导思想。人与动物不一样，其根本区别在于人的活动，不是决定于其本能要求，而是由自己的意识意志所控制主导的。企业文化是直接影响和构成企业组织成员意识的作用因素。有什么样的企业文化，在这个企业组织也就会有什么样的意识。所以它对企业管理效果的“八零”境界的实现，都具有直接而确定的作用，并非看不见摸不着，可有可无的东西。

企业规范化管理效果标准的“八零”境界中任何一个零，都首先是一个意识问题。只有员工，尤其是关键岗位上的员工，包括中高层管理人员、营销骨干和技术骨干，在他们的思想观念中，有了这“八零”境界的意识，认定必须如此，才能把他们的关注点和精力转移到对应的工作上去，也才有可能实现这相应的“八零”境界。“八零”境界也可以说是企业所选择确立的一种目标，因而它必然直接受制于企业文化。企业文化作为企业组织的基因密码，对企业发展目标体系的确定具有直接而决定的作用。

企业文化对组织结构零中间层、商务伙伴的零抱怨、竞争对手的零指责等三个“零”的影响尤其明显而直接。这三个“零”的境界在现实的企业经营管理实践中，很多人认为是没有必要的，或者是不可能实现的。如果企业本身是建立在这样一种“没有必要”和“不可能”的意识基础上，那么这“三零”境界也就只能是不可能。为什么会认为不可能、不必要，这就是因为在他们的企业文化中形成了这种“没有必要”的意识。认定管理就是要控制，并且要借助权力来控制；商务伙伴之间只能是一种竞争，在所合作的事业上的利益分配上也只能按实力分享，有抱怨是理所当然；对于竞争对手的指责，更是不屑一顾，存在利益对立的竞争关系，被

对方指责是理所当然。这些也都包含在他们企业文化的价值观念中，与这种意识相对立，并且需要通过共同努力才能获得的行为结果，也就不可能从天上掉下来。

2. 文化建设管理规范化的内容分析

文化建设管理规范化的内容，主要包括以下四个方面。

（1）根据企业的实际，选择确定企业文化模式。这也就是对企业文化的性质和特点作出界定，绘制出企业文化构建的蓝图。自主构建企业文化是以选择企业发展所必需的企业文化模式为前提的。并不是所有的企业文化都对企业的存在和发展具有推动促进作用，更不是任何性质和特点的企业文化都是企业所企求的。只有与企业的实际相吻合，能推动和促进企业持续快速发展的强势企业文化，企业才有必要投入专门的资源，进行构建。这种构建就像建造一座大桥一样，必须有一个事先完整的设计规划。没有轮廓清楚，特点定义明确的蓝图，摸着石头过河，是不可能构建出企业所向往的强势企业文化的。

（2）按照企业文化构成的四个层次九个构成要素（本系列图书的《文化建设管理规范化》一书中有专章介绍），分别进行设计、构建，把企业文化现实地创造出来。企业文化建设，不是简单的归纳几句漂亮的口号，而是要形成一种在企业内部共有的思维方式、行事习惯，并且这二者又是建立在共同的价值观念基础上的。仅仅杜撰几句漂亮的口号，喊一喊是没有用的，必须把能直接构成和作用于人的价值观念、思维方式、行事习惯的企业文化构成要素现实地构建出来。

（3）融合企业文化与企业其他四个构成部分之间的关系。企业文化只能存在于企业另外四个构成部分中，就像基因只有由组织细胞做载体，存在于它们之上一样，独立于企业另外四个构成部分的企业文化，不可能对企业的发展起到推动促进作用，也就是企业所不需要的企业文化。所以要自主构建企业文化，也就必须定期不定期地对与所选择确定企业文化建设蓝图不相适应的东西，进行清理、清算、清除，以发挥企业文化对另外四个构成部分的基因作用。

（4）对企业文化分为三个模块，即内部管理模块、外部营销模块、商务合作模块进行不断优化、完善。这三个模块对应于企业不同方面的相互关系，具有相对的独立性。尽管它们在性质上存在着一定的制衡关系，任何一个模块的性质也都不可能与其他模块的性质相对立。但这种关联关系，远未取消它们各自的相对独立性，所以根据企业的实际，选择不同的时机，按照不同的顺序有重点地对企业文化进行修枝理叶式的完善、优化，以保证企业文化充分适应企业组织内外部实际的发展变化。

3. 文化建设管理规范化在体系上的要求

文化建设管理规范化在体系上的要求，主要有以下五个方面：

（1）企业文化建设是一个持续不断的过程，不可能一蹴而就，因此必须有企业文化理想模式的选择，并把这种理想模式的性质和特征勾画出来，描绘出企业文化建设的蓝图，以避免摸着石头过河所可能造成的弯路损失。

（2）构建企业文化，必须有构成层次和构成要素的分析、设计、构建，仅仅靠几句漂亮的口号不能代替企业文化的设计、构建。

（3）企业文化的核心构成层——企业共同价值观念必须是一个完整的体系，它总共包括九个方面的内容，企业文化建设中所归纳的价值观念必须全面覆盖。

（4）必须有对企业另外四个构成部分与选择的企业文化理想模式相适应情况的定期和不定期检查分析，并进行清理、清算、清除，以保证企业文化与它们四者之间能实现有机的融合。

（5）在企业文化的建设和管理过程中，对于三个构成模块必须分别制定出规则标准，以避免因为关注点过于集中而导致对其他必须关注的相应关系的忽视，造成企业文化建设的残缺不全。

第四篇

企业规范化管理整体实施的思路

实施企业规范化管理，首先要找到其实施的必要性，即要发现企业内部管理存在的问题，这样才能保证企业规范化管理实施的针对性。

从纵向看，企业在成长过程中，可以分为五个阶段：创业阶段、波动阶段、稳定阶段、危机阶段、收缩阶段。规范化管理的实施要抓住每一个阶段的特点来进行。从横向看，企业规范化管理方案实施的重点不同。要把握住决策制定管理、企业架构、员工管理、运行流程管理、文化建设管理等方面的特点及运行规律，将上至企业高层领导，下至一线员工的工作，都纳入规范管理的运行当中。

企业规范化管理要做好动员宣传工作、技术方法培训、整体实施方案选择和运行、效果评估和完善改进这一系列的工作，才能保证规范化管理实施的成功。

第一章

企业规范化管理实施决策

企业规范化管理实施要有针对性，即要找到企业内部管理究竟存在哪些问题。只有明确了问题，规范化管理才能有针对性地实施并取得立竿见影的效果。那么，如何才能准确而全面地诊断出企业内部管理的问题呢？企业高层管理者可以通过《企业内部管理水平自我测评表：100 题》进行自我测评，并根据结果判断是否需要实施规范化管理。

一个企业需不需要实施规范化管理，得从其内部管理问题的分析入手。只有明确了问题，规范化管理实施才有针对性，才能取得立竿见影的效果。尽管有人用十全大补汤比喻规范化管理，但如果没有立竿见影的效果，就不免陷入无效保健品的广告欺骗，是用未来根本没有的价值满足引诱消费者把手中的银子交出来。很多经营保健品的企业就是这样成功的。尽管中国之大，不缺少不断受骗上当的人，但那不是企业长青之路，更不是科学研究探索之路，十全大补汤也必须为人提供效果检验的方便。

一般而言，如果企业内部管理与企业发展的要求不相适应了，企业老板和高层管理人员一般都能直觉地判断出来。内部管理问题在企业发展过程中属于软约束问题，如果不发生由它引起的企业发展危机和事故，让企业老板和高层管理人员是不会下决心投入精力和财力、物力来解决隐隐约约存在的问题的。对实施规范化管理以提升内部管理水平、让内部管理成为企业发展的推动促进力量的努力，往往不免因为一再后延而严重滞后，甚至到了制约企业发展、造成严重后果后才下决心这样做。可到这个时候就已经太晚了，此时企业发展危机加剧，已经没有精力、财力和物力投入了，或者是企业发展危机过于猛烈，没有给规范化管理实施留下时间。

为了解决这一问题，我们设计了一个《企业内部管理水平自我测评表：100 题》（见表 4－1），企业老板和高层管理人员可以定期自我测评，并根据测评结果判断，对是否需要实施规范化管理，以及什么时候实施规范化管理的问题进行决策。

图 4－1 企业亚健康自我检测法

通过《企业内部管理水平自我测评表：100 题》测评，得出自我测评结果后，可参照下述标准进行决策：

（1）低于 60 分，说明基础管理非常混乱，不马上实施规范化管理，提升基础管理水平，生存危机随时都可能光顾而把企业推向坟墓；

（2）低于 75 分，高于 60 分，说明基础管理还比较薄弱，必须尽快作出安排，立即实施规范化管理，否则，企业随时都可能爆发危机；

（3）低于 85 分，高于 75 分，说明基础管理还存在一些问题，必须快速对薄弱部分实施规范化管理，否则它们会直接危及企业的持续快速发展；

（4）低于 90 分，高于 85 分，说明基础管理中还存在一些不可忽视的问题，必须查漏补缺，补上相应内容的规范化管理课，否则它们可能会漫延而损害企业组织运行效益，危及企业的持续快速发展。

表 4－1 企业内部管理水平自我测评表（100 题）

归类	序号	问题表现内容	3 尚不存在	2 有些迹象	1 已经存在	－3 严重存在	100 分统计
决策制定管理	1	决策制定管理体系不健全，没有明确的责任人对应于不同时期、不同层次、不同方面的决策问题，具体承担信息收集、方案思考的责任，决策制定准备不充分，随意性大					
	2	决策制定拍板责任不明确，该拍板时没有人拍板，负责拍板的人犹豫不决，不知道该不该由自己拍板，不得不层层上报，白白错过了决策的最佳时机					
	3	对于不同内容的决策，没有相应的分工，企业组织高层主管包揽了太多的决策责任，往往因为精力限制而导致决策思考不严密、论证不充分而发生失误					
	4	把应该由企业组织高层主管思考决策的问题，无目的地轻率交由低层主管思考和决策，致使因为思考问题的角度片面而导致失误					
	5	没有决策信息的收集和决策方案的论证过程，用民主表决代替论证，降低了决策的质量，发生了失误，还找不着具体的责任人					
	6	目标体系本身不健全、不完整，存在遗漏和空白，使对应的岗位员工工作没有目标导向，无所适从，无法发挥自己的主观能动性					
	7	对不确定的事件，没有事先的组织和制度安排，一旦发生，不知所措，以至于一个很小的问题都可能演化成一个大危机					
	8	缺少对企业外部实际，包括市场供求变化、国家宏观调控政策变化等的预测分析，没有事先把握其发展变化的趋势，并为之事先作出安排，一旦发生变化，则手忙脚乱					
	9	没有稳定的企业发展战略规划和整体发展目标，决策制定所服务的目标不明确，不稳定，决策多变，朝令夕改					
	10	决策制定，没有决策方案的设计、论证和选择，企业组织领导人和高层主管迷信自己的直觉，拍脑袋决策					
	11	企业组织的决策权力过分集中，基层岗位员工没有决策参与权，对企业组织高层制定的决策不理解，也不支持，对决策的贯彻落实也没有积极性和主动性，因而往往使很好的决策最终成为错误决策					
	12	决策制定没有程序管理和决策制定过程记录，决策责任不清，出现决策失误，没有具体的人承担责任					
	13	不重视决策信息的收集和整理，用与经营资源配置优化不相关的信息，包括抽签、算卦，填补和代替决策信息					

续表

归类	序号	问题表现内容	3 尚不存在	2 有些迹象	1 已经存在	-3 严重存在	100分统计
	14	决策人武断专横，自以为是，忽视企业发展利益关联主体的要求，用拍胸脯代替全面、科学的决策分析论证					
	15	决策信息传递渠道不统一，小道消息满天飞，小道消息侵袭决策信息的传递正道					
	16	决策顾问选择不当，把佛学、道学、易学等专业的文化学者，捧为经营专家，甚至直接把招摇撞骗的风水先生、算命先生聘为企业顾问					
组织架构管理	17	组织模式选择跟风照搬，不能体现自己企业组织内部不同人员之间关系的性质特点					
	18	对达成企业目标的事务工作不作全面清理，责任没有具体到人，重要的工作拖成紧急工作之后，不得不让综合部门像救火队一样四处扑火，承担紧急任务					
	19	单位、部门和岗位的设置，不是建立在对达成企业发展目标的事务工作的系统清理基础上；设置多少个单位、部门和岗位，凭高层感觉行事，随心所欲					
	20	管理跨度过小，组织结构叠床架屋，层次过多，等级严密，管理人员高高在上，官僚主义习气严重					
	21	因人设事，该有的机构和岗位没有，不该有的却又不得不保留，以安置企业老板和领导人认为不得不安置的人					
	22	单位、部门工作标准中没有明确相互配合的责任，单位、部门相互之间不配合、不支持，各吹各的号，各唱各的调					
	23	岗位职责界定不清，有过相互推诿，有功相互争夺，出了问题找不到具体的责任人					
	24	工作分派失当，该统一承担以保证连续性的工作，却交给不相关联的机构或岗位承担；该分别承担以保证制衡作用的工作，却又交由同一机构或岗位承担					
	25	岗位工作标准界定不全，通过随机性指令向下属员工下达的工作，占有1/5以上的比重，员工工作无法发挥主观能动性					
	26	岗位员工人员配置不当，一方面小材大用，造成工作瓶颈，另一方面又大材小用，造成人力资源浪费					
	27	单位、部门之间的工作量缺少必要的平衡，苦乐不均，有的忙得昏天黑地，有的闲得无聊					
	28	组织内部单位、部门管理跨度不均衡，级别相同、待遇相同的主管，但所承担的工作量却过于悬殊					

续表

归类	序号	问题表现内容	3 尚不存在	2 有些迹象	1 已经存在	-3 严重存在	100分统计
岗位员工管理	29	员工能力素质发展滞后，跟不上企业发展的需要，人力资源直接成为企业发展难以突破的“瓶颈”					
	30	没有必要的人力资源发展规划，人员招聘临时抱佛脚，招聘来的人员与岗位职责要求不吻合，造成工作瓶颈					
	31	不重视老员工的培训造就，迷信空降兵，偏好于高薪挖人，空降兵、老员工难整合，组织执行力低					
	32	人员选聘没有科学地选择控制程序、招聘面试，设计不科学，面试内容与岗位职责要求脱节					
	33	没有健全的员工培训体系，培训组织的随意性大，培训的目的、内容、方式、讲师、教材、参与人等没有全面的分析和设计					
	34	员工来自不同的地域，教育背景、文化背景各不相同，没有企业文化培训整合他们的价值观念和思维方式，小团体、小帮派林立					
	35	员工培训重知识技能的提升，忽视价值观念和思维方式的整合和统一，企业花在培训上的投入，成了为他人做嫁衣裳					
	36	外出培训，没有规划，需要外出培训的没有机会，外出培训机会被少数人垄断，甚至成了少数人借机游山玩水的借口					
	37	漠视企业发展对员工发展的依赖关系，没有必要的员工发展管理措施，员工没有自主学习发展的内在动力，安于现状，不求上进，缺少对企业组织的归属感					
	38	不重视对企业共同愿景的规划设计，员工看不到企业发展的前途，找不到自己发展的空间，对企业没有信心					
	39	愿景设计方法不科学，企业共同愿景与员工个人愿景之间缺乏衔接，员工个人的追求无法与企业发展目标衔接					
	40	上下之间缺少平等的交流沟通，上司主管凭主观直觉认定有问题时，也不询问、不核实，就对下属员工进行呵斥、责骂，下属员工工作有困难也不敢反映					
	41	左右之间，员工没有达成相互理解和认同的通路，更没有情绪发泄的途径，往往因为不良情绪的积累而导致过激行为发生					
	42	规章制度的制定，缺少与下属员工的讨论沟通，是单方面地把上司主管的意志强加给下属员工，致使“上有政策，下有对策”，制度贯彻落实困难					
	43	没有科学的授权管理，员工缺少做好工作的外部资源条件支持，没有做好工作的信心					

续表

归类	序号	问题表现内容	3 尚不存在	2 有些迹象	1 已经存在	-3 严重存在	100分统计
	44	权力过分集中，现场工作人员没有必要的权力，很难及时对现场作业中发生的不测事件作出反应					
	45	高估亲信的忠诚，随意授给亲信支配企业相关人、财、物权力，造成严重失误和浪费后又自怨自艾					
	46	绩效考核缺少科学的量化方法，员工的努力和贡献，难有客观公正评价，功过不明，干好干坏一个样					
	47	绩效考核要素设置过于抽象笼统，依靠上司主管的主观印象打分，员工绩效考核成绩不能反映员工的工作努力和贡献					
	48	绩效考核没有重点，考核内容与企业发展目标脱节，为了量化而量化，把一些与企业发展无关的个人问题列为考核要素					
	49	绩效考核导向错位，重态度，轻贡献，吹牛拍马，只做表面文章的人得高分，踏实工作，努力贡献的人受冷落					
	50	绩效考核量化指标设置不合理，诱导员工产生短期化行为，使员工只顾目前职责履行过关，不求工作质量和效果的稳定和提升					
	51	绩效考核没有客观的量化评价标准，对员工的绩效考核变成了上司主管打压或拉拢下属的工具，员工对绩效考核不支持					
	52	不同职类、不同单位和不同部门的员工绩效考核，相互之间没有关联，绩效考核成绩没有横向可比性					
	53	对员工的薪酬结构没有科学的设计和规划，基础工资、奖励工资、附加工资和福利保险之间的比例不合理，起不到激励作用					
	54	薪酬的核定，没有统一标准，招聘时的讨价还价成了确定薪酬的依据，会讨价的拿高薪，不会讨价的努力再多、贡献再大也难以得到应有的回报					
	55	薪资的发放，没有量化依据，员工不知道自己工作一天、一月能拿多少钱，员工薪资的多少不能反映员工对企业贡献大小的差距，多劳不能多得					
	56	简单地实行提成制和计件制工资，企业组织相对于员工没有凝聚力，员工的心难与企业组织融合在一起					
	57	员工薪资的发放没有让人服气的依据，不敢公开化，为避免由相互比较带来的抱怨，不得不采取秘薪形式发放					
	58	奖金不是员工超岗位职责贡献的体现，而是按人头平均发给，成了一种平均化的福利					
	59	薪资的发放时间没有科学的规划和限定，随意性大，甚至超月了，员工还没有拿到上上个月的工资					

续表

归类	序号	问题表现内容	3 尚不存在	2 有些迹象	1 已经存在	-3 严重存在	100分统计
运行流程管理	60	重惩轻奖，只有对员工工资的扣减，没有对应的奖赏鼓励，给员工造成一种被压迫和被剥削的感觉					
	61	员工职务的晋升没有标准，职务晋升不能成为激励员工完善自我、提升自我能力素质的有效方式					
	62	官本位意识严重，等级观念盛行，缺少流程管理意识，管理协调人员习惯于高高在上地发号施令					
	63	没有流程管理的过程控制，企业组织运行主要靠行政指令协调推动，企业领导人做中层主管的工作，中层主管做基层主管的工作					
	64	没有统一流程管控标准，单位、部门、岗位相互之间不配合、不支持、各行其是，企业组织运行效率不稳					
	65	岗位工作没有流程管控，目标模糊，只是为了履行职责而履行职责，明哲保身，不求有功，但求无过，该相互配合支持的事，都充耳不闻，视而不见					
	66	没有流程标准界定，或者界定过粗，人员流动后接替人员难以在短时期内把工作做到位					
	67	流程标准不全，流程责任不严，或者缺乏流程运行补救措施，员工行为难以与ERP系统对接，ERP系统运行效果不佳					
	68	流程及流程活动相互之间的紧密连接，被行政隶属关系所阻断，单位、部门和岗位的工作与企业发展目标脱节					
	69	流程接口缺少从内容、数量、质量、时间、地点的五向量界定，责任模糊，衔接不吻合					
	70	岗位工作标准缺少流程界定，员工不知自己的岗位工作与企业发展目标有何联系，纯粹为了完成工作而工作，有员工工作效率，没有企业经济效益					
	71	没有过程控制的流程运行监控和整改，对员工的工作实行秋后算账式责任追究，造成损失后只能由企业埋单					
	72	物料采购供给没有严格的流程控制，为减少吃回扣和盗损，过分依赖亲信，效率低，漏洞多					
	73	技术管理缺少流程控制意识，技术与管理分家，脱离市场需要进行技术引进和创新，为了发展技术而发展技术					
	74	生产计划和生产调度依靠行政指令实现，没有流程控制，企业组织运行秩序不严，衔接不紧，波动不稳，效率不高					
	75	现场管理独立于流程管理之外，重形式，轻效用，忽略了它与企业组织发展目标之间的联系，投入不能形成效益					

续表

归类	序号	问题表现内容	3	2	1	−3	100分统计
			尚不存在	有些迹象	已经存在	严重存在	
	76	营销管理没有整合到企业组织运行的统一流程中来，营销策略彼此不协调，营销渠道相互挤压，营销费居高不下，市场份额增长不大					
	77	品牌建设游离于企业组织运行的统一流程之外，只谋求知名度，忽视美誉度，依赖广告自我吹嘘，忽略品牌价值积累					
	78	客户关系管理在统一流程之外实施，客户进门是亲家，出门就成了冤家，开拓了一个新市场，却丢了一片旧市场					
	79	ISO9000质量体系的认证与流程管理两张皮，质量体系成了没有内容的空壳，ISO9000认证仅仅起到一个增加广告词的作用					
	80	成本管控脱离流程运行过程，依赖于一刀切的比例控制，该挖掘的潜力没有挖掘出来，不该节省的投入却被挤掉					
	81	除了老板没有人关注资源投入效果，也没有人对资源投入效果负责；对于企业组织运行过程中的浪费，是视而不见，见而不理					
	82	企业组织运行活动，没有分项的投入预算，也没有分项的投入效果的核算，都集中在一个统一的财务部算总账，人人可吃大锅饭					
	83	没有人对流程标准的改进、提升管理负责，一定数年不变，甚至知道落后过时，也没有调整修改					
企业组织文化建设管理	84	员工不认同企业组织领导人的价值观念，上司主管习惯于通过行政指令进行强制，下属员工明里服从暗中抵制					
	85	没有系统完整的经营管理理念界定，经营管理指导思想摇摆不定，致使决策制定缺少约束					
	86	把文化建设当做时髦，停留在形式上，有响亮的口号和漂亮的形象，无法起到管理作用，有文化建设的投入，没有管理效果带来的投资回报					
	87	没有统一的思想理论整合管理方式方法，在管理方式方法的选择上跟着媒体鼓吹的风向走，管理投入效益低					
	88	员工思想混乱，没有理想，没有追求，无所事事，安于现状，不求上进，工作没有热情					
	89	企业组织内部人际关系紧张，内耗严重，员工的心思都用在相互算计上，无法集中精力做好工作					
	90	没有企业伦理约束，也没有行为底线控制，掌握企业人力、财力、物力、权力的人，以权谋私，职务犯罪					

续表

归类	序号	问题表现内容	3 尚不存在	2 有些迹象	1 已经存在	-3 严重存在	100分统计
	91	企业组织内部帮派林立，相互拆台，相互攻击，企业组织的决策，有利于自己利益实现的就支持、贯彻，反之就反对、抵制					
	92	崇尚空谈，大事小事都议而不决，决而不行，行而不果，单位部门主管每周都有会，开会成了工作的重要内容					
	93	文化构成要素残缺不全，有标语口号式的价值观念归纳，没有价值观念的理论论证，有表象层的语言、形象艺术表现，没有实体层的梳理和完善					
	94	企业文化内部管理、外部营销和商务合作三个模块内涵不统一，性质相互矛盾，使任何一个方面的价值观念都无法完整地贯彻落实					
	95	忽视员工自我价值和心理需要的满足，不尊重、不信任、不关怀，企业组织没有凝聚力，员工工作被动，得懒且懒，得过且过					
	96	组织成员缺乏团队意识和合作精神，个人利益至上，英雄主义盛行，造成内耗，组织成员的努力和贡献相互抵消					
	97	文化建设与企业经营管理活动两张皮，相互脱节，倡导的不遵行，企业组织运行过程由难见阳光的潜规则决定					
	98	员工意志与领导意志两张皮，员工目标与企业目标两张皮，雇佣思想严重，工作被动，给多少钱，干多少活儿					
	99	把权利和义务挂在嘴上，总想获得尽可能多的权利，承担尽可能少的义务，把员工与企业定义为法律关系，随时准备对簿法庭					
	100	高层主管之所说与之所行脱节，自己倡导的理念自己不付诸行动，在企业内部形成了唱高调、说空话的不良风气					
		企业管理规范化自我测评计算得分计算方法	3X	2X	1X	-3X	前4项之和除以3再乘以100

第二章

企业规范化管理在不同发展阶段上的实施重点

企业发展大体上可以分为五个阶段：创业阶段、波动阶段、稳定阶段、危机阶段、收缩阶段。在每一个阶段中，企业的内外部环境都有着不同的特点，都会面临所要解决的不同问题；因此，企业规范化管理在企业不同发展阶段上的实施重点也会不同。本节就企业发展不同阶段的特点，以及如何相应地实施规范化管理进行总括性的说明。

一、企业发展过程中的阶段变化分析

1. 企业发展的两种定义方式

如果有人提出“企业发展应该如何定义”这一问题，或者说提出“何为企业发展”这一问题，肯定会被人嗤之以鼻：“怎么还会有人提出这样幼稚的问题?”

那么，企业发展应该被定义为幼稚的问题吗？一点儿也不！

何为企业发展？这是一个很简单的问题，但答案却并不是统一的。不同的人仅仅是根据自己的理解回答。在一个企业组织中，高层发生经营思路分歧，往往就是因为处于企业组织高层的企业老板和高管们在这一问题上没有统一的答案，或者是没有达成共识。有的企业在发展的过程中频频走弯路，也直接与企业老板或高管们对这一问题的解答不当有关。

一谈到企业发展，人们马上会联想到厂房设备的不断增添，员工人数越来越多，经营的产品种类和数量不断增加，产品销售收入一路上升，等等。这是从大的角度对企业发展的定义。它定义的是由资源的积累而引起的规模扩张。在这种定义上的企业发展所积累的企业价值，仅仅是交易

收益。

另一个定义方式是从强的角度进行定义，即从企业所积累的价值的多少来定义。价值积累式发展就是企业所寻求的价值实现了增值和积累。企业所寻求的价值并不是企业的资产价值，而是相对于企业存在和发展起着支持作用的四个因素——交易收益、基业稳固、投资回报、社会美誉。企业发展的四大价值实现了增值和积累，这也就是企业发展的实现，因为企业发展的四大价值几乎就是钱在当代社会的不同存在形式。这一发展是从强的角度进行定义的，即从企业所积累的其他四种价值的多少来定义。这不仅意味着交易收益价值的增值和积累，更是基业稳固、投资回报、社会美誉价值的增值和积累。

其内涵包括：

（1）企业品牌越来越响，品牌价值越来越高，企业的社会美誉价值实现了积累。

（2）企业所实现的经营利润在总量上越来越大，企业投资回报价值得到了提升。

（3）企业抗风险的能力越来越强，经营越来越稳，使企业发展前景被人看好，经营风险得到了控制，企业基业稳固价值实现了提升。

这两种定义的企业发展是相互依存的。尽管我们讲企业强不一定大，但在一般情况下，没有一定的规模也就不可能强。企业仅仅有规模上的大，不一定强，但强却必须有一定的规模做基础。再优质高产的苹果，也只能结在苹果树上。

2. 企业发展两种不同定义方式所揭示内涵之间的关系

资源积累的发展是做大，价值积累的发展是做强。

资源的积累是价值积累的前提，要实现企业价值的增值和积累，必须有相应的资源投入。如果没有积累到足够多的资源，企业价值的增值和积累也就是空话。而企业价值的增值和积累反过来又会对资源的积累提供支持，使积累企业经营所需资源变得容易。

（1）企业交易收益的发展，也就意味着企业组织运行过程中所创造的现金流量增大了。仅此一点，也就使企业聚积的资源更大、更雄厚。

（2）企业社会美誉价值实现了积累发展，人们对企业未来的预期则会变得越来越光明，企业组织外部环境活动主体也就越会自愿地把所拥有的资源交给企业支配使用。

（3）企业投资回报价值的增加更是如此，任何资源的拥有者都会希望通过把所拥有的资源投入到投资回报高的企业，以从这个企业的发展过程中分享发展的利益。

（4）企业基业稳固价值的提升，则会降低资源拥有主体转让资源的心理障碍，从而会使企业经营所需资源的获得变得越来越容易。

3. 企业发展过程中的五个阶段

人不可能一出生就成为一个体格强壮、经验丰富的壮汉。企业和人一样，也有一个出生、发展、壮大的过程。并且在发展的过程中，还不免被病痛折磨，甚至夭折。也就是说，企业在发展的过程中，必然会呈现出一定的阶段性。企业发展的阶段性，大体可以划为五个，即创业阶段、波动阶段、稳定阶段、危机阶段、收缩阶段。企业发展不可避免地会处于这五个阶段的某一个阶段上。而所处的发展阶段不同，把企业做大、做强、做长寿的思路也就可能不一样，但其关键是把握企业做大、做强、做长寿的途径和方法。

企业发展处于何种阶段之上，并没有有明显的分界点，但根据企业在发展过程中所发生的问题，却可以明确地作出判断。

企业管理规范化的实施，是企业做大、做强、做长寿的必由之路。但企业管理规范化并不是要制定一套放之四海而皆准的制度规章，让所有企业都遵照执行。而是要紧密地联系企业的实际，针对企业所存在的问题，有的放矢地采取措施。并且这些措施还必须有一套统一、完整的理论给予整合。所以，在此必须针对企业在不同发展阶段上的共同特点，对企业管理规范化实施的重点进行一些分析。首先来分析企业发展不同阶段的特点。

4. 创业阶段的特点分析

创业阶段共同的特点和问题如下：

（1）企业投资者在选择确定项目之后，开始投资，全面组织生产经营，但其产品或服务尚未进入市场。

（2）在这个阶段，各种资源都刚刚从不同的主体手中汇集到一块儿，不仅人与人之间、人与设备之间，而且设备与设备之间，都还没有达成磨合和协调。

（3）这种新生的企业，甚至还不完全具备企业组织的特点。至少在这里还没有形成构成企业文化的共同价值观念、共同思维方式、共同行事习惯。每个人都只是按照自己的价值观念、思维方式和行事习惯来思考问题、判断问题、处理问题。而企业文化却是企业组织有机体不可缺少的一个部分。

（4）人员能力参差不齐，相互了解不充分，工作分配很难一次到位。

这一方面降低了企业组织整体运行的效率；另一方面又给能力不胜任的员工带来受挫感，给有能力胜任而没有被委任的人带来被歧视、受冷漠感。

（5）员工相互之间不熟悉不了解，人际关系表面上热情，内心却冷漠，相互之间都带着怀疑的目光打量对方。在与对方的交往过程中，都是选择试探性的方式。

（6）人与人之间没有什么明确的情感发生，没有爱，也没有恨。但彼此之间可能因为一点小小的误会就引起一场大冲突，但双方都可能没有任何恶意。

（7）员工信心不足，不知道自己能不能从这个企业发展中获得所期望的自我肯定价值满足。员工的意志取向也不确定，工作积极性时高时低，工作热忱忽冷忽热。

（8）在这个时候，企业组织也没有共同的游戏规则，其运行效率和效益难免波动不稳。

（9）企业发展的前景不确定，相当一部分员工抱着观望态度做事。一有失望的感觉，就抽身准备走人，因而人员流动率高。

（10）但在这个新生的企业组织之中，总有几个骨干表现得雄心勃勃，热情高昂，并且是不计代价地争取创业项目的成功。

（11）这个阶段持续的时间与创业所选择的行业有关。其产品投资生产周期越长，这一阶段延续的时间就越长。一般情况下为3～6个月，直到创业项目所经营的产品或服务投向市场，有客户接受时才算是告以终结。

5. 波动阶段的特点分析

紧跟着创业阶段之后就是波动阶段，企业创业项目所形成的产品开始投放市场，已有客户开始接受所经营的产品。

（1）产品投放市场之后，要接受市场的检验。市场是否最终认同、接受的问题，会使创业领导人时时感到忐忑不安。

（2）产品在市场上可能会受到不同的评价。消费者从此接触到一个新的产品或者新品牌的产品，不免对它持有一种怀疑态度。并且他们并不了解这种新产品或新品牌产品，往往都是根据自己的臆断妄加判断。这既是一种挑战，也是一种机遇。

（3）如果创业企业惊动了同行竞争对手，它往往会受到所进入行业竞争对手的封杀，甚至是集体对它的封杀，从而使刚刚走过创业阶段的企业，在发展前途上变得扑朔迷离。

（4）创业新产品在市场上难免发生波动，在一个市场上可能获得成功，而在另外一个市场上又可能惨败。这是走过创业阶段的企业发展波动的一种典型形式。

（5）在此时加入到企业组织中来的员工，仍然对企业没有信心，人员流动率仍然居高不下。而人员的这种流动又加剧了刚走过创业阶段的企业发展波动，有时甚至会陷入极度的困难之中。

（6）企业发展陷入低谷后，往往又可能会因为一个独特的市场操作而扭转局势。但这种市场操作却远远不能保证企业发展的稳定，波动仍然会继续下去。

（7）这一发展阶段往往要持续三年以上，有的甚至超过五年。在这个阶段上的企业仍然处于高死亡期。绝大部分企业都是因为没有走出波动阶段而关门消失的。

6. 稳定阶段的特点分析

企业发展走过了波动期就进入了稳定阶段。企业所生产出来的产品或服务，稳定地被市场吸引了，尽管没有大的发展，却有了相对稳定的销售收入和市场份额。

（1）企业的销售收入和规模，在发展上相对比较稳定。销售市场实现了稳定，现金流量实现了稳定，二者开始以一种稳定向上的趋势发展。

（2）尽管这种发展的速度往往并不完全是匀速的，但它一般不会陷于大升大降的波动之中。发展的速度即使降低，但也仍然是保持着向上发展的势头。

（3）人心也趋于稳定，人员大幅度波动的局面已经扭转。想跳槽的人渐渐少了，而想加入进来的人却多起来。

（4）企业进入这个阶段之后，企业组织内部环境活动主体对企业发展的前景看好，并且把自我肯定价值满足的期望都寄托在企业发展上。

（5）这一个阶段在时间上不容易界定，但往往与企业本身的规模及其所经营产品的生命周期相关。如果产品相对单一，并且又没有相应能力支持以不断开发新产品。那么这个稳定阶段也就会与产品的生命周期相吻合。如果企业具备开发新产品的能力，那么，这种稳定阶段所持续的时间，也就完全无法界定了。可能一直持续到因为某个不测事件的发生，而使企业陷入危机之后才会结束。

7. 危机阶段的特点分析

危机阶段一般都是由一个不测事件的发生，打乱了企业组织运行的正常秩序，从而使企业组织运行陷入混乱状态所致。当然，这种不测事件的发生，又往往总是与企业管理不规范相关的，是企业没有事先为可能发生的不测事件作出安排。这里所说的不测事件，往往也并不是完全不可预测的，而是决策失误所致：

（1）或者是没有预测到市场的发展变化而失去了市场机会，使自己被竞争对手挤压陷困。

（2）或者是没有预测到经营所需资源的供给变化，因供给短缺而导致经营中断。

（3）或者是因为某个细节管理不到位，因为忽略了一个平常小事，并且补救不力、不及时，使之演化成为对企业声誉和形象有重大影响的大事件。

（4）或者是对由竞争对手策划引起的恶性事件应对不力，使企业的声誉和形象受到重创。

（5）或者是国家政策的重大调整，企业事先没有为之作出安排，致使应对无措。

这一阶段的特点如下：

（1）企业发展所需要的资源，发生更新补充困难，使企业组织运行难以正常进行，甚至不得不中断。

（2）企业组织内部人心浮动，企业管理规章制度的约束作用开始松动，甚至失去约束作用。如果危机严重，一些人就可能对企业发展的前途失去信心，转而另求出路。当危机阶段持续一段时间之后仍然没有明显好转，就会有人开始跳槽了。

（3）企业在发展的过程中，这种危机随时随地都可能发生。如果企业领导人思考问题的系统程度相对较高，往往可能会减少这种危机发生的可能。企业已陷入危机阶段，如果企业领导人应对有方，排除了不良影响，企业往往可能会很快回到稳定发展的阶段上来。反之，企业则可能越来越深地陷入困境，直到走向死亡。

（4）这一个阶段的时间，一般在半年以上，长则可能持续到两年以上。这个阶段持续时间的长短与企业应对危机的能力和思路相关。有的企业即使陷入一场大的危机，往往也会因为其强势企业文化的作用而很快恢复秩序和活力。有的企业则往往会因为没有危机的自我修复功能，而在一个很小的危机打击面前，就走向衰亡。这就像三株公司一样。

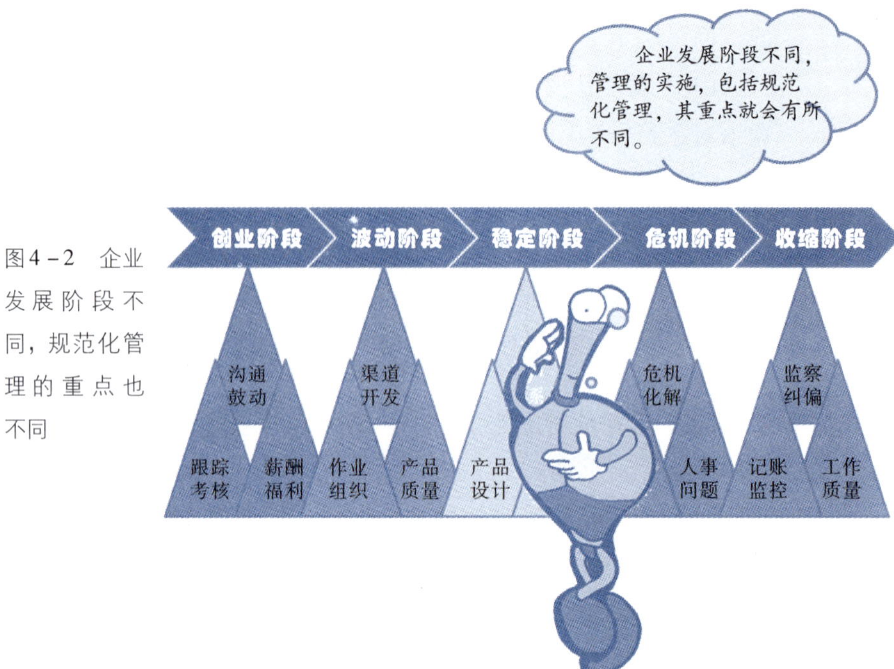

图4－2 企业发展阶段不同，规范化管理的重点也不同

8. 收缩阶段的特点分析

企业要进行行业转换，或者领导人不再有经营下去的兴趣，并且又没有人愿意接手，不得不终止投入，从市场慢慢撤退；或者是企业陷入危机之后，已无力回天，不得不进行一种不自主的撤退。

（1）进入这一阶段的企业一般都具有一定规模，是它们在进行行业转换或调整时，不得不选择的一种途径。小规模企业不存在收缩问题，一旦停止投入，经营活动也就很快停止而关门了。

（2）处于这个阶段的企业其目的很明确，这就是在不追加投资的情况下，获得所经营事业尚有的利益，为企业进入新的行业或者走出危机筹集资金、聚集资源，甚至是获取现金后养老。

（3）进入这个阶段之后，人们往往会有些心灰意冷。有能力的人，如果企业没有事先告知对他们的恰当安排，他们也就人心思动，撂挑子走人了。没有走的也都是一些在劳动力市场上不具有竞争力的老弱病残。

（4）这一阶段所持续的时间也不容易确定，就外部条件分析，它最长也不会超过所经营产品的生命周期。

二、创业阶段企业规范化管理实施的系统思考

1. 创业阶段推动企业组织运行的主导力量

企业组织运行是靠人推动的。这人也就是构成企业组织内部环境的四类活动主体——投资者、经营人员、管理人员和作业人员。但在企业发展的不同阶段上，推动企业组织运行的主导力量是完全不同的。尽管企业发展需要多种多样的资源组合起来运动才能实现，但在企业发展的不同阶段上，企业组织运行所依赖的资源却是不同的。资源的性质不同，资源的主体也就不同，因而对应于企业发展的不同阶段，其推动的主导力量也就不同。

相对于企业发展而言，如果所对应的推动主导力量，对企业组织运行发展的前途失去了信心，不愿再为企业发展提供资源支持，处于这个发展阶段上的企业也就不会有活力，也就不可能实现它应有的发展。

在创业阶段，企业组织运行需要大量的资金投入，是处于只有投入没有产出的状况，因此这就需要投资者这个资金资源主体，多作贡献，多给理解，多给支持。当创业起步前的规划与创业运行的实际发生一定背离时，只有投资者给予充分的理解，并在弄清问题真相的情况下，给企业组织运行提供所需的追加资金，企业组织运行才能延续下去。否则，企业也就难以走出创业阶段。在这个阶段，投资者就是推动企业组织运行的主导力量，新生的企业组织能否走出创业阶段，完全取决于投资者的信心和最后的取舍。如果投资者对新生的企业组织失去了信心，这个企业也就不可能走出襁褓期而发展壮大了。

加入企业组织创业的有志之士，无论自己的学识多么广，见解多么高，也都不能目中无人，我行我素，以致挑起与投资者的矛盾，使投资者因为人际关系问题而对企业组织运行的未来丧失信心。这在使企业失去走出创业阶段的可能的同时，也因此会使自己失去应有的实现自我价值的舞台。

也正是这个原因，创业阶段的企业必须强化岗位员工管理规范化，通过岗位员工管理规范化的实施，在广泛、全面调动员工积极性和创造性的基础上，吻合与投资者的关系，以强化投资者对企业发展未来的信心。

2. 创业阶段企业组织必须重点关注的外部环境活动主体

企业发展除了整合企业组织内部活动主体所拥有的资源外，还必须从

外部环境活动主体手中整合资源，以实现企业经营资源的积累。没有企业经营资源的积累，也就没有企业发展。但在企业发展的不同阶段上，企业组织运行所需的外部资源可能有主有次，因而所依赖的外部环境主体也就有所不同。因此，企业处于不同的发展阶段，也就必须重点关注不同的外部环境活动主体，以获得它对企业的认知、认同后，为企业组织运行所需资源提供支持。

在创业阶段上，企业组织必须重点关注的外部环境活动主体，只能是产品客户。创业新上项目产品是否能够通过市场的检验，让产品客户认同之后接受它，并用自己手中的钞票来投票支持其存在和发展是关键。所以，企业组织上下所有的人，都要充分考虑到创业新上项目产品能否与消费者——产品客户的偏好一致、购买力一致、地域分布一致、价值取向一致的问题。并在产品或服务所包含的价值之外，通过追加服务为产品客户提供更多的价值满足，以此来争取产品客户对创业新上项目产品的认同和接受。

处在创业阶段的企业，无论其经营规模和人员规模是大还是小，都不能有任何形式的店大欺客的事件发生，更不能有弄虚作假的欺骗行为。客户就是上帝，就是衣食父母，在这个阶段会表现得更为严酷。尽管合作伙伴的支持也显得重要，但合作伙伴的支持是建立在客户对创业新上项目产品的认同和接受的前提之上的。只有当合作伙伴看到了能稳定的获得合作利益的曙光时，才会与企业结成合作伙伴关系，因此，这就必须避免为迁就合作伙伴而损害客户利益的事件发生。

3. 创业阶段企业管理规范化实施的重点

企业所处的发展阶段不同，它们在对企业组织不同构成部分上的管理要求也不会完全相同，相对于任何一个企业，企业的五个构成部分都是不可或缺的。总体而言，企业的五个构成部分的管理都需要规范化，但因为企业发展所处的每一个阶段所面对的主要矛盾不同，因而企业在不同阶段上对企业组织不同构成部分的发展完善要求也就会不同。这种主要矛盾是直接由企业发展不同阶段上的特点，以及推动企业组织运行的主导力量和必须重点关注的外部环境活动主体的特点所决定的。

（1）创业阶段企业管理规范化实施的重点是岗位员工管理规范化。

在这个阶段上需要加入企业的每一个人有决心和信心，把创业新生企业作为自己实现其价值的舞台，把需要自己做的事做好，才能使企业走出创业阶段的高死亡期。但是，人员都是刚刚加入进来的，彼此互相不了解，对企业发展的前途也没有充分的信心，都抱着试一试的观望态度做事。这是企业必须立即解决的问题，否则企业组织就会死在这儿了。

以上是从员工的态度上提出的要求。同时又要求每一个人不仅有充分高的能力素质以适应所承担的工作，而且需要有超越岗位工作要求的能力素质，以满足在企业组织运行过程中不免经常发生的不确定事件的需要。与此同时，还必须让每一个岗位员工从情感上都归属于企业组织，爱这个新生的团队及其每一个成员伙伴。只有这种爱才能保证他们的决心，强化他们的信心。另外，还需要每一个员工在情绪上能够保持稳定，不会因为在这个阶段上可能频频发生的困难和险阻而弄得垂头丧气，或者情绪波动，以致因为很小的事就和企业组织团队其他成员形成隔阂发生冲突。

很明显，在这个阶段上，首先是实现岗位员工管理规范化。只有相对强有力的岗位员工管理，包括能力管理、意志管理、情感管理和情绪管理，才能笼络住全体员工的心，并充分调动其创造性和主动性，以保证他们把需要他们承担的工作做好。企业处于创业阶段所遇到的风险和不确定因素都很多，任何一个风险和不确定因素的发生，如果没有强有力的岗位员工管理来维护这个团队组织的整体统一，企业或许还等不到走过创业阶段，就走上了不归之路。

（2）创业阶段企业管理规范化实施的重点不选择目标体系的原因分析。

相对于企业组织目标体系的管理规范化而言，此时不会存在很大的需求。创业的启动也就是创业人确立了一个完整的目标体系。创业开始之后，这个目标体系的贯彻实施还刚刚开始，在这个阶段对这个目标体系的任何怀疑都会降低信心。这相对于这个新生的企业而言，可能是生命攸关的。这种怀疑和信心的降低，不免给新生的企业组织造成离心散伙的心理影响，使本来就很难稳住的人心，会因此而加重。只有到了不得不对企业组织目标体系进行调整发展时，目标体系的管理规范化才有必要提到议事日程上来。

（3）创业阶段企业管理规范化实施的重点不选择组织架构的原因分析。

创业阶段的组织架构管理规范化的相对重要性，也不会很高。在这个阶段尽管也需要在企业组织内部作出一定的权力和职责的分配，并通过这种分配来明确企业组织内部不同人员之间的关系。但是，一方面，这种界定不易做得过细过死。过细过死的界定，只会使这种人与人之间的关系缺乏弹性，从而导致所没有界定到的事务工作无人过问，而使这个新生的企业组织运行发生困难。另一方面，稍有规模的创业新生企业在开始运行时早已对企业组织内部不同人员之间的关系作了安排，进行重新调整的需要也还没有出现。另外，这时往往还必须因人设事。有人能力素质特别强，就得为他设置一个大的单位或部门。有人能力素质偏低，但热情大，积极性高，有牺牲精神，那么也得对应为他设置一个岗位。这两种人是企业组织创业阶段最需要的人，只有对应给予相应的舞台和发展机会，才能稳住他们的心。把组织架构当做一只没有弹性的履，让这两种人削足适履，那是不可能留住他们的心的。

(4) 创业阶段企业管理规范化实施的重点不选择运行流程的原因分析。

作为企业组织特有行事方式的运行流程本身尚在形成过程之中，任何一个企业在行事方式上，都不能简单地照搬他人。照搬他人的一套行事方式，只会带给新加入企业的人员压迫感，而在这个时候最需要的是发挥每个人的能动性和创造性，而不是通过相对确定的行事方式进行约束和控制。

(5) 创业阶段企业管理规范化实施的重点不选择文化建设的原因分析。

对于企业文化建设管理规范化的需求，更是远远谈不上。企业文化是企业组织运行一定时间之后沉淀下来的共同的价值观念、共同的思维方式和共同的行事习惯的总和。创业新生的企业组织，形成的时间还不长。人们刚刚走到一起，还处于一种初步的接触阶段，各自的价值观念、思维方式和行事习惯，还没有充分展露出来，更不可能有共同的价值观念、共同的思维方式和共同的行事习惯。尽管它对于企业的持续快速发展会起到决定性的作用，但它是让企业修炼内功的要素。这种内功作用稳定，但修炼的时间却相对较长，不是一月半年之功可以见效的。相对于企业组织创业阶段的问题，它的作用可谓远水救不了近火。相对于企业文化所需要做的仅仅是把创业人倡导的价值观，通过反复说教，让加入进来的员工认同、接受，甚至直接以它为选择人的标准。

4. 创业阶段企业管理规范化必须强化的系统模块

企业组织运行的102个系统模块，相对而言，除了行业和经营方式的差异决定了有些系统模块的功能作用不必要之外，每一个系统模块都是必不可少的。因此，无论企业处于哪个发展阶段上，这些系统模块都必须保证能正常地发挥其功能作用，否则，企业组织运行必然受挫。但是因为企业所处的发展阶段不同，其组织运行所面对的主要矛盾也就不同。因此，在不同的发展阶段上，企业必须对应于主要矛盾，重点关注一些系统模块的功能作用，并通过管理规范化的实施以保证其健全和完善。否则，平均用力，使这些在特定阶段上需要强化其功能作用的系统模块不健全、不完善，企业在这个发展阶段上要实现其预期发展目标，往往就不免落空。

（1）沟通鼓动管理，是创业阶段企业管理规范化首先必须强化的系统模块。

就创业阶段的企业组织运行而言，需要重点关注的有三个系统模块，即：沟通鼓动管理、跟踪考核管理和薪酬福利管理。

在这个阶段，新加入员工以及融合进来的相应利益关联人，可能因为对企业未来发展的信心不足，而没有共同努力，全力促进企业发展的决心。所以，首先必须强化沟通鼓动管理系统模块的功能作用，以保证加入企业组织的四个内部环境活动主体，对企业的未来发展产生充分信心，同时激励他们为企业发展尽最大努力以达成发展目标。这是任何一个创业新生企业都必须紧紧盯住的重要工作。如果没有这一系统模块的健全和完善，创业新生的企业组织也就不可能吸纳足够多的资源，以及为企业发展作贡献的人员。同时，这也还需要通过沟通鼓动让企业组织外部环境活动主体对创业新生的企业组织产生信心，并给予创业新生企业以必要的支持。

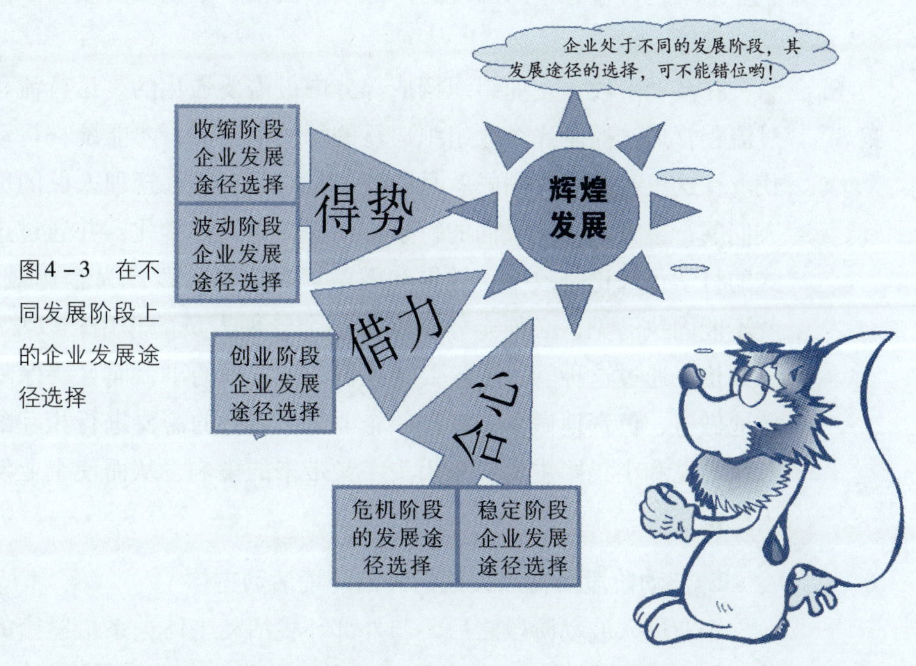

图4－3 在不同发展阶段上的企业发展途径选择

（2）跟踪考核管理和薪酬福利管理也是创业阶段企业管理规范化必须强化的系统模块。

要保证企业组织顺利走过创业阶段，关键是调动起员工的积极性和创造性，所以，就必须高度关注绩效考核管理和薪酬福利管理两个系统模块的健全和完善问题。只有通过绩效考核管理系统模块的健全和完善，才能把新加入的每一个员工为企业发展所作的贡献凸显出来。否则，就不足以解决“勤劳无益时，不会不懒”以及“可以赖时，不会不赖”这两个管理学第一定理的推论所界定的问题，员工的积极性和创造性也就激发不出来。同时，只有通过薪酬福利管理系统模块的健全和完善，让每一个员工感觉到他作出多大的努力和贡献，就可对应获得多大的自我利益的满足，才能使之感到在这个创业新生的企业有奔头，把心归属到这个创业新生企业组织中来。

三、波动阶段企业规范化管理实施的系统思考

1. 波动阶段推动企业组织运行的主导力量

企业进入波动阶段之后，强化企业的整体控制和管理，也就成了亟待解决的问题。也只有通过整体管理水平的提高，强化过程控制，才能减少企业组织运行过程中所出现的产品质量波动、市场发展波动、人员情绪波动，等等。

在波动阶段，企业组织构成部分中最需要强化的是运行流程。只有通过流程管理，控制住企业组织运行的每一个细节，才能统一行动，协调步伐。在这里起主导作用的就是管理人员。只有通过管理人员的努力，规范人们的行事方式，使人们的行事方式逐渐走向科学化，并通过这种行事方式的科学化来稳定效率、效果和效益。在这个阶段作为企业最高领导人，就不能固执己见，必须充分发挥每一个管理人员的作用，以尽可能管细、管到位。通过这种管，不仅要让人们都做正确的事，而且要保障他们都高效地做事，负责地做事，以按照企业组织运行的需要进行相互配合，排除各执己见和小集团主义、小山头主义带来的影响，从而使企业发展顺利进入稳定阶段。

2. 波动阶段要重点关注的外部环境活动主体

企业进入波动阶段之后，与外部环境活动主体关系最紧密的对象则转移到了合作伙伴。在这个阶段，企业所经营的产品质量不稳、市场不稳、人员不稳、人心也不稳。如果企业不能从外部营造一个稳定的环境，它也就无法从这一系列的不稳中走出来。要营造一个稳定的外部环境，并且是

能直接而快速地提供资源支持的外部环境，最关键的一点就是广泛地建立合作伙伴关系，并借助合作伙伴的资源来解决波动不稳的问题，以保证企业在波动阶段的资源投入。即使对于与自己利益有直接冲突的竞争对手，也要像蒙牛的牛根生一样，把它视为“竞争队手”，而不是简单的竞争对手，以从对方借势、借力实现自己的发展。尤其不能有任何过激的行为，否则激起竞争对手联合合作伙伴进行围攻，企业也就必然会陷入重围的困境而死在这个波动阶段上。蒙牛集团在进入稳定的发展阶段之前对于竞争对手的任何挑衅行为，都是克制加克制，忍耐再忍耐。它也正是通过这一战略，最终赢得合作伙伴的广泛认同和支持，并最终顺利地走出企业发展波动阶段的。

3. 波动阶段企业管理规范化实施的重点

波动阶段在管理上的重点也发生了转移。之所以会波动，是因为人们的行为随意性过大，没有相应的行事方式上的标准进行控制，以至于在企业组织内部不同的单位、不同的部门、不同的岗位难以紧密配合、协调步伐，因而效率低，投入大。这就需要通过行事方式的统一进行协调。这一方面是保证活动效率的需要，另一方面也是保证企业组织成员活动努力的方向仅仅指向企业发展目标，并实现不同的单位、部门之间紧密配合。这时只有通过行事方式的控制，才能使每一个单位、部门和岗位员工都做正确的事，正确地做事，负责地做事。这也就是健全和完善企业组织运行流程管理，全面实现企业组织运行流程管理的规范化。

相对于目标体系而言，这个阶段的情况与创业阶段的状况基本一致。其管理规范化问题也还提不到议事日程上来。

相对于组织架构管理的要求会有所提高，但仍然需要有充分的弹性，以保障企业组织与员工之间的互动，削足适履只会限制人们的积极性和创造性的发挥。

相对于岗位员工管理，仅仅沿用创业阶段已完成的管理规范化的实施也就够了，但必须不断完善，绝不能停滞，更不能倒退。

至于企业文化，也还不能提到议事日程上来。企业发展处于波动阶段，到处都是危机，这需要动用全部的力量来解决现实的迫切需要。因此，企业文化建设管理规范化的实施，也就只能缓行一步。

4. 波动阶段企业管理规范化必须强化的系统模块

在这一阶段，企业组织运行，必须重点关注的五个系统模块是：渠道开发管理三个系统模块和产品质量管理和作业组织管理两个系统模块。

（1）波动阶段企业管理规范化的实施，首先必须强化渠道开发管理系统模块。

这三个系统模块的健全和完善，直接关系到企业发展的稳定问题。企业处于这个发展阶段上，所要解决的主要矛盾是因为产品客户对企业所经营的产品和服务不了解、不认同。所以，首先就必须通过渠道管理系统模块的健全和完善，拉近企业与客户的距离，建立直接联系，增加客户对企业及其产品和服务的认同。这时，要达到让产品客户认同、接受企业产品和服务的目的，仅仅靠广告是没有用的，必须通过渠道的健全和完善，在产品客户与企业组织之间搭起桥梁，让客户认知创业新生企业及其产品和服务。

（2）产品质量管理和作业组织管理也是波动阶段企业管理规范化必须强化的系统模块。

要让产品客户最终认同企业所提供的产品和服务，也就必须保证所提供的产品和服务，在质量上充分高，这就需要高度关注产品质量管理和作业组织管理两个系统模块的健全和完善。只有产品质量管理系统模块健全、完善了，才能保障提供给客户的产品质量让客户满意，并使之最终选择接受它。同时只有作业组织管理系统模块的健全和完善，才能保障客户所需要的产品和服务能够及时、优质地生产出来，以为渠道管理的实现提供支持和保障。

在这个阶段上，这三个系统模块功能作用如果存在任何形式的不健全、不完善，也都可能使企业无法走出波动阶段，而死在这个发展阶段上。

四、稳定阶段企业规范化管理实施的系统思考

1. 稳定阶段推动企业组织运行的主导力量

企业进入稳定阶段之后，这就需要充分发挥企业整体的作用，并保证不同层次、不同岗位、不同职位的人员都能够彼此协调、相互配合，心往一处想，劲往一处使，以延长企业稳定发展的时间，并提升稳定发展的速度。在这个阶段，人们对企业的信心处于一个上升的阶段，有更多的人希望把个人的发展与企业发展联系起来，并通过企业发展来实现个人的发展，把在企业的成就作为成就自我、实现自我价值的途径。企业作为一个整体发挥作用，也就不能对任何一个方面的人员持有排斥和歧视的态度。

在这个阶段，企业经营领导人就成了主导企业的决定性力量。如果他们谦虚谨慎、戒骄戒躁，以宽阔的胸怀对待每一个方面的人，包括企业组

织内部环境构成的其他三个活动主体和外部环境构成的四个活动主体，并健全、完善一套游戏规则，倡导并构建出一种强势企业文化，企业才能保障实现持续快速发展。如果作为企业领导人的经营人员，骄傲自大，自以为是，把企业发展进入稳定阶段的成就据为己有，不免造成人际关系上的紧张和矛盾。如果是这样，那么，危机也就不远了。

企业发展进入了稳定阶段，也就是企业获得了一定的成功。而获得一定成功后的企业领导人，即经营人员，往往不免会形成志得意满的心态，把分享成功的果实看得更重，而不是再努力以谋求更大的成功，从而会在利益分配上发生矛盾和冲突，这就不免导致企业的瓦解和崩溃。现实中很多企业都是在这个阶段因为利益分配问题而散伙的。尽管企业发展的所有阶段，企业经营人员都起着主导作用，但在这一阶段上会更明显，成败往往在他们的一念之间。在这个阶段，只有他们跳出了个人利益的狭隘，主持并完成了企业文化建设管理的规范化，构建出一种强势企业文化，企业也才有可能迈向基业长青的健康长寿发展之路。

2. 稳定阶段要重点关注的外部环境活动主体

企业进入稳定阶段之后，工作的重点就转向了如何提升企业的美誉度，增加企业的品牌价值，以使企业能把这种稳定阶段长久地持续下去的目标上来了。任何一个持续快速发展的企业，都是在获得充分高的社会美誉和品牌价值的基础上实现的。美国的通用电器是如此，中国的海尔也是如此。而要提升企业的社会美誉价值，增添企业的品牌价值，除了要为客户提供足值的价值产品，让合作伙伴获得公平的合作利益之外，让社会公众更多地从正面了解企业、认同企业、接受企业，就显得至关重要。

所以，在这个阶段要重点关注的外部环境活动主体，必须转向社会公众。这就要求通过多种多样的媒介，传播企业价值观念和企业形象，主动引导社会公众对企业的关注和了解，让社会公众从正面认知企业、认同企业。

但是要让社会公众认知、认同，并接受其产品，仅仅有广告的作用是远远不够的。广告只能告知一个信息，广告的受众是否认同这个信息的真实性，是很不确定的。任何广告，都有“王婆卖瓜，自卖自夸”之嫌，至少从广告受众的角度，会有这种想法。所以，必须通过超越商业行为的社会责任和社会义务的承担和履行来打动社会公众的心。尽管从操作上也有艺术和技巧的一面，但更重要的是真诚，绝对的真诚。只有绝对的真诚，才能打动社会公众的心。

3. 稳定阶段企业管理规范化实施的重点

企业进入稳定阶段以后，管理的重点就得转向企业文化建设管理规范化上来了。企业文化本身是保证企业持续快速发展并使企业发展走向基业长青的唯一途径。但这种企业文化必须是强势企业文化，即能推动和促进企业持续快速发展的企业文化。企业发展已进入稳定状态，所面临的问题是如何保持这种稳定发展的状态，以延长稳定发展的时间。这也就需要通过共同的价值观念、共同的思维方式和共同的行事习惯来统一人们的思想观念，协调人们的行动步伐。这也就需要通过价值观念和思维方式的统一，把企业组织运行的行为规则都制定出来，并通过一定的艺术形式，内化为每一个员工的自我要求和行为准则。这也就是全面进行强势企业文化建设。

全面进行强势企业文化建设，是建立在企业组织整体管理规范化的基础之上的。这也就是说在这个阶段，企业组织必须全面实施管理规范化，并通过全面管理规范化来构建一个强势的企业文化。企业文化建设不能为了企业文化建设而进行企业文化建设。企业文化的很多内涵都是与企业管理规范化的全面实施联系在一起的。否则，仅仅停留在空洞的理念、漂亮的形式和响亮的口号上，这种企业文化建设，无论性质如何，都不可能对企业的持续快速发展起到推动促进作用。

同时，企业发展进入稳定阶段之后，也有了进行企业文化建设管理规范化的人力、物力和财力。就企业领导人的精力而言，也只有进入到这一阶段之后，才能抽出身来顾及企业更长远的持续快速发展问题。企业组织运行已步入正常轨道，各个单位和部门的工作已都可以相对独立地开展，用不着事事紧紧盯着。就所需的投入而言，也只有到了这一阶段之后，现金流量实现了相对稳定，才有相对宽松的资金提供所需投入的支持。尽管企业文化建设并不需要花很多钱，但这个钱投下去之后产生效益的周期却相对较长，不是一年半载就能见效收回的。

4. 稳定阶段企业管理规范化必须强化的系统模块

企业在这一发展阶段上，要做的努力主要是怎么延长稳定阶段的时间，使企业能长久地实现持续快速发展。而要达到这一目的，就必须重点健全完善客户关系管理四个系统模块以及产品设计开发管理和外部市场信息收集管理两个系统模块。

（1）稳定阶段企业管理规范化的实施，首先必须强化客户关系管理四个系统模块。

企业发展稳与不稳，其主要矛盾在企业组织外部。如果企业所生产经营的产品，市场销售看好，销售收入增长快速，所获得的投资回报充分高，企业组织内部环境活动主体之间也就不会发生多大的矛盾和冲突。即使发生了矛盾和冲突也容易协调，至少这种内部矛盾会被外部市场发展的好势头所延缓。企业发展的外部环境好，企业组织内部环境的各个活动主体所实现的利益都比较充分，即绝对数量大，因而即使相互之间在平衡上存在一些不令人满意的地方，也往往容易达成谅解，不会演化为公开的、激烈的矛盾和冲突。相反地，如果企业产品市场萎缩，销售收入剧减，投资回报消失，员工薪资收入下降，这种外部危机也就必然会引发和加剧内部的矛盾和冲突。俗话说，槽中无食猪拱猪。

所以，在这一个发展阶段上，首先必须高度关注客户管理系统模块的健全和完善。通过客户管理，稳定了客户，也就稳定了市场，稳定了销售收入，稳定了投资回报，从而也就可以保证企业在这个稳定阶段上走得更长久。

（2）产品设计管理和外部市场信息收集管理也是稳定阶段企业管理规范化必须强化的系统模块。

要保证客户管理充分有效，就必须有产品设计管理系统模块的健全和完善，为客户提供效用大、式样新的产品来支持客户管理的成果。如果没有产品设计管理系统模块的健全和完善，仅仅依靠客户管理系统模块的健全和完善，用空话是无法长久地笼络住客户的。而这就又需要高度关注外部市场信息收集管理系统模块的健全和完善，以使企业能及时地对外部市场的变化作出反应调整，使产品设计管理系统模块功能作用的发挥，能抓住客户的心，以保证所设计的产品不仅处于前沿地位，而且在费用上也能为客户接受。否则，客户管理系统模块的功能作用就要受到限制。

五、危机阶段企业规范化管理实施的系统思考

1. 危机阶段推动企业组织运行的主导力量

企业如果陷于危机，进入危机阶段，所要依赖的主导力量也是经营人员。需要他们运用他们的智慧，全面发挥企业组织全体成员的智慧，在尽可能短的时期内，找到危机发生的根源，并通过对目标体系的调整，迅速采取补救措施，以使企业转危为安。

一般而言，一旦企业进入危机阶段，就会人心涣散、希望破灭、士气不振。这个时候就必须有经营人员的沉着冷静，以及所特有的意志把握能力，凝聚全体员工的心，带领员工走出困境。这往往需要赋予他们更多的权力，让他们有可能通过对企业现有资源的整合，消除危机事件的影响，使企业重新走向稳定阶段。即使因为危机事件给投资者带来了巨大的损

失，投资者也不能仅仅给予指责，甚至釜底抽薪撤资，使经营人员面临更大的资源短缺的困境。在这个阶段，发生投资者对经营人员的不信任，甚至撤资事件，这只会摧毁这个已陷入危机的企业，让企业组织内部环境的所有活动主体都要蒙受损失。

2. 危机阶段要重点关注的外部环境活动主体

当企业因不测事件陷入危机时，企业要从危机之中走出来，除了有针对性地采取补救措施之外，更主要的是赢得国家政府的同情、认同、支持。一方面不得过于强调危机事件的客观原因，致使国家政府的相关管理部门产生反感；另一方面在采取补救措施上不得过于斤斤计较，必须尽其所能。只有这样才能赢得国家政府的同情和支持。

任何一个企业，尤其是成规模的企业，因危机破产关闭，这对于国家政府来说，也是一件有损自身利益的事。国家政府出于自身利益的考虑，也会伸出援助之手。但国家政府一般不会把这种同情和支持送上门来。企业组织必须通过自己的努力，让国家政府相关部门了解企业的危机，同情企业的处境，并意识到相互之间的利益联系。这就像李·艾柯卡当年为了克莱斯勒的生存说服国会批准借款担保一样。

在一般情况下，有了国家政府相关部门或领导人的出面，危机问题的解决也就变得相对容易。蒙牛遇到竞争对手恶意投毒骚扰危机，如果没有内蒙古自治区高层领导人的关注，也许早就被这一场危机给拖死了，更不会有今天蒙牛的奇迹和辉煌。

3. 危机阶段企业管理规范化实施的重点

企业发展如果因为不测事件的发生而陷入危机，这时更主要的是要反省以往的决策所形成的目标体系，是否与企业发展的实际和外部环境相适应，决策的制定是否缺少科学性？只有通过这种反省，重新审视企业发展的目标和措施，并从这种反省中找出失误点，采取补救措施，才能使企业转危为安。所以，在这个阶段，最关键的是完善决策制定管理规范化。通过它的实施，重新确定一个能让企业组织回到稳定发展轨道上来的目标体系，并确保形成一个能长久地把目标体系固定在稳定阶段的决策制定管理体系。尽管此时对于其他几个构成部分的管理规范化也都不能忽视，但危机使企业的人力、财力、物力处于高度紧张状态，如果原来已实现了管理规范化，维持是没有问题的，但让企业此时投入人力、财力、物力实施另外任何一个方面的管理规范化，也都是不切现实的。挽救企业的危机，就像救火一样，人力、财力、物力必须集中投入到这些紧急的需要上来。所以，其重点必须放在目标体系的管理调整上。

4. 危机阶段企业管理规范化必须强化的系统模块

企业在这一发展阶段所面对的问题，是如何走出危机，恢复稳定发展。因而要重点关注的就必须是危机化解管理、战略措施决策制定管理、人事问题决策制定管理三个系统模块。

（1）危机阶段企业管理规范化的实施，首先必须强化危机化解管理系统模块。

危机就是迫在眉睫的重大问题，如果不及时解决，企业的生存就要受到挑战，更不用说发展。所以，这首先就必须高度关注危机管理系统模块的健全和完善，直接通过这一系统模块的健全和完善，应对现实危机问题。这就像医治箭伤，首先得把箭头拔出来一样。企业陷入危机阶段，必须集中力量处理危机事件，平息危机事件，降低危机事件给企业发展带来的影响。而危机的发生又总是与企业组织运行过程中重大决策的失误有关，这是因为在重大决策的制定过程中，忽视了某个细节问题，致使演变成为危及企业生存的危机事件。

（2）战略措施决策制定管理和人事问题决策制定管理也是危机阶段企业管理规范化必须强化的系统模块。

企业处于危机阶段，除了重点健全、完善危机管理系统模块之外，还必须高度关注战略措施决策制定管理系统模块的健全和完善，以使企业重新反思已往的决策，纠正失误，回到正确的发展战略和措施上来。

一般而言，企业组织发生危及企业生存的危机事件，也与人事管理问题相关。任何失误都是人的失误，而任何人的任何失误，也都与管理学第二原理——成事定理所界定的六个条件（具体内容参见舒化鲁：《企业管理规范化标准体系》，中国人民大学出版社，2004 年 9 月第一版，第 29 ~ 35 页）不具备相关。因此，必须通过人事问题决策制定管理，纠正这种失误。只有这样，才能保证危机事件的不再发生，真正使企业回到稳定发展的轨道上来。否则，拔掉箭头，箭伤在体内发作，感染发炎，仍然会危及人的生命。如果仅仅有危机管理系统模块的健全和完善，也就相当于要医治箭伤，却仅仅拔掉了箭头。

六、收缩阶段企业规范化管理实施的系统思考

1. 收缩阶段推动企业组织运行的主导力量

企业发展进入收缩阶段以后，要做的仅仅是挤干企业所经营事业的最

后一点利益。这既不需要决策规划，也不需要创新开拓。这主要是依靠作业人员，按部就班地工作，按照已有的工作标准，把工作做到位，把能够挤出来的利润，变为企业的现实收益。不仅投资者在这一阶段不再起主导作用，而且管理人员、经营人员，也都不再能起主导作用。

2. 收缩阶段要重点关注的外部环境活动主体

企业进入收缩阶段之后，外部环境活动主体也就不再能提供有价值的支持，要把企业所经营事业的残存利益挤干，只能主要依靠企业组织本身。即通过企业组织本身规范而严密的管理制度，来保证企业组织内部作业人员严格按照职责要求履行职责，把应该挖掘出来的最后一点利润挖掘出来。

3. 收缩阶段企业管理规范化的重点

一个企业如果因为某种原因不得不走向收缩阶段，那么，在这个阶段最重要的工作是回收和挖掘可能存在的利润。在企业管理上，其重点就必须放在组织架构的管理规范化上，通过组织架构的强制性约束，让员工按部就班地完成工作，履行职责。对于其他的几个构成部分的管理规范化，原已完成的，则必须继续使之发挥作用。没有实施的，进入这一阶段之后，也就无暇顾及了，同时再做强化工作也就没有必要了。

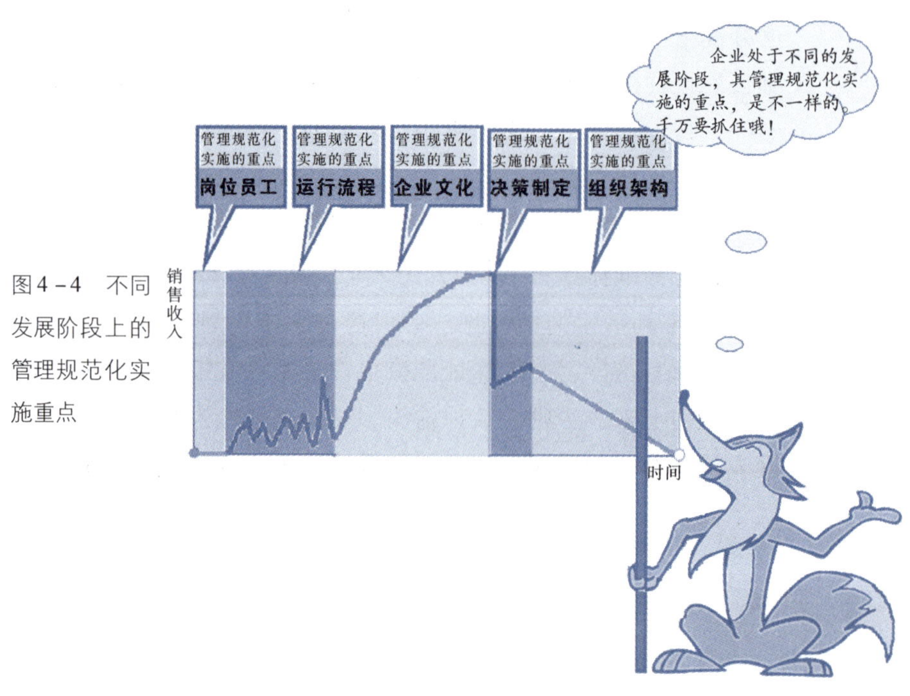

图4－4 不同发展阶段上的管理规范化实施重点

4. 收缩阶段企业管理规范化必须强化的系统模块

企业在这一发展阶段的主要目的就是收回企业所经营事业残存的利

益。要达成这一目标，也就必须重点关注监察纠偏管理、记账监控管理和工作质量提升管理三个系统模块的健全和完善。

（1）收缩阶段企业管理规范化的实施，首先必须强化监察纠偏管理系统模块。

只有监察纠偏管理系统模块健全完善，才能保障每一个人在这一阶段都认真地履行职责，贯彻落实已有的规章制度，保持企业组织运行的正常秩序。员工处于这个发展阶段，不免人心离散，放松自我约束，降低工作标准，因而使应该挖掘到的利益白白损失掉。有了监察纠偏管理系统模块的健全和完善，也就强化了对每一个作业人员的外在约束，使每一个作业人员在外在约束的强制下，把他要做好的工作尽力做好。

（2）记账监控管理和工作质量提升管理也是收缩阶段企业管理规范化必须强化的系统模块。

要保障监察纠偏系统模块功能作用发挥的效果，就必须高度关注记账管理系统模块的健全和完善，以保证通过会计记录，明确责任，为监察纠偏提供支持。记账管理系统模块的健全完善，在这里也就成了监察纠偏管理系统模块健全完善的基本前提。

但是，在这个阶段上，仅仅依靠这种外在的强制进行约束，往往难以达到目的。过多的外在强制难免会引起人们内心的不满，直接造成逆反心理，所以必须通过关注工作质量管理系统模块的健全和完善予以调节，以实现员工个人的兴趣爱好与工作活动内容的吻合，以增加员工工作的自觉性。工作质量管理系统模块的健全和完善，相对于员工的行为，既不是打，也不是拉，而是激发员工个人的兴趣爱好，进而激发其能动性和创造性。有了这一系统模块的健全和完善作支持，也就能全面保证企业把所经营事业所残存的利益都挖掘出来，变成企业现实利益。

表 4－2　处于不同发展阶段时的企业管理规范化实施的重点

分析内容 发展阶段	推动企业组织运行的主导力量	要重点关注的外部环境活动主体	管理规范化实施的重点	必须强化的系统模块
创业阶段	投资者	产品客户	岗位员工	1. 沟通鼓动管理 2. 跟踪考核管理 3. 薪酬福利管理
波动阶段	管理人员	合作伙伴	运行流程	1. 渠道开发规划管理 2. 渠道开发实施管理 3. 渠道开发跟踪管理 4. 产品质量管理 5. 作业组织管理

续表

分析内容 / 发展阶段	推动企业组织运行的主导力量	要重点关注的外部环境活动主体	管理规范化实施的重点	必须强化的系统模块
稳定阶段	经营人员	社会公众	企业文化	1. 目标客户定位管理 2. 目标客户沟通管理 3. 客户投诉管理 4. 危机化解管理 5. 产品设计开发管理 6. 市场环境信息管理
危机阶段	经营人员	国家政府	决策制定	1. 危机化解管理 2. 战略措施决策制定管理 3. 人事问题决策制定管理
收缩阶段	作业人员		组织架构	1. 监察纠偏管理 2. 记账监控管理 3. 工作质量提升管理

第三章

决策制定管理规范化实施方案要点梳理

前面已经分析过，目标体系管理规范化，也就是决策制定管理规范化。要实现目标体系管理规范化，也就是实现决策制定管理规范化。决策制定管理规范化实施方案的制定，就要将各级员工的职责确定明白，做好理清思路、分清层次等重要工作，同时也要制定出相应的文件以及要避免和解决一系列可能出现的问题。

一、决策制定管理规范化必须完成的工作

（1）讨论确定决策管理体系建设的指导思想和基本思路，以稳定决策制定的方向和目标。

（2）对企业在相对较长时期内的决策必须面对的问题进行清理，把企业组织各个层次上必须决策的问题归纳后进行分类，以便为决策的制定按问题类别组织提供支持。

（3）分析界定企业组织经常面对的重大决策问题，选择确定每一类重大决策问题的分析论证方法，以避免用拍脑袋、拍胸脯代替科学分析、论证的情况发生。

（4）根据决策问题的分类，讨论确定不同内容、不同层次的决策制定责任人，以保证每一类决策的制定，都有明确具体的拍板人和讨论参与人。

（5）根据决策问题的性质，讨论确定决策制定的最佳时机，以为决策制定责任人进行信息收集和方案的思考、论证确定计划依据。

（6）从决策的问题分类、时间跨度和责任岗位等三维角度进行界定，并拟订说明文件，以健全、完善决策制定管理的三维体系构架。

（7）讨论制定企业所拥有的经营资源的清理、核算管理办法，并拟订管理制度，以保证决策所选择的资源配置方案切实有效，避免企业决策制定发生资源配置过度和资源闲置浪费。

（8）对企业组织各类重大决策的论证分析过程和具体事务工作的承担人进行界定，明确不同内容、不同层次的决策在制定过程的各个环节上的具体责任人，及其应该有的权力和责任，以保证决策制定过程中的每一项工作都做到位。

（9）健全、完善决策制定的程序管理制度，以保证决策制定过程管理监督，有章可循。

（10）健全、完善决策制定的组织管理制度，明确重大决策问题的讨论论证的会议主持人、讨论参与人，以及分歧协调方式，以保证决策制定的组织管理有章可循。

（11）健全、完善决策贯彻落实责任分解管理制度，以保证决策贯彻落实的管理控制有章可循。

图4－5 我找着撬动地球的支点啦

二、决策制定管理规范化必须制定的制度文件

（1）重大决策问题的分析论证方法界定说明文件。内容是具体界定重大决策问题的分析、论证的详细程序。

（2）不同类决策制定的具体责任岗位和决策制定的最佳时机界定说明

文件。其目的是把不同类决策问题的最佳责任岗位和最佳时机以文件制度的形式予以界定。

（3）决策管理体系的三维框架分析表。其目的是把企业决策管理三维体系以简明的分析表勾绘出来。

（4）经营资源登记、清理、核算管理制度。内容是把企业所有经营资源的管理常态化，使之像企业资产损益表对企业资产的管理一样月核月清。

（5）决策制定过程中不同环节上的工作承担人的责、权界定说明文件。其目的是把决策制定的具体权力和责任明细到岗位员工个人。

（6）决策制定的程序管理制度。其目的在于说明决策制定的一般程序要求。

（7）决策制定的组织管理制度。其目的在于说明决策制定的组织办法和要求。

（8）决策贯彻落实的监督控制管理制度。其目的在于说明决策贯彻落实的具体监督控制办法和要求。

三、决策制定管理规范化必须注意的问题

（1）必须高度重视决策管理体系的建设，以避免把决策制定管理规范化的实施变成对过去决策失误责任人的秋后算账。

（2）必须高度重视决策制定管理程序的健全和完善，以避免把决策制定管理规范化的实施变成简单的权力再分配。

（3）必须高度重视决策制定管理制度的健全、完善和落实，以保证把决策制定管理规范化的实施变成科学的决策管理体系的构建和完善。

（4）决策制定管理规范化的实施，不可避免地会导致企业组织内部权力的再分配。因而必须紧紧扣住企业发展目标不放松，不得为了迁就个别人的既得利益而降低决策制定管理规范化的标准和要求，以保证决策制定管理规范化的实施取得稳定的成效。

（5）决策制定管理规范化的实施涉及企业治理结构的优化和调整，企业组织最高领导人必须亲自主持这一工作，并直接负责项目的组织和实施。

（6）切忌把决策管理体系的建设等同于民主决策制度的建立。科学决策的关键是选择科学的决策分析方法，找到稳定而必然的因果联系，因此

必须高度重视不同类决策的分析方法的选择。

四、决策制定管理规范化实施各级员工的职责

1. 企业领导人及高层主管的职责

（1）直接主持项目的组织实施，并积极参与项目实施过程中必须有的讨论会、论证会，以与一般员工平等的姿态提出自己的意见，供大家讨论分析，以丰富、发展、完善自己的意见和思路。

（2）出于公心，为企业发展和长寿负责，避免把自己的个人利益凌驾于企业组织整体利益之上，以及过分迁就自己亲信的行为。

（3）负责处理那些为了维护自己的既得利益而对决策制定管理规范化的实施持抵制态度，并进行干扰阻碍的人和事。

（4）对项目实施的方案进行审定，并签发颁布所制定的决策管理制度文件。

2. 中层管理人员的职责

（1）按项目实施的要求，积极配合工作，按时、按质完成项目的实施中应该由自己所负责单位部门完成的工作。

（2）积极参与讨论，全面贡献自己的聪明才智。

（3）按照项目实施统一要求，组织下属员工进行讨论，以使每一个下属员工都把自己的聪明才智贡献给项目的实施。

3. 一般员工的职责

积极参与方案的讨论，并完成需要由自己承担的工作。

第四章 组织架构管理规范化实施方案要点梳理

组织架构管理规范化必须在分析讨论保障企业组织运行效率、效益的关键因素和基本力量的基础上进行，要做充分的工作，选择好组织模块，制定好保证组织高效和积极运行的相关制度。同时，更要避免和及时解决可能出现的各种问题：事务工作分配组合是否规范，组织架构与运行流程之间是否协调，是否存在无效机构，等等。

一、组织架构管理规范化必须完成的工作

（1）分析确定保障企业组织运行效率、效益的关键因素和基本力量，讨论明确企业组织成员之间相互关系中应该有的性质。

（2）对企业组织的基本模式进行选择，在确定基本模式的基础上进行组合，确定企业组织模式构架。

（3）对企业组织运行的四流——信息流、人流、物流和资金流进行梳理，核定企业为达成其发展目标所必须完成的事务工作。

（4）按照四流的系统分析，进行系统模块的分析界定，确定每个系统模块的功能作用、工作事项和必须达成的标准要求。

（5）对为达成企业发展目标必须完成的事务工作进行分析确定，拟订分析界定文件（这可与流程分析统一起来完成，对企业组织运行系统模块的流程分析，必须细致全面地分析确定这每一个系统模块必须完成的事务工作内容，并以流程结构的形式罗列出来）。

（6）根据不同系统模块相互关系的性质，对每一个系统模块的事务工作进行条块分配和组合。

（7）按照不同系统模块的事务工作条块分配组合及其事务工作的大小

和难度，设置单位、部门和岗位。

（8）就每一个系统模块的事务进行分析，确定主责部门和支持配合部门，拟订各个单位、部门的工作标准，并在此基础上明确为各个单位、部门第一负责人的岗位工作标准。

（9）建立健全细分基础上的具有激励作用的授权管理制度，在强化科学而充分授权的同时，通过授权来强化每个员工的责任心和积极性，提升员工做好工作，实现自我价值的自信心。

（10）分为工作内容、标准要求、主观条件、客观条件和责任承担形式等五个方面的内容，对每一个岗位的工作标准进行分析界定。

（11）拟订保障企业组织稳定运行的组织管理制度和组织架构调整管理制度。

二、组织架构管理规范化必须制定的制度文件

（1）组织模式选择说明文件。其目的是分析企业组织成员之间的相互关系，说明组织模式的具体内涵和选择组合的根据。

（2）企业组织运行24个二级子系统的所有系统模块的事务工作界定说明文件。其内容是在明确每一个系统模块的功能作用基础上对其事务工作项进行界定。

（3）企业组织运行管理系统分析文件。这是按照系统模块相互之间的关系，把它们对应的事务工作分别界定到特定的机构或岗位。

（4）组织架构图。这是对企业组织架构直观地进行描绘，让企业组织所有成员对自己在企业组织中的相互关系能一目了然。

（5）各单位、部门的工作标准。其内容是对企业组织运行系统模块的事务工作进行具体分派和组合，界定单位、部门第一负责人的岗位工作标准。

（6）岗位授权管理实施原则。其内容是分析确定细分基础上的科学授权管理实施思路和原则。

（7）各个岗位的工作标准。其内容是说明每一个岗位要承担什么工作、每项工作要做到什么程度、每项工作要做好的主客观条件，以及所要对应承担的责任和责任方式。

（8）企业法人治理规范。其内容是总体界定企业组织的投资者、经营者、管理者之间的相互关系，明确定义各自的权利和责任。

（9）董事会活动规范。其内容是具体说明董事会的组织方式和权力行使方式，确定投资人和经营者的行为准则。

（10）企业组织运行管理活动规则。这是对企业组织运行的管理实施过程中的行为准则和标准要求作出界定，目的是避免管理行为的随意性，统一管理行为活动。

（11）组织架构调整管理制度。这是对企业架构设计调整的需要辨认、实施程序进行具体的说明，目的在于保障企业组织架构调整的有序性。

三、组织架构管理规范化必须注意的问题

（1）单位、部门的设置，必须严格按照企业组织运行各个系统模块之间相互关系的性质进行事务工作分配组合。一方面避免发生事务工作的系统分割而导致的企业组织运行效率降低；另一方面避免具有制衡关系的工作，分配交由同一单位、部门或岗位承担，造成制衡作用的弱化。

（2）紧紧盯住每项事务工作所服务的企业发展四大价值的增值和积累的目标，以避免让组织结构本身形成刚性状态，把单位、部门的存在变成目的本身。

（3）保证组织架构与运行流程之间的协调，避免组织架构分割运行流程的情况发生。运行流程是在特定的组织结构基础上设定的，但组织架构必须满足运行流程优化的需要。

（4）分析每一个单位、部门和岗位的每一项工作的目标指向，并对照目标体系审查所设置的单位、部门和岗位，以避免因人设事而导致无效机构和“不拉马的士兵”的产生和漫延。

（5）分析确认所制定的工作标准的可靠性和可操作性，以保障它们能成为岗位员工本人自我评价和上司主管实施考核的依据。

（6）组织架构必须重视对现行标准的分析、评价，以提升组织架构管理规范化的针对性。

（7）在组织架构过程中，必须把由企业组织的原点——赚钱——进行系统分析演绎确定的工作与对各级员工现实承担工作的归纳结合起来，以避免单由演绎分析的不完全性造成工作漏项。

（8）不得把组织架构工作神秘化，能交由岗位员工本人完成的事务工作，必须交由岗位员工本人完成，以保证组织架构所确定的标准具有可操作性。

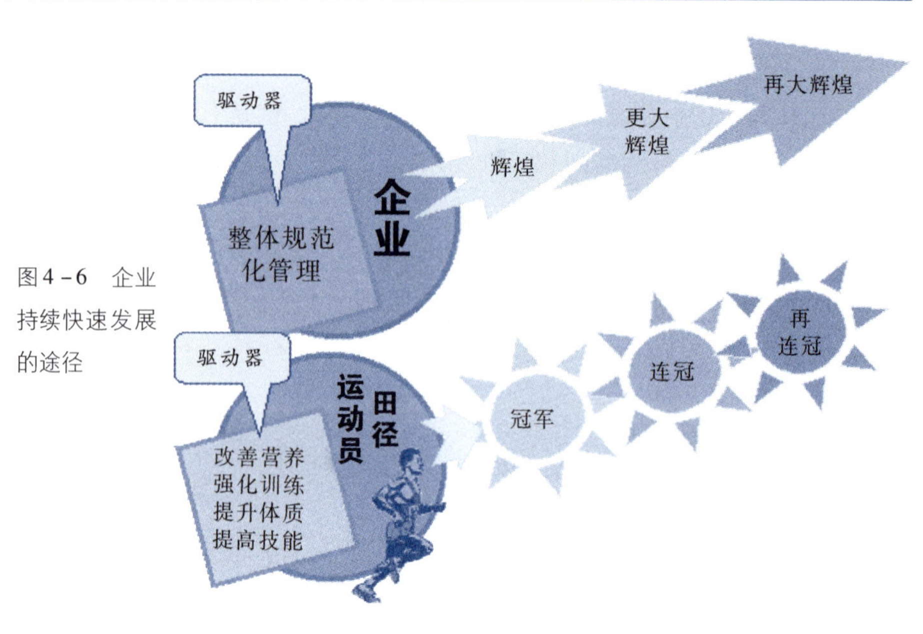

图4-6 企业持续快速发展的途径

四、组织架构管理规范化实施各级员工的职责

1. 企业领导人和高层主管的职责

（1）放手让下属职能部门进行方案的拟订和讨论，避免用自己个人的意见取代科学分析论证。

（2）以平等的姿态参与组织架构的讨论论证，一方面要充分发表自己的意见，另一方面又要避免把自己凌驾于众人之上，而仅仅作为一个方案的审批人作最后裁决。

（3）以科学的态度对待组织架构，并运用自己的权威保证组织架构按照科学的程序实施。

2. 中层管理人员的职责

（1）根据项目工作的需要，凡是该自己完成的事务工作，必须按时、按质完成，并保证该所属单位或部门承担的事务工作都按时、按质完成。

（2）从企业组织整体的角度，思考组织架构问题，并积极参与讨论，充分发表自己的意见。

（3）做好组织架构的宣传培训工作，在保证所属单位、部门的员工了解这一工作的作用意义的同时，让员工完整地掌握必须由本人承担的相关工作的知识和技能。

（4）负责处理所属单位、部门因为个人既得利益的原因而对项目的实施造成妨碍的事件。

3. 一般员工的职责

（1）积极配合项目的实施，保证要由自己承担完成的工作，按时、按质完成。

（2）对于自己岗位工作的标准，必须认真仔细地进行分析、总结、归纳。

（3）不允许从个人利益的角度考虑而乱发议论或牢骚，更不允许对项目的实施有任何抵制行为。

第五章

岗位员工管理规范化实施方案要点梳理

岗位员工管理规范化实施方案也要科学而系统地进行，不同层级的员工负责的任务不同，要在高层管理者领导下从招聘、培训到员工的情绪引导等14个方面来进行。相应地，这一方案的实行也要在制度文件指导和约束下严格执行，以保证真正达到“规范化”的要求。同时，在实行过程中，还要解决诸如制度缺乏弹性、不为员工认同等各种突出的问题。

一、岗位员工管理规范化必须完成的工作

（1）完善招聘管理程序，通过招聘程序控制，把有能力、有事业心的人员招聘进来，以避免仅仅依据僵死的工作分析基础上的岗位工作标准招聘选择新员工。

（2）完善员工培训管理体系，建立健全企业组织人力资源造就开发机制。尤其是要完善岗前培训管理，以通过岗前培训统一员工的价值观念、思维方式和行事习惯。

（3）建立健全员工自我发展管理制度，构建员工自我发展激励机制，以在企业组织内部全面造成员工自主学习、团队学习、相互学习、工作中学习、终身学习，孜孜于自我发展，以服务于企业发展的氛围。

（4）完善企业共同愿景设计管理，鼓励员工对企业发展的未来进行大胆构想，并让每个员工都参与进来，以保证所设计的企业共同愿景能得到每一个员工的认同。

（5）完善员工个人愿景设计管理，鼓励员工的个人愿景设计与企业共同愿景链接，以明确企业发展的目标、个人发展的目标及其相互之间的联系。

（6）完善员工横向沟通的渠道建设，为强化横向沟通以加深相互之间的理解和认同提供支持。

（7）完善工作进程的反馈沟通管理，在保障事事受控的同时，通过工作进程中的事业成就来激发员工积极性，提升员工获得成功的信心。

（8）完善员工工作的跟踪和考核管理，通过对员工工作过程的跟踪和绩效考核，在协调工作进程的前提下，明确每个员工的努力和贡献，把握每个员工的能力素质。

（9）健全、完善薪酬管理体系建设，在给予能力强而又具有事业心的人以自我价值实现的舞台的同时，给予他与其努力和贡献相对应的经济福利回报，把薪酬管理变成企业组织激励机制的第一自源性动力起搏点。

（10）完善薪酬管理的成本效益分析，以保证每一分劳动投入都对员工积极性和主动性的发挥起到激励作用。

（11）完善岗位职务晋升管理，提升岗位职务晋升实施程序的透明度，并通过这种透明度的提升来保障员工个人愿景和企业共同愿景联系的稳定性和确定性，把岗位职务的晋升转化为激励员工自我发展和努力工作的第二自源性动力起搏点。

（12）完善相互尊重、相互信任、相互关爱的情感管理，通过情感管理来凝聚员工的心，把企业组织的团队建设落到实处。

（13）完善员工的情绪发泄管理，建立员工上下左右相互交流沟通的非责任性渠道，为员工发泄个人情绪提供机会，以避免不良情绪的积累而造成的冲突或危机事件的发生。

（14）完善员工的情绪引导管理，开发和运用员工的积极情绪以为企业发展服务。

二、岗位员工管理规范化必须制定的制度文件

（1）员工招聘管理程序控制办法。其内容是在对员工招聘管理工作进行详细流程分析的基础上，建立完善招聘管理操作控制标准。

（2）企业培训体系管理制度。其内容是在对员工培训工作进行详细的流程分析基础上，建立完善操作控制标准和责任落实办法。

（3）员工自我发展管理实施办法。其内容是在对员工发展管理工作进行愿景设计管理实施办法。其内容是对企业组织共同愿景和员工个人愿景设计管理工作进行详细的流程分析基础上，建立完善的操作控制标准。

（4）内部沟通管理实施办法。其内容是对企业组织内部多向沟通渠道的建立和维护确立标准进行控制。

（5）工作控制跟踪管理办法。其内容是在对工作进程、问题险阻的控制跟踪进行详细的流程分析基础上，建立完善的操作控制标准。

（6）员工绩效考核管理办法。其内容是对员工绩效考核的指导思想、具体方法、操作流程进行说明限定。

（7）员工职务晋升管理办法。其内容是在对员工职务晋升管理的指导思想、具体方法、操作流程进行说明限定。

（8）企业薪酬体系建设实施办法。其内容是对企业薪酬管理政策和总额确定方法，和员工的薪酬核算、核定、核发的具体办法和要求进行界定。

（9）员工决策参与管理实施办法。其内容是对员工参与决策的组织办法、目标要求、操作程序进行说明限定。

（10）员工情感管理实施办法。其内容是对企业组织的相互尊重、相互信任、相互关怀关系的确立，和对“三不（不尊重人、不信任人、不关怀人）”的行为进行查处的具体办法进行界定。

（11）员工情绪管理指导原则。其内容是对员工情绪的引导和发泄管理方法和程序进行界定。

图4－7 营销怪招只能起兴奋剂的作用

三、岗位员工管理规范化必须注意的问题

（1）管理制度和办法缺乏弹性，在实施的过程中不得不一而再、再而三地进行修改调整，使管理制度和办法失去了应有的权威性。

（2）避免把管理实施的必要制度变成单向对下属员工进行控制约束的工具，而强调在上下认同的基础上，使之变成保障目标体系贯彻实现的共同约定。

（3）岗位员工管理规范化的管理规则和制度的草拟和确定，必须尽可能多地吸纳有热情、有兴趣的员工共同参与讨论，集思广益，以避免闭门造车而把管理规则和制度变成从上面强加给下属员工的强制行为，结果造成员工的对抗情绪。

（4）外请咨询专家参与管理规则和制度的制定，一要避免越俎代庖，单纯由咨询专家主笔完成管理规则和制度草案拟订之后强加给企业各级员工；二要避免把专家为其他企业咨询收集的管理制度和办法简单地照搬过来作为企业管理规范化的规则和制度。

（5）在保证企业领导人的价值判断和思想观念起主导作用的同时，又要注意充分吸收新进员工的新思想、新观念和老员工创新的好办法、好措施。

四、岗位员工管理规范化实施各级员工的职责

1. 企业领导人和高层主管的职责

（1）要充分阐述自己的思想理论和价值观念，并自主地与外聘专家和企业组织各级员工进行广泛交流讨论，不仅要以此来校正和检验外聘专家和员工对于自己的思想理论和价值观念的理解和认同，更重要的是通过交流讨论，以丰富、发展、完善自己的思想理论和价值观念。

（2）牢固树立在科学面前人人平等的观念，倡导学科学、用科学，坚持用科学态度和科学方法来指导岗位员工管理规范化的实施，避免把自己的观点不容置疑地强加于人，以及不予解释地粗暴否定下属员工意见的事情发生。

（3）参与实施方案和制度规则的讨论审定，并最后签署颁布。

2. 中层主管的职责

（1）做好所负责单位、部门的讨论交流组织工作，并积极地参与其中，发表自己的意见。

（2）按照统一要求完成必须由自己和所属单位、部门承担的工作。

3. 一般员工的职责

（1）在完整、全面地领会企业领导人的思想理论和价值观念的基础上，表达自己真实的想法和见解，以避免所制定的制度规则与自己的意志意愿形成对立。

（2）按照统一要求，完成必须由自己承担的工作。

第六章

运行流程管理规范化实施方案要点梳理

运行流程管理规范化实施方案的进行，要从企业管理层和普通员工全面做起，上下达成共识。根据企业的实际，集思广益，事先做好培训、讨论、优化等工作，而且要注意解决有关信息在流动过程中存在的问题，使流程规范化、科学化，从而提高企业运转效率。同时要注意的是，运行流程管理规范化实施在不同层级员工之间运行的内容有别。

一、运行流程管理规范化必须完成的工作

（1）组织教育培训，让员工从上到下，广泛形成按流程组织企业组织运行的意识，并全面掌握流程管理的技术和方法。

（2）通过典型事件的策划和流程管理理念的反复灌输，强化员工平等合作观念，淡化等级控制观念，为用流程管理取代等级控制管理铺平道路。

（3）按照企业组织运行的四流、24 个二级子系统分析界定所确定的运行流程管理规范化实施方案，对应确定每一个系统模块的目标功能作用、事务工作内容和管理标准要求，拟订每一个系统模块的规范化管理实施方案。

（4）对应每一个系统模块的规范化管理实施方案，进行流程梳理和优化分析，绘制流程图，拟订流程标准。

（5）根据企业的实际，对应优化分析确定的流程进行下一级流程分析，并在优化的基础上绘制下一级流程图，拟订流程说明文件。

（6）对现有工作衔接的方式，按照流程间的衔接方式进行流程接口的描绘界定，并分析确定可能导致低效和无效的活动环节。

(7) 分析确定不同流程之间的关系，理清企业组织运行流程的结构，以保证每一个人都只做正确的事，每一件事都能为企业发展四大价值的增值和积累服务。

(8) 分析优化每一个流程的每一项活动，并制定保障其不断优化发展的管理制度，使每一个人都正确地做事，以保证做事的效率。

(9) 分析确定不同流程之间和流程活动之间的衔接关系，确定接口衔接责任标准及其不达标的问责方式，以保证每一个流程或活动的承担人都严格按照流程接口要求完成流程活动，以保证每一个人都负责地做事。

(10) 吸纳承担其工作的作业班组成员和对该项工作有兴趣的人员，共同讨论，分析流程优化效果，检验所优化流程的可行性、方便性和效率，演化流程优化工作。

(11) 组织跨单位、跨部门的流程衔接标准优化讨论，在所有跨单位、跨部门的主管负责之间进行沟通，确定共识基础上的衔接接口标准。

(12) 分析讨论可能会打乱企业组织正常运行的不确定事件，并拟订应对原则，以保证不确定事件发生之后的流程活动和流程结构，能通过自组织作用实现企业组织运行过程的自动修复。

(13) 组织流程标准审核讨论，在企业组织各相关层次上就其主管和承担流程的标准达成一致意见后，由企业最高行政主管签字批准颁布实施。

二、运行流程管理规范化必须制定的制度文件

(1) 企业组织运行总体流程结构图。其目的是直观地对企业组织运行活动的一级和二级系统进行直观的流程图分析，揭示企业组织运行的总体活动关系。

(2) 三级流程图。其目的是直观地对企业组织运行的系统模块进行流程图描绘分析，直观地界定各个系统模块要完成一些什么活动、由谁完成。

(3) 三级流程标准。其目的是对企业组织运行系统模块的每一个活动和细节进行分析界定，用没有任何概括、模糊和抽象用语具体说明做什么、由谁做、做到什么程度。

(4) 四级流程图。其目的是直观地对应于企业组织运行的三级流程所分析界定的活动，展开分析后绘制四级流程图，直观地界定由各个三级子

流程分析具体化的活动中必须进一步细化的事务工作承担思路。

（5）四级流程标准。其目的是对企业组织运行的四级流程中所包括的事务工作的详细要求进行明确的界定，用具体、明确、量化的用语说明做什么、由谁做、做到什么程度。

（6）流程调整自组合原则。其内容是原则性地说明在不确定事件发生后，流程控制如何进行。

（7）流程优化完善办法。其内容主要是界定说明定期进行的流程审核、修订的具体操作程序和方法，以及流程创新实施的操作程序和方法。

三、运行流程管理规范化必须注意的问题

（1）必须高度重视流程管理的基本理念宣传培训，以使流程管理的理念和意识深入人心，以保证流程管理的理念和意识真正被全体员工理解和接受。

（2）必须通过教育培训，全面树立企业组织运行就是一个统一流程的意识，让企业组织所有成员都能按照流程要求来履行职责，以提升企业组织运行的效率和效益。

（3）在流程活动优化标准讨论中，要高度关注每一个流程活动和事务工作所服务的流程目标与企业发展四大价值的增值和积累目标的联系，以避免出现断头流程和无价值流程活动及事务工作。

（4）淡化各级主管的权力意识，避免各级主管用行政指令来打乱企业组织运行的流程秩序，以保证流程运行的通畅。

（5）企业领导人和高层主管要带头按照流程要求办事，避免乱发指令打乱和阻断流程运行的情况发生，以通过确立流程标准本身的权威性来修正能人管理的弊端。

（6）要保持流程活动标准和流程结构的相对稳定，对于流程的创新必须有相应的管理办法予以引导和鼓励，以在保证更优的行事方式能及时进入流程运行过程之中的前提下，避免随意变更流程结构、流程活动和流程责任的事件发生。

（7）必须重视对现有工作的流程活动和流程结构的归纳和总结，以便于分析问题、发现问题，使流程活动和流程结构的优化设计具有针对性。

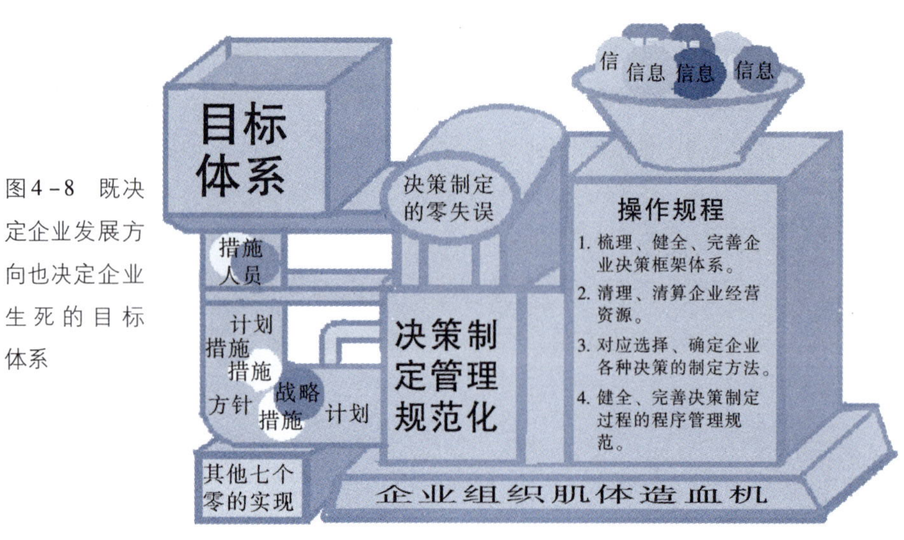

图4-8 既决定企业发展方向也决定企业生死的目标体系

四、运行流程管理规范化实施各级员工的职责

1. 企业领导人和高层主管的职责

（1）积极倡导流程管理，宣传流程管理的理念，并带头学习流程管理的理论和方法。

（2）对流程管理给予充分的重视，积极支持用流程管理取代用行政指令来协调企业组织运行，在倡导淡化权力、强化流程控制的理念上，言行一致。

（3）参与流程结构的设计优化讨论，但要避免把自己的观念当做优化的标准。

（4）参与关键性流程的设计优化讨论，并从企业组织整体的角度提出自己的优化修改意见。

（5）负责及时处理因为流程优化损失其既得利益而阻挠作梗的人，保障优化后的流程能顺利贯彻落实。

2. 中层管理人员的职责

（1）承担所属员工的流程管理理论和方法的教育培训工作，并指导所属员工进行流程结构、流程活动梳理和优化分析。

（2）作为流程管理的实施主体，在流程管理规范化实施的过程中，承担所属单位、部门的组织工作。

（3）严格按照项目实施要求完成只能由岗位职责主体本人承担的流程活动与流程结构的梳理和优化分析。

（4）积极参与跨单位、跨部门的流程设计优化讨论。

（5）审核确定所属单位、部门内部的流程分析成果。

3. 一般员工的职责

（1）按照项目实施要求，对自己所承担工作进行流程描绘和优化分析。

（2）拟订岗位职责主体本人所承担工作的流程活动优化方案。

（3）按照企业组织运行需要，了解并认同流程衔接的接口责任标准。

第七章

文化建设管理规范化实施方案要点梳理

文化建设管理规范化是一个系统的工程，要在对已有文化进行全面了解的基础上，把握住已有文化实体层的四个要素，对其进行核查，清除不适应企业价值的内容，保证企业文化的统一性和完整性。这一方案也要形成制度文件，同时也要注意宣传的方法，使每一层级的员工都能对企业文化充分理解并在自己的工作中把企业文化宣传好。

一、文化建设管理规范化必须完成的工作

（1）分析企业发展面对的内、外部实际，选择确定企业文化目标模式，为构建强势企业文化绘制蓝图。

（2）对照企业文化四个层次、九个要素的构成，对现有企业文化进行梳理，找出残缺的内容，为完善企业文化建设找准突破口。

（3）通过交流沟通，企业领导人和高层主管对自己的价值观念进行总结、深化、提升，为企业文化建设确定基调。

（4）从各级员工中征集能推动和促进企业持续快速发展的价值观念，为企业文化价值观念的提炼归纳，收集广泛的素材。

（5）梳理、归纳、拟订价值观念体系方案，并广泛组织讨论，以通过讨论达成共识，形成企业共同的价值观念体系。

（6）对所拟订的价值观念体系进行论证，重点是从伦理哲学上，也包括从科学技术方面进行论证，构建企业经营管理理论体系，赋予价值观念体系以逻辑的力量。

（7）审核已有企业文化实体层的四个要素，对与所归纳的价值观念和理论体系相违背的内容进行修改订正，以使企业价值观念和理论体系得以

全面贯彻落实。

（8）根据企业组织运行的实际，对企业文化实体层的四个构成要素进行梳理，查漏补缺，让四个构成要素各有所司，全面完善。

（9）对企业文化表象层的两个构成要素进行审核评价，清理、清除与企业价值观念和理论体系不相适应的内容，以保证企业文化的统一性和完整性。

（10）广泛组织员工参与企业文化艺术表象要素的构建活动。一方面使之自我思考，把所归纳接受的价值观念和理论体系，以艺术的形式表现出来；另一方面把实体层的四个构成要素所界定的内容，通过艺术的形式表现出来，赋予干瘪的制度规则要求以艺术感染力。

（11）按照企业价值观念的九个构成内容（参见舒化鲁．企业管理规范化标准体系．北京：中国人民大学出版社，2004 年 9 月第一版，第 641 ~642 页），对企业文化的三个构成模块进行梳理，并按照企业文化三大构成模块拟订完善方案，以保证企业文化能不断发展完整。

（12）编制企业文化手册，以稳定企业文化建设的实施。

图4－9　企业铮铮铁骨的组织是这样打造的

二、文化建设管理规范化必须制定的制度文件

（1）企业文化目标模式选择说明文件。其内容是具体界定企业文化目标模式的性质、特征、基本价值观念，并说明选择的理由。

（2）企业价值观念体系。其内容是从不同的方面界定企业价值观念，使之能构成一个系统完整的体系。

（3）企业经营管理理论体系宣传提纲。其内容是对企业价值观念体系从理论逻辑上进行条理化处理，使之形成一个完整的理论框架，以统率一个一个的企业价值观念，并把它们梳理为便于记忆和交流的纲要式文件。

（4）企业制度规则制定管理文件。其内容是对制度的形成过程进行程序化界定，旨在避免制度泛滥。

（5）企业伦理道德规范宣传提纲。其内容是对企业所强调的伦理道德进行条理化处理，梳理为便于记忆和交流的提纲，并保证其内涵限制在企业文化目标模式的范围内。

（6）企业风俗习惯清理管理原则。其目的是对企业内部的行事习惯，包括所谓的潜规则，进行清理，制定程序化的管理操作办法，保证其内涵限制在企业文化目标模式的范围内。

（7）企业文化表象艺术创作管理原则。其目的是对企业文化的表象层的语言艺术和形象艺术进行清理，制定程序化的管理操作办法，保证其所表现的内涵限制在企业文化目标模式的范围内。

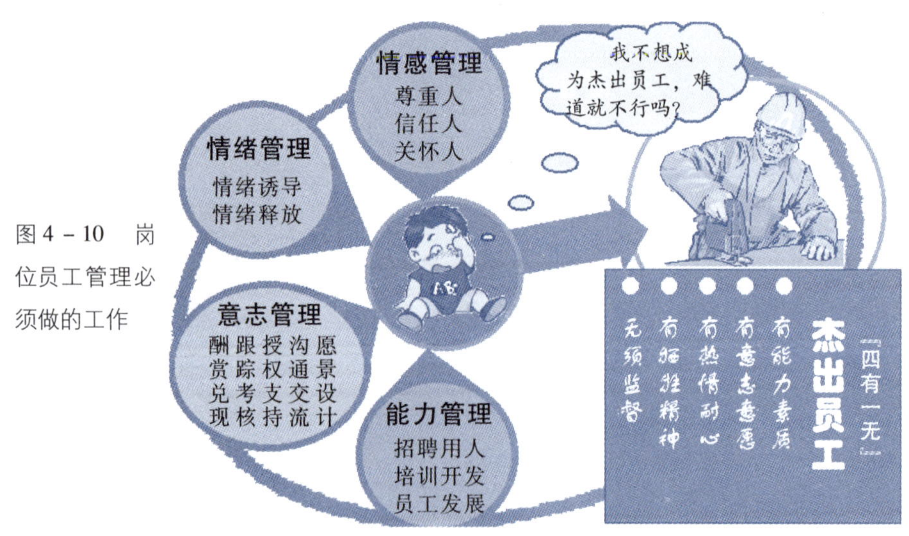

图4－10 岗位员工管理必须做的工作

（8）企业文化三大模块发展完善方案。其内容是说明如何通过划分为三个模块来发展完善企业文化建设。

（9）企业文化手册。其内容是把企业文化构成要素中需要员工系统把握和日常涉及的内容，汇集整理成为便于携带学习的小册子。

三、文化建设管理规范化必须注意的问题

（1）企业文化建设，必须从价值观念的归纳入手，并且这种归纳一定要在分析现有价值观念和思维方式的缺陷的基础上完成，以保证企业文化的建设具有针对性。

（2）企业文化价值观念的归纳，必须体现从实践中来到实践中去、从员工中来到员工中去的原则，重视对为一般员工所拥有的好的价值观念和思维方式的归纳整理，以保证及时把它们纳入企业文化目标模式中来。

（3）对价值观念的归纳必须注意全面性，对于价值观念的九个方面的内容，不能有遗漏，以保证企业文化建设的完整性。

（4）对价值观念体系的归纳要避免过分形式化，不能为了追求表达形式的漂亮而损害内容表达的准确性。只有口号作用的漂亮话，无论在形式上多么有艺术性，也都不能纳入企业文化的价值观念体系中来。否则只会造成一种言行不一、弄虚作假的企业文化。

（5）企业文化理论层的两个构成要素只能是对价值观念的分析和论证展开，必须通过它们二者的作用来保证所归纳的每一个价值观念都经得起理论逻辑的推敲，以使所构建的企业文化有牢实的理论基础作支撑。

（6）企业文化理论体系的建设，必须注意其实用性，避免杜撰神秘莫测、空洞无物的玄理。通俗易懂，让人容易接受是关键。只有这样才能保证企业文化有效地发挥管理作用。

（7）对于企业文化实体层和表象层的清理，必须全面，不能留死角。同时要有破有立，在清除与所确立的企业价值理念不相适应的内容和形式的同时，要及时创新补充相应的内容和形式。

（8）对于企业文化表象层的艺术创造要避免闭门造车，必须把员工进行文化艺术创造的积极性调动起来，让他们参与其创作，并在丰富企业文化的艺术表现形式的同时，使企业文化本身具有更广泛的社会基础。

（9）企业文化的艺术形式必须保证雅俗共赏，尤其要避免追求脱离员工欣赏能力的阳春白雪。不为员工所理解和接受的任何艺术形式，都必须挡在企业文化的构成内容之外。

四、文化建设管理规范化实施各级员工的职责

1. 企业领导人和高层主管的职责

（1）积极参与企业文化的价值观念归纳讨论，主动归纳、提供自己的价值观念和思维方式。

（2）做企业文化的布道者，利用一切机会对企业文化建设的意义和作用进行宣传，讲解被确立为企业文化目标模式核心内容的价值观念及其理论体系。

（3）参与企业文化的价值观念和思维方式的归纳讨论审订，但要避免固执己见，把个人价值观念和思维方式中与企业文化目标模式相冲突的内容掺和到企业文化中来。

（4）要充分听取企业文化建设专家的意见，保证企业文化建设按照企业文化建设的规律进行。

2. 中层管理人员的职责

（1）按照分工，具体承担企业文化建设中该由自己承担的具体事务工作，并按照要求按时、按质完成。

（2）具体承担企业文化建设过程中的一些沟通交流的组织工作，并保证在自己所负责的单位、部门讨论沟通充分。

（3）要严格遵守企业文化建设的规律，不能因为图省事而把企业文化建设简单化，降低企业文化的管理作用。

（4）必须从企业组织整体的角度思考问题，用能否最大限度地推动和促进企业持续快速发展作为标准来评价企业文化各个构成要素的梳理和构建工作，避免把自己的一己之见强加于人。

3. 一般员工的职责

（1）积极参与企业文化建设的讨论沟通，充分发表自己的意见。

（2）有特别文化艺术修养和天赋的员工，要积极承担企业文化表象层的相应艺术创作，在全面发挥、发掘自己特有天赋和聪明才智的同时，为企业文化建设服务。

（3）对企业文化建设，必须持有积极支持的态度，不允许讲不三不四的风凉话，泼冷水，影响企业文化建设工作的进行。

（4）作为企业文化对外宣传的媒介和载体，积极传播企业文化的目标模式。

第八章

企业规范化管理整体实施的组织和动员阶段

企业规范化管理整体实施，是企业发展中的一件大事，它完全可以与企业进行的与总资产一样大小的投资项目相比较。与总资产相等大小的投资项目，是决定企业生死存亡的大项目，谁也不敢掉以轻心，谁也不会掉以轻心。企业规范化管理整体实施，虽然其投资不是很大，但它也直接关系到企业的兴衰。

它不但可以保证企业组织运行高效顺畅，而且可消除企业组织运行本身的风险，使企业发展置于健康稳定的基础之上。企业规范化管理整体实施本身是为了直接打造企业的核心竞争力，因为它可使员工的积极性和创造性得到最充分的发挥，进而顺利解决企业发展中的资金问题、技术问题、人才问题、市场问题、品牌问题、质量问题。所以，它不但是实现企业持续快速发展的保障，而且是企业核心竞争力的形成。因此，企业规范化管理整体实施，必须精心策划、严密组织、稳步进行。

为了保证企业规范化管理整体实施不走弯路，取得预期的效果，必须分成组织和动员、技术方法培训、方案设计选择、实施运行、效果总结、完善改进等六个阶段来组织实施。第一阶段的工作，是为企业规范化管理整体实施搭建组织，把权力责任落实到人，以为这一项目的圆满成功提供组织保障。其内容包括：

（1）成立企业规范化管理整体实施委员会。

（2）明确高层管理人员在这一工作中的职责和义务。

（3）建立企业规范化管理项目小组并明确其职责和义务。

（4）界定中层管理人员在这一工作中的职责和义务。

（5）明确员工在这一工作中的义务。

一、成立企业规范化管理整体实施委员会

如前所述，企业规范化管理整体实施，是企业发展中非常大的一个工程，所以必须专门组建由企业高层领导人和企业规范化管理专家构成的实施委员会，以总体领导这一工作的开展。下面对实施委员会的职责作简单扼要分析。

1. 实施委员会主任的职责

实施委员会必须设立主任一人，并且得由企业的最高行政长官亲自担任。因为企业规范化管理整体实施虽然投资不多，但牵涉的工作面很广。企业的每个环节都会涉及，尤其是规范化管理的实施本身就是一种新的利益关系的构建，因而必然会触及企业内部很多人的既得利益。在实施过程中，被触及其既得利益的人必然会兴风作浪、百般阻挠，为这项工作的进行设置障碍，造成困难。如果没有企业最高行政长官的介入和充分的认同和支持，往往这一工作会有始无终。

实施委员会主任的具体职责，包括以下几个方面。

（1）对这一工作的开展进行全面动员，让企业上下各级管理人员和各类员工理解、认同、支持、积极参与这一工作。

（2）挤出时间参与企业规范化管理整体实施技术和方法的培训，总体把握企业规范化管理整体实施的思路和方法。

（3）参与企业规范化管理整体实施的总体方案的讨论，并在通过后领导、督促实施。

（4）定期召开企业规范化管理整体实施委员会会议，及时研究解决这一工作进行过程中所出现的问题。

（5）参与讨论审定企业各个子系统的规范化管理实施方案的选择，并对其实施提供全方位的支持。

（6）定期听取实施委员会副主任的工作汇报，并及时批示。

（7）经常与企业规范化管理整体实施项目专家进行沟通，了解情况，发现问题，沟通思路。

（8）对企业规范化管理整体实施过程中出现的人际矛盾和利益冲突，及时出面协调解决，尤其是对那些因为这一工作损失既得利益而多方阻挠设障的人，要晓以大义，给予批评，甚至采取组织措施，给予处分。

（9）协调这一工作的人力、财力、物力投入，保证工作的正常进行。

2. 实施委员会常务副主任的职责

实施委员会另外设两名副主任。一名为常务副主任，其人选可由分管企业组织（人流）系统的副总裁或副总经理来担任。企业最高行政长官不可能抽出三五个月的时间全部投入到企业的这一工作上来。企业的规范化管理是为企业发展服务的，实施企业规范化管理整体实施不可能终止企业组织运行。所以企业最高行政长官的主要精心仍然只能主要放在企业的整体运行管理上。他可以抽出 1/3 左右的时间和精力投入到这一工作上来，但更多的时间必须由一个企业高层领导人专门负责这一工作的总体协调，并将所遇到的问题及时向企业最高行政长官汇报。如果所选择的副主任人选在企业内部有足够高的威望，可直接由他承担更多的组织协调工作，使他承担更多的职责，避免过多地牵涉企业最高行政长官的精力。

实施委员会常务副主任的具体职责如下：

（1）协助主任在企业内部对企业规范化管理整体实施工作进行全面动员，让企业上下各级管理人员和各类员工理解、认同、支持并积极参与这一工作。

（2）全面主持企业规范化管理整体实施技术和方法的培训工作，并积极努力学习，全面掌握企业规范化管理整体实施理论和实施技术方法。

（3）对企业规范化管理整体实施总体方案草案进行初步审定，并在讨论通过后，具体负责贯彻实施。

（4）在主任不在的情况下，受主任的委托召开企业规范化管理整体实施委员会会议，对这一工作进行过程中所出现的问题给予及时研究解决。

（5）参与讨论审定企业各个子系统的规范化管理实施方案的选择，并对其实施具体工作提供协调、指导、监督。

（6）定期听取实施委员会成员和下属各单位、部门负责人，关于企业规范化管理整体实施工作的汇报，并在授权的范围内作出批示，重大问题在与正主任和专家副主任沟通后提交实施委员会集体讨论。

（7）定期与企业规范化管理整体实施项目专家沟通，交换意见，请教思路。

（8）接受主任的授权，对企业规范化管理整体实施过程中出现的人际矛盾和利益冲突进行协调解决，并对那些因为这一工作损失自己既得利益而多方阻挠设障的人提出批评，并对情节严重者拿出处理意见，上报主任批准后实施。

（9）具体协调这一工作的人力、财力、物力投入，保证工作的正常进行。

（10）负责安排专家副主任的工作生活所需。

图4－11 运行流程管理规范化的三项工作

3. 实施委员会专家副主任的职责

实施委员会还必须有一位精通企业规范化管理整体实施理论和操作实务的专家副主任。企业规范化管理整体实施是一项专业技术性很强的工作，并且它对应于企业整个系统，是一项严密的系统工程。在任何一个方面的考虑不周，或者因为对相互之间关系的理解和协调不当而失误，都会给这一工作的顺利进行带来不利影响，甚至会让人们失去信心，放弃把这项工作进行到底的决心。由一个专家来担任副主任，就有助于整个工作的总体协调和把握。这位专家一般可从外部聘任，如果将这一工作部分委托给独立的企业管理咨询公司承担，承担这一工作的项目组长就可直接担任专家副主任这一职务。

这一职务由企业内部人员担任，往往难以取得应有的成效。原因有三：

（1）企业内部的人员不可能全身心地投入企业规范化管理整体实施理论和实务的研究实践中，因而对这一业务不熟练。

（2）因为企业内部总是存在层层叠叠的人际关系网络，而这种人际关系网络往往总会束缚人们思考问题、解决问题的思路，甚至是一叶障目，发现不了明显而严重的问题。

（3）在一个企业内工作太长时间的人，其思维方式往往已与这个企业共有的思维方式一样，因而使之难以跳出企业已有的思维定式来思考问题、发现问题，其解决问题的思路和方法选择就会受到限制。只有外聘专家，才可突破这三个限制。

专家副主任的具体职责如下：

（1）提供企业规范化管理整体实施的技术指导，并负责总体方案和子系统实施方案的初稿审定。

（2）担任实施委员会及其下属专职人员的培训讲师，以保证他们能全面理解和把握企业规范化管理整体实施的技术和方法。

（3）深入对企业进行调查研究，并将调查了解的情况及时与实施委员会其他两位主任沟通，以便达成共识，采取措施。

（4）对企业规范化管理整体实施中所遇到的所有问题都必须有解决思路，并将这个思路与两位主任沟通达成一致后，提交实施委员会集体讨论。

（5）参加实施委员会会议，并对会议讨论的议题拿出自己的建设性意见。

（6）定期听取企业规范化管理整体实施工作具体承担人员的汇报，并就技术问题提供指导。

（7）直接对主任负责，定期向主任汇报企业规范化管理整体实施情况与自己的思路和建议。

（8）不得参与企业的人事安排意见，不得介入企业内部的人际关系网络，遇到问题必须在与两位主任沟通之后发表意见，不得随意表态。

（9）不得向外泄露企业的任何商业秘密，不得向内透露任何企业的相关决策内容。

4. 实施委员会成员的职责

实施委员会成员可根据企业规模的大小来确定，一般为5～7人。财务总监、市场总监、人力资源总监、运营总监、总裁办公室主任等相应岗位员工，必须参与进来，他们要在各自所负责的系统推进企业规范化管理整体实施，并且要提出他们自己的意见。其具体职责如下：

（1）积极参加企业规范化管理整体实施技术和方法的培训学习，全面掌握企业规范化管理整体实施的技术和方法，并对自己所承担的相关子系统的规范化管理的实施技术能熟练运用。

（2）参与实施委员会会议，并积极开动脑筋思考问题，就自己所负责的相关子系统规范化管理的实施方案和存在的问题，发表自己的见解。

（3）在自己所负责的工作范围内全面推动规范化管理的实施，并接受专家的指导意见，保证实施方法的科学性和严密性。

（4）具体组织所负责子系统的规范化管理方案的草拟和讨论修改

工作。

（5）定期向副主任汇报自己所负责子系统规范化管理工作的实施情况，并争取指导和支持。

（6）负责协调处理自己所属单位、部门内的人际关系矛盾，消除对企业规范化管理整体实施工作的阻碍因素。

（7）具体负责自己所负责的子系统的规范化管理的实施，并对实施结果进行评估。

（8）克服本位主义观念，积极配合相应部门的规范化管理工作，并对其求助提供支持。

二、组建企业规范化管理整体实施办公室

企业规范化管理整体实施委员会，下面还必须成立一个专门工作机构——企业规范化管理整体实施办公室，直接作为实施委员会的下属办事机构，负责这一工作的日常事务。如果企业有企业管理部这样一个专司企业内部管理的部门，就可以由这个部门直接承担这一工作，一套人马，两块牌子，让企业管理部在这一项目实施期间主抓这一工作。日常的常规性工作可固定给一两个人，其他的人都全身心地投入企业规范化管理整体实施工作中来。人手仍不够时，可从相关部门另抽调补充。实施办公室设主任一名，其具体职责如下：

（1）协调实施办公室的内部工作安排，保证工作效率。

（2）在实施委员会的相关领导具体指导下，直接负责企业规范化管理整体实施方案草案的草拟和执笔修改。

（3）负责组织协调企业规范化管理整体实施项目的联络工作，并上传下达。

（4）草拟企业规范化管理整体实施的具体日程计划方案，并经实施委员会讨论通过后实施。

（5）协调办公室内部人员，负责相关信息的收集整理，并及时将它送达给实施委员会相关领导和成员。

（6）协调办公室内部人员，为实施委员会成员，尤其是外聘专家，进行调查研究提供帮助。

（7）组织相应规范化管理方案草稿的草拟，并为相关讨论、审议、修改工作和会议作必要的准备。

（8）协调办公室内部人员，具体负责外聘专家的吃、住、行安排。

三、选拔企业规范化管理整体实施项目系统设计师

企业规范化管理整体实施，还需要从各个单位、部门抽调一些既有一定企业管理理论修养，又具有丰富的企业管理实践的人，作为项目系统设计师，具体承担这一项目各个子系统的具体设计工作。其数额可根据企业规模大小决定。一般而言，所有独立经营单位和相对独立承担子系统协调汇总的部门，都必须有一个项目系统设计师。项目系统设计师的职责如下：

（1）积极参加企业规范化管理整体实施的技术和方法培训，全面准确掌握这一工作所必需的方法和技能，并能熟练运用。

（2）直接深入到单位、部门，与单位、部门负责人就其规范化管理的实施讨论交换意见，并系统回报自己的想法和建议，为单位、部门负责人实施本单位的规范化管理当好参谋。

（3）列席实施委员会的会议，并全面领会实施委员会的会议精神。

（4）具体承担相关子系统的规范化管理方案的草拟和修改。

（5）定期向实施委员会相关领导汇报请示工作，及时获得指导，以保证整个企业的规范化管理工作的协调进行。

（6）指导相关子系统的规范化管理方案的具体实施，并对实施结果进行统计评估。

（7）对相关子系统的规范化管理方案在实施过程中发生的问题及时拟订出调整解决方案，并按程序报批后实施。

（8）负责分工承担的相关子系统的规范化管理实施工作与其他子系统的协调、配合工作。

四、确定高层管理人员的职责

企业规范化管理整体实施是企业的大事，但不可能让所有的人把手头工作放下来，专心于此。对于企业高层管理人员而言，他们既要关注自己所承担的企业运营工作，又要参与企业规范化管理整体实施。他们在企业规范化管理整体实施项目中职责可概括如下几点：

（1）协助对企业规范化管理整体实施工作的动员，保证自己所属单

位、部门和员工对这一工作的积极响应和参与。

（2）积极参与企业规范化管理整体实施技术和方法的培训，至少能总体把握企业规范化管理整体实施的思路和方法。

（3）参与企业规范化管理整体实施的总体方案的讨论，以及与自己职责相关的相应子系统的规范化管理实施方案的拟定和讨论，并负责在讨论通过后在自己所属单位、部门的贯彻实施。

（4）对企业规范化管理整体实施委员会的工作给予积极的支持，凡需自己完成的工作都必须努力按时完成。

（5）参与自己职责所关联的企业子系统的规范化管理实施方案的讨论审定，并对其实施提供全方位的支持。

（6）定期听取系统设计师的工作汇报，并及时反馈自己的意见。

（7）找机会与企业规范化管理整体实施项目专家进行沟通，提供信息，反馈意见。

（8）积极支持外聘专家对自己所属部门的调查研究，保证其获得信息的真实性。

（9）以大局为重，绝不因为规范化管理会损害自己的相应利益而作梗或抵制。

（10）对企业规范化管理整体实施过程中出现在自己所辖范围内的人际矛盾和利益冲突，及时出面协调解决，以保证企业规范化管理整体实施在自己所属单位、部门能顺利贯彻实施。

图4－12　企业基因工程机

五、确定中层管理人员的职责

中层管理人员作为企业的执行层，是企业的中坚力量，起着一个上下沟通的作用，并对企业决策的贯彻实施起着关键性的作用。因此，企业规范化管理整体实施也必须得到他们的支持和积极响应，以保证不打折扣地付诸实施。其职责如下：

（1）协助对企业规范化管理整体实施工作的动员，保证自己的下属员工对这一工作的积极响应和参与。

（2）积极参与企业规范化管理整体实施技术和方法的培训，不但能总体把握企业规范化管理整体实施的思路和方法，而且对于自己工作相关的子系统的实施技术和方法，还必须准确熟练掌握，保证能对自己的单位、部门规范化管理的实施提供技术方法上的指导。

（3）参与自己单位相关的企业子系统规范化管理实施方案的拟定和讨论，并在通过后负责贯彻实施。

（4）对企业规范化管理整体实施委员会的工作给予积极的支持，凡需自己完成的工作都必须保证按时完成。

（5）定期与系统设计师进行沟通交流，并及时反馈自己的意见。

（6）不定期地与企业规范化管理整体实施项目专家进行沟通，提供信息，反馈意见。

（7）积极支持外聘专家对自己所属部门的调查研究，保证其获得信息的真实性。

（8）以大局为重，绝不因为规范化管理会损及自己的相应利益而作梗或抵制。

（9）对企业规范化管理整体实施过程中，发生在自己所辖范围内的人际矛盾和利益冲突，及时出面协调解决，并保证企业规范化管理整体实施在自己所属单位、部门的顺利贯彻实施。

六、确定一般员工的职责

一般员工作为管理对象并不只是被动地接受企业规范化管理整体实施，也需要他们积极地参与其实施。其职责如下：

（1）积极响应企业关于企业规范化管理整体实施工作的动员，并认真学习，领会精神，积极支持。

（2）努力学习企业规范化管理相关的理论和知识方法，并通过合理化建议的方式，积极参与讨论。

（3）积极配合，保证上面布置下来的相关规范化管理工作不折不扣地按时完成。

第九章

技术方法培训阶段

企业规范化管理整体实施是一项专业性强、要求高，并且必须相互协调配合的工作。因此，必须通过严密组织和系统规划的培训，使企业内部各级各层人员都能根据与这项工作的关联程度，参与企业规范化管理整体实施的相应培训，并掌握相应技术和方法，使之能适应这一工作的要求。这种培训可分为四个层次来组织：

（1）企业规范化管理整体实施理论和观念更新培训。

（2）企业规范化管理整体实施的系统技术和方法培训。

（3）企业规范化管理分系统实施的技术和方法培训。

（4）企业规范化管理的一般方法和要求培训。

一、企业规范化管理整体实施的理论和观念更新培训

这一培训的目的是通过专家授课和讨论，让参训人员系统掌握企业规范化管理整体实施的理论和方法，更新企业管理的观念，根据自己企业的实际从总体上确立自己企业规范化管理整体实施的框架性思路。这一培训要求讲授以下几个方面的内容：

（1）企业规范化管理整体实施的必要性，以及它与企业持续快速发展的关系。

（2）企业规范化管理整体实施所包含的企业管理新观念和新思想。

（3）企业规范化管理整体实施的要求和标准。

（4）企业规范化管理整体实施的思路和理论方法。

（5）培训对象及讲师、时间、地点选择。

这个层次的培训对象，主要是企业规范化管理整体实施委员会成员、项目系统设计师、实施办公室专业人员、企业高层管理人员。培训要求由企业最高行政长官主持。培训讲师必须是在企业规范化管理整体实施的理论和实务上都有深入研究，并具有丰富的实践经验的专家，一般要求由所聘任的规范化管理实施首席专家担任。

培训的时间一般安排两天。一半时间为专家授课，一半时间就企业规范化管理整体实施的必要性、标准要求和相应的思想观念，结合自己企业的实际进行讨论。但讨论不能一般地议一议，而要分单元组织，每个单元结合企业的具体情况，确定一个主题，有的放矢地进行。培训的地点可安排在企业内部会议室。但一定要保证受训人员不受日常工作及其他任何外部干扰，从而集中精力参训，以增强培训效果，为企业规范化管理整体实施的具体实施奠定一个良好基础。

二、企业规范化管理整体实施的系统技术和方法培训

这一培训的目的是通过专家授课、讨论、作业练习和考试，让参训人员系统、完整地掌握企业规范化管理整体实施的技术和方法，不但能独立地运用、操作，而且能向他人讲解和提供实施指导。

其培训内容主要是系统讲述企业规范化管理整体实施的六大方面的技术、方法和标准，包括企业决策管理规范化、企业组织架构－运行规范化、企业激励机制建设规范化、企业业务流程管理规范化、企业文化建设规范化和员工发展管理规范化六个方面的技术方法和标准。培训的重点是企业规范化管理整体实施的实际操作技巧、技能。最终目标是让参训者能独立地实际操作。

培训的对象主要是企业规范化管理整体实施委员会一般成员、项目系统设计师、实施办公室专业人员、企业职能部门负责人等具体负责企业规范化管理整体实施指导和实际操作人员。培训一般由企业规范化管理整体实施委员会常务副主任主持，培训讲师同上。

培训的时间一般不少于 6 天，2/3 的时间为专家授课，1/3 的时间用于联系实际展开讨论，或者现场作业练习，并在培训结束时进行考试，考试不合格的还必须重新培训。培训的地点可安排在企业内部会议室，并一定要严肃纪律。对于迟到、早退、旷课者要给予一定的惩罚，并要抽时间补课，以为企业规范化管理整体实施奠定人才和技术基础。

图 4－13

规则得处处有

三、企业规范化管理分系统实施的技术和方法培训

这一培训的目的是通过专家授课、讨论、现场作业练习和考试，让参训人员系统完整地掌握相关子系统的规范化管理实施技术和方法，不但能独立地在自己的管理职责中贯彻运用，而且能向他人讲解和提供实施指导。

培训内容主要是分别讲述企业各个子系统的规范化管理的具体实施技术和方法，以及标准要求，培训的重点是相关子系统的规范化管理的实际操作技巧、技能，培训的目标是能让参训者独立实际动手操作。

培训的对象是企业规范化管理整体实施委员会的相关成员、项目系统设计师、企业相关职能部门的具体业务人员及分公司、子公司的办公室主任。培训一般由企业规范化管理整体实施委员会相关的成员主持，培训讲师由外聘企业规范化管理专家担任。

培训的时间平均每单元一至两天，企业决策管理规范化、企业组织架构－运行规范化、企业激励机制建设规范化、企业业务流程管理规范化、企业文化建设规范化和员工发展管理规范化六个部分，每个部分分别作为一个独立单元。专家授课和参训人员讨论、作业练习、考试各占一半时间。考试不合格者还必须重新培训。培训的地点可安排在企业内部会议室，并一定要严肃纪律。对于迟到、早退、旷课者要给予一定的惩罚，并要抽时间补课，以为企业规范化管理整体实施的具体实施准备好专业技术力量。

四、企业规范化管理的一般理论方法和要求培训

企业规范化管理整体实施，最终都必须落实到员工的行为管理上。所以，企业所有员工都必须对企业规范化管理的一般理论方法和要求有一个了解。因此，还有必要专门针对员工组织企业规范化管理整体实施的一般理论、方法和要求培训。

培训的目的是通过授课和讨论，让员工明了企业规范化管理的必要性、实施技术和方法，增强员工对企业规范化管理整体实施的理解和支持，并积极投入这一工作中来。

培训内容主要是企业规范化管理的重要性和必要性，与之相关的子系统的规范化管理的具体实施技术、方法和标准要求。

培训的对象是企业各个单位、部门的员工。培训一般由单位、部门负责人主持，培训讲师由企业规范化管理整体实施委员会相关成员或项目系统设计师担任。培训的时间由各单位、部门自行安排，可利用下班时间轮班组织，一般不要占用正常上班时间。但可分别分散组织，其整个培训时间不得少于 12 小时。培训的地点可安排在单位、部门的聚会场所。并要求严肃培训纪律，对于缺课者要求补课。培训结束后还要组织统一考试，并将考试成绩，以 80 分为标准记入绩效考核得分，低于 80 分者要扣绩效得分。

第十章

企业规范化管理整体实施方案设计选择阶段

这一阶段的工作是在系统培训后，员工已熟悉了解企业规范化管理整体实施的技术、方法基础上，通过调查研究和全面分析，对自己企业规范化管理实施方案进行设计、论证、选择。企业整体实施规范化管理，其方案可以分为两大块内容：一是企业总体规范管理实施大纲；二是企业规范化管理分系统实施方案。

一、企业规范化管理整体实施大纲

企业总体规范管理实施大纲，首先是选择、确定并论证规范化管理方案的核心内容，也就是明确企业管理的核心价值观念，并在此基础上为企业规范化管理的方法提供选择依据。

企业规范化管理整体实施大纲，是企业实施规范化管理、提高企业管理水平的纲领性文件。它不但要系统分析企业规范化管理整体实施要解决的问题，而且要细致地归纳和论述企业规范化管理所选择的理念——核心价值观念，并在此基础上设计、规划出企业规范化管理整体实施的思路、方法，以及目标要求。

大纲要求在吃透两头的基础上来撰写。一头是企业的实际。包括企业发展战略规划、企业的现状、企业管理现实中所存在的问题、企业发展所隐含的危机等。只有吃透了这一头，才能使企业规范化管理的实施在有的放矢的基础上进行，才能取得立竿见影的效果。另一头是企业规范化管理整体实施的技术和方法。这包括每一种技术和方法所对应能解决的管理问题，以及这些技术和方法所赖以存在的理论基础等。

这就要求大纲的撰写必须在对企业的方方面面进行全面深入的调查研

究，并且通过讨论达成共识的基础上进行。为了避免“不识庐山真面目，只缘身在此山中”和中国俗话所说的“郎中看不了自己的病，巫婆跳不了自己的神”的问题，这个调查研究必须在外聘专家的主持下进行，以便跳出企业固有的思维定式，准确客观地把握企业病症。

为了提高调查研究的效率，可采用民主诊断法。即在企业规范化管理的相关培训完成之后，给每个管理人员发一张《企业管理问题诊断分析表》，让每个员工，至少是每个管理人员针对企业现存的管理问题，就归类、表现、危害、解决办法四个方面的内容，提出自己的见解和分析判断。

表4－3　企业管理问题民主诊断分析表

编号：

诊断人姓　名		任职部门及职务	
项目	诊断说明		
问题名称			
问题表现事例			
问题所归类别			
问题危害分析			
问题解决办法和思路建议			

每个人限于分析五个问题是指他认为企业存在的最严重、最有危害的

五个问题。每个问题单独填写一份《企业管理问题民主诊断分析表》，以便分类统计分析。然后归类整理分析，在此基础上对企业管理问题进行汇总，找出对企业发展影响最直接、最大的 10 ~ 15 个问题。

通过这一步工作，不但可以从整体上把握企业所面临的问题，而且可以了解各级管理人员对企业现状的认知情况，以及他们所期望的企业发展思路和企业管理的核心价值观念。同时，还要由外聘专家进行一些抽样调查和重点调研。并由专家结合民主诊断的结论，拟订企业规范化管理整体实施要解决的重点问题。然后交由整体规范化管理实施委员会讨论确定，并从已确定的规范化管理的思路出发，提出对应于规范化管理实施的六个方面的解决办法。

完成了这一步工作，大纲也就基本形成了。其具体撰写工作可由企业规范化管理整体实施办公室主任主笔。初稿完成后，首先由外聘专家与之讨论沟通、修改，然后再交由企业规范化管理整体实施委员会讨论、修改、订正。这种讨论修改工作绝不能走过场，都必须以对企业高度负责的态度陈述自己的修改意见，以使方案尽可能完整、完善、实用。

大纲一般要求包括以下内容：

（1）企业面临问题的内容、危害和原因。

（2）解决企业所面临的问题的指导思想和核心价值观念。

（3）实施企业规范化管理整体实施所要达到的目标和要求。

（4）企业规范化管理整体实施六个方面的实施方法的初步选择。

（5）不同子系统管理规范化实施次序约定和衔接。

（6）企业规范化管理整体实施六个方面需要完成的工作说明，及其具体责任单位和部门。

（7）企业规范化管理整体实施的日程安排。

（8）企业规范化管理整体实施的绩效评估方法和标准，并对现有绩效进行统计界定，以便实施规范化管理之后进行对照比较。

（9）企业规范化管理实施可能遇到的困难和障碍，及其克服的办法和措施。

（10）企业规范化管理整体实施过程中不同层次、不同方面的员工的职责。

二、企业规范化管理分系统实施方案

它是为企业规范化管理整体实施分部分、分系统的实施所设计的详细具体方案。这种方案不但要明确所要解决的问题，而且要在对解决问题的方法进行优化的基础上作出选择。

这里的优化有五个方面的含义：

(1) 这种方法必须能够相对彻底地解决所存在的问题，尤其是所选择确定要解决的重点问题。

(2) 它不是简单的权宜之计，而是能够长期贯彻实施，并对企业的持续快速发展有保障作用的方法。

(3) 所选择的方法在实施过程中所投入的人、财、物必须相对节省。

(4) 这种方法能够为绝大多数人所接受，不会受到来自被管理者的抵制。

(5) 它必须合乎国家的法律法规，并且不会与社会大环境的企业文化背离。

企业规范化管理整体实施分系统实施方案草稿的撰写，可分别由项目系统设计师执笔。其撰写绝不能闭门造车，必须在企业规范化管理整体实施大纲精神的指导下，在广泛与各级管理人员和员工进行沟通，听取意见的基础上进行。并且基本思路形成之后，还必须召集不同方面的人进行讨论议定，在整个框架思路都得到广泛认同的基础上，再撰写方案全文。在方案的撰写过程中，执笔人尤其要不定期地向相关方面的主管负责人进行汇报，听取意见，遇到有对立冲突的想法和思路，要及时与外聘专家沟通。也就是说，方案草稿的撰写不能单纯听取哪一方面主管领导的意见，必须做到兼听并蓄。

初稿完成后，交由企业规范化管理整体实施委员会集体讨论审定。在相应方案的讨论审定会上，相关部门的主管负责人必须参加，并发表自己的修改意见。这种讨论审议工作必须在充分交换意见、达成共识的基础上确认通过。在审定通过时不能采取少数服从多数的原则，而应让每个人的意见都得到充分的表达。在企业管理问题上，不存在绝对的对立和矛盾，即使给个人既得利益带来损失的人，也一般能够从大局出发，不会斤斤计较，尤其在这种公开的场合。

企业规范化管理整体实施分系统实施方案必须包括的内容：

（1）本系统规范化管理所针对的问题。

（2）解决所针对的问题的指导思想，即所要体现的价值观念。

（3）本系统规范化管理所要达到的目标和要求。

（4）本系统规范化管理的具体实施方法和步骤。

（5）本系统规范化管理需要完成的工作详细说明，及具体承担单位、部门和责任人。

（6）本系统规范化管理实施的日程安排。

（7）本系统规范化管理的效果评估方法和标准。

（8）本系统规范化管理实施可能遇到的困难和障碍，及其克服的办法和措施。

（9）本系统规范化管理实施过程中不同层次、不同方面的员工的职责。

第十一章

企业规范化管理整体实施运行阶段

这个阶段的工作包括三个方面的内容：一是进行试点，二是方案推广，三是完善规则。其中试点的选择要注意选取有代表性的单位来进行，要有充分的依据，要使方案在试点得以充分贯彻，要对效果进行评估，还要对试点经验进行总结。方案推广是在试点工作做好的基础上进行的，但也要注意相关问题。

一、进行试点

为了保证企业规范化管理方案实施的严肃性和成效，在全面铺开之前，必须进行试点。进行试点包括四个方面的工作：

1. 试点选择

选择试点也就是选择一个典型的具有代表性的单位，首先在这里贯彻实施方案。选择试点要通过认真的分析筛选，不能随意确定。

试点选择依据有以下四个方面：

（1）方案所针对的问题，在这个单位反映得比较突出。由此可以测定方案对问题解决的力度，即能否最后通过方案的实施来解决所存在的问题。

（2）这个单位对这一工作理解准确、完整，并积极支持。只有对这一工作理解准确、完整，并积极支持的单位、部门才能相对减少方案试点贯彻的阻力，不会因人际关系的原因而导致方案试点实施的中断。

（3）所选试点的工作量必须适中。不能太大，太大可能会使试点的时间拖得太长，导致整个企业规范化管理的实施时间加长。但也不能太小，太小缺乏代表性，会使试点所获得的经验性信息，不足以作为推广的指导。

（4）试点选择要相对集中，不能每个系统都选择独立的试点。否则试点之后仍然存在不同方案在贯彻实施过程中的协调配合风险问题。

试点选择的办法可采取自主申请的办法。即由单位自主申请之后，再由企业规范化管理整体实施委员会平衡筛选确定。通过试点选择的自主申请，一方面可以检验培训工作的成效，以及各级各类员工对这项工作的理解和态度。如果没有单位自主申请作为试点，说明动员工作做得不扎实，培训的效果也还没有落到实处，这项工作还没有得到员工的充分认同、支持和积极参与。在这种情况下必须重新补上动员和培训两课。只有当至少有1/3以上的单位自主申请作为试点首先贯彻方案，才能进入这一阶段的工作。有充分多的单位自主申请试点后，企业规范化管理整体实施委员会根据前面四个依据来选择确定试点。

2. 在试点单位贯彻实施方案

试点确定之后，由企业规范化管理整体实施办公室协调集中力量，到试点单位来贯彻落实实施方案。企业规范化管理整体实施委员会成员必须抽出1/3的时间，关注试点、指导试点，随时随地为试点过程中所发生的问题提供解决办法。项目系统设计师都必须集中到试点单位上，直接动手与试点单位的员工一同实施方案。一方面提供技术方法上的指导，另一方面又可获得实践操作上的一手经验和技巧，为下一步独立地指导方案的实施积累经验。

3. 试点效果评估

当实施方案在试点贯彻实施三个月之后，就可对试点的效果进行评估。评估方式有二：

（1）就方案所针对的问题进行分析。

①问题是否真正解决？

②问题是否还在发生？

③问题继续发生的原因是什么？

即使方案所针对的问题已不再发生，但这并不能说这个问题已经彻底解决，因为问题的发生本身带有随机性和阶段性。这就有必要进一步分析问题发生的原因是不是已通过方案的实施给予了消除。

（2）就试点前后员工的态度和意见进行对比分析。

在试点开始前和试点贯彻一定阶段后，可对同样的问题向员工进行不记名的问卷调查。企业有自己局域网的可在网上进行，没有的可以通过公开发放而匿名回收的办法，进行问卷调查，其目的在于让员工大胆真实地发表自己对这一工作的意见。其内容要尽可能简单，一般要求集中在以下几个问题上：

①你对企业发展前途是否有信心？

②你对你单位目前工作的效率是否满意？

③你对你的上司主管的工作作风是否满意？

④你是否和你的同事经常就企业和单位的工作进行私下议论？

⑤你工作的心情是否舒畅？（你对现在的人际关系是否满意？）

⑥你是否经常想到你工作所服务的对象和客户的利益？

⑦你是否对你工作的目标明确而有信心？

⑧是否有人关心你的工作、生活和学习？

⑨你是否经常感到有一种内在委屈没法与人诉说？

⑩你是否为你从企业所获得的满足与人相比之后而感到不平？

以上问题在试点前后要保持一致，尽管这十个问题的内容比较抽象，但如果前八个问题的肯定回答和后面两个问题的否定回答的比例发生变化，就可以说明方案已起到了作用。以“前八个肯定回答和后两个否定回答”为标准，试点前后相比人数比例上升 10%，方案实施就是成功的。因为方案实施后在较短的时期内就可让员工从内心感到有一定的变化，这就说明这个方案在调动员工的积极性、增强企业的凝聚力方面已经起到了一定的作用。

通过这两种方法的评估，如果结果没有达到预期的目的，其原因可能有两个方面：一是试点时间过短，变化还没有充分体现出来；二是方案本身存在缺陷，并没有真正解决企业管理中的问题。如果是后者，就必须进一步对方案进行调整修改，并在试点后推广。

4. 试点经验总结

这就是对在试点上贯彻方案的具体做法，作一个回顾性分析，把有效的做法作为经验记录下来，在下一步的方案推广工作中予以借鉴；把方案实施过程中，无效的和失败的做法逐条总结罗列出来，以避免在方案推广过程中犯同样的错误。试点总结完成后要形成一份方案实施过程指导提纲，以为方案的推广提供具体操作方法上的指导，以避免走弯路。

二、方案推广

如果试点一切都顺利，方案推广工作也就简单了。在这里要做的也就主要是一个对企业规范化管理整体实施的专业技术力量进行重新分配问题。试点时，专业技术力量都高度集中，但在推广时必须让通过培训和试点积累了经验的专业技术力量分散统筹搭配。

一般而言，至少要保证每一个较大的单位和部门，都有一个项目系统设计师为之提供方案实施的技术指导。其实，这个问题在培训工作开始之前就应该考虑到，即选拔项目系统设计师时，就尽可能照顾到不同的单位和部门都有相应的人参加。一方面他们的参与，本身就可以为企业的整个调查研究活动提供方便。同时，让他们全面掌握相关技术之后回到单位开展工作，又可以获得情况熟悉、业务熟练的方便。比如业务流程管理规范化的实施，既要求对其业务充分熟悉，又要求能熟练地运用业务流程管理相关分析技术。所以，只有事先考虑好这些问题，才能保证整个工作的顺利进行。

在笔者的实践中感觉到，这种项目系统设计师是企业的中高层管理力量的一种开发和储备。一般在企业规范化管理整体实施完成之后，大都可以赋予更重大的责任，让他们在相关的单位、部门至少担任副手的职务。

图4－14　规范化管理的实施，捷径可能是危险

在方案推广工作中，必须时刻关注以下三个问题：

(1) 是否存在方案实施损害其既得利益的人，在试点阶段就放风点火，造舆论抵制方案实施的情况。

如果这种人的活动能量较大，往往就会影响、蒙蔽一大批人，从而形成一个相对较大的阻碍力量。发生这种问题时，一方面要加大方案内容的宣传力度，甚至直接是让更多的人参与方案的讨论，让他们理解认识方案的实施与他们个人长远利益的关系。另一方面，对无事生非、造谣惑众的人要给予严肃查处。即使这个人是企业发展中不可缺少的力量，也不能过于迁就。因为如果他把自己的利益凌驾于企业整体利益之上，最终会给企业发展带来损失。对这种人首先仍然是做思想工作，给予教育。如果阳奉阴违，就必须对这种人做出组织处理，包括解除职务、辞退。

（2）如何实现企业规范化管理整体实施工作与企业组织运行的统一。

在任何情况下，都必须做到两不误。因此，必须对这两项工作进行统筹安排，尤其不能让规范化管理的实施工作，直接或间接地影响了企业的正常业务。要做到这一点，关键是做好员工思想工作，在得到他们支持的情况下，让他们牺牲一些休息时间。

在这个时期，也可以说是企业发展的非常时期，员工不能过于斤斤计较。要让他们明白，企业规范化管理整体实施工作不仅会给企业发展带来利益，还可以通过实现企业的稳定发展来保证每个员工的利益。所以，每个员工有义务牺牲一些短期利益而保障其根本长期利益。在这个时期，也是检验员工向心力的好时机。如果有个别的人不能正确地摆正个人短期利益与长远利益——企业持续发展的利益，这种人终究也会成为企业利益的背叛者，对这类人也不能过于迁就。

（3）不同系统的规范化管理的先后协调、衔接问题。

这个问题在试点阶段一般很少发生。因为试点时，整个企业都可以为试点的正常运行提供支持，并且涉及的面相对较窄，所以发生衔接矛盾的情况会很少。但在方案的实施全面展开时，这种问题很可能会发生。如果没有周密的计划，往往会给企业的正常业务开展造成震荡性的影响。所以我们在大纲中就强调了这一点，要对这个问题事先做好安排，在实施阶段必须严格地按照既定方案实施，尽可能把衔接协调的负面影响降到最低限度。

三、完善规则

企业规范化管理不等于建立企业的制度规则，但企业规范化管理最终都必须落到企业制度规则文件的完善上来。而企业规范化管理实施方案并不等于企业制度规则的全部内容，它更多的是在管理的方法和活动安排上的协调与统一。具体实施之后，还必须在实践检验的基础上，按照方案的要求将方案上所有的行为规则都以文件的形式确定下来。方案的重点要放在怎么改、怎么完善的工作上，而制度规则则是把这些内容都具体化为行动的根据，这是完善管理变革之后的具体行为规则。

只有完成了这一工作，才能够真正保证企业组织运行有序，活动有据，使企业的每一个活动和工作都有明确的标准。企业管理的效率也才可能大大提升，并最终把这种做事方式稳定下来，变成每个人自觉遵守的行为准则。

第十二章

企业规范化管理实施效果总结评估

任何一项工作结束之后，都应该对它进行效果评估。企业规范化管理整体实施是耗时的大项目，结束之后必须对其效果进行评估。企业规范化管理整体实施效果的评估，顾名思义也就是对企业规范化管理整体实施前后的情况进行对比分析，以确定是否通过这一工作为企业带来了明显的变化。其比较方式有两点：一是业绩比较，二是问题比较。

一、业绩比较

所谓业绩比较，就是通过对企业业绩在企业规范化管理整体实施前后的状况进行比较，以分析这项工作的完成是否为企业发展带来了实质性的帮助。尽管这项工作的作用通过逻辑分析也可以判定，但事实更能够说明问题。企业业绩的比较一般可以通过对全员生产力、人均创利水平、单位成本耗费、人均销售收入、投资回报、万元产值能耗、万元产值材耗等指标的前后比较来实现。为了保证这种比较的客观性，一般在企业规范化管理整体实施之前要作一个统计分析，对所列指标包括绝对值和发展变化比例，都有一个明确的界定。当这项工作完成一个财务周期——一般为一年之后，对这所有指标再次进行统计分析。通过这种统计分析对比，来测定这一工作的真实客观效果。一般而言，只有当这项工作完成一段时期之后，效果才能明显显现出来。所以，通过业绩比较来评估其效果至少得在这项工作完成后一年进行。

这种统计分析比较，可采用两种方式进行：

（1）简单的自我对比。

即对这一工作完成前后的情况进行对比。这种对比分析主要是从变化速度的角度来分析对比。其对比计算公式如下：

$$C=1/n\sum Y_i/Y_i' \ (i=1,2,3,\cdots,n)$$

式中 C——表示企业规范化管理整体实施前后的变化系数指标。当 $C=1$ 时，说明这项工作没有起到相应的作用；当 $C>1$ 时，说明这项工作已对企业发展带来了积极的影响。C 的值越大，说明对企业发展带来的作用越大。反之则相反。

Y_i——表示所比较的第 i 项指标，在企业规范化管理整体实施之后的情况。这些指标包括全员生产力、人均创利水平、人均销售收入、投资回报、单位成本耗费、万元产值能耗、万元产值材耗等的年度变化比率。其计算办法是，前四项为当年比上年，后三项是上年比当年。

Y_i'——表示所比较的第 i 项指标，在企业规范化管理整体实施之前的情况。其指标计算与 Y_i 相同。

n——表示所比较指标的个数，在此等于 7。

（2）对企业与比较标杆间的差距前后变化的分析。

即对企业在实施整体规范化管理之前，它与所选的比较标杆之间的差距与完成这项工作之后的差距进行比较分析。如果企业与标杆之间的差距发生了正向变化，即落后于标杆的差距缩小了，或者领先于标杆的差距加大了，这也就说明企业在行业中的市场地位得到了稳定，市场竞争力量加强了。可选作标杆比较对象的包括行业平均水平、行业最高水平、直接竞争对象水平三种。其比较的指标与自我比较的指标相同。

其比较计算公式为：

$$E=|D_t-D_0|$$

$$D_0=\sum(C_{0i}-M_{0i})/M_{0i}$$

$$D_t=\sum(C_{ti}-M_{ti})/M_{ti}$$

（$i=1,2,3\cdots$项目指标及其内涵和计算方法与自我比较法相同）

式中 E——表示企业规范化管理整体实施项目前后与标杆的差距变化差。其值越大，说明其效益越高。

D_t——表示企业规范化管理整体实施项目完成后，与标杆的差距；

D_0——表示企业规范化管理整体实施项目前，与标杆的差距；

C_{0i}——表示企业在整体规范化管理项目实施之前的比较指标数；

M_{0i}——表示标杆比较企业与自己企业实施整体规范化管理项目之前的同期比较指标数；

C_{ti}——表示企业在整体规范化管理项目实施之后的比较指标数；

M_{ti}——表示标杆比较企业与自己企业实施整体规范化管理项目之后的同期比较指标数。

二、问题比较

所谓问题比较，就是对企业规范化管理整体实施前后，所存在的管理问题进行比较，看问题是不是已经解决或已经减少。比较办法是通过对在实施企业规范化管理整体实施之前通过民主诊断法所收集的问题，与在实施整体规范化管理之后由民主诊断法所收集的问题进行比较。

分析比较主要从三个方面进行：

（1）分析这一工作进行之前，各层员工所反映的问题是否还存在，还有多少存在。

（2）分析为什么还会存在，是规范化管理方案没有实施到位，还是本身没有从根本上解决这些问题。

（3）对这一工作进行之后，各层员工所提出的问题与之前所提出的问题有什么大的变化，是否存在解决了部分问题又带来了一些新的问题。并对问题的性质和对企业发展危害的大小进行比较。

图4－15 规范化管理实施效果检验比较法运用

如果通过比较发现所存在的问题或新发生的问题相比此前的问题的危害性和存在的范围已有所降低，这就说明这一工作已取得了一定的成效。反之则相反。

三、业务比较法和问题比较法产生矛盾结论的效果判断

问题比较所得的结论可能没有业绩比较所得的结论直观，并且二者还有可能不一致。这种不一致表现为两种情况：

（1）业绩比较效果明显，问题比较效果不明显，甚至所反映的问题更多、更大。

一般而言，出现这种情况可能源自于两个方面的原因：一是企业规范化管理整体实施的方案更多的只是注重短期利益，而忽略了长期利益。一般情况下，长期利益是与员工的利益相一致的。如果员工产生了更多的不满情绪，则可能是通过对员工利益的剥夺来提升企业的业绩。这是从企业持续快速发展的角度来判定，是不可取的，甚至是有害的。这是企业规范化管理整体实施必须避免发生的一种情况。二是员工对新的管理方式和规范还没有适应，或者说不理解。因而，把他们自己的不满情绪以一种问题的形式反映出来。这种情况的发生，往往是因为企业在实施规范化管理过程中，员工参与程度不够，企业没有让员工充分理解企业规范化管理整体实施方案的内涵，没有让他们充分表达他们的意见。这种情况也是应该避免发生的。企业发展与员工的发展是相互依存的，企业的任何一项工作都必须尽可能得到员工的理解和支持。

（2）问题比较效果明显，但业绩比较效果不明显，甚至还有所下降。

问题民主诊断法所收集的问题已明显减少，在这项工作开展之前，问题民主诊断法所反映的问题也基本解决。但是，企业的业绩并没有明显改观，停滞不前，甚至还有下滑。这种情况之所以会发生，原因也是两个方面：一是企业规范化管理整体实施在企业管理的理念上进行了大的调整，得到了更广泛的员工支持和理解，企业在短期的经济效益上出现停滞，这往往是因为对员工利益所进行的投入增加，带来了企业经营的成本增加。这种情况相对于企业来说并不一定是坏事，这是企业凝聚力提升的前提。企业损失的也仅仅是暂时的短期利益，从企业持续快速发展的角度来看，它会使企业发展走上一个健康良性的轨道。二是企业劳资关系失衡，主持企业工作的人，并没有充分代表投资者的利益，更多的是站在员工的利益上，在实施企业规范化管理整体实施过程之中，使这种利益过分地向员工进行倾斜，损害了企业整体的利益。这种情况在国有企业中有可能发生，但在投资者与经营者存在更多共同利益的企业很少发生，即使股权比较分散的上市公司也一般不会发生。

第十三章

企业规范化管理整体实施完善改进阶段

企业实施规范化管理，并不是要修百年不变的制度规章，而是要在顺应环境的变化和企业实际的情况下，让企业组织运行及员工行为都合理有效、有据化。如果环境和企业的实际发生了变化，企业组织运行和员工行为也就必须适应这种变化，从而作出调整。因此，企业所制定的制度规则文件要保持相对的稳定，但绝不能一成不变。否则，这种制度规则文件相反会成为企业发展的羁绊和枷锁。所以，对企业规范化管理进行不断完善，也是企业规范化管理的一个构成阶段。这个阶段的工作是要在明确责任机构的前提下，对相关制度规则文件进行不断的修订。

一、明确规范化管理方案完善改进的责任机构

企业规范化管理整体实施完善改进工作，并不是一项临时性的任务，而是一项持续性的工作。因此，必须有专门的机构来负责这一工作。尽管这一工作平时的工作量并不大，但必须有专门的机构对它负责。这一工作的负责机构不一定需要专门设置，但必须有一个职能职责与之相近的单位、部门来承担。

一般而言，企业管理部或人力资源部，因为其主要职责就是企业的内部管理，这一职责交由它来承担，比较容易协调。

企业管理部在企业的主要职责就是作为一个综合管理部门对企业的内部管理进行协调。由这一部门来承担这一工作，最大的一个方便是它能及时获得方方面面的信息，及时了解到外部环境的变化和企业实际的变化，以及给原有制度规则带来的影响。但是，有些企业并没有设立企业管理部，在这种情况下，由人力资源管理部来承担，也比较恰当。因为它与各

个层次的员工打交道比较多，员工对已有制度规则的意见很容易反馈到这里来。这可为他们对企业制度规则的实施效果进行跟踪和调研提供方便。

二、对应环境变化对制度规则文件进行修订

企业要修改调整已有的制度规则，一般在以下情况发生时，必须考虑进行这一工作：

（1）员工明显表现出对已有的制度规则不满，人员流动率有所上升，流动率的上升比率超过20%。

（2）企业赖以存在和发展的基本技术有了大的调整，进而导致企业生产经营方式的改变。

（3）企业进入了与原有行业差距很大的行业，这导致企业的管理和运行方法不再具有适用性。

（4）国家法律法规有了明确的规定，而已有的企业制度规则与之矛盾。

（5）企业战略进行了重大调整，使企业原有的主导资源发生了变化。

三、对制度规则文件进行修订的程序

对企业的制度规则的修改，必须有一个相应的程序，不能谁感到某个方面的制度规则存在某种不适应了，就仅仅依据自己的这种判断，修改企业的制度规则。如果这样，就会削弱、降低企业制度规则的严肃性，导致它对企业各层员工约束力的下降。因此，企业制度规则的修订，必须按以下程序实施：

（1）有人感觉到已有的制度规则的相关条文不再适应变化了的实际，这个人必须是某一个企业直属单位的负责人，并由他提出修订提案。

（2）有两个以上的企业直属单位的负责人对制度规则修订提案进行附议，支持这一提案。

（3）企业高层管理办公会议开会讨论认定提案所述内容属实，并具有普遍性。

（4）负责企业制度规则修订的机构拟定修订方案。

（5）企业高层办公会议就修订方案进行讨论，通过后正式行文，颁布

制度规则修订意见，然后付诸实施。

按照这种程序进行修订的制度规则，主要是涉及企业整体运行管理方面的内容，或者是涉及面比较广的内容。如果仅仅是一般性工作程序文件，就不必进入这个修订程序。因为一般工作程序文件影响的仅仅是个别单位、部门或员工的工作方式、方法，并不会对企业的整个管理和运行带来影响。所以，其修改程序相对要尽可能简单，以保护员工的创新热情，鼓励他们发挥自己的主观能动性，以便提升工作效率。但是，任何一个工作程序的改变都存在一定的风险。所以，即使这种一般性的工作程序的调整，也必须按一定的程序进行，至少要有对这种程序调整的效益进行认证这一环节，不能因此让少数个别人拿企业的利益盲目地做试验。其程序要求如下：

（1）由改革创新人就工作程序改变修订的原因、思路、方法和预期效果提出报告。

（2）直接上司对报告进行审核，并组织与之相关联的岗位员工一起讨论论证。讨论认定的标准是：改革修订后的工作程序既能保证原有的工作质量不下降，甚至还有提升，又具有操作更简单、投入成本更低的优点。至少工作质量的提升带来的效益，能弥补投入增加的成本。

（3）在论证通过后，报隔级上司审核。隔级上司审核认定工作程序调整的意义后，签字修改工作程序，并将新工作程序颁布实施。

参考文献

[1] 舒化鲁．管理学新原理——卓越管理的理论和方法．北京：中国经济出版社，1997.

[2] 舒化鲁．拥抱辉煌的六根魔杖——企业规范化管理实施方案．北京：中国人民大学出版社，2003.

[3] 舒化鲁．企业规范化管理标准体系．北京：中国人民大学出版社，2004.

[4] 舒化鲁．中国式管理系统实施方法．北京：经济管理出版社，2006.

[5] 舒化鲁．生－升方略——企业管理规范化模块操作．北京：经济管理出版社，2009.

[6] 舒化鲁．为企业文化建设正本．长春：吉林大学出版社，2010.

[7] 黄炳新，［菲］陈永栽．老子章句解读．上海：上海古籍出版社，2001.

[8] 张松如．老子说解．济南：齐鲁书社，1998.

[9] 南怀瑾．老子他说．上海：复旦大学出版社，2002.

[10] 张觉．荀子译注．上海：上海古籍出版社，1995.

[11] 孙希旦．礼记集解．北京：中华书局，1989.

[12] 钱穆．宋明理学概述．北京：九州出版社，2010.

[13] 欧阳维诚．周易新解．北京：中国书店，2009.

[14] 熊十力．新唯识论．湖南：岳麓书出版社，2010.

[15] 朱熹、吕祖谦．近思录．呼和浩特：内蒙古人民出版社，2010.

[16] 冯友兰．新理学．南京：江苏文艺出版社，2010.

[17] 张立文．和境——易学与中国文化．北京：人民出版社，2005.

[18] 马克思恩格斯全集（第2卷）．北京：人民出版社，1979.

[19] 马克思恩格斯全集（第3卷）．北京：人民出版社，1979.

[20] 马克思恩格斯全集（第42卷）．北京：人民出版社，1979.

[21] 丹尼尔·A. 雷恩．管理思想的演变．北京：中国社会科学出版社，1986.

[22] 弗里蒙特·E. 卡斯特，詹姆斯·E. 罗森茨韦克．组织与管理．北京：中国社会科学出版社，1985.

[23] 威廉·大内.Z理论.北京：中国社会科学出版社，1984.

[24] 埃尔伍德·斯潘塞·伯法.生产管理基础.北京：中国社会科学出版社，1981.

[25] 赫伯特·西蒙.管理行为.北京：北京经济学院出版社，1988.

[26] 哈罗德·孔茨，海因茨·韦里克.管理学.北京：经济科学出版社，1993.

[27] E. 海能.企业文化.上海：知识出版社，1990.

[28] C. N. 帕金森.帕金森定律.台北：中华企业管理发展中心，1987.

[29] A. 哈耶克.个人主义与经济秩序.北京：经济学院出版社，1989.

[30] 约·肯·加尔布雷思.经济学和公共目标.北京：商务印书馆，1980.

[31] Louis E. Boone，DavidL. Kurtz：Management，Mc Graw. Hill. Inc，1992.

[32] Donnelly，Gilson、Ivancevich：Management，Richard D. Irwin. inc，1992.

[33] Jerry Kinard：Management，D. C. Heathand Company，1992.

[34] Ross A. Webber，Marilyn A. Morgan，Parl C. Browne：Management—Basic Elements of Monaging Organizations，Richard D. Irwin. inc. 1985.

[35] 斯宾诺莎.伦理学.北京：商务印书馆，1983.

[36] 卢梭.社会契约论.北京：商务印书馆，1991.

[37] 孟德斯鸠.论法的精神.北京：商务印书馆，1994.

[38] 霍布斯.利维坦.北京：商务印书馆，1995.

[39] 霍尔巴赫.健全的思想.北京：商务印书馆，1996.

[40] 康德.纯粹理性批判.北京：商务印书馆，1960.

[41] 费希特.全部知识学的基础.北京：商务印书馆，1986.

[42] 费希特.论学者的使命.北京：商务印书馆，1980.

[43] 费希特.人的使命.北京：商务印书馆，1982.

[44] 谢林.先验唯心论体系.北京：商务印书馆，1976.

[45] 黑格尔.精神现象学.北京：商务印书馆，1979.

[46] 费尔巴哈.基督教的本质.北京：商务印书馆，1984.

[47] 威廉·詹姆士.实用主义.北京：商务印书馆，1979.

[48] 胡塞尔.笛卡尔式的沉思.北京：中国城市出版社，2002.

[49] 克尔凯郭尔.非此即彼：生活的一个片断.北京：中国工人出版社，1997.

[50] 胡塞尔.现象学的观念.上海：上海译文出版社，1986.

[51] 马丁·布伯.我与你.北京：三联书店，1986.

[52] 列维·布留尔著，丁由译.原始思维.北京：商务印书馆，1981.

[53] 刘小枫.20世纪西方宗教哲学文选.上海：上海三联书店，1996.

[54] 笛卡儿.第一哲学沉思集.北京：商务印书馆，1996.

［55］彼得·毕尔格．主体的退隐．南京：南京大学出版社，2004.

［56］奥古斯丁．论自由意志．台南：闻道出版社，1974.

［57］托马斯·阿奎那著，段德智译．论存在者与本质（De ente et essentia），《世界哲学》2007 年第 1 期．

［58］叔本华．作为意志和表象的世界．北京：商务印书馆，1982.

［59］叔本华．充足理由的四重根．北京：商务印书馆，1996.

［60］尼采．权力意志．北京：商务印书馆，1991.

［61］尼采．查拉图斯特拉如是说．哈尔滨：北方文艺出版社，1988.

［62］尼采．强力意志：重估一切价值的尝试．北京：商务印书馆，1991.

［63］皮亚杰．发生认识论原理．北京：商务印书馆，1981.

［64］海德格尔．面向思的事情．北京：商务印书馆，1996.

［65］萨特．存在主义是一种人道主义．上海：上海译文出版社，1988.

［66］萨特．存在与虚无．北京：三联书店，1987.

［67］卡尔·波普尔．科学知识进化论．北京：三联书店，1987.

［68］卡尔·波普尔．猜想与反驳．上海：上海译文出版社，1987.

［69］保罗·法伊尔阿苯德．反对方法．上海：上海译文出版社，1982.

［70］拉卡托斯．科学研究纲领方法论．北京：商务印书馆，1992.

［71］马斯洛．动机与人格．北京：华夏出版社，1987.

［72］马斯洛．科学心理学．昆明：云南人民出版社，1988.

［73］马斯洛．存在心理学探索．昆明：云南人民出版社，1987.

［74］弗洛姆．为自己的人．北京：三联书店，1988.

［75］弗洛姆．恶的本性．北京：中国妇女出版社，1989.

［76］乔治·H. 米德．心灵、自我与社会．上海：上海译文出版社，1992.

［77］威廉·巴雷特．非理性的人．上海：上海译文出版社，1992.

［78］马尔库塞．理性和革命．重庆：重庆出版社，1997.

［79］马尔库塞．爱欲与文明．上海：上海译文出版社，1987.

［80］马尔科维奇，彼德洛维奇．南斯拉夫“实践派”的历史和理论．重庆：重庆出版社，1994.

［81］艾·阿德勒．理解人生．贵阳：贵州人民出版社，1991.

［82］罗洛·梅．人寻找自己．贵阳：贵州人民出版社，1991.

［83］里奇拉克．发现自由意志与个人责任．贵阳：贵州人民出版社，1994.

［84］彼德·布劳．社会生活中的交换与权力．北京：华夏出版社，1988.

［85］E. O. 威尔逊．论人的天性．贵阳：贵州人民出版社，1987.

［86］德莫斯等．人格与心理潜影．上海：上海人民出版社，1989.

[87] 赫根汉．人格心理学导论．海口：海南人民出版社，1986.

[88] K. T. 斯托罗．情绪心理学．沈阳：辽宁人民出版社，1986.

[89] 约翰·P. 霍斯顿．动机心理学．沈阳：辽宁人民出版社，1986.

[90] L. A. 怀特．文化的科学．济南：山东人民出版社，1988.

[91] 菲利普·巴格比．文化：历史的投影．上海：上海人民出版社，1987.

[92] 罗伯特·F. 墨菲．文化与社会人类学引论．北京：商务印书馆，1991.

[93] 露丝·本尼迪克特．文化模式．北京：三联书店，1988.

[94] A. R. 拉德克利夫－布朗．社会人类学方法．济南：山东人民出版社，1988.

[95] 米夏埃尔·兰德曼．哲学人类学．上海：上海译文出版社，1988.

[96] 帕森斯．现代社会的结构与过程．北京：光明日报出版社，1988.

[97] 詹姆斯·科尔曼．社会理论的基础．北京：社会科学文献出版社，1992.

[98] 富永健一．社会结构与社会变迁．昆明：云南人民出版社，1988.

[99] 莫伟民．主体的命运．上海：三联书店，1996.

[100] 应焕红．公司文化管理——永续经营的动力源泉．北京：中国经济出版社，2001.

[101] 罗伯特·史雷特著，刘爱红等译．杰克·韦尔奇与通用之路——一位传奇式首席执行官的管理透析和领导秘诀．北京：机械工业出版社，1999.

[102] 葛兆光．道教与中国文化．上海：上海人民出版社，1987.

[103] 杰克琳·谢瑞顿，詹姆斯·L. 斯特恩．企业文化：排除企业成功的潜在障碍．上海：上海人民出版社，1998.

[104] 海德格尔．存在与时间．北京：三联书店，1987.

[105] 让·保罗·萨特．存在与虚无．合肥：安徽文艺出版社，1998.

[106] 斯蒂芬·P. 罗宾斯，玛丽·库尔特．管理学．北京：中国人民大学出版社，2004.

[107] 达夫·尤里奇，史蒂夫·克尔，罗恩·阿什肯纳斯．通用电气群策群力．北京：中国经济财经出版社，2003.

[108] 王光荣．文化的诠释——维果茨基学派心理学．济南：山东教育出版社，2009.

[109] M. W. 艾森克，M. T. 基恩．认知心理学．上海：华东师范大学出版社，2009.

[110] 贝特·萨勒．行为背后的心理奥秘．北京：中国人民大学出版社，2008.

[111] 特里·伯纳姆，杰伊·费伦．欲望之源．北京：中信出版社，2007.

[112] 金·S. 卡梅隆，罗伯特·E. 奎因．组织文化诊断与变革．北京：中国人民大学出版社，2006.

［113］斯特凡·克莱因．幸福之源．北京：中信出版社，2007.

［114］福尔克·阿尔茨特，伊曼努尔·比尔梅林．动物有意识吗．北京：北京理工大学出版社，2004.

［115］肯特·戈尔茨坦．机体论．杭州：浙江教育出版社，2001.

［116］王鹏，潘光花，高峰强．经验的完形——格式塔心理学．济南：山东教育出版社，2009.

后　记

《企业规范化管理系统实施方案》系列书是作者积累二十余年研究的一个体系化总结，其中甚至还能看到三十多年前作者在一所农村中学担任负责人时的管理思考痕迹。管理是一门相对独立的科学，无论是企业管理，还是学校管理、医院管理、行政机关管理，乃至协会管理、学生管理，都有其共通性。因为都存在一个如何通过他人做好工作的问题，所不同的仅仅是工作内容。作者的研究和思考，从一开始就没有受源于西方国家MBA课程专业理论框框的限制，因为那时源于西方国家的MBA课程专业理论还没有输入进来。但如何通过他人做好工作的问题早已存在，甚至在伏羲一画开天画八卦时，就开始面对如何通过他人做好工作的问题。所以，从八卦中就可找到人类早期圣哲们关于这一问题的思考。作者很幸运，超越源于西方国家的MBA课程专业理论的企业管理研究刚刚在理论方法上形成体系，就遇上了急需这种理论方法体系的新时代的来临。

这新时代的开端，虽然无法确定具体年月日，但大体可以说就在新的千禧年来临之际。新的千禧年的来临，似乎注定要改换一个时代。因为一是从新的千禧年开始，西方经济发展就陷入停顿，至今无人在原有社会制度框架中找到补救的良方；二是从新的千禧年开始，包括美国在内的众多西方国家中有影响的企业一而再、再而三地暴出经营管控上的丑闻，显示出已有的法人治理和经营管控体系已不再适应新时代的社会经济发展的需要；三是始于2011年夏末的占领华尔街运动一浪高过一浪，并且已经蔓延到所有发达国家，说明西方发达国家的社会经济矛盾已经积聚到将要摧毁已有社会经济制度的程度。这一系列事件的发生对于无人怀疑的西方经济学和管理学的理论，不啻是一种暗示，它们存在偏颇，尽管现在还不能说已经敲响了它们的丧钟。

这里无暇讨论源于西方国家的现主流管理学，在理论上缺少严密的概念、定理体系，陷于“头痛医头、脚痛医脚”的肤浅中难以自拔的问题，而仅仅分析讨论MBA课程专业理论相互独立、壁垒相隔的缺陷如何弥补的问题。

MBA课程专业理论人为地划出鸿沟把企业组织运行管理分隔为封闭的孤岛，使从事企业管理的人看不到企业。企业管理因此变成了战略管理、营销管理、财务管理、人力资源管理、生产管理、技术管理等诸多因素的堆砌和拼接。不仅企业借以存在和发展的关系协调有效性难以获得，而且只能由关系协调有效性创造的效益也难以产生。因此，从整体全局把控企业组织运行就成了公司 CEO 一个人思考的事。更糟糕的是，从整体全局把控企业组织运行的知识和技能还得靠 CEO 从经营管控实践中一点一点地体悟、积累。这就使得能成为杰出 CEO 的人才，甚至勉强能胜任 CEO 岗位要求的人才，稀缺得不能再稀缺了。也正是这种稀缺让他们奇货可居，一方面攫取了不应该由他们占有的利益，另一方面他们又凭借这种稀缺的知识和技能，忽悠企业发展的其他利益关联主体。结果就像安然公司前总裁肯尼斯·莱一样，CEO 自己春风得意，名利双收，最后却把公司送进了火葬场。

我不明白，研究企业管理的专家学者，为什么不超越于 MBA 课程专业划出的鸿沟把企业组织作为一个有机体进行分析研究，以全面揭示其发展的内在规律，并在此基础上建立企业管理理论呢?

笔者坚信，《企业规范化管理系统实施方案》系列书所开创的研究，会有越来越多的专家学者加入进来。我期待对此有兴趣的专家学者与我联系，以共同丰富和完善这一研究。

《企业规范化管理系统实施方案》得以出版，北京语言大学管理学院副教授赵涛博士做了大量的工作，在此深表感谢。感谢张杰楠先生仔细而认真的编辑工作，他为提高书稿质量付出了很大努力。同时也要感谢电子工业出版社的大力支持。

舒化鲁

2011 年深秋于大运河畔

联系电话：13911126299

电子信箱：harold. s@163. com

交流网站：www. hwaaaaa. com

反侵权盗版声明

举报电话：(010)88254396；(010)88258888

传　　真：(010)88254397

E-mail：　dbqq@phei.com.cn

通信地址：北京市万寿路173信箱

　　　　　电子工业出版社总编办公室

邮　　编：100036